高等学校"十三五"规划教材

营销渠道设计与管理

张会新　主编

西安电子科技大学出版社

内 容 简 介

　　本书立足于"互联网＋"大环境，着眼于营销渠道理论分析及实践应用，以专题分析和小组任务的方式阐述了营销渠道设计及管理的基本理论和应用技巧，涉及渠道功能、渠道结构、渠道战略、渠道环境、渠道设计、渠道成员选择与管理、渠道评估与激励、渠道冲突等。本书还对产品、企业或行业的渠道问题进行了详细分析，有助于提高学生对理论知识的实际应用能力。

　　本书适用于市场营销及相关专业的本科、MBA、专科及高职高专等院校学生，尤其适用于翻转课堂、研讨教学、案例教学等教学方式。

图书在版编目(CIP)数据

营销渠道设计与管理 / 张会新主编 . —西安：西安电子科技大学出版社，2020.4
ISBN 978 - 7 - 5606 - 5599 - 4

Ⅰ. ① 营… Ⅱ. ① 张… Ⅲ. ① 购销渠道—销售管理—高等学校—教材 Ⅳ. ① F713.1

中国版本图书馆 CIP 数据核字(2020)第 020162 号

策划编辑　戚文艳
责任编辑　王　妍　阎　彬
出版发行　西安电子科技大学出版社(西安市太白南路 2 号)
电　　话　(029)88242885　88201467　　　邮　编　710071
网　　址　www.xduph.com　　　　　　电子邮箱　xdupfxb001@163.com
经　　销　新华书店
印刷单位　陕西精工印务有限公司
版　　次　2020 年 4 月第 1 版　2020 年 4 月第 1 次印刷
开　　本　787 毫米×1092 毫米　1/16　印张　16
字　　数　374 千字
印　　数　1～3000 册
定　　价　38.00 元
ISBN 978 - 7 - 5606 - 5599 - 4/F

XDUP 5901001 - 1

＊＊＊ 如有印装问题可调换 ＊＊＊

前　　言

"互联网十"的发展为社会经济生活带来了翻天覆地的变化，也给企业的营销渠道和渠道管理带来了新的生机和挑战。

市场的发展使得企业间的竞争不再局限于产品、价格、技术、品牌及营销手段，渠道领域的竞争和创新逐步成为竞争焦点。互联网技术的发展带来了全新的渠道革命，使渠道在市场竞争中的地位和作用得到了进一步强化。

营销渠道设计和管理是市场营销的重要环节，也是市场营销专业的核心课程，它主要研究渠道功能、渠道战略、渠道环境、渠道设计、渠道成员、渠道布局、渠道评估与激励以及渠道冲突与合作等问题。通过该课程的学习，学生能够掌握营销渠道的基本理论和分析技巧，培养分析和解决渠道分析、设计及管理等问题的能力，为从事市场营销相关工作打下坚实的基础。

为使学生更好地掌握营销渠道理论知识和分析工具，提高学生发现问题、分析问题和解决问题的能力，本课程从理论学习、案例分析及社会实践三个方面对学生进行培养，授课过程也采用翻转课堂、研讨式教学的方式来进行，充分利用互联网技术及新型教学手段，调动学生的学习积极性和主动性，提高教学环节的多样性、互动性、趣味性。

本书具有以下特点：

第一，专题教学，结构合理。本书按照认识渠道、设计渠道、管理渠道和渠道应用的基本流程将全部教学内容分为课程引论、理解渠道和渠道管理、渠道结构与渠道战略、渠道设计与渠道布局、渠道成员选择与管理、渠道冲突与渠道评估六个专题，基本涵盖了营销渠道管理理论的精髓，又将渠道理论的实践应用贯穿到六大专题中，注重理论联系实际。

第二，实践教学，应用性强。本书以翻转课堂为核心教学手段，将课堂交给学生，充分发挥学生的积极性和主动性。通过让学生认领并完成专题任务，培养学生团队协作、文献查阅、分析讨论、概括归纳、PPT 制作、语言表达等能力；通过案例分析、阅读资料、思考讨论，提高学生发现问题、分析问题和解决问题的能力。

第三，模块化教学，趣味性强。本书摒弃了传统的教材编写模式，通过专题及教学模块完成教学任务。每个专题包括课前导读、任务、习题与提升三个模块，从课前导读到包含学习目标及任务、理论知识、案例分析、阅读资料、实践分析与应用等多个小模块的任务模块，再到最后的习题与提升，循序渐进、层次分明，既增加了多样性与趣味性，有助于学生更好地阅读、学习并理解渠道理论，又有助于教师合理安排教学环节。

第四，启发式教学，互动性强。本书既通过翻转课堂将更多时间交给学生，将教师从演员转变成导演，引导学生自主学习、自主思考、自我提高，又通过最新案例、阅读资料等启发学生思考问题、分析问题并解决问题。

第五，过程考核。课程成绩建议摒弃传统的卷面考试方式，将过程考核纳入考核系统，并提高过程考核的比重。为提高学生团队协作精神和组织领导能力，过程考核中除了考核个人考勤和课堂表现外，还考核学习小组的日常表现及团队实践任务的完成情况。因此，最终考核包括个人表现(30%)、团队实践(40%)和期末考核(30%)三部分。其中个人表现一方面考核学生出勤情况，另一方面考核学生在学习过程中的预习、课堂习题及讨论、课下作业、在线讨论等情况；团队实践主要考核学生对团队任务的完成及课堂演示情况；期末考核可以通过课程总结、案例分析、小论文、实践报告等方式进行综合考评。为实现翻转课堂，课程需要借助雨课堂、微信群、QQ群等通信工具，学生也需要组建3～5人的团队，以便进行小组讨论以及协作完成课程中的团队任务。

本书在编写过程中得到了王益锋、白嘉、刘伟、邢嘉合等人的帮助，在此表示感谢！西安电子科技大学王益锋教授、西北大学白嘉副教授及刘伟副教授对教材编写提纲和书稿进行了审阅，并提出了很多宝贵的意见。西安电子科技大学经济与管理学院学生邢嘉合参与了专题三及专题六部分模块的编写，并对部分稿件进行了校对。

本书引用了大量案例和文章，这些资料大多来自于互联网、杂志、报纸及相关教材，在文中都标明了出处。由于篇幅限制，很多资料都进行了删改，在文中也做了相关标注，在此，对这些资料的作者表示深深的歉意和衷心的感谢！

在编写本书的过程中，编者参阅了大量文献和研究资料，这里对这些资料的作者也表示感谢！书后列出了主要参考文献，如有疏漏之处，敬请谅解！

感谢西安电子科技大学戚文艳编辑在教材立项、编写等过程中做出的贡献！

由于作者水平和精力有限，书中难免有疏漏之处，真诚地希望广大读者和同行专家批评指正，以便书稿更加完善。非常感谢！

张会新

2019 年 9 月 6 日

张金霞

2019 年 9 月 6 日

目　　录

1

2

专题一 课程引论

※任务一 认识渠道和渠道管理
※任务二 "互联网＋"时代的渠道变革

▶▶ 课前导读 ▶▶

互联网商业进入场景爆发时代 全渠道消费成零售业趋势

电子商务和新零售的发展给传统零售业带来巨大变革，零售市场加速向多场景融合的时代转变。专家认为，消费者不再满足于单一消费场景，线上、线下相结合的一体化全渠道消费体验将成为零售业趋势，也将驱动零售业转型升级。

麦肯锡全球研究院近日发布报告指出，数字化浪潮正在重新定义零售行业的客户体验。在消费与零售行业，高达85％的中国消费者已成为全渠道购物者，对购物体验的期望水涨船高。因此，品牌商和零售企业应注重打造全渠道体验。

与以往相比，消费习惯正在改变，消费场景日益多元和分散。对消费者来说，实体店不再是唯一购物场景，当前出现越来越多的购物终端，如电脑、手机、平板、智能音箱、智能电视、智能手表、虚拟现实设备等，都成为购物界面。消费者正拥有无数多的屏、场景和购物入口。

"互联网商业发展已经进入场景大爆发时代。"上海理工大学电子商务发展研究院院长杨坚争表示，网络消费导致新零售的诞生和发展，最大特点是线上、线下结合，也就是网络零售的场景化。

随着购物场景日益丰富和分散，企业和消费者的触点不再局限于单一商场、网站等高流量入口。布局全渠道零售、提升消费者购物体验成为行业突围方向。

商派软件有限公司首席执行官李钟伟向记者表示，互联网商业正进入崭新阶段，企业需要顺应深度融合和场景化趋势，推动组织和管理模式变革，不再区分线上线下、直营或加盟等业务场景分割，而应以用户为中心追求体验的一致性以及相匹配的生产力要素统一调度和组织协同。

"互联网商业的本质就是场景，企业需要连接碎片化、多元化、多边化的场景。"李钟伟说，这对企业信息基础设施提出了很大挑战。

德勤中国与中国连锁经营协会2017年联合开展的"中国零售企业数字化转型成熟度评估"显示，中国零售企业在打造以数字化技术为支撑的完整商业生态圈方面，尚处于起步阶段。

杨坚争认为，虽然经过多年发展，国内企业在网络零售技术应用、系统开发等方面已有技术储备，但在连接大爆发的场景方面还需加快步伐。

京东集团创始人刘强东曾提出，下一个 10 年到 20 年，零售业将迎来第四次革命。零售基础设施将变得可塑化、智能化、协同化，推动"无界零售"时代的到来。

全渠道零售、全场景服务成为国内互联网商业技术发展的方向。近期，京东与腾讯推出线上、线下融合的"无界零售"解决方案，商派发布新一代互联网商业平台"鲁班"，其特点都是以场景化连接能力为核心，满足企业对互联网商业场景的支撑需求。阿里巴巴近日以 224 亿元入股高鑫零售，业界认为，这是为更好地布局线上、线下融合与全渠道销售。

在专家看来，新零售打通线上和线下渠道，推动购物场景多元化，可以降低消费者的搜寻成本和时间成本。

资料来源：高少华.互联网商业进入场景爆发时代　全渠道消费成零售业趋势.新华社，2017 - 12 - 09.

★**思考与讨论**
(1) 什么是新零售？你如何理解新零售？
(2) 电子商务和新零售给传统零售企业带来了哪些影响？
(3)"互联网＋"环境下，消费者需求有哪些变化？
(4) 传统零售企业应该如何应对新零售带来的机遇和挑战？

任务一　认识渠道和渠道管理

★**学习目标及任务**
1.认识市场营销和营销渠道。
2.了解渠道管理的基本内容。
3.掌握简单的渠道分析理论和技巧。

一、市场营销和营销渠道

不管是沃尔玛、百胜、花旗、迪士尼、海底捞等以服务为主的企业，还是宝洁、苹果、丰田、波音、华为等以产品制造为主的企业，要想提升企业竞争实力，得到长期生存与发展，必然要以顾客为中心并重视市场营销。这些公司都会深入了解目标顾客的需求，激励员工为顾客提供满意的产品和服务，在为顾客创造价值的基础上建立持久的客户关系，从而获取长期利润。市场营销需要处理市场和顾客相关的一切活动，除大众所熟知的促销、推销和广告外，还包括市场调查与分析、营销战略制定、市场细分与定位、产品设计与生产、价格制定与调整、营销渠道选择与管理、客户关系管理、公共关系、营销活动管理与控制等。

（一）市场营销的含义

营销大师菲利普·科特勒将市场营销定义为个人和群体通过创造并同他人交换产品和价值以满足需求和欲望的一种社会和管理过程。也就是说，市场营销本质是一种社会和管理活动，并且其核心在于价值。生产者通过创造附着于产品或服务的价值，满足消费者的欲望和需求，从而获取顾客忠诚、利润增加、企业形象提升等价值回报；消费者通过商品购买活动获取附着在产品或服务中的价值，以满足自身欲望和需求。市场营销活动中联系消费者和生产者的桥梁就是价值的交换，而想要更好地促成和维系这种交换活动，就必须建立和维系赢利性客户关系。

简而言之，市场营销就是企业为从顾客获取利益回报而为顾客创造价值并与之建立稳固关系的过程。因此，可以理解为市场营销就是创造和获取顾客价值。

（二）市场营销与营销渠道

企业生产产品或服务并为顾客创造价值的过程，不仅需要与最终顾客建立关系，还需要与企业供应链中的供应商及分销商建立关系。供应链不仅包括"上游"那些为生产提供所需的材料、零部件、资金、信息、技术、人才等的供应企业，还包括"下游"的批发商、零售商、代理商、辅助商等为生产企业和顾客搭建桥梁的企业，后者通常称为营销渠道（Marketing Channels）或分销渠道（Distribution Channels）。Lawrence Friedman 和 Tim Furey 在他们的著作《The Channel Advantage》中指出，当前信息时代，企业都在不懈地追求建立持续竞争优势的方法，然而，技术容易为竞争对手所模仿，价格战对多数企业来说也难以长久，而创建销售渠道优势正是获得可持续竞争力的最佳途径之一。

进入 21 世纪，中国营销界开始将营销重心由广告、品牌、价格转向渠道建设，掀起一场热火朝天的"渠道革命"。生产企业积极建立或调整渠道网络，零售企业大力扩张自己的终端网络，如 TCL 大力整顿营销网络、达能积极实施全球并购、华润在华快速并购扩张等，无不体现出"渠道制胜""得渠道者得天下"时代的到来。

（三）营销渠道的定义

美国市场营销协会（American Marketing Association，AMA）1960 年将营销渠道定义为"企业内部和外部的代理商和经销商（批发商和零售商）的组织机构，通过他们的运作，商品才能得以上市销售"。该定义强调了营销渠道是一种介于生产者和消费者之间的组织机构。

美国营销学者爱德华·肯迪夫（Edward Cundiff）和理查德·斯蒂尔（Richard Still）将分销渠道定义为"当产品从生产者向最后消费者或产业用户移动时，直接或间接转移所有权所经过的途径"。该定义强调产品从生产者转移至最终顾客的流转过程。

美国西北大学营销学副教授安妮·T. 科兰（Anne T. Coughlan）将营销渠道定义为"一系列相互依存的组织，他们致力于一项产品或服务能够被使用或消费的过程"。该定义既强调了营销渠道是一种组织机构，也强调了组织的职能是帮助企业产品或服务转向最终消费者。

菲利普·科特勒（Philip Kotler）认为营销渠道是某种货物或劳务从生产者向消费者移动时取得这种货物或劳务的所有权或帮助转移其所有权的所有企业和个人，包括中间商、生产者和消费者。

★**思考与讨论**
你认为营销渠道应该如何定义？

（四）营销渠道概念的理解

营销渠道（Marketing Channels）的概念并不为普通大众所理解，他们所感受到的营销渠道是各种超市、商场、便利店、网店等终端零售商以及批发商、代理商等组织机构。由此可见，对消费者来说，营销渠道就是他们与生产商之间大量的中间商，所以他们理解的渠道就是不同中间商的名称。而实质上，营销渠道是由一系列能够帮助企业产品或服务到达消费者的相互独立却相互依存的组织构成的，这些组织作为中间环节缩短了生产者与产品或服务的最终使用者之间的地理空间距离。生产商所理解的营销渠道是不同于消费者的，他们需要集中不同的中间商，使其承担更多的库存、融资、促销、谈判、信息等职能和经营风险，帮助企业打通产品或服务从生产者到最终用户之间的通道，因而生产企业以产品在不同渠道成员之间的流转来理解营销渠道。

综上，可以认为营销渠道是一条基于建立各种交换关系而帮助产品或服务从生产者转移至消费者的通道，这一通道是由多个相互独立又相互联系的企业组织和个人构成的网络系统，包括生产商、批发商、零售商、辅助商以及消费者。产品或服务的转移过程是营销渠道发挥功能的过程，也是创造和传递顾客价值的过程。这些组织成员为实现共同目标、共同利益而合作，也会因不同利益及其他原因产生矛盾和冲突。

二、营销渠道课程的基本内容及本书框架结构

营销渠道是市场营销理论的重要分支，也是营销 4P（产品、价格、渠道、宣传）之一。目前，市场营销课程的内容设置主要以西方营销渠道理论研究以及营销渠道实践应用为基础，包括营销渠道基本理论、渠道成员、渠道环境、渠道结构、渠道设计、渠道成员选择、渠道布局、渠道成员激励与管理、渠道冲突与合作以及渠道设计及管理中的其他问题等。

（一）西方营销渠道理论研究概述

当前，西方渠道理论研究主要集中在渠道结构、渠道行为和渠道关系三个领域。

1. 渠道结构理论

渠道结构理论研究最早可追溯到韦尔德（1916）的研究，20 世纪中期到 20 世纪 70 年代，渠道结构理论研究达到高潮。渠道结构是渠道理论研究最早的领域，主要代表人物包括韦尔德（1916）、巴特尔（1923）、布瑞耶（1934）、奥德逊（1954）、麦克马蒙（1965）等人，他们主要从渠道的产生、结构演变、设计等方面研究如何提高渠道效率和效益。

2. 渠道行为理论

20 世纪 60 年代开始，由于大型超市、专卖店、百货商店等大型零售商的实力不断增强，开始挑战制造商的主导地位，以渠道权力争夺为核心的渠道冲突愈演愈烈，西方学者开始关注渠道行为理论。1969 年，斯特恩研究指出，渠道是由一组专业的机构组成的，他们之间的劳动分工广泛，且每个成员都在一定程度上对其他成员形成依赖。如果其中某个成员对其他成员的依赖性较大，那么后者将具有更大的渠道权力。如果一个成员减少了对整体渠道的承诺，那么渠道中的其他成员以及渠道整体对它的影响能力也将降低。之后，凯苏黎世和斯培克曼（1980）、布朗和戴（1981）、拉斯切、布朗（1982）、弗雷兹耶（1983）、葛

雷玛(1987)等学者从渠道权力、渠道冲突、组织合作和谈判等方面研究渠道成员的行为问题。

3. 渠道关系理论

20世纪90年代之后,关系营销理论的提出使得对营销渠道的认识和管理进一步深化,并转向渠道关系的研究。渠道关系主要是指组织间的关系,而不是组织内的关系。渠道关系理论以关系和联盟为重心,认为利益之争会导致组织间的合作通常以失败告终,因而急需建立渠道战略联盟。渠道关系研究代表人物主要有莫和纳文(1990)、奥德森(1995)、辛古瓦和贝克尔(1998)、克雷玛(1999)、斯特恩(2001)等人,他们主要从渠道信任、渠道联盟、渠道忠诚、渠道合作等方面研究渠道成员间的关系建立、维系、发展及渠道绩效的提升。

(二)本书框架结构

本书以翻转课堂为主要教学手段,打破了以往学科化的知识体系,按照专题和任务来安排教学内容。本书按照认识渠道、设计渠道、管理渠道和渠道运用的思路框架设置了六大专题,共十九项教学任务,涵盖了营销渠道管理的主要理论。本书的主要课程内容如图1-1所示。

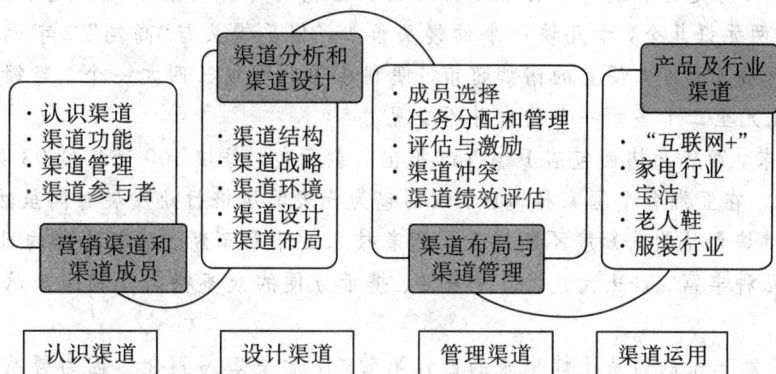

图1-1 本书主要课程内容

其中,认识渠道部分通过专题一和专题二的理论知识介绍、案例讨论及教学演示,使学生认识和理解营销渠道的基本理论,包括营销渠道的内涵、功能、流程以及渠道管理的基本理论,认识和了解营销渠道的主要成员,并了解小组任务的完成方式及方法。设计渠道部分通过专题三和专题四的理论自学、相关文献查阅、小组讨论、PPT制作、课堂演示汇报、教师点评等教学手段,使学生掌握渠道结构、渠道战略、渠道环境、渠道设计以及渠道布局的相关理论和分析技巧。渠道管理部分通过专题五和专题六的理论自学、相关文献查阅、小组讨论、PPT制作、课堂演示汇报、教师点评等教学手段,使学生掌握渠道成员选择、成员任务分配和管理、渠道成员评估与激励、渠道冲突、渠道绩效评估等相关理论和分析技巧。渠道运用部分通过小组任务、课前导读、案例分析、实践材料等形式穿插到各专题之中,帮助学生更好地理解理论知识,提高相关知识的实际应用能力和水平。

实践分析与应用

依据市场营销和营销渠道相关理论分析和解决实际问题。依据自己对市场营销和营销渠道的理解尝试回答以下问题：

（1）面包和馒头的营销策略有什么不同？

（2）为什么面包比馒头贵？

（3）营销渠道如何影响馒头和面包的销售价格？

为什么面包可以卖得很贵，而馒头却不行？

馒头是中国人的主食之一。相传馒头始于春秋战国时期，唐代以后，成为大众食品。广义的馒头类食品包括蒸馍、包子、花卷、烙饼等中国发酵面制食品。

面包是西方人的主食。世界上最早的面包起源于古埃及，公元前 600 年，面包制作技术传入希腊，古罗马帝国时代又被带入欧洲大陆流传开来。

馒头与面包同属于发酵面制品，主料均为面粉和水。人们常把馒头同西方的面包相媲美，因此馒头有"东方面包"的雅称。

可是，不知你是否有这样一种感觉，馒头和面包的身价明显不同。超市里的馒头"论堆卖"大多一两元好几个，十几块一个的馒头很少，似乎馒头与"高端"二字无缘。而面包的价格却远远高于馒头，便宜的诸如超市、便利店中的面包三四元一个，连锁面包房里的则贵些，十几元至二十多元一个的也并不少见。

2014 年末，西班牙烤面包店 PanPina 推出一款面包，每块 400 克售价 93 英镑（约合人民币 906 元）。在亚洲各个国家和地区，以面包为代表的烘焙行业发展时间虽然短，但近年来消费者对烘焙食品的认知度不断提升。随着技术的不断革新、工艺流程的日渐完善，烘焙食品以其品种丰富、口味大众、用途多样、携带方便的众多特点受到越来越多消费者的喜爱。

事实上，蒸出来的馒头比烤出来的面包更营养，也更容易消化。因为馒头中的淀粉颗粒基本上都已糊化，而面包内淀粉颗粒仍未糊化。面包在高温烘烤下，会造成维生素 B1 和赖氨酸的损失，而馒头在蒸制时不会造成营养素的损失。

这让人不免产生疑问，同样是面粉做的，为何一个看起来成为了饮食界的阳春白雪，而另一个却是下里巴人？

1. 面包的原材料更多且价格更贵

馒头的原料比较简单，主要有小麦粉、酵母（或老面）和水；而制作面包除了小麦粉、酵母和水以外，还需要加入高筋面粉、奶酪、油脂、食糖、食盐、鸡蛋、奶粉及各种辅料和添加剂。同时，面包中的部分原材料价格普遍偏高，例如高品质的蓝纹奶酪，产量少，价格贵，几乎是很多西点师梦寐以求的材料。而一般做西点用的普通奶酪，如南桥和安佳，价格也十分可观。

英国 Harrods 百货公司推出的豪华面包，采用 A 级面粉、羊乳、杏仁酵母等上等材料，售价 15 英镑（约合人民币 124 元）。

值得一提的是，小麦依据面粉中蛋白质含量和组分造成面筋性质的差异，分为强筋小麦、中筋小麦和弱筋小麦。就小麦粉的品质而言，馒头比面包要求宽松，制作面包的小麦粉要求有较强的面筋质，一定比例的破损淀粉含量；而制作馒头的小麦粉筋力范围较宽，筋力中等的小麦粉就可以制作出质量较好的馒头，小麦粉的蛋白质含量变幅也比较宽，对破损淀粉的含量要求也较低。

2. 面包的制作工序更复杂，更耗费人力

制作工艺上，馒头做起来相对简单，和面、发面、做馅、包、发酵、蒸，制作周期一个半小时左右；做面包时间长，工序多，做一个最简单的面包，和面揉面30分钟，发40分钟，松弛整形20分钟，二发30分钟，烤制15分钟，两个小时不一定能做完。

其中，揉面对馒头而言，是个单纯的动作，因为面粉和水的比例固定，只要掌握基础的手法，将面团揉光滑，最终效果总是一致的。然而对面包来说，不同的配方所要求的揉面程度和手法都不一样。例如法棍，越少揉越好，而吐司却需要彻底的揉面。

发酵之于馒头，基本只需1~2次，起蓬松质地之用，但对于面包，则兼顾了蓬发、进一步改善香味、强化面筋等作用，而且发酵时间越长、次数越多，面团内部的风味会融合得越好。

馒头通常只要将面团均匀切成几份即可，而很多面包需要滚圆和割口，做出不同造型，一方面是为了美观，另一方面是为了开几条固定"通路"用来引导气体流通。

总而言之，面包制作是一个费时费力费心思的过程。面粉的好坏会影响风味和发酵的成败，发酵的效果又会影响烘烤的程度，烤后的成品最终会反映面粉的质量和手法的优劣，每一个环节都需要大量的经验和耐心。

3. 面包店的经营成本更高

面包房的装修一般比较精致，环境优雅，加上购买设备、人工费、房租等费用，导致其经营成本比较高。由于面包工艺复杂、产量小，只能追求高成本带来的高品质才能确保销量。

相比之下，包子、馒头作为中国传统早餐食品，多见于零散的路边摊或社区早餐店，绝大部分是个体经营，口味各异，不成规模，价格自然比较便宜。

4. 面包产业体系更成熟

随着人们消费水平的不断提高，以及生活节奏的加快，主食消费也从"温饱型"向注重营养、美味、多样的"小康型"转变，消费者对于主食口感的要求越来越高，好吃、安全、好看、方便，成了消费者的潜在要求。

曾经，面包也是传统手工作坊加工，欧美国家也有过农民推车上街卖面包的情景。1870年工业革命后，西方国家发明了面包整形机和面包自动烤炉。二战时，在劳动力不足和城市化发展的共同推动下，欧美国家经过科技发展，推进了面包等主食产品的工业化开发，实现了生产操作的机械化和自动化。

目前，以面包为代表的大型烘焙企业规模呈扩大趋势，工业化烘焙的经营模式逐步占领市场，形成跨地区的企业和名牌产品。面包传入中国后，我国面包行业已经从早期的作坊式生产逐步向现代化的工业生产过渡，形成了一个完整且成熟的体系。

相比之下，近年来中国主食生产企业的规模化、机械化虽然得到了一定的提高，但也有不少企业的核心生产环节仍由手工完成，只是作坊规模的简单放大。全国性的主食生产企业很少，更别提能与麦当劳、肯德基相提并论的中式快餐品牌。

此外，面包作为舶来品，在中国只能作为一种点心，不能取代馒头的主食地位。相关数据显示，我国的人均面包消费量很低。欧洲面包消费量最高的是德国，年人均消费量高达 84 公斤，而我国面包的人均消费量不到 0.7 公斤，中西部不发达地区则更低。

这种"点心"的定位，让面包在国内瞄准的主要消费群体是年轻一族，他们对面包口味的需求更加个性化、多元化。一些定价较高的面包，就锁定中高端消费群体。而馒头作为主食，面对的是普通大众，工序少、加工快捷，使得从业者可以在相同时间制作更多产品，单价也就更便宜。

馒头和面包的"身价"明显不同，表面上看是二者在原材料价格、制作工序、经营成本上的差异，深层次的原因或许是馒头和面包所处的产业阶段不同、面对的消费群体不同。

资料来源：财经网（ID：caijingwangwx）

任务二 "互联网＋"时代的渠道变革

★学习目标及任务

1. 了解互联网时代及什么是"互联网＋"。
2. 结合实际分析互联网给社会经济生活带来了哪些变化。
3. 结合营销渠道理论分析互联网对营销渠道的影响。

一、互联网及"互联网＋"

当前，互联网无处不在且无可替代，给社会政治、经济及人们的生活带来了翻天覆地的变化。互联网成为一个国家的重要基础设施，也是市场营销活动必不可少的媒介和工具。在后互联网时代，作为创新 2.0 下互联网发展的新形态和新业态，"互联网＋"成为创新驱动发展的新引擎，经济社会发展的新动力。

（一）互联网及其功能

因特网（Internet），又称网际网络或互联网，是指广域网、局域网及单机等网络与网络之间所串连成的庞大网络，这些网络以一定的通信协议互联，形成逻辑上的单一巨大国际网络。这种将计算机网络互相连接在一起的方法可称作"网络互联"，在此基础上发展出覆盖全世界的全球性互联网络称"互联网"，即是"互相连接一起的网络"。互联网将两台或两台以上的计算机终端、客户端、服务端通过计算机信息技术手段互相联系起来，使人们可以打破空间的限制，实现同时工作、学习、娱乐、购物等。

互联网具有通信的功能，人们可以通过电子邮件、QQ、微信、MSN 等通信工具实现信息的传递。互联网具有社交的功能，人们可以通过微信朋友圈、微博、Facebook、个人空间、网络论坛等社交平台发表个人观点、寻找志同道合者、交流情感等。互联网具有购物的功能，人们可以通过淘宝、京东、携程、大众点评、官方商城等购物平台实现网络购物。互联网还具有更多的服务功能，人们可以通过搜索引擎、网盘、门户资源、媒体等享受信息搜集、整理、发布、传递、存储以及资源共享、娱乐、学习等多种多样的服务。

(二)"互联网＋"的提出

"互联网＋"的提出最早可以追溯到 2012 年 11 月，易观国际董事长兼首席执行官于扬在易观第五届移动互联网博览会上指出，"在未来，'互联网＋'公式应该是我们所在的行业的产品和服务，在与我们未来看到的多屏全网跨平台用户场景结合之后产生的这样一种化学公式。我们可以按照这样一个思路找到若干这样的想法。而怎么找到你所在行业的'互联网＋'，是需要思考的问题。"

2015 年 3 月 5 日在十二届全国人大三次会议上，李克强在政府工作报告中首次提出"互联网＋"行动计划。李克强在政府工作报告中提出，"制订'互联网＋'行动计划，推动移动互联网、云计算、大数据、物联网等与现代制造业结合，促进电子商务、工业互联网和互联网金融健康发展，引导互联网企业拓展国际市场。"7 月 4 日，经李克强总理签批，国务院印发《关于积极推进"互联网＋"行动的指导意见》，该意见的提出大大推动了互联网从消费领域向生产领域的拓展，加速了产业发展水平的提升，使互联网开始成为各行业创新发展的新动力，也成为经济和社会发展的新优势和新动能。

(三)"互联网＋"的概念及特征

"互联网＋"就是借助互联网技术对传统企业的渠道流通模式的改造，其主要依赖电子商务、社交网络等方式进行销售和促销，实现企业渠道的扁平化、网络化和弹性化。简单地说，"互联网＋"就是"互联网＋各个传统行业"，但这并不是简单的两者相加，而是利用信息通信技术以及互联网平台，让互联网与传统行业进行深度融合，创造新的发展生态。

"互联网＋"有以下七个特征：[①]

(1) 跨界融合。"＋"就是跨界，就是变革，就是开放，就是重塑融合。敢于跨界了，创新的基础就更坚实；融合协同了，群体智能才会实现，从研发到产业化的路径才会更垂直。融合本身也指代身份的融合，客户消费转化为投资，伙伴参与创新，等等，不一而足。

(2) 创新驱动。中国粗放的资源驱动型增长方式早就难以为继，必须转变到创新驱动发展这条新的道路上来。这正是互联网的特质，用所谓的互联网思维来求变、自我革命，也更能发挥创新的力量。

(3) 重塑结构。信息革命、全球化、互联网业已打破了原有的社会结构、经济结构、地缘结构、文化结构，权力、议事规则、话语权不断在发生变化。"互联网＋"社会治理、虚拟社会治理会有很大的不同。

(4) 尊重人性。人性的光辉是推动科技进步、经济增长、社会进步、文化繁荣的最根本力量，互联网的力量之强大，最根本的原因也是对人性的最大限度的尊重、对人体验的敬畏、对人的创造性发挥的重视，例如 UGC、卷入式营销、分享经济。

(5) 开放生态。关于"互联网＋"，生态是非常重要的特征，而生态的本身就是开放的。推进"互联网＋"，其中一个重要的方向就是要把过去制约创新的环节化解掉，把孤岛式创新连接起来，让研发由人性决定的市场驱动，让创业并努力者有机会实现价值。

(6) 连接一切。连接是有层次的，可连接性是有差异的，连接的价值是相差很大的，

---

① 资料来源：百度百科"互联网＋"，https：//baike. so. com/doc/7869991 - 8144086. html。

但是连接一切是"互联网＋"的目标。

（7）法制经济。"互联网＋"是建立在市场经济基础之上的法制经济，更加注重对创新的法律保护，增加了对于知识产权的保护范围，使全世界对于虚拟经济的法律保护更加趋向于共通。

二、"互联网＋"与营销渠道

"互联网＋"是互联网技术对传统行业的颠覆，不仅带来了传统行业生产方式、管理方式的变革，也对传统的营销渠道形成了强烈的冲击，在渠道结构、渠道成员及渠道布局等方面产生了深远的影响。

（一）零售渠道的演变

纵观零售业的发展，营销渠道可以分为单渠道、多渠道和全渠道三个阶段。

21世纪之前，零售业多是以线下实体零售为主的单一渠道模式，巨型实体连锁店、专业店、百货商场是零售竞争的主体力量。单渠道模式渠道单一，随着竞争加剧开始面临管理成本上升、市场覆盖受限、利润下降等问题。

2000年之后，电商蓬勃发展，对线下实体店产生了巨大的冲击，主要零售企业进入线上和线下同时发展的多渠道时代，鼠标加水泥的多渠道零售成为市场竞争的主要战场。然而，多渠道面临着渠道分散、管理混乱、内部竞争、资源浪费、线上线下体验差异等问题。

2012年之后，消费者需求的升级、移动网络的发展以及有形店铺地位的弱化使得零售渠道进入鼠标加水泥加移动网络的全渠道零售时代。全渠道零售是指企业为了满足消费者任何时间、任何地点和任何方式的购物、娱乐和社交等体验需求，采取尽可能多的零售渠道类型进行组合和整合（跨渠道）销售的行为。这些渠道类型包括线下有形店铺和线上无形店铺，以及信息媒体（网站、呼叫中心、社交媒体、E-mail、微博、微信），等等。

全渠道不仅仅是线上、线下和移动端的简单加成，而是不同渠道、不同购买情景下信息搜寻、商品比较、客户服务、订单交易、费用支付、送货提货、社交分享等不同环节的无缝对接，给客户提供无差别的、完美的购物体验。因此，全渠道零售也可以称为"无缝零售"。

（二）"互联网＋"对渠道结构的影响

"互联网＋"借助信息技术对企业传统渠道模式进行改造，带来了企业营销渠道结构的扁平化、网络化及弹性化。

首先，互联网技术的发展提升了信息的传播范围和传播速度，降低了信息传播成本，一方面使得企业信息沟通和管理成本下降，促进了企业组织的扁平化，推动了企业组织的纵向一体化；另一方面，信息的透明化和信息获取成本的下降也使得制造企业在寻找和接触下游中间商或消费者时更为容易，可以更大程度地摒弃中间环节，缩减渠道长度。另外，一些大型零售商在消费需求和利润驱动下，也趋于前向一体化发展，或者直接与制造商进行战略联盟，这也推动了营销渠道的扁平化发展。

其次，互联网技术带来了电子商务及移动电子商务的飞速发展，大数据、云计算和物联网的发展促进了企业组织结构的网络化发展，降低了不同渠道成员间的交易成本，将线下实体店、PC端网店以及移动端微店连接起来形成了一个全过程、全天候、全覆盖、全方位的销售网络，实现了线上线下及移动端的信息共享、客户资源共享、物流共享、人员共享，可以给客户提供无缝对接的极致消费体验。因此，"互联网＋"使企业多种营销渠道构建了一个更为高效的一体化渠道网络，实现了渠道资源共享和渠道效益的提升。

最后，"互联网＋"不但带来了新的销售渠道和销售模式，使得企业渠道模式选择更加灵活多样，也带来了企业组织结构和渠道结构的弹性化。"互联网＋"和全渠道并非所有企业都需要同时发展线下实体店、电子商务和移动电子商务，而应该依据市场竞争环境和企业自身条件及战略目标选择最合适的渠道模式。"互联网＋"降低了信息搜寻、获取和利用的成本，为企业渠道选择提供了更多的可能性，同时也带来了更为多变的市场环境，因而企业的营销渠道结构和渠道设计应该具备良好的弹性，以适应多变的内外部环境。

📖 阅读资料

无边界管理和无边界零售

无边界管理是指企业通过打破各种有形和无形的障碍，使信息、技术、资源、创意等在企业内部以及企业内部与外部之间能够合理流动，重新组合，从而创造新的价值。随着虚拟经济的来临，所有行业都面临"去重量化"，都需要重新定义并打破原有的边界思维，借由无边界管理创造新的价值，从而逐渐形成海尔集团张瑞敏提出的"企业无边界，管理无领导，供应链无尺度"的目标。

无边界零售管理的本质是对有形和无形的资源进行重新整合，以创造新的价值。无边界思维源于互联网技术对资源、能力、信息、沟通方式、成本的改变，互联网和信息技术的快速发展使得企业基于自身核心能力整合更多资源成为可能，各种边界均被打破，零售企业传统的边界清晰的经营哲学与理念遭遇到了前所未有的困境。零售企业需要进一步重新认识无边界的消费者个体需求、消费者与消费者关系、消费者与企业关系，认识企业所在产业链各环节之间的无边界、产业链与外部之间的无边界以及零售企业自身内部管理职能的无边界、操作的无边界、经营策略的无边界等，并构建无边界零售管理模型。

零售企业应打破传统垂直职能、水平职能、外部职能三种边界清晰的职能管理方式；零售企业应采用虚拟创新、虚拟销售、虚拟服务等无边界操作方法以创造更大的价值；零售经营要打破产品边界、时间边界、空间边界等边界清晰的传统经营方式，借由全渠道零售方式对接无边界消费者与无边界零售企业经营。

资料来源：齐永智，张梦霞. 互联网时代的无边界零售[J]. 中国流通经济，2015(5).

★思考与讨论

如何理解无边界管理和无边界零售？

（三）"互联网＋"对渠道成员的影响

首先，"互联网＋"带来了渠道成员类型的增加。近年来，消费者的购买行为不再局限于实体店铺及网络电商等传统零售终端，APP、扫码、直播、微信朋友圈、微信群、自主购物机、无人店铺等新型购物模式悄然出现，并逐步成为人们生活的一个部分。因此，制造商可以依据需要选择更为多样化的渠道成员。

其次,"互联网+"的发展也使得制造商在选择评价渠道成员时的信息获取方式和成本、评价标准和方法以及渠道成员管理方式等都发生了相应的变化。如制造商寻找渠道成员的途径更为多样,信息获取更加容易,评价和选择渠道成员时更为注重渠道成员与渠道网络的契合度,渠道成员管理、激励方式也随着市场环境和渠道网络的变化进行了相应的调整。另外,不同渠道成员间的战略联盟、跨界联合也逐步成为市场竞争的有效手段。

最后,"互联网+"也带来了渠道布局的变化。一方面信息技术的发展带来了全渠道布局,使得渠道的"点"更为密集,渠道的"线"更为多样化,渠道的"面"覆盖范围更广,并且突破了时间和空间的界限。另一方面,信息传递的透明性和低成本性使得渠道网络可以以更低的成本、更高的效率提高渠道覆盖率和密集程度,进而提升渠道整体运营效率。

实践分析与应用

依据市场营销和营销渠道相关理论分析和解决实际问题。依据自己对"互联网+"的理解,尝试回答以下问题:

(1)"互联网+"给社会经济带来了哪些影响?

(2)"互联网+"如何影响了消费者市场?

(3)"互联网+"有哪些发展趋势?

"互联网+"的实际应用

1. 工业

"互联网+工业"是指传统制造业企业采用移动互联网、云计算、大数据、物联网等信息通信技术,改造原有产品及研发生产方式,与"工业互联网"、"工业4.0"的内涵一致。

借助移动互联网技术,可以使传统制造厂商在汽车、家电、配饰等工业产品上增加网络软硬件模块,实现用户远程操控、数据自动采集分析等功能,极大地改善了工业产品的使用体验。基于云计算技术,一些互联网企业打造了统一的智能产品软件服务平台,为不同厂商生产的智能硬件设备提供统一的软件服务和技术支持,优化用户的使用体验,并实现各产品的互联互通,产生协同价值。运用物联网技术,工业企业可以将机器等生产设施接入互联网,构建网络化物理设备系统(Cyber Physical Systems,CPS),进而使各生产设备能够自动交换信息、触发动作和实施控制。物联网技术有助于加快生产制造实时数据信息的感知、传送和分析,加快生产资源的优化配置。

在互联网的帮助下,企业通过自建或借助现有的"众包"平台,可以发布研发创意需求,广泛收集客户和外部人员的想法与智慧,大大扩展了创意来源。

2. 金融

在金融领域,互联网和金融的结合可以有四种方式:互联网公司做金融、金融机构的互联网化、互联网公司和金融机构合作以及新兴的互联网金融公司。

从2013年以来,以在线理财、支付、电商小贷、P2P、众筹等为代表的细分互联网嫁接金融的模式进入大众视野,互联网金融已然成为了一个新金融行业,并为普通大众提供了更多元化的投资理财选择。2014年,互联网银行落地,标志着"互联网+金融"融合进入了新阶段。2015 年 1 月 18 日，腾讯是大股东的深圳前海微众银行试营业，并于 4 月 18 日正式对外营业，成为国内首家互联网民营银行。

3. 零售

在零售领域，"互联网+"给零售业带来了巨大的变革，使得"O2O""O2M""零售 4.0""全渠道""新零售""无缝零售"等新概念不断涌现。互联网技术的突破与创新，不但提升了消费者主权，彻底改变了人们的行为方式、消费观念与购物模式，也为广大零售商家提供了更多的新思维、新模式和新观念。

面对消费者之变，零售企业必须将线上、线下、移动端各种渠道资源进行全面整合，以全渠道、全场景、全天候、个性化的方式满足消费者需求，全面提升消费者购买体验及商家品牌形象。

4. 交通

互联网和交通的结合，大大改善了人们出行的方式。网约车、共享汽车、共享电动车、共享单车等共享交通增加了车辆的使用率和运营效益，推动了互联网共享经济的发展，提高了效率，减少了排放，对环境保护也做出了贡献。公交、地铁、火车、长途大巴等传统公共交通工具的网络购票、移动支付、在线信息查询、扫码进站、刷脸进站等，不但避免了乘客排队购票之苦，简化了购票乘车流程，也在更大程度上提升了乘客的消费体验。

5. 政务

互联网技术推动了电子政务及移动电子政务的发展，使得政府服务效率和公众满意度得到了很大的提升。如交通、医疗、社保等公共服务领域的政务微信公共服务账号，支付宝移动缴费等服务增加了行政透明性，节约了排队时间，大大提升了社会公共服务的效率，改善了民生体验。

6. 医疗

"互联网+移动医疗"大大改善了看病难、看病贵的问题。互联网优化了传统的诊疗模式，为患者提供一条龙的健康管理服务，患者可以从移动医疗数据端监测自身健康数据，可以通过移动医疗实现网上挂号、询诊、购买、支付，节约时间和经济成本，也可以通过互联网与医生实时沟通。百度、阿里、腾讯先后涉足互联网医疗产业，形成了巨大的产业布局网，他们利用各自优势，通过不同途径，正在努力实现改变传统医疗行业模式的梦想。

7. 教育

"互联网+教育"改变了传统的教育模式，使得教育不再局限于黑板、教室和学校，通过电脑和移动终端，学生可以随时随地进行学习，在全球范围内选择教师和课程，一个教师也可以同时辅导几万甚至几百万学生。"互联网+教育"使未来的一切教与学活动都围绕互联网进行，教师在网上教，学生在网上学，信息在网上流动，知识在网上成型，线下面对面的教学活动成为线上活动的补充与拓展。

"互联网+教育"不仅影响了教师和学生，也影响了教育创业者们，同时也提供了更多的就业机会。在线教育平台能提供的职业培训，可以让一大批人实现职业技能的提升，帮助他们提高就业和创业技能。

8. 农业

农业看起来离互联网最远，但"互联网+农业"的潜力却是巨大的。用互联网技术可以提升农业生产及流通效率。

通过信息技术对地块的土壤、肥力、气候等进行大数据分析，然后据此提供种植、施肥相关的解决方案，可以大大提升农业生产效率。农业信息的互联网化将有助于需求市场的对接，互联网时代的新农民不仅可以利用互联网获取先进的技术信息，也可以通过大数据掌握最新的农产品价格走势，从而决定农业生产重点。与此同时，农业电商将推动农业现代化进程，通过互联网交易平台减少农产品买卖中间环节，增加农民收益。面对万亿元以上的农资市场以及近七亿的农村人口，农业电商具有巨大的市场空间。

9. 旅游

从旅游前期的信息搜寻、线路规划、酒店预订、门票购买，到旅游中的交通、住宿、游览、购物、咨询、支付等活动都可以通过移动终端来完成，使游客可以实现手机在手，万事无忧。

微信可以实现购票、景区导览、规划路线等功能，腾讯云可以帮助建设旅游服务云平台和运行监测调度平台，高德地图可以随时随地查询公交、景点、住宿、餐饮等信息。市民在景区不用排队购票，只要扫一扫微信二维码，即可实现微信支付。购票后，微信将根据市民的购票信息，进行智能线路推送，而且微信电子二维码门票可以自助扫码过闸机，无需人工检票。

10. 娱乐和社交

互联网改变了人们的通信方式、娱乐方式和社交方式。微信、QQ 等即时通信工具可以实现更为低成本的语音聊天、视频聊天，成为人们重要的信息沟通工具、社交工具及娱乐平台，各种网络媒体为人们提供了更为丰富的社交及娱乐空间。

❖ 习题与提升 ❖

一、讨论

(1) 市场营销和营销渠道有什么关系？

(2) 如何理解营销渠道的概念？

(3) "互联网＋"给企业及社会经济生活带来了哪些影响？

(4) 尝试分析零售企业如何应对"互联网＋"带来的机遇和挑战。

二、案例分析

"互联网＋"2.0：企业渠道营销革命

"互联网＋"2.0，就是借助互联网技术对传统企业的渠道流通模式的改造，其主要是依赖电子商务、社交网络等进行销售和促销，实现企业渠道的扁平化、网络化和弹性化。

1. 灵活多样的渠道网络营销模式

对于中小企业来说，如何利用互联网特别是移动互联网进行品牌营销，拓展渠道是关键。渠道网络可以帮助中小企业发展线下实体店，拓展线上电商渠道以及移动互联网营销渠道。

具体到电商渠道的拓展营销模式，企业可以选择入驻第三方网上电子商城，如门户网站链接的电子商城、综合性电子商城和专业性电子商城等。企业也可以考量自身营销资源，结合自己的营销目标选择自建电子商城，自建包括完全自建和将整个网络建设营销外包给专业的网络公司运作两种方式。企业在网上自建电子商城有利于塑造企业品牌,但投资巨大,且需要既懂技术又懂营销的专业人才加以维护,如海尔商城、联想商城等。

在移动互联网时代,企业还可以借助云计算、O2O、LBS、大数据等技术弥合线上线下的信息鸿沟,依托这些网络技术平台建立一个跨界营销渠道,消除不同区域市场之间的地理空间界限,逐步实现全渠道、全营销、全体验式的无缝链接营销体系。在这个体系中,企业始终以消费者为中心,将受众培养成品牌粉丝,再将粉丝转化成现实的客户,直接推动线上线下产品的销售。

无论是线上的电子商务网站还是线下的实体店面,都将成为实现客户购买的第一线。同时,企业可以借助微博、微信、新闻等在内的社交网络进行品牌推广,通过这些社交网络入口,消费者可以随时获取生活、购物、新闻等资讯,还可以即时即地分享包括品牌、产品等在内的各种信息与个人消费体验;而企业则可以通过大数据挖掘技术、位置服务技术、网络跨屏分析技术等技术手段,在前期定性调研的基础上创建定量用户画像,发掘用户需求,定制广告营销策略,提升用户的产品体验和互动效果;快速形成多渠道的跨界整合联动,激发品牌最大化的传播,真正实现消费者体验、分享、形成口碑、再体验的整个循环过程。

2. 电子商务模式下企业组织结构的裂变

电子商务这一渠道平台,改变了企业内部、企业间、企业与消费者之间传统的联系方式,使企业内部、企业间、企业与消费者之间的沟通与联系更加迅捷与高效,信息的获取变得唾手可得,企业内部的管理费用、企业间的交易费用也因此降低,引发了企业内部组织结构的革命式裂变。

企业组织结构扁平化。传统的企业组织结构是自上而下阶梯式的层级结构。其中,中层管理者队伍是整个组织结构上传下达的枢纽,大有"一夫当关,万夫莫开"之势。在"互联网+"2.0下,这种传统的金字塔结构和与此相应的密集型产品生产模式已经不能适应企业自身发展的需求。所以,企业要利用网络和信息技术,站在企业战略发展的高度,打破传统的职能部门界限,实现核心业务流程重组,精兵简政、压缩组织层级,将网站和企业的经营管理系统紧密结合,形成快速反应的电商系统。同时,企业通过建立高效的信息结构,加快企业资金及物流活动的信息反馈,提高企业的运行效率和市场反应速度。

企业组织结构弹性化。弹性组织就是企业在制订或执行营销战略战术时,必须根据企业资源、竞争对手、目标消费者等微观市场的实际运行情况与宏观政治经济环境的变化,彻底贯彻"相机而动"的作战思想,以弹性思维应对市场的瞬息万变。究其本质,弹性营销是以顾客的需求和体验为中心,动态地整合企业资源,适应并满足顾客个性化需求的一种营销策略和方法。在电子商务这一新的变革力量驱动下,"弹性"思想将深入贯穿到企业的文化理念、环境制度,乃至融入企业具体的战略战术,以增强企业对多变的网络环境的适应能力和竞争制胜能力。而相应地,企业组织结构的弹性化调整将会加快企业对市场和竞争动态变化的反应,从而降低投资过程中的风险成本。

企业组织结构网络化。现在社会生产体制正在从规模经济逐渐步入灵活的、以消费者为中心的生产阶段。同时,随着电子商务的发展,企业的组织结构也逐渐向网络化转变,企业组织的法定界限已被打破,其边界由于信息的畅通变得模糊。在网络组织结构中,组织和个人的信息处理能力得以大幅提高,组织之间、组织机构内部职能部门之间和个人之间的联系史无前例地得以强化，传统的组织概念发生了变化，知识网络化的协商式沟通方式占据主导地位，企业的交易成本显著降低，管理效率不断提高。

运用社交媒体等网络渠道开展营销活动。首先，需要企业以消费者为中心，发现、挖掘他们内心最深层的需要以及他们消费的关键时刻，给予他们将来想要的，强化服务意识；其次，企业要连接移动终端、微信、微博和线下实体店等多种营销渠道，实现资本联动、营销要素整合，线上线下协同，加强企业与客户的互动沟通，扩大品牌影响力；最后，建立高效的渠道信息沟通和反馈机制，强化企业内部、企业间、企业与消费者间的联系，做到知己知彼，百战不殆，基于自身的市场定位有的放矢。

总之，运作好"互联网＋"2.0不再仅仅属于企业技术部门的分内工作，更需要企业上下将有关企业自身产品或服务、产业发展环境、国内国际市场状况等要素作为决策依据，充分考虑消费者对企业产品或服务的评价，提高企业组织结构的运行效率和反应速度。

资料来源："互联网＋"2.0版：企业渠道营销革命.销售与市场，2016(03)．

阅读案例资料并回答以下问题：

(1) "互联网＋"2.0渠道模式有哪些特征？

(2) 企业组织结构的改变如何影响渠道模式？

(3) 企业应该如何适应"互联网＋"2.0带来的变革？

(4) 对于文中的观点，你有何不同意见？

三、实践应用

通过课堂教学及课堂讨论，对本专题涉及的知识点和思考讨论题进行重新思考和讨论，选择合适的题目，完成不少于4000字的小论文。

专题二　理解渠道和渠道管理

※任务一　"互联网＋"时代的营销渠道及其功能
※任务二　"互联网＋"时代的营销渠道流程及作用
※任务三　"互联网＋"时代的营销渠道管理
※任务四　"互联网＋"时代的渠道参与者

▶▶ 课前导读 ◀◀

互联网时代，快消品的渠道革命

互联网是当前最重要的技术革命，它缩短了人与商品在时间与空间上的距离，现在人们的生活越来越离不开手机与互联网。手机就像是阿拉丁神灯，可以满足用户的一切需求。

过去十几年，中国快消品行业的销量基本上是靠渠道来驱动的，品牌商为了扩大销售额，通过工业化生产降低成本，不断的下沉市场，将渠道扁平化，利用深度分销、通路精耕等模式，实现销量的增长。目前，快消品企业的这种分销方式已经不能够适应新的时代，现阶段的市场已经从一个满足显性标准化需求的市场环境，开始逐步变成一个挖掘潜在个性化需求的市场环境。不论是产品，还是分销渠道，都亟待一步升级：在线、精准，这也是渠道数字化的主要特点。

1. 品牌商如何用数字化的渠道创新

在方式上，我们认为，快消品行业原来的产品、传播、组织、分销和营销，都要进行重构，可以称之为"五新"，即新产品、新传播、新组织、新通路、新营销。

(1) 新组织，是从管理转变为赋能，从树状管理结构变为平台型赋能结构，从员工到合伙人。

(2) 新产品，从大而全，变成小而美，从满足细分人群，变为满足颗粒化场景。新产品的特性有场景化(黑黑乳)、情绪化(江小白)、功能化(富硒大米)、内容化(褚橙)、IP 化(网红)、社交化(小米)。

(3) 新传播，中心化传播变为去中心化传播，从广而告之，变成精准触达，从灌输，到互动。互联网时代传播的特性有精准、互动、沟通、矩阵、裂变、去中心化。

(4) 新通路，在时间和空间上，分销通路都在发生改变，从单一渠道分销，到全网分销，从单一场景，变成全场景，从见面交易，变成 7×24 小时在线交易。

(5) 新营销，不再是单纯的交易关系，更强调运营，强调沟通、互动、参与。

2. 互联网时代经销商转型机会在哪里

很多人都在说 B2B 会干掉经销商，其实这个话题还有待验证，因为会不会干掉经销商,并不是 B2B 说了算,而是取决于品牌商是否还需要经销商,即当品牌商自身的供应链体系在线之后,还需要经销商做什么?

互联网之所以被称之为第四次工业革命,其中很重要的一个原因,就是整个社会生产与协作效率的提升。这会带来一个结果,即大量标准化的工作会被机器所取代,一项复杂的工作会被社会化分工所取代,

我们看看,经销商现在的哪些职能是会被机器和社会化分工所取代的:仓储、物流、资金、交易、服务、营销。

我们看到,除了服务和营销,其他的工作似乎都可以通过技术和社会化分工所替代。这是一个很令人悲伤的事实,当然,这一天还没有那么快到来。对于经销商来说,通过营销方式、组织形态、分销模式创新,可以让自己在互联网时代找到新的角色。简单来说,可以理解为三个形式:

(1) 用技术给自己赋能:在线、信息化,创新营销方式,嵌入到大的平台组织当中。

(2) 把自己的公司变成一个平台化的组织,给别人赋能:合伙人、阿米巴,公司平台化,管理服务化。

(3) 转换角色,变成服务商:物流商、零售商、营销服务商。

资料来源:赵波.互联网时代,快消品渠道革命 5 大要点.
网易订阅,http://dy.163.com/v2/article/detail/DD8QM4UR0515TVNU.html.

★ **思考与讨论**

1. 互联网时代,快消品行业环境发生了哪些变化?
2. 互联网时代,品牌商(制造商)怎样用数字化渠道创新?你如何理解"五新"?
3. 互联网时代,经销商(渠道商)面临哪些机遇和挑战?
4. 互联网时代,经销商应如何转型?

任务一　"互联网+"时代的营销渠道及其功能

★ **学习目标及任务**

1. 理解营销渠道的内涵及特征。
2. 认识并理解营销渠道的功能。

一、营销渠道的内涵及特征

在市场经济条件下,生产者获取产品价值并达到特定利润目标的关键节点在于能否成功地将产品或服务销售给消费者,而消费者的购买行为在时间、地点、品种、数量、信息、支付、价值认知等方面与生产者的生产活动存在着较大的差异和矛盾,这就需要在生产者和消费者之间架起一条沟通和协调的桥梁,也就是营销渠道。

(一) 营销渠道的内涵

很多学者将营销渠道划分为狭义的营销渠道和广义的营销渠道两个概念。

狭义的营销渠道是指在商品和服务从生产者向消费者转移的过程中，取得商品或服务所有权，或帮助实现所有权转移的所有企业或个人。在这一过程中所涉及的所有企业或个人被称为渠道成员。因此，狭义的营销渠道是由处于渠道起点产品或服务提供者的生产者/制造商，渠道中间环节取得商品或服务所有权或帮助所有权转移的中间商，以及处于渠道终点的最终消费者/用户构成。其中取得商品或服务所有权，并通过直接转卖或经过分拣、包装、重组等简单处理后转卖而获取利润的渠道成员称为商人中间商；而没有获得商品或服务的所有权，通过获取代理授权，帮助制造商进行商品或服务转售并获取佣金的渠道成员称为代理中间商。

广义的营销渠道是指配合参与生产、流通和消费由生产者所生产的商品和服务的所有企业和个人。其中除了属于狭义营销渠道范畴的制造商、中间商和消费者外，还包括生产原料、辅料、生产设备、办公设备等的供应商，也包括起到辅助、推动及促进作用的辅助商，如提供金融、保险、物流、仓储、广告、媒体、咨询等服务的机构。

很多人很难分清营销渠道和分销渠道的概念，而美国营销学大师菲利普·科特勒(Philip Kotler)认为市场营销渠道(Marketing Channel)和分销渠道(Distribution Channel)是两个不同的概念。他指出，"市场营销渠道是指那些配合起来生产、分销和消费某一生产者的某些货物或劳务的一整套所有企业和个人。"也就是说，市场营销渠道应该包括商品供产销过程中所有的企业和个人，如资源供应商、生产者、商人中间商(他们取得所有权)、代理中间商(他们帮助转移所有权)、辅助商(他们是便利交换和实体分销者，如运输企业、公共货栈、广告代理商、市场研究机构等)以及最终消费者。而分销渠道则是指某种货物或劳务从生产者向消费者移动时取得这种货物或劳务所有权或帮助转移其所有权的所有企业和个人。科特勒对这两个概念的定义说明了营销渠道包括了辅助商，而分销渠道则不包括供应商。但也有很多人认为营销渠道的概念包括资源供应商和辅助商，而分销渠道则不包括。总之，营销渠道的概念要大于分销渠道。

多数情况下，营销渠道的研究和实践主要集中在制造商、中间商和顾客，上游供应商则纳入生产采购及供应链研究范畴。将供应商纳入营销渠道的概念似乎有些不合时宜，但这是站在消费品制造商的角度来说的，对于整个社会来说，那些给消费品制造商提供原材料、机械设备、厂房、生产工具、办公用品等工业产品以及咨询、保险、金融、培训等生产性服务的组织和个人也是产品或服务的提供者，也属于制造商，只不过它们的产品或服务没有直接流向最终消费者，而是提供给消费品制造商，经过再加工之后形成新的产品，也就是消费品，并最终流向消费者。对于这些供应商来说，它们是制造商，消费品制造商则是他们的用户，供应商和消费品制造商之间也可能需要中间商促进商品和服务的流转。

另一方面，辅助商也是能够帮助商品流转的中间机构，具备某些分销渠道的功能，不应该排除到分销渠道的概念之外，如物流、仓储等服务商参与了商品的流转，广告、媒体、保险等服务商帮助了商品或服务从制造商向消费者的流转，它们与其他渠道成员也存在着资金、信息、谈判等流转活动。

因此，我们可以将营销渠道和分销渠道看成同一个概念(如图2-1所示)，都是一条基于建立各种交换关系而帮助商品或服务从生产者转移至消费者的通道，这一通道是由多个相互独立又相互联系的企业组织和个人构成的网络系统，包括供应商、制造商、中间商、辅助商以及消费者。

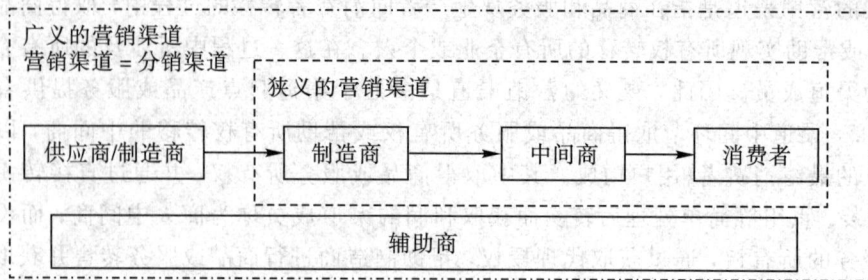

图 2-1　营销渠道与分销渠道

★**思考与讨论**

你认为营销渠道和分销渠道是同一个概念么？说说你的理由。

（二）营销渠道的特征

为了更为深刻的理解营销渠道的内涵，可以从以下几个方面把握营销渠道的特征。

（1）营销渠道是促进交换的渠道和桥梁。营销渠道的起点是供应商（或是生产者），终点是消费者或者用户，各个商品和服务都必须经过营销渠道的活动，才算是从生产领域真正进入到了消费领域，才能实现某一特定产品或者服务的价值。

（2）营销渠道的核心是购销活动。通过渠道成员间的购买与销售活动，商品和服务实现交换和转移，购销次数的多少反映了营销渠道的长短。

（3）营销渠道是一个完整的组织系统。这个系统由参与整个商品交易过程中的各类组织和工作人员共同组成。在营销渠道中，由于共同利益的存在，各个组成要素以及不同成员相互合作，相互竞争，形成一个上下游紧密衔接、互动性强的组织系统。

（4）营销渠道是一个多功能的系统。为了更好地实现购买与销售，不仅需要调研、购销、融资、谈判、仓储、运输、服务等职能，还要在适当的地点提供适当数量、质量、种类和价格的产品及服务来满足市场的变化和需求。所有渠道成员共同承担和发挥渠道的功能和作用，以刺激需求，开拓市场，实现渠道目标。

案例分析

小米手机的渠道策略

小米科技（全称北京小米科技有限责任公司）2010 年 4 月正式启动，由前 Google、微软、金山等公司的顶尖高手组建，是一家专注于 Iphone、Android 等新一代智能手机软件开发与热点移动互联网业务运营的公司。"为发烧而生"是小米的产品理念。小米公司首创了用互联网模式开发手机操作系统的模式，将小米手机打造成全球首个互联网手机品牌，并通过互联网开发、营销和销售小米的产品。

传统手机有三种营销渠道：一是运营商渠道，包括实体营业厅和在线营业厅；二是社会渠道，包括线下的电脑城、手机卖场，线上的淘宝、京东等电商；三是自有渠道，包括线下专卖店、在线商城等。

　　小米问世之初采取互联网销售渠道，小米官方网站是唯一官方购买渠道，并且都是通过预定且限量发售的。2011 年 8 月 16 日，雷军及小米科技的团队高调发布了小米手机，为国内首款双核 1.5GHz 主频手机，之后开始接受网络预订，每日限量发售。2012 年 7 月 9 日，凡客宣布联手小米公司在凡客平台上销售小米手机，第一批小米 M1 在凡客官网发布。

　　2011 年 12 月，小米与联通合作，联通定制小米手机开始发售。2012 年 4 月，小米与电信合作，又开拓一条新的销售渠道。此时，除了联通和电信的营业厅和网上营业厅外，与联通、电信有合作的京东商城、苏宁、国美等都可以购买到小米手机，不过价格、型号等方面与官方网站存在一定的差异。2013 年，中国移动与小米合作推出红米移动版，标志着小米销售渠道的进一步扩展。2013 年 5 月 7 日，小米在全球移动互联网大会现场开设"体验店"，展示并销售小米手机、小米盒子以及众多精彩配件。

　　2014 年 7 月，小米开始进军印度市场。2014 年 8 月 28 日，小米进军印度尼西亚市场，将在该国电子商务网站 Lazada 上独家销售红米手机。2014 年 10 月 22 日，小米透露已考虑在印度本土生产智能手机。2014 年 10 月 30 日，中国制造商小米公司已经超过联想公司和 LG 公司，一跃成为全球第三大智能手机制造商，仅次于三星公司和苹果公司。

　　★思考与讨论

　　小米最初的网络直销渠道有什么优势？后来又为何不断开拓新的渠道？这些社会渠道对小米有什么意义？

二、营销渠道的功能

　　企业的生产活动将原料转换成能够满足人类需要的具备某种效用或价值的产品，而营销渠道的基本功能则是促成产品更加顺利、高效地从生产者转移到使用者手中。

　　科特勒从分销渠道的角度将其功能细分为：信息、促销、谈判、订货、融资、风险承担、实体流通、付款及所有权转移等。佩尔顿（Lou E. Pelton）等认为渠道的功能主要表现为：通过提高联系效率而创造价值；通过标准化方便交易；通过分类整理使交易简单化；同时，将营销渠道内的不确定性最小化。

　　从经济学角度来说，营销渠道在企业整个营销活动中，着力解决产品或劳务与使用者之间存在的数量、品种、时间、地点等方面的矛盾，使商品或服务能够顺利地转移到最终用户手中。在商品的实际转移过程中，营销渠道发挥了一系列重要的功能，具体可细化为以下几个方面：

　　（1）信息。各营销渠道成员通过市场调研，收集并整理有关消费者、竞争对手及市场环境等相关信息，并通过各种途径将信息传递给营销渠道中的其他成员。其中，消费者的需求信息对商品和服务使用后的反馈信息尤为重要。作为渠道的起点，生产商由于自身资源和机会的局限性，无法直接接触最终消费者，导致掌握的信息不全面。而中间商，尤其是零售商能直接接触客户和最终用户，更能直接了解和掌握最终用户的需求。因此，关于消费市场的各类反馈信息都需要由中间商向上传递。当然，关于产品制造、维修、保养、使用、服务、促销等相关信息也需要经由渠道向终端消费者传达。

　　（2）促销。促销是生产者为了进一步刺激消费者的购买欲望而采取的关于商品和企业的宣传、沟通等活动。渠道成员一方面需要向终端消费者传递制造企业的促销信息，辅助制造商进行促销；另一方面也需要不断创新推广宣传方式，调动自身资源，依据自己对需求的把握，以顾客乐于接受、富有吸引力的形式，向顾客推销产品及服务。在此功能中，每个渠道的成员都需要参与促销活动。

（3）洽谈。洽谈是生产者或经营者为了实现最终的交易，需要不断寻找客户、维系客户关系，并与之进行接触和谈判的过程，也就是为了转移所供应商品的所有权，需要对价格及相关交易条件达成最后的协议，具体可表现为争取订单、形成订单和接受订单等。

（4）调节匹配。单个生产商通常只生产有限种类的商品，生产批量较大，产出数量相对稳定，供应地点受限，而消费者通常需求种类多、购买数量少、购买频次高、消费随机性大，很多商品具有明显的季节性，这必然会产生供需矛盾。这种矛盾使中间商的存在成为了必然，中间商通过对商品进行分类、分配、组合、搭配等活动，可以满足消费者多样化、随机性、波动性、便利性的购物需求。

（5）物流。物流主要是指商品的运输和储存活动。商品从生产商到最终消费者，中间必然要经过实体产品的运输和储存。运输和和储存功能可以由渠道成员承担，也可以由辅助商承担，如独立的物流公司和独立仓库。辅助商所承担的物流功能实际上是渠道功能分离和专业化的结果。

（6）降低和承担风险。降低风险是指通过渠道成员的活动来降低整个渠道的风险。例如：卖方（生产方）通常无法真正了解顾客的实际需求，而顾客又无法把消费体验直接反馈给生产者，而中间商作为两者之间的桥梁，能够很好地了解买卖双方的需求，甚至能够预测需求，他们通过仔细地协调供给和需求，来减少卖方的不确定性。承担风险是指在商品流通并将所有权转移的过程中，整个渠道成员将市场环境中的风险进行转换和分担。如生产者将商品卖给中间商，就已经完成了商品的流转，商品所有权转移的同时，物流风险、滞销风险、价格风险等也转移给了中间商。在整个营销渠道中，渠道成员通过专业化分工来分享渠道利益，同时，也随着所有权的转移共同分担商品的销售和流通风险。

（7）融资。融资是渠道成员为完成渠道功能而采取的资金流通活动，即为补偿渠道工作的成本费用而对资金的取得与支用。渠道组织的独立融资，使生产厂商能够很快地回收资金，提高生产厂商的资金使用效率。

（8）服务。服务主要是指渠道成员对最终消费者提供的各类服务，主要包括送货、安装、维修、售后保障等。

生产企业想要完全依靠自身的力量来承担上述所有功能是不可能的，也是不经济的。宝洁、可口可乐、阿迪达斯、海尔等企业每天生产大量商品，而消费者可能同时需要这几个公司生产的产品，并且每种产品仅需要少数几件，这就需要渠道的调节匹配、促销、信息、服务等功能，需要沃尔玛、苏宁、亚马逊等零售商大量采购并放在货架上供消费者挑选，满足消费者少量、多次、多样化的需求。小米最初产量低可以全部依靠自建渠道销售，而当产量从几十万台上升至百万台、千万台甚至更多的时候，完全依靠自身力量是无法完成销售任务的，也需要更多的渠道成员来承担促销、信息、洽谈、物流、融资等功能。

实践分析与应用

依据市场营销和营销渠道相关理论分析和解决实际问题。依据自己对市场营销和营销渠道的理解，尝试回答以下问题：

（1）你是否同意文中的观点？谈谈你的看法。

（2）当前背景下，营销渠道及其功能发生了哪些变化？

（3）结合文中提到的江小白、小米等，谈谈这些制造商是如何利用和实现渠道功能的？

靠线上火了，难道就不用做渠道了？

现在强调互联网营销的比较多，于是有人说，难道深度分销过时了，难道渠道不重要了？难道肯定了一个，就一定要否定另一个？产品自带流量，难道就不做渠道了？

还真有人是这么想的，也有人是这么做的。总之，这么想还这么做，肯定要吃亏。

1. 传播不是成功真相的全部

今年江小白很火，大家关注的都是它的表达瓶、UGC、文案等带互联网元素的方面。从传播角度看，这是对的。因为这些有利于传播，因为这些有故事。但成功绝不仅仅限于传播的东西。传播只传播有利于传播的东西，传播不是成功真相的全部。这是不是很拗口？

2014 年，我第一次见江小白的老板陶石泉，就向他求证一个问题：江小白初期到底是靠什么成功的？因为那个时候的互联网传播还不是很火，远没有引爆。

我的结论是：江小白的传统营销功底了得，它的渠道分销和推广能力比谁做得都好，即使没有互联网因素，陶石泉照样会很成功。互联网传播，只是给江小白的渠道工作锦上添花。但是公众看到的往往是那朵花，没有看到大量的幕后工作。

即使是现在这么火，江小白仍然在渠道上下了不小的功夫，比如限时完成 70% 的铺货，70% 的现款铺货。仅这两条，很多经销商就接受不了，反复讨价还价。对于江小白，这是不允许还价的。

互联网对传统，在思维上确实有颠覆的成分，在做法上肯定有继承的成分，最后的结果是否定之否定。比如，小米火了，靠线上火的，它就以为可以靠线上一直火下去。事实是，剧情很快会反转。

OPPO、vivo 靠线下火了，不要以为它们只是靠线下，它们的线上同样做得很好。

前年我就曾经预言，像小米这样的传播渠道一体化是有问题的。所有的传播渠道一体化，就是只要有线上传播，传播一定能形成渠道（如电商）。但是当线上流量消失时，线上渠道也就消失了。

线上流量有两大来源：一是突然站在风口了，流量很大。但是，没人能够永远站在风口。互联网既然有媒体属性，就会遵循媒体的规律。媒体的规律就是审美疲劳，某类信息一旦传播过量，就会效果递减，媒体就不再愿意炒作。比如，某个阶段只要是有关华为的文章，点击量都不错，过一段时间就不会了，媒体会不断转换战场。二是购买流量，购买流量的成本可能会超过线下成本。

所以，凡是把全部赌注押在线上的，总有一天线上流量会枯竭。这句话，当小米站在风口上的时候，雷军是不信的。等到他信了，风口又没了。

2. 渠道不再仅仅是线下，也可以是传播阵地

从去年开始，我就一直在提倡 4P 皆传播。

4P 皆传播有两层含义：一是在互联网时代，4P 皆有传播属性，都可以是传播的策源地，都可以是流量的源泉。二是 4P 要均衡，可以在传播上单点突破，但不能长期依赖单点传播。

在 4P 皆传播的思维之下，我们再审视渠道，思维就不一样了。渠道不再仅仅是线下，它也可以是线上。渠道不再仅仅是一对一的口碑、推销，也可以把渠道作为传播阵地，而且是可控的传播阵地。

今年在实践消时乐的新营销体系时，虽然也是 4P 皆传播的理念，但传播的策动是不一样的。初期的招商，纯粹是新媒体传播。进入市场运作后，主要又是依靠渠道传播。要把渠道作为传播阵地，就要求渠道运作比传统的深度分销做得还好。

前不久在消时乐复盘时，我们还反复批评一种倾向：拿起互联网工具，丢掉传统手段。实际上，因为中国营销长期的单要素突破，而且不断转换要素，以致形成了这种倾向，每次手中只有一件武器，永远没有形成系统。

3. 突破可以是单点的，稳固必须是系统的

在中国，过去就有传播（广告）做得好的企业，我称之为品牌导向的营销；也有渠道做得好的企业，我称之为渠道导向的营销。

一个企业的营销从哪里起步，这是资源和优势决定的，任何方式都可能成立。但是，如果不能走向均衡的营销，最后一定是跛脚的。品牌做得好，可以风光一阵子；渠道做得好，可以是隐形冠军一阵子；但真正做强做大的，却是 4P 均衡的企业。

我前几年提互联网比较多，有人以为我抛弃了传统。如果有这种看法，那只是你的看法。

我没有抛弃传统，但我看传统的视角肯定不一样了。在 4P 皆传播的视角之下，没有单纯的互联网，也没有单纯的传播，而是有机的结合。

虽然说 4P 皆传播，但传播的稳定性却不同。线上传播，调性难找。即使找到了传播的调性，但一定要知道，线上调性是不断变化的，很少有一个企业在传播上没有站在风口。可以说，线上传播可遇而不可求。

比如，小米曾经站在风口，雷军随便说句话就在线上发酵。但是，雷军现在要做到这一点就很难了。有一次参加小米的发布会，我能感受到雷军再也没有原来从容了，因为雷军的话已经不再是传播热点。

建渠道本来就不是件简单的事，让渠道具备传播功能更是件难事。但是，一旦渠道具备了传播功能，它就又是可控的、稳定的传播。渠道本身就自带流量，让渠道具备传播属性，相当于给老虎插上翅膀。所以，即便产品自带流量，即便线上传播做得风生水起，渠道战场仍然不可缺失。

不仅渠道不可缺失，而且要建立新型渠道，让渠道也具备传播属性。

资料来源：刘春雄. 靠线上火了，难道就不用做渠道了？[J]. 销售与市场（管理版），2017 年 11 期.

任务二　"互联网＋"时代的营销渠道流程及作用

★学习目标及任务

1. 掌握营销渠道的流程。
2. 理解渠道流程和渠道功能的关系。
3. 理解营销渠道的作用。

一、营销渠道的流程

营销渠道的各种功能是在渠道运营过程中，通过若干业务流程来实现的。在产品从生产者向消费者转移的整个过程中，会在渠道成员间产生一系列的流动，渠道成员间也会因为这种流动发生各种各样的活动联系，共同实现渠道功能。这些活动中流动的主体有些是有形的，有些是无形的，如产品的实体转移、所有权转移，促销，谈判，资金，订货，付款等，正是这些活动联系构成了渠道流程。

渠道流程中的"流"主要包括实物流、所有权流、促销流、风险流、融资流、谈判流、订货流、付款流、信息流等，如图 2-2。

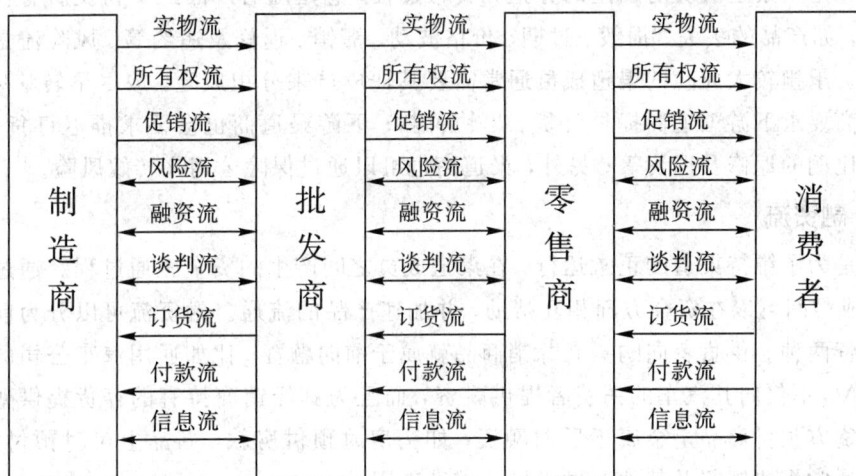

图 2-2　营销渠道的流程

（一）实物流

实物流也称为实体流或产品流，是指产品从作为生产起点的制造商出发，经过所有渠道成员和渠道环节到达最终消费者的全部运动过程，主要包括运输、储存、包装、装卸、加工、配送等活动。实物流是一种单向的从上向下移动的流程，由制造商经过中间商最终到达消费者手中。如啤酒厂生产出啤酒后，将啤酒运送给批发商，批发商在配送给超市等零售商，零售商再出售给消费者。当然在"互联网＋"时代，电子商务大行其道，为了节省"中介成本"，很多产品的中间商被取缔，产品实现了由生产者到消费者的一站式配送。在互联网时代，存储和运输成了实物流过程中最重要的活动。同时，有时也会出现实物的逆向流动，如退货、返修、回收等。

（二）所有权流

所有权流是指产品的所有权由一个渠道成员转移到另一个渠道成员的运动过程。通常，所有权是伴随着商品的购销活动产生的。在所有权转移过程中，会产生各种形式的经营风险，如市场需求变化导致库存积压或不足、运输仓储中的产品损失、物价变化引起的收益增减等。所有权流通常伴随购销环节在渠道中由上向下流动。需要注意的是，在租赁业务中，该流程转移的是使用权和持有权，代理、经纪等业务不产生所有权的改变。

(三) 促销流

一个渠道成员出于增加产品销量、树立新品牌等不同目的，通过销售促进、广告、推销、公共关系等促进活动影响其他的渠道成员或消费者。促销流从制造商流向中间商称为贸易促销，贸易促销通常以人员推销和销售促进为主；直接流向消费者的称为最终使用者促销，这种促销通常以广告和销售促进为主；而公共关系是企业整体形象和品牌形象的维系和提升，面临所有渠道成员。促销流并不是由某一渠道成员独立承担的，所有的渠道成员都有促销责任，通常是从上游向下游流动的。

(四) 风险流

风险流是指渠道成员对风险的分担和转移过程，它是随着产品的实物及所有权的流动而产生的，如产品的丢失、损毁、过期、价格波动、滞销、返修及违约等。风险流是一个双向的流程。承担较大风险的渠道成员通常需要其他成员来分担风险，或尽早转移风险，如上游渠道商要求下游渠道商提早订货、尽快付款；下游渠道商也会要求推迟订货及付款，承诺一定比例的返修及退货等；另外，渠道商也可以通过保险公司来转嫁风险。

(五) 融资流

融资是为了维持渠道的正常运行，在渠道成员之间产生的资金融通过程。通过融资活动，渠道成员间可以在资金方面相互帮助，并加速产品的流通。融资流可以分为前向融资和后向融资两种。供货者向购买者赊销商品就属于前向融资，比如通用汽车公司的全资子公司 GMAC 不仅向其汽车的消费者提供融资，而且为其经销商持有的存货提供融资。购买者向供货方预付商品定金属于后向融资，如买房时预付房款，新品上市时预付定金等。融资过程通常需要银行及其他金融机构的辅助作用。

(六) 谈判流

谈判流指的是产品的实体和所有权在渠道成员之间流动时，渠道成员需要就价格、支付方式等交易条件进行谈判。谈判通常围绕着产品的购销活动展开，最终的结果是所有权的划分。产品的实体和所有权每转移一次，通常都要进行一次谈判，并且谈判是一个双向的流程。

(七) 订货流

订货流是渠道成员定期或不定期向上级供货商订购商品的一种流程。订货流是一个从下向上的流程，一般是由消费者向零售商订货，零售商向批发商订货，批发商再向制造商订货。

(八) 付款流

付款流也称货币流、支付流，是指货款从下游渠道成员向上游渠道成员流动的过程。一般来说，付款流是从终端消费者向上移动，由消费者以现金或通过银行及其他金融机构将货款付给中间商，中间商扣除佣金或差价再向上一级渠道成员支付货款，层层向上，最终支付给制造商的过程。随着互联网的发展，电子商务平台的普及，支付流不再单纯地借助以银行或其他金融机构为代表的传统支付方式，以非金融支付服务机构为代表的互联网支付迅速兴起。

（九）信息流

信息流是指渠道成员相互传递信息的过程，包括上游渠道成员向下游渠道成员传递订单、产品、价格等方面的信息，也包括下游渠道成员向上游渠道成员传递消费者购买力、购买偏好，以及消费者对产品的意见和建议等信息。信息流会渗透到所有的增值活动中，如制造商会和他们的分销商共享产品和推销信息，目的是通过渠道中介提高促销效果，消费者能向渠道提供他们的偏好信息，从而增强了渠道提供服务的能力。

以上的九个流程在实际运营中是相互依存、相互影响的，共同承担并实现渠道的功能。其中实物流、所有权流、促销流属于前向流程，沿着渠道向下级渠道成员流动；订货流、付款流属于后向流程，由消费者向上移动；谈判流、融资流、风险流和信息流属于双向流程。

二、营销渠道的流程和功能的关系

营销渠道的功能需要通过渠道的流程来实现，也就是说各种功能在实际运作中会表现为各种流程。不同的渠道功能由不同渠道成员完成，他们相互协作又相互竞争，共同为渠道目标的实现而努力。同时，渠道流程的效率也决定了渠道功能的产出效率。

在流程中，首先面临的问题是如何对渠道成员进行合理分工。任意一种渠道功能可以由不同的渠道成员完成，但任何一种功能都不能缺少。调整渠道结构时，若可以取消或代替一些渠道参与者，他们所发挥的功能不能消失，必须由其他参与者来承担。一种渠道的功能或者流程都是由多个渠道成员分工协作完成的，有些成员完成多种功能或流程，有些成员侧重完成一种，也有单独由某一个渠道成员完成所有功能和流程的情况。

从管理的角度看，分销渠道是一个大规模的劳动分工系统，不完全相同的成员承担不同的流程。渠道成员参加不同的流程，相应地构成了分销渠道的一个亚渠道，如所有权渠道、谈判渠道、融资渠道等，这些流程渠道之间应该是协调的、协作的、前后衔接的。例如某种新产品的销售不理想，有可能是促销流和实物流不协调造成的，即虽然市场促销做的很有成效，但是运输跟不上或者仓库库存不足造成无法及时供货或缺货。

三、营销渠道的作用

制造商将一部分销售工作转移给渠道伙伴完成，尽管丧失了部分权益，但是却获得了更高的效率。中间商凭借自身的关系、经验、资金、专业知识以及对市场和消费者的了解和把握，可以帮助生产商更好地为目标市场提供产品，能做到许多制造商无法完成的事情。当前，为了达到更好的渠道控制效果，很多企业选择直销渠道或自建渠道，但是多数企业仍然选择通过中间商将产品投放到市场上。而且，即使是直销渠道或自建渠道，也无法避开生产者自身以及消费者两个重要的渠道成员，以及其发挥的巨大作用。

除了将产品由制造商转移到消费者手中这一基本功能外，营销渠道还具有以下几个方面的作用：

（一）减少市场中的交易次数，降低成本并提高效率

在交易过程中，通过与营销渠道的中间商进行集中交易，实行集中采购和配送，要比各个生产者直接与顾客分散交易的效率高得多，大大减少了市场中交易的次数，也提高了交易效率，如图 2-3 所示。特别是当专业性生产商增多时，中间商的优势就显现出来了。

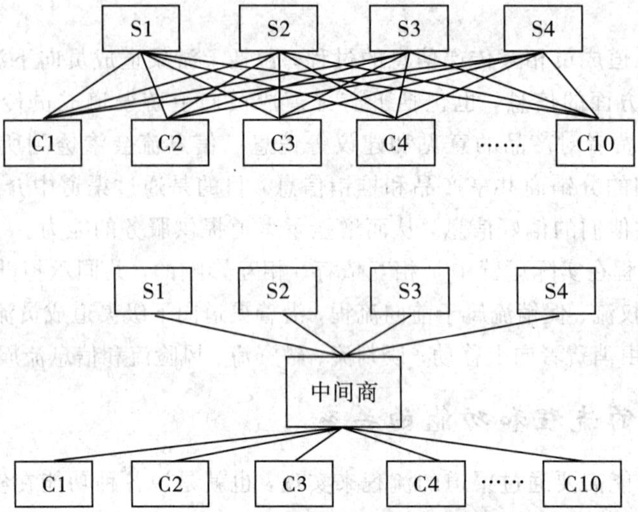

图 2 - 3　分销的效率

图 2 - 3 中，上半部分显示 10 个顾客直接从 4 个生产者那里购买商品，需要交易 40 次；后半部分显示，如果通过一个供应商间接销售，交易次数降为 14 次。当一个供应商卖给顾客少量产品时，可以通过中间商来持续降低营销费用和物流成本。另外，在业务活动中，某些专业企业，如第三方物流组织，因为能比其他企业更好地承担基本功能，所以可以提高渠道中的物流运作效率，降低分销成本，实现交易规范化。

（二）简化买卖双方的市场搜索过程，调节产销矛盾

在市场环境中，供求信息常常无法得到及时有效的匹配，这是因为买卖双方的信息搜索存在障碍。营销渠道中的中间商分别按照不同的行业进行组织，向各自的市场提供相关的市场信息，帮助买方满足自己的消费需求，卖方能成功将产品卖给有需求的顾客，为买卖双方都提供了极大的便利。

营销渠道的中间商使双向的搜索过程能成功进行，需求信息能够高效的流动，不仅提供了便利，也降低了买卖双方的搜寻成本。在搜索过程中，建立了产品销售的渠道，让消费者能从生产者处及时获得商品，消除了所有权归属的差异；为了让消费者能够实现便利购买、便捷使用，营销渠道的各成员在消费者面前组织销售，消除空间差异；为减少顾客需要时产品短缺的情况和不需要时产生库存的情况，营销渠道建立和组织物流体系，消除时间差异。

（三）为顾客创造价值，增强企业的竞争优势

营销渠道消除或缩小了产品供应和消费者需求在时间、地点、产品种类、数量上的差异，使整个商品传递过程能够顺畅高效，本质上为顾客创造了价值，也为企业带来了重要的资源优势。从企业管理的角度看，企业竞争优势可能源于资源优势（自然资源、社会资源或环境资源）、成本优势（主要源于规模经济和范围经济）和管理优势（源于管理方式、管理效益等）。从营销管理的角度看，产品、价格、渠道、促销都可能成为企业竞争优势的来源。在当前市场中，随着竞争的加剧、信息的透明化以及消费者的理性化，产品同质化越来越严重，价格竞争越来越难以获取持续竞争优势，各种各样的促销手段越来越难以吸引消费者，渠道和供应链方面的竞争逐步占据市场竞争的主战场，成为更加难以复制和模仿的优势来源。更多企业认识到，当前的市场竞争越来越表现为完整、高效的分销系统之间的竞争，企业的长期生存与发展，更多依赖于其分销系统的协调与效率，以及其能否更好地获取最终消费者的满意与忠诚。总之，与产品、价格和促销相比，渠道优势已经成为关系企业是否持续、健康发展的重要优势资源。例如，联邦快递以其创造性的、令人印象深刻的分销系统，使其成为快速专递行业的领先者；Enterprise通过机场外租车网点促成了汽车租赁业务的变革；小米公司最初通过网络直销迅速打开市场，创造出一个又一个奇迹，接着又通过多渠道策略扩大其规模和影响力。

实践分析与应用

依据市场营销和营销渠道相关理论分析和解决实际问题。依据自己对渠道理论的理解，尝试回答以下问题：

（1）结合材料，谈谈当前时代渠道流程发生了哪些变化。

（2）技术的驱动对渠道作用的发挥产生了哪些影响？

零售业迎大变革：新业态新技术驱动　全渠道成标配

2017年是零售业发生巨大变化的一年，新的行业定位、新的零售业态、新的技术纷纷涌现，全渠道运营已成为行业共识，线上线下合纵连横热火朝天。业内人士表示，2018年将是线上线下融合提速的一年，也是云联网与传统业态开花结果的一年。零售行业仍将处于积极转型和变革之中，面对新技术、新渠道的挑战，把握零售本质、紧随消费需求变化的企业才能获得发展先机。

1. 新业态新技术不断涌现

零售业正在经历一场巨变，"新零售"概念迅速成为行业"热词"。在这一新的"行业定位"之下，生鲜超市、无人值守商店、无人仓配、门店科技等新业态和新技术不断涌现。

当前零售业的重心正从原来线下时代的零售企业、电商时代的渠道，进一步向消费端转移。麦肯锡全球研究院报告指出，在消费与零售行业，多达85％的中国消费者已成为全渠道购物者，对购物体验的期望水涨船高，品牌商和零售企业应注重打造全渠道体验。随着购物场景日益丰富和分散，企业和消费者的触点不再局限于单一商场、网站等高流量入口。布局全渠道零售、提升消费者购物体验成为行业突围方向。

苏宁云商有关人士向中国证券报记者表示，零售业将进入一个消费升级的时代。在这样的时代，消费者不仅仅关心商品消费，更关心服务消费，近些年发展起来的被称之为大健康、大娱乐的新兴消费将高速增长。未来零售中，泛零售将大量兴起，一个方向是技术不断升级优化传统的商品经营，另一个方向是新消费业态不断涌现，带动整个消费市场华丽转身。

商务部原部长助理黄海表示，服务消费比重提高是国民从温饱走向小康阶段的普遍规律，到2020年，中国城镇居民的服务消费支出占消费总支出的比重预计将达到40％至50％，"零售＋服务"肯定会成为未来主流业态。

在 2016 年 10 月的"云栖大会"上，阿里巴巴董事局主席马云首次提出"新零售"概念，零售业发生变革的趋势已经开始显现。2017 年下半年，京东集团董事局主席兼首席执行官刘强东提出第四次零售革命理念。今年"双十一"，京东又再次喊出"无界零售"，认为智能技术会驱动整个零售系统的资金、商品和信息流动不断优化，在供应端提高效率、降低成本，在需求端实现体验升级。作为在零售行业的变革浪潮中提出线上线下融合发展的苏宁，2016 年也提出"智慧零售"，并将其定义为运用互联网、物联网技术，感知消费习惯、预测消费趋势、引导生产制造，为消费者提供多样化、个性化的产品和服务。

多种多样的说法有其不同的商业外衣，但外衣之下，都昭示着一致的核心趋势，就是零售业正在迎来"新时代"。有业内人士将这一年的行业变革总结为"以消费者为中心，依托大数据、人工智能等技术驱动，对商品生产、流通与销售过程进行升级改造，进而重构零售业态结构及生态圈，并融合线上、线下零售服务体验，以满足消费者的消费升级需求"。

2. 全渠道将成"标配"

"零售＋服务"意味着仅有线上交易是不够的，零售必须伴随"服务"带来的体验。中国连锁经营协会会长裴亮在接受中国证券报记者采访时指出，"全渠道"是最具代表性的新零售技术的应用，线上线下打通，形成全渠道的经营模式，现在已是整个零售业基本达成的共识。亚马逊收购全食超市，阿里投资一些实体店等，都是典型的全渠道思维。无论从技术端来看，还是从消费者需求端出发，全渠道应该会成为未来零售业的"标配"。

全渠道的定义是指线上与线下渠道的融合，实施起来并不容易，零售行业正在从不同的路径探索打通这一未来的必经之路。激进的探索方式，就是打造与全渠道相适应，而与以往都不相同的新业态模式。今年出现了一些被称之为"零售新业态"的事物，如结合了"餐饮＋超市"的生鲜超市，如即拿即走、无人值守的无人店，这些都可以看作是商家用以"投石问路"的试验田。

作为阿里着力打造、新零售标杆的盒马鲜生，其围绕"餐饮体验＋生鲜超市零售＋基于门店配送"，结合了餐厅、超市和外卖服务，消费者可到店购买，也可以在盒马 App 下单；线上实现快速配送，线下则在门店内布局了餐厅和烹饪等服务，包揽了从购买到体验的全流程。永辉超市的超级物种、新华都的海物会、步步高的鲜食演义、联华鲸选纷纷冒出。业内人士指出，上述模式之所以备受关注，是因为它们在一定程度上代表了实体零售和线上融合的新模式。阿里巴巴副总裁高红冰表示，2018 年零售业会有更多"新物种"出现，将有更多商家塑造新的场景，消费者在这些场景中不是简单的购买，而是在消费过程中购买商品所承载的意义和价值，传导人们之间的感情，这将成为 2018 年零售业发展的一个重要趋势。

新业态的目标旨在未来，那么对当下而言，全渠道会给消费者带来怎样的购物体验升级。中国证券报记者在苏宁云商调研时，在苏宁向记者展示的智慧零售所做的门店管理技术改变中，既有对内的系统升级，也有面向消费者的沟通平台。在对内的"店家"系统，让现有体系内的平台店家都可以看到每个店、每个产品的销售量、周转率、店员绩效、用户量、成交率；而面向用户的沟通平台"千里传音"，出发点就是线上线下融合，线上有什么困难对应线下能够带来什么帮助，将店员转化为在线客服；在提升供应链效率方面，苏宁正在与海尔等品牌一起构建供应商管理平台，与会员大数据打通，进行反向定制。而从实际业绩来看，全渠道已经开始发挥效果。

3. 商业要素重新组合

中国零售业曾历经了"杂货店、商超、电商"的演进，每一轮都旨在满足消费者需求。中信证券在研报中指出，下一个十年，消费需求将进一步演进至"极致商品极致体验"，需求痛点的满足是本轮零售业创新的切入点，而科技则是提升流通效率的有效工具，零售业将改造流通产业链各核心环节，更高效地满足消费新需求。

当全渠道零售、全场景服务成为零售业发展的方向时，就可以理解为何近年来零售业强强联合、线上线下合作的日益火热。2015 年阿里选择入股线下的银泰百货，进军线下的思路逐步明晰。自 2016 年开始，阿里开始加速布局线下，相继和三江购物、百联集团、联华超市、银泰商业、新华都、高鑫零售等达成合作；而京东也前后牵手永辉、沃尔玛等，近期腾讯入股永辉则将线上线下合作推向高潮。

国内的互联网巨头已经纷纷加入新零售战场，阿里的大举收购、京东的线下店铺、腾讯对商业企业的流量赋能和数据分析能力的不断加强，都说明未来的零售行业将发生天翻地覆的变化。平安证券预测，2018 年将是线上线下融合提速的一年，也是云联网与传统业态开花结果的一年。

在行业格局的变化过程中，技术、物流、商品等行业要素也在排列组合，行业的"人、货、场"要素面临重构。电商曾凭借互联网技术开启了零售业的线上数字化，在零售业这一传统上被认为是"低技术含量"的行业，这一年技术被资本和企业提升到了前所未有的高度，其中线下零售业的数字化成为零售业实现转型和创新的重要突破口。

阿里巴巴将"新零售"定义为"大数据驱动零售中的人、货、场重构，真正高效地实现了对消费者、货品流转和消费场景的洞察"。苏宁云商表示，零售业的全面数字化驱动，包括人的数字化、商品的数字化和场景的数字化。移动互联网时代，消费者个人被数字化定位；未来商品数字化不再需要条码、二维码，而是人工智能识别商品；全流程的商品位移过程场景的数字化，从工厂、库房、门店到达消费者，对每一个点进行定位，跟踪交易过程，形成供应链精准匹配。这个过程未来将进入到万物互联的阶段，即互联网和物联网相结合的阶段。

技术的发展已经超过了想象力，从今年开始，机器人、无人机、自动化分拣等物流"黑科技"进入物流行业，技术试图在基础层面上改变物流业。今年阿里旗下菜鸟网络发布了全球领先的超级机器人旗舰仓，上百台机器人单日发货量可超百万件；苏宁云商智慧物流则将商品的 GPS 轨迹图在苏宁易购 APP 的物流跟踪栏目里显示出来，形成可视化物流服务；京东物流也打出了"无人科技"、"多样服务"、"数据驱动"、"协同开放"四张牌。业内人士认为，未来包括仓储、分拣、运输、配送、客服全供应链环节的无人化智慧物流体系将出现。

任务三　"互联网＋"时代的营销渠道管理

★学习目标及任务

1. 理解营销渠道管理的内容。
2. 掌握营销渠道管理的步骤。

一、营销渠道管理的内涵

营销渠道管理是指在市场需求驱动下，对各种渠道流程进行计划、组织、协调和控制，是针对营销渠道成员之间存在的不同程度的合作、冲突和竞争，对渠道成员进行选择、激励、评估和调整，以保证渠道成员间、公司和渠道成员间相互协调，通力合作，以最低的分销成本为顾客创造最大价值的管理过程。可以从以下几个方面来理解渠道管理的内涵：

（1）管理的目的是创造价值并实现渠道目标。通过渠道成员的分工与合作，可以实现渠道的高效运作，并在此基础上及时、有效地响应市场需求的变化，共同为实现渠道目标而努力，进而为顾客创造价值，企业也获得了一定的价值回报。

（2）管理的对象是营销渠道中的所有参与者。渠道参与者既包括制造企业内部的员工及销售机构，也包括企业外部的其他合作者，如经销商、代理商、经纪人等中间商，也包括终端顾客，还包括物流商、仓储商、保险商等辅助商。管理对象的复杂性，也导致了营销渠道管理的复杂性。

（3）管理的内容涉及营销渠道的功能流程等所有活动。为更好地适应内外部环境变化，渠道管理需要对所有影响渠道功能发挥及渠道效率的各种业务进行规划和管理，包括信息、物流、风险、订单、价格、支付、促销、成员关系等。渠道管理是实现渠道目标的重要保证。

（4）管理的主要措施是计划、组织、协调、激励和控制等管理职能。渠道管理者通过执行这些管理职能，协调和整合营销渠道中所有参与者的活动，保证分销目标的顺利实现。

二、营销渠道管理的内容

营销渠道的管理包括两个方面的内容：营销渠道结构与营销渠道行为，前者是规划环节，是对营销渠道成员及其构成方式的设计，后者是实施环节，是对渠道成员的行为及渠道流程的管理、控制。

营销渠道结构指的是参与完成商品或服务的所有权转移的所有组织和个人的构成方式，也是渠道成员的构成方式。渠道结构主要包括渠道层级（渠道长度）、渠道宽度、渠道广度、渠道布局等。渠道结构涉及很多方面的问题，比如营销渠道包括几个层级，每个层级的参与者类型是什么，每个层级的参与者数量有多少，每个市场区域设置多少个销售网点，每个渠道成员需要发挥什么功能，企业的渠道一体化需要达到什么程度，渠道功能如何在渠道参与者之间进行分配，营销渠道的集中化程度、规范化程度、标准化程度是怎样的。营销渠道结构的本质是分销任务或渠道功能在渠道参与者之间的分解与分配，为了使渠道结构更加合理、高效，科学的规划和设计是前提。规划和设计渠道结构就是营销者在公司战略指导下，对企业的内外部环境进行分析，综合考虑企业现状、产品特色、市场竞争、消费者需求、中间商等因素，设计合适的渠道方案，并对此进行选择和评估。因此，对渠道结构的管理也就是对渠道结构的设计。

在规划设计完合适的渠道结构之后，就需要规划方案的实施和控制，也就是营销渠道行为的管理。渠道行为就是渠道参与者为了完成渠道任务而进行的管理和互动活动，也就是规划后的渠道的运行、操作和控制。渠道成员的管理和控制行为包括渠道成员选择、渠道布局、成员关系、任务分配、渠道权力、激励与惩罚、冲突与合作、物流与供应、渠道控制、渠道政策、绩效评价，以及渠道中的产品、价格、促销、物流、信息流及资金流的管理等。渠道行为的核心是渠道结构和渠道政策的实施，也可以称为渠道控制。

渠道结构与渠道行为共同决定营销渠道的效率，渠道结构与渠道行为互为因果，即渠道结构的不同会导致渠道行为的差异，渠道行为的变化最终也会表现在渠道结构上，两者单独或共同的变化会导致渠道效率的不同。渠道结构是设计环节，渠道行为是实施、控制环节，在实际工作中，有时候渠道结构与渠道行为是很难区分的，二者相辅相成。营销渠道管理实际上就是通过控制渠道结构与渠道行为的变化来提高渠道效率，如图2-4。

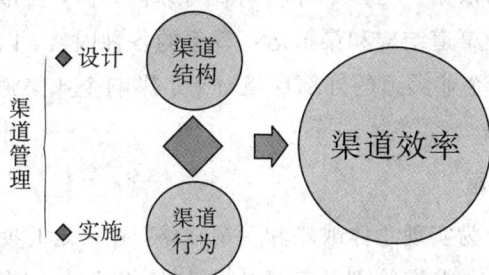

图2-4 渠道结构、渠道行为与渠道效率的关系

三、营销渠道管理的步骤

渠道管理的过程可以分为以下几个主要步骤：环境调查与分析；渠道目标的确定；渠道战略/策略的确定；渠道战略/策略的实施；渠道的控制；渠道效率的评估；渠道战略/策略的调整。其中，前三步主要反映了渠道的设计职能，后四步则主要反映了渠道的实施职能，如图2-5。

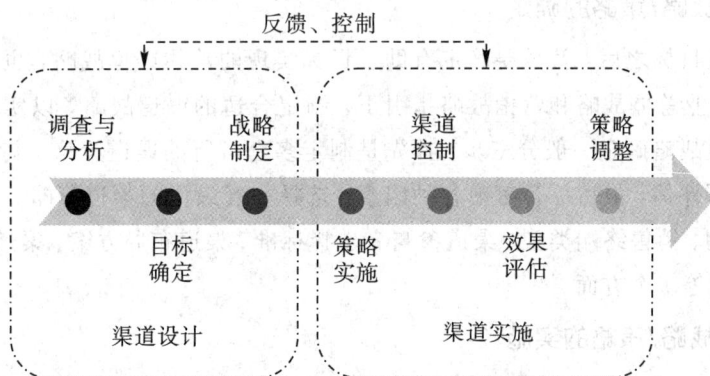

图2-5 渠道管理的步骤

企业的渠道管理必须以企业的总体战略和营销战略为导向，并且贯穿于渠道设计与实施的整个过程：营销渠道环境的调查与分析要以企业战略目标的实现为导向，以降低渠道成本、提高渠道效率为核心；渠道目标以企业总体战略目标和营销目标为依托，综合考虑

多种因素；渠道战略/策略的制定要根据企业的发展战略和营销战略，综合考虑影响渠道设计的各种因素及渠道目标来确定；渠道战略的实施就是设计方案的执行，在执行中需要注意渠道的控制、效率评估，如果出现问题或内外部环境发生变化就需要进行渠道战略/策略的调整；渠道策略的调整也需要依据企业总体战略、前期渠道调查分析结果及新的调查与分析结果而定，这又是新一轮的渠道管理过程。

（一）环境调查与分析

环境分析是市场营销的起点，也是渠道设计与管理的起点。为设计合理的渠道结构，企业首先要了解影响渠道结构的各种因素以及它们对企业渠道结构的影响程度，并以此作为渠道目标和策略选择的依据。与营销环境调查与分析类似，营销渠道环境调查与分析主要是收集和分析影响企业渠道结构和渠道运行效率的各种因素，以及它们对渠道效率的影响程度等信息，包括影响企业渠道的外部环境分析、影响企业渠道的内部环境分析、企业渠道的 SWOT 分析等。

（二）渠道目标的确定

营销渠道目标是企业为实现总体战略和营销战略，在一定时期内通过渠道管理活动预期达到的效果，也就是企业渠道管理活动的方向和最终目的。渠道目标主要包括三个方面：目标市场的确定、可量化目标及不可量化目标。这里的目标市场是指渠道管理活动的目标市场，主要是为了确定企业渠道管理活动的服务对象；可量化目标是指企业通过渠道管理活动要达到的可以量化的经济指标，如市场占有率、市场覆盖率、商品销售额、销售利润率、净利润等；不可量化的目标是指在完成可量化目标的同时，企业还要兼顾其他难以量化的内容，如目标顾客满意度、渠道成员满意度、渠道顺畅程度、品牌知名度、中间商合作程度、渠道控制力、渠道发展前景、渠道氛围等。虽然不可量化的目标难以测量，但对可量化目标的实现有着重要的影响，不可忽视。

（三）渠道战略/策略的确定

在确定渠道目标之后，就需要确定有助于目标实现的总体渠道战略，也就是依据环境分析结果，在企业总体战略和营销战略指引下，制定合适的渠道战略，以实现预定的渠道目标。企业渠道战略确定一般分三步：首先是制定多套可行的渠道策略，其次是对备选渠道策略进行分析评估，最后综合考虑各种因素，选择一套最优的渠道策略。企业的渠道策略涉及渠道结构、销售终端类型、渠道参与者选择标准、渠道布局方案、渠道覆盖率、物流配送、沟通方式等多个方面。

（四）渠道战略/策略的实施

渠道策略的实施也就是预定的渠道策略方案的具体执行，一方面是渠道组织，另一方面是渠道管理，也就是领导、激励与协调。渠道策略的实施主要包括渠道成员的选择、渠道功能分配、渠道成员权利与义务的确定及实施、合约的签订及执行、物流配送计划的实施，以及对渠道网络的领导、激励和协调问题。渠道策略的实施是渠道执行力的体现，为了更好地实现渠道目标，除了需要好的渠道策略，更需要有力地执行。

（五）渠道的控制

严格说来，为了保证渠道目标的实现，提高渠道效率，渠道控制应该贯穿于渠道管理的整个过程。管理学的控制包括事前控制、事中控制和事后控制三个方面，渠道控制也应如此。这里的渠道控制主要是指渠道策略执行过程中的控制，主要包括两个重要的方面：对渠道策略是否得到有效的贯彻执行进行监督和调控，以及对中间商等渠道参与者的行为进行监控。前一个方面虽然也会涉及渠道成员，如制造商对各级中间商的存货、仓储、地位及运输方式等进行评估，并提出奖惩措施、整改意见及政策支持等，但主要在于对企业自身对渠道政策的贯彻执行情况进行监控，属于企业内部控制。后一个方面的渠道控制，主要是对渠道系统中企业外部的组织和个人的监控，即对中间商及其他渠道参与者的投机行为进行控制，属于渠道控制中特有的跨组织控制。这两方面的控制互相补充、相互配合，内部控制是从企业自身保证渠道策略的有效贯彻，外部控制是保证整个渠道系统的高效运行，重点在于不同渠道成员的协调和配合。

（六）渠道效率的评估

渠道效率也就是渠道活动的投入产出比。渠道结构和渠道行为共同决定了渠道效率，设计合理的渠道结构是提高效率的前提，通过渠道控制规范渠道行为，提高渠道策略的执行力是渠道效率的保证。与渠道目标类似，渠道效率也可以分为可以量化的渠道效率和不可以量化的渠道效率。渠道效率评估就是把渠道效率的各种指标分别和不同的参照对象进行比较，对以往渠道策略的合理性及实施效果进行评价，以总结经验、找出问题，为企业渠道策略及营销策略的制定和调整提供依据。如通过评估，某阶段企业的销售额上升了12%，高于初期10%的目标，说明该阶段渠道策略是合理的，渠道策略的执行也比较有力；如果同时企业利润率不升反降，说明销售额的上升是以牺牲短期利润为代价的，这就需要进一步分析利润率下降的原因，对渠道策略的合理性和执行力进行重新评价。

（七）渠道战略/策略的调整

如果经过效率评估发现渠道问题，就需要找到问题的原因，并有针对性地进行渠道策略调整，这是渠道管理的最后一步。渠道策略调整的原因可以是多方面的，如宏观环境变化、消费者需求变化、中间商变化、竞争者变化、产品性质变化等。渠道策略调整的范围可大可小，可以是局部的，如某一个或几个渠道成员的删减，某项渠道政策的变化等；也可以是全面的，涉及企业的整个渠道结构或渠道策略，如增减某个渠道层级，增减某种渠道类型，渠道战略或渠道政策的大革新，渠道组织结构或关系改变，以及更新整个渠道网络等。

实践分析与应用

依据市场营销和营销渠道相关理论分析和解决实际问题。阅读资料，尝试回答以下问题：

（1）在欧莱雅选择收购小护士的动因中，小护士自身品牌的渠道优势成为首要原因，为什么？

（2）纵观整个收购过程，小护士在欧莱雅带领下的发展可谓是波荡起伏，究其原因，可谓是"败也渠道成也渠道",如何理解这句话？

（3）欧莱雅为什么要收购小护士？这一收购行为在欧莱雅的渠道管理中有什么作用？

浅谈欧莱雅收购小护士

2003年12月11日，欧莱雅集团在北京宣布收购"小护士"，所获包括小护士品牌、除了李志达之外的所有管理团队、所有销售网点以及位于湖北省宜昌的一个生产基地等。这是欧莱雅集团作为世界第一大化妆品公司在中国的首次收购行为，此举曾在业界引起巨大反响。次年4月8日，欧莱雅集团在上海世纪公园举行仪式，由欧莱雅中国总裁盖保罗先生宣布，推出加入欧莱雅集团后的新一代全新小护士与卡尼尔护肤系列"清泽"和"亮白"系列产品。欧莱雅集团还表示，要把小护士发展成为中国第一大护肤品牌。

小护士创立于1992年。据调查统计，小护士的品牌认知度高达99%，2003年的市场份额达4.6%，是中国第三大护肤品牌。欧莱雅集团全球总裁兼首席执行官欧文中先生在评价小护士的收购时说："收购小护士品牌是欧莱雅集团在中国发展所迈出的重要一步，为欧莱雅集团加快在中国市场的业绩增长提供了一个极佳的机遇。对欧莱雅集团而言，中国是一个具有重要战略意义的市场。"

1. 欧莱雅选择收购小护士的动因

（1）发展大众市场，完善营销渠道。欧莱雅是知名度最高、历史最为悠久的大众化妆品品牌之一，主要生产染发护发、彩妆及护肤产品，其进入中国大陆市场的产品几乎全是中高档的产品，也就是说，欧莱雅瞄准的只是中高端市场。而小护士在中国市场却是一个知名度到达90%以上的大众品牌，是中国第三大护肤品牌，可以说是妇孺皆知了。欧莱雅收购小护士，也就收购了小护士旗下的2.8万个直达乡镇一级的销售网点和177个经销商。这些众多的大众网点和经销商给欧莱雅的其他品牌打入市场提供了更多更宽的销售渠道，使其销量成倍的扩大，同时也省去了欧莱雅一大笔拓宽渠道的成本。此次收购是欧莱雅在中国发展所迈出的重要一部，成功收购小护士后，欧莱雅完成了其低端市场的布局，从而形成了高、中、低全面市场的布局。

（2）生产本土化。小护士在宜昌的生产基地的产量和欧莱雅苏州基地的产量基本相当。欧莱雅将小护士的宜昌基地收入囊中，大大提高了欧莱雅的本地化生产能力，从而可以在本地采购原材料、招聘员工，可以在本地研发符合本地市场的新产品、运输、储存货物，节省了欧莱雅的物流成本、人力资源成本和研发成本，为其在中国的进一步发展做好了充分的铺垫。

（3）提升品牌知名度。在中国，小护士的品牌知名度接近百分之百，而欧莱雅的知名度远远没有小护士高。欧莱雅通过收购小护士，把小护士归为自己的一个品牌，很好地利用了小护士的品牌效应来给自己旗下的其他品牌进行宣传，最终提升欧莱雅集团在中国的知名度。

2005年，欧莱雅继续斥数亿巨资重新打造小护士，希望小护士销售额能达到15个亿。在商场、超市等业态中，小护士还由货架销售改为专柜，并辅以铺天盖地的广告轰炸。但市场并没有接受这种变化，1年后小护士的广告大幅减少，专柜也陆续被撤，新品又回到拥挤的货架上，经销商也强烈要求将积压的老产品恢复销售。2006年统计，小护士的市场占有率早已远低于2003年的4.4%，品牌排名也落在十名之后。

对此，有人怀疑，欧莱雅是借收购小护士来为旗下品牌卡尼尔"清场"，毕竟卡尼尔的产品与小护士的产品定位差距不大。比如洗面奶，小护士和卡尼尔都是十几元，价差不过5元；霜膏类产品，小护士和卡尼尔价差20元左右。"收购的初衷绝不是要消灭这个品牌。"欧莱雅（中国）总裁盖保罗此前也多次向媒体否认"雪藏"小护士的说法，"欧莱雅为收购小护士这个品牌仅谈判就花费了整整4年的时间。我想不通，我们的经营团队花4年时间，目的就是把这个品牌灭掉？这根本就不符合逻辑。当然，我们收购小护士以后，可能没有做到我们预期的那样，但这是另外一回事。"

从总体来看，欧莱雅在中国市场的发展非常迅速，根据公司内部统计数据显示，2003年1～9月欧莱雅中国与去年同期相比增长高达66％，全年实现了15亿人民币的净销售额，这还是在扣除税收等项目后的数字。你要计算它的利润吗？它是销售额的7％，也就是1个亿。而2004年，盖保罗计划将销售额做到25个亿。但是，对小护士这个品牌来讲，这次欧莱雅的收购却是一波三折。刚刚收购小护士时，小护士的品牌效应几乎一夜就彻底崩溃，但经过欧莱雅公司的调整和努力，2008年小护士在中国实现了两位数的增长，在二三线城市销售非常成功。这也验证了欧莱雅中国总裁盖保罗所说的"我们收购小护士是为了发展它，而不是为了毁灭它"。

2. 初期收购失败的原因

（1）小护士与卡尼尔研究中心的结合对卡尼尔品牌反而产生了负面影响。许多消费者表示，他们买卡尼尔时总感觉是花高价钱买小护士。这是因为小护士原本的大众品牌和欧莱雅原来的中高档品牌之间有一点摩擦，消费者会错误地把对小护士的看法移植到欧莱雅的其他品牌上来，可能给欧莱雅的品牌价值带来一点不利的影响。

（2）在渠道方面，欧莱雅原本的渠道强项是百货商店、百货公司、超市专柜等，因此希望借由小护士拓展其相对薄弱的大众销售渠道。小护士原有177个经销商，然而，在欧莱雅并购小护士时，有一部分小护士的经销商流失。经销商都很现实，当欧莱雅刚刚收购小护士时，小护士的产品卖不动，就会选择代理其他产品。因此，欧莱雅会损失一批本来预算中的销售渠道。那2.8万个销售网点同样现实，卖得好就捧你，卖得不好就赶你，网点数量都是虚的。

3. 后期调整，成功融合

（1）"下沉"的渠道。2006年以来，欧莱雅集团在中国的品牌拓展与渠道下沉计划愈演愈烈，显然，欧莱雅已然洞察中国消费品市场存在的巨大转变，并意图在这一进程中获得巨大商机。一方面，中国居民的消费升级为欧莱雅的市场拓展创造了条件。通过30年的经济快速发展，中国居民的消费热情被极大地释放开来，展开了一场空前的消费升级运动，其中包括消费品的结构升级，以及消费档次的升级。这股潮流给欧莱雅创造了巨大机遇。另一方面，中国城市化进程为欧莱雅的市场拓展提供了平台。通过城镇化建设，中国已经将近有一半人口成为城市人，将商场、超市开到县城甚至乡镇，使品牌消费观念进入大众家庭。目前，中国市场越来越趋于一体化，以欧莱雅为代表的国际品牌也必将伴随中国城市化进程走入更多二三级城市，走入更多乡镇集市。

（2）市场定位准确。小护士融入欧莱雅后，在技术方面得到了很大的提高，但是小护士依然被定位为攻克中国三四线市场的品牌，这是欧莱雅"立体化、最大化"渠道策略的表现。作为大众品牌的小护士、卡尼尔等，既是欧莱雅中国内地的销售主力，更是渠道"下沉"，拓展中国二三线市场，做大"塔基"，实现欧莱雅再增长、再发展的关键。因此，欧莱雅加大了对小护士、卡尼尔等大众品牌的在中国三四线市场的投资力度和广告宣传力度。

資料来源：百度文库经济营销（https://wenku.baidu.com/view/9c8cca59804d2b160b4ec0ae.html）

任务四　"互联网＋"时代的渠道参与者

★学习目标及任务

1. 掌握营销渠道参与者的分类。
2. 了解营销渠道成员的构成。
3. 了解中间商的具体分类。

一、营销渠道参与者及其构成

营销渠道是参与产品从制造商传至消费者手中的各种组织联系起来的通道，而营销渠道参与者就是指与产品分销相关的所有组织及机构。一件商品从开始生产到消费者购买，中间可能要经过多个环节，在每个环节中，可能会有很多组织机构或个人参与其中。那么，参与商品流通的这些组织机构或个人就叫渠道参与者。这个概念在广义上是一个集合概念，指所有参与产品分销的组织机构或个人；在狭义上是一个单体概念，仅指某个具体的组织机构或个人。

为了进一步明确营销渠道参与者的范围，依据伯特·罗森布罗姆的观点，可以按照是否参与商品所有权转移的谈判将营销渠道成员分为两类：渠道成员参与者和非渠道成员参与者。将渠道参与者分为渠道成员和非渠道成员主要在于强调成员是否执行谈判职能，而谈判职能往往是与商品谈判或所有权谈判联系在一起的，谈判的结果直接决定了产品的市场定价及利益分配。因此，在整个渠道运行过程中，每个环节的渠道成员之间的利益既是一致的，又是相互对立的，这也就使得渠道成员之间既存在合作与共享，又存在竞争与冲突。

非渠道成员参与者又称辅助代理机构，主要包括运输公司、仓储公司、广告代理、金融机构等。对渠道参与者来说，非渠道成员在谈判方面的作用并不明显，他们只是一种辅助性质的组织和机构，不直接参与商品所有权的转移，只是帮助其他渠道参与者提高渠道运行效率与效益。非渠道成员一般不过多关心产品的性质、功能、款式、价格、销量等，只是关注其在分销过程中所需承担的职能及获得的利益。从营销渠道的建设和发展来看，这些非渠道成员的组织和机构虽然也是必不可少的，甚至可能直接影响营销渠道的效率，但通常不在渠道管理研究范畴内。

渠道参与者是渠道结构的主要构成要素，也是渠道流通的核心。渠道成员参与者是渠道参与者的主体，他们参与商品所有权转移的谈判，他们之间的谈判结果直接决定了产品的市场价格及利益的分配。渠道成员参与者主要由生产企业（制造商）、中间商和最终用户三部分构成。中间商根据所有权归属情况可分为经销商、代理商和经纪商，根据在渠道中承担的角色划分又可分为批发商和零售商，如图2-6所示。当前，随着市场竞争和新商业模式的不断涌现，除了经销商、代理商和经纪商外，又出现了平台商等新的中间商类型，并且很多中间商同时担任多个角色。如，京东先是网上零售商，开放商家入驻后又是平台商，同时还承担部分批发、物流等职能。

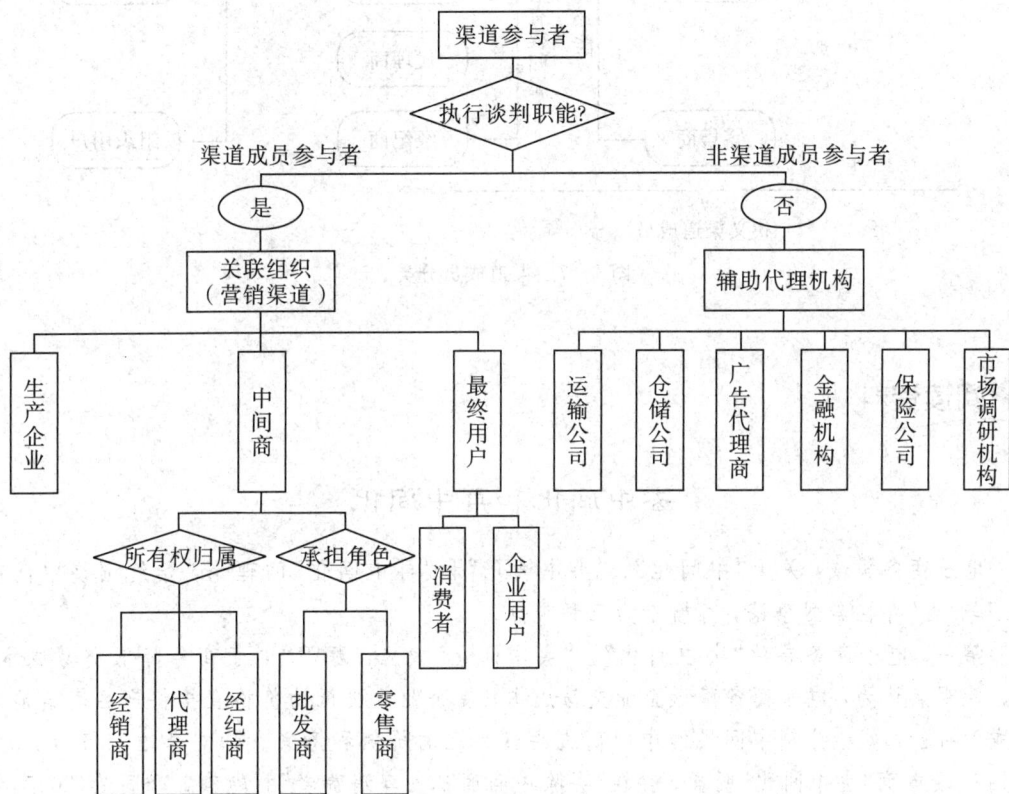

图2-6 渠道参与者分类

　　一般来说，营销渠道的主要成员包括生产企业（制造商）、中间商和最终用户，其中生产企业通常是渠道建设与渠道管理的主要领导者，中间商承担着渠道的一系列功能，对渠道效率和效益有着重要的影响，而最终用户是营销渠道的最终服务对象，对渠道结构及其演变起着至关重要的作用。尽管制造商、中间商和消费者都与产品的所有权相关，都是通过谈判和交易联系在一起的渠道成员，但由于消费者实力弱、专业知识技能欠缺、经验不足、力量过于分散等原因，在与其他渠道成员谈判时处于弱势，通常无法与制造商和中间商进行公平、高效的谈判，只能通过在不同商家之间进行选择来实现其"谈判"职能。因此，生产企业一般不把最终消费者视为渠道成员，而是把他们和目标市场（或目标顾客）联系在一起。在这种情况下，通常所说的渠道成员仅仅指制造商和中间商，而制造商在提到其渠道成员时仅仅是指与其合作的中间商（如图2-7所示）。

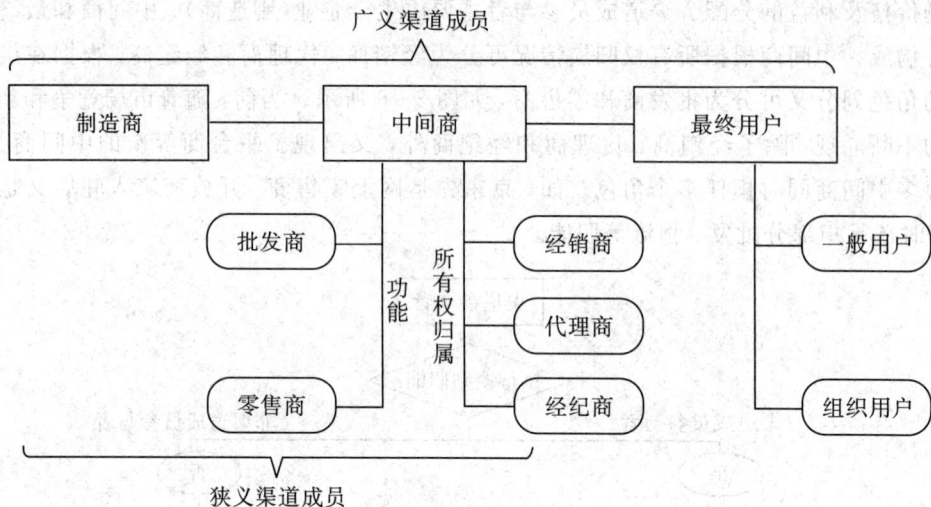

图 2-7　渠道成员分类

阅读资料

去中间化和再中间化

　　电子商务领域，关于"中间化"、"去中间化"和"再中间化"的理论，始终围绕中间商"去"与"再"存在激烈争论，可概括为三种观点。

　　第一，电子商务导致"去中间化"。"去中间化"效应，源于"电子商务降低交易成本"说。此观点认为，电子商务降低企业交易成本，使企业以更低的价格直接将产品卖给消费者成为可能，处于分销中间层的中间商失去其存在的价值和意义。如刘春雄(2016)认为，早期 C 端电商"去中间化"明显，存在"去除中间商""直奔消费者"的趋势。李同荣(2015)结合马云资本进入 Q 房网和搜房网案例，虚实共构让房地产经纪业面临去"中间化"的威胁。张胜军(2015)认为，电子商务对传统经销渠道的变革，导致"经销模式去中间化"，当前主要体现在 B2C 领域、B2B 领域。

　　第二，电子商务导致"再中间化"。"再中间化"效应，源于"中间商角色作用"说。此观点认为，中间商可整理、甄别和提炼有用信息，建立新的客户关系和买卖关系，创造新型组织。因此，中间商并非消失，而是重新出现。如张敬德(2009)认为，电子商务无法消除中间商的作用，电子商务为中间商提供新机遇。李光金(2016)认为，中间渠道越短，企业产品寿命越短，传统中间商不可能被取代，只是转换一种形式而存在(即再中间化)。吕玉明等(2013)认为，中间商具有集成、定价、搜索和信用作用，在电子商务经营过程中经历考验的传统中间商可充分利用信息技术，更好地发挥中间商功用，开展再中间化。Carr(1999)认为，电子商务导致在分销渠道中重新安排或重新调整中间商，而非中间商从分销渠道"批发"消失。Rosenbloom(2007)认为，再中间化是未来秩序。

　　第三，电子商务同时导致"去中间化"和"再中间化"嵌合存在。嵌合存在源于"市场竞争说"，体现中间商电子商务竞争法则，即优胜劣汰。优胜者，"再中间化"，反之则"去中间化"。Chircu 等（1999）提出 IDR 周期理论赞同此观点。IDR 周期仅说明在市场竞争环境中，一部分中间商"去中间化"，退出市场；另一部分中间商"再中间化"，重建市场地位。我国电子商务发展过程中，出现过四种现象。现象一，淘宝网、天猫网、京东网等电子商务平台迅猛发展，致线下实体零售店萎靡，许多线下实体店难以存续经营而退出市场，即"线下去中间化"效应。现象二，近年，各地涌现大量电子商务产业园和电子商务产业带，负责所属地区产业链和相关产品线下统一经营和管理，即"线下再中间化"效应。现象三，各大电子商务平台推出地方农产品销售特色馆，负责所属地区农产品线上统一经营和管理，即"线上再中间化"效应。现象四，线上竞争加剧，线上一些中间商因高经营成本无法维持经营，退出线上竞争，即"线上去中间化"效应。上述四种现象，说明电子商务在我国呈四种中间商 IDR 效应。

资料来源：自吴自爱. 新商业时代茶叶企业应对电子商务"再中间化"策略研究[J].
农业经济与管理，2017（4）.

★思考与讨论
你是否同意文中的观点？谈谈你的看法。

二、制造商

（一）制造商的内涵及分类

制造商也就是产品或服务的直接提供者，也叫生产商、生产企业或生产者，通常是那些直接从事产品生产或服务提供的组织或机构。伯特·罗森布罗姆这样定义："生产商和制造商包括那些从事提取、种植以及制造产品的公司，这些公司的种类包含了农业、林业、渔业、采矿业、建造业、制造业以及一些服务行业。"这一定义就说明了制造商包含了许多行业，既包括农业领域的农、林、牧、副、渔，也包括工业领域的采矿、各类加工制造、建筑以及各种新型制造等行业，还包括旅游、餐饮、咨询、金融、信息等服务业。

依据制造商对分销业务的参与程度不同，可以将其分为专业型制造商和复合型制造商。

1. 专业型制造商

专业型制造商往往仅专注于生产活动，其交易活动往往仅限于购入生产所需和产品销售，商品分销业务的组织和管理都由中间商负责。这类制造商通常不太关注终端，对渠道的重视和关注力度不够，对下游和终端的控制能力较差，往往受制于中间商。专业型制造商大多为中小型生产制造单位，他们的生产专业化程度较高，但通常产品品种、性能和用途较为单一，很多甚至没有自己的品牌，如做贴牌或代工的企业。这类制造商除非有特别独特的竞争优势，如技术领先、成本优势或市场垄断，否则只能做低附加值的简单加工，处于价值链底端，很难获取竞争优势和高额利润。在传统的营销渠道系统下，这类制造商较多，随着市场竞争的发展，很多专业型制造商开始转型。

2. 复合型制造商

复合型制造商不仅从事生产活动，而且在很大程度上参与产品分销活动，以提高渠道运行效率和效益。他们参与产品分销通常有三种方式：一是自建分销渠道直接销售产品，包括直营店、专卖店、体验店、网上商店等；二是通过兼并、收购中间商的方式建立后向一体化渠道系统；三是通过管理、契约等方式与中间商合作，建立战略联盟或长期合作伙伴关系，共同分担渠道职责。以前，复合型制造商往往具有企业规模大、产品技术水平高、资本实力强、服务要求高等特点，但是随着互联网和移动互联网技术的发展，制造商自建渠道的成本越来越低，也越来越容易。

（二）制造商在渠道中的作用

制造商作为营销渠道的首要环节，在渠道的建设和发展中起着非常重要的作用，他们通常既是渠道的建设者，也是渠道的维护者和使用者。制造商依据自身业务发展的需要及市场环境设计、建设和维护营销渠道系统，又根据需求与环境变化调整和拓展营销渠道。制造商是对营销渠道进行有效管理的核心组织，它不仅需要为整个渠道的建设制订计划，还需要为渠道系统的畅通和顺利运行组建组织机构、配置工作人员、选择渠道成员，并对整个渠道的运行进行指导、协调和控制。

制造商作为营销渠道的起点，在整个渠道运行中的作用主要体现在以下几个方面：

（1）制造商是整个流通渠道的起点，为整个渠道提供基本的交换对象——产品或服务。整个营销渠道都是围绕着制造商提供的产品服务的，如果没有生产企业，就没有交换对象，也就无所谓分销，更不必有渠道的存在。制造商生产的产品或服务是否符合市场需求，以及产品的数量、质量、品类、属性等直接影响着产品在终端市场的销售，也从根本上决定着整个渠道的效率和效益。因此，制造商的资质、能力、信誉、品牌及影响力等是分销渠道存在的前提。

（2）制造商是分销渠道的主要组织者。通常在一条分销渠道中，中间商更关心的是购销差价，关注分销费用，其采购数量有限，承担的风险小，并且中间商往往负责销售多个商家的产品；而制造商产量大，下游中间商数量多，需要承担更多产品滞销的风险，渠道是否顺畅、渠道效率的高低与制造商的利益更为密切。因此，制造商要比中间商更关心产品的销售情况，也就更主动、自觉地承担起分销渠道的建设和管理工作。如戴尔、安利等企业为强化渠道的控制而选择直销的方式；小米、江小白等企业在实力较弱时，为降低销售成本也是以网络直销为主；宝洁、可口可乐等快消品生产企业为更接近消费者，大多选择多渠道密集分销方式。

（3）制造商是渠道创新的主要推动者。一个完整的营销渠道可以没有中间商（零渠道），但是不能没有生产商，从根本上说，营销渠道是生产商的营销渠道。纵观整个渠道结构演变历程可以发现，渠道模式的创新和普及很大程度上是由生产商推动的。当生产商的竞争实力以及外部市场发生变化时，为了降低分销成本，提高销售业绩，提升竞争力，必须时刻关注外部环境的变化，并据此不断调整渠道模式，推动渠道策略的创新。

三、中间商

中间商是指那些在渠道运行中执行谈判功能以及其他功能，取得产品所有权或帮助产品所有权转移的经济组织或个人。按渠道功能不同，可以将中间商划分为批发商和零售商。

（一）批发商

1. 批发商的内涵及特征

批发是将产品或服务大批量地销售给那些为了转卖或其他经营用途的客户的商业活动。批发商承担着流通中介的任务，可以满足不同地域、不同时间和不同层次的市场对产品或服务在批量、种类和品种方面的分销需求。

批发商是具有法人资格的独立的批发企业，指从生产企业购进产品，然后转售给其他批发商、零售商、产业用户或者各种非营利性组织，不直接向个人或家庭消费者销售产品或服务的商业机构。批发商是营销渠道的中间环节，其上游是制造商，从制造商手中购买产品或服务，其下游是下一级批发商、零售商等中间商，向下游批发或销售产品。批发商是商品流通的大动脉，也是连接生产企业和零售企业的枢纽，对完善企业经营，扩大市场规模，提高经济效益，满足市场需求等方面有着重要的作用。

批发商通常具备以下特征：

（1）批发商处于整个营销渠道的中间阶段。在商品流通过程中，批发商的活动范围始终处于中间环节，即使批发业务完成之后，商品仍然处于流通之中。因此，批发商不直接面对最终的消费者，它是制造商和零售商之间的桥梁。

（2）批发商的交易对象是生产商品的制造商和面对最终消费者的零售商。批发商的主要业务是从制造商那里收购产品，向零售商销售产品，其盈利方式是购销差价。与零售商相比，批发商的采购量和销售量较大，采购种类较少，销售比较集中，并且不直接面对消费者，因而对商品促销、服务、选址、消费者满意度等关注较少。

2. 批发商的分类

按照不同的分类标准，批发商可分为不同的类型：

（1）按照所在区域性质可划分为：产地批发商、中转地批发商、消费地批发商。产地批发商主要是指从生产企业所在地采购产品、集中商品并提供给消费者所在地的批发商或者零售商的批发商；中转地批发商是指从事商品中转，处于批发流转活动的中间环节的批发商；消费地批发商是指处于批发流转活动的终点，在消费地从事批发活动的批发商。

（2）按照在商品交易中是否拥有商品的所有权可划分为：经销批发商（商人批发商）和代理批发商[①]。经销批发商对其经销的商品拥有所有权，可以自主经营，自负盈亏，其盈利方式是购销差价。经销批发商是批发商中最主要的类型。代理批发商是指不具有经营商品的所有权，受制造商委托，代理完成商品批发业务，其盈利方式是代理费用。经销商和代理商的区别见表2－1。

（3）按照经营的商品种类可划分为：综合批发商、专业批发商。综合批发商经营的商品种类比较多，服务的下游采购企业或组织也多，可以提供多元化的服务；专业批发商是指仅经营某一类或几类商品的批发商，经营范围较窄，服务的下游采购企业或组织较少，但专业化程度较高，提供的服务水平也较高。

（4）按照经营的市场范围大小可划分为：全国性批发商、区域性批发商。与过去相对比，传统的一级批发商等于现在的全国性批发商，而过去的二级、三级批发商则属于区域性批发商。

---

① 有时候也把经纪商归属到代理批发商的范畴。

表 2 - 1　经销商和代理商的区别

	经销商	代理商		经销商	代理商
法律关系	买卖	代理	责任	自己承担	委托人承担
机构性质	拥有合法经营资格的企业	企业/个人	取酬方式	赚取进销差价（经营利润）	佣金/提成
主体	自己的名义	以委托人厂商的名义销售、合同	经营品种	多品种、多品牌经营	一般不经营竞争品牌
所有权	拥有商品所有权（买断产品/服务）	不拥有商品所有权（代理产品/服务）	品牌责任	对品牌责任心较小	承担树立和维护品牌的责任
付款方式	货款两清、赊销、代销等	售后回款	自主性	自主经营（很少受供货商限制）	受供货商指导和限制
广告投入	按比例分担	由供货商负担	付款性质	货款或保证金	保证金
考核指标	销售量	市场质量和销售量	权责	与供货商责权对等	供货权力较大
价格	加价销售	规定价格	风险	有	无

3. 批发商的功能

批发商在整个商品流通过程中参与营销渠道的部分流程，其在营销渠道系统承担的功能取决于系统满足不同市场对于产品、编配及储运的需求。批发商的功能主要体现在对上游制造商和下游零售商两个方面。

（1）对上游制造商的功能。

促销功能：批发商通过销售或代理业务，可以利用自身的渠道网络帮助制造商接触到更多的零售商，从而达到增加市场覆盖率、促进销售的目的。

信息功能：批发商是制造商和零售商之间的桥梁，通过市场调研及销售活动，可以收集和掌握大量关于客户的需求及满意度等方面的信息，并将这些信息以各种方式反馈给相关制造商。

监督功能：批发商在采购时为了保证销量及利润，必然会选择那些品牌知名度高、信誉好、合作意识强的制造商，对其产品的质量、属性、工艺、等级、服务等也会有较高的要求，这就对制造商形成了一定的监督作用。

仓储及运输功能：批发商为了运输商品、存储货物，通常会购置运输工具、仓储场地及相关设备，这就帮助制造商承担了部分运输及仓储的功能，降低了制造商的成本及风险。

订单处理功能：批发商通过少次、大批量的采购，使得制造商无需直接面对大量中小零售商的海量订单，增加了销售批量，降低了订单数量及订单处理成本。

融资功能：一方面，批发商可以通过向制造商提供信用条件来提供融资服务；另一方面，批发商可以通过提前订货并准时付款，间接向生产制造商提供融资服务。

分散风险功能：批发商通过发挥促销、信息、监督、融资等功能，可以降低并分散整个渠道的经营风险。

（2）对下游零售商的功能。

搭配功能：批发商可以根据零售商及消费者的需求选购最适销的商品，并将不同种类的商品进行组合搭配，甚至重新包装，既提高了商品附加值，又为零售商或下一级批发商节约了商品采购和搭配成本。

降低交易成本功能：批发商通过从制造商那里成批购买商品，并依据零售商的需求成批地批发出去，可以降低零售商的进货及交易成本。

咨询及服务功能：批发商可以通过搭建制造商和零售商之间的桥梁，帮助零售商向制造商争取销售辅助或更优惠的合作条件，甚至直接帮助零售商进行员工培训、商店布局以及建立管理系统等，还可以在零售商无法完成既定销售任务时接受商品返还、调换缺陷产品、延长赊欠货款还款时间等。

案例分析

服装网络批发 PK 实体批发——谁是最后赢家

2013 年 9 月，杭州四季青服装批发市场爆出两家电商——阿里巴巴与四季青服装网络批发市场争抢炙热的新闻。对于是否走网络，四季青实体批发商们莫衷一是：有人认为网络批发难做，成少败多；有人认为，网络批发是未来的发展趋势，它的低成本是实体批发敌不过的；电商则大力推荐批发商走 O2O 模式……

一个 70 后金姓批发商说："我们对网络批发概念模糊，不懂如何操作，而且现实中有不少做实体批发的走向网络后没做起来……"一位经营童装的刘女士同时做线上线下的生意，实行双价格机制，但她说："我的童装线上的价格低于线下的价格。如一件童装进价 200 元，网上卖 220 元，现金交易，是有赚的。若实体店卖 220 元，去掉各种成本，实际要亏的，只有卖 280 元，才能赚些。但线上的价格对线下的生意有影响。"

记者再探电商人士看法。两家电商都赞成实体批发商们走入网络，它们一致认为网络批发是服装批发的主流发展趋势，共同推荐 O2O 批发模式——线下体验、线上下单，实体店只履行展示与体验服装的功能，下单全在线上。纵观电商从 21 世纪初起的疯狂发展，记者透视到——网络批发必是服装批发的核心趋势。

不少四季青的实体批发商们也告诉记者，他们中有不少人只有从网店批发才能挣到钱，且拥有更大的优势，发展得更快。如一件衣服，从实体批发店进货得 90 元，但从厂家的网店直接批发只要 40 元，批发商以 90 元的卖价很好销。记者想起了网络批发的先驱——衣联网，生意一直走在服装网络批发的前面，万家批发商家进驻，只需管理费用等便可省众多担忧。

资料来源：第一营销网，http://www.cmmo.cn/article-162099-1.html。

★思考与讨论

网络批发和实体批发各有什么优劣势？如果毕业后想从事服装零售业，你将如何选择进货渠道？未来服装批发行业将会有什么样的发展趋势？

（二）零售商

1. 零售及零售商相关含义

零售是指向最终用户直接销售商品和服务，从而实现商品和服务价值的一种商业活动。零售是分销活动的最终环节。零售具有的特征：服务终端是最终的消费者；顾客购买商品或服务主要用于自身消费，是非商业性行为；是商品流通中的最终环节。

零售商是指以零售活动为基本职能的独立的中间商，它是介于制造商、批发商与最终消费者之间的以盈利为目的，直接向最终消费者提供产品或者服务的企业或个人。

零售商是制造商和消费者之间最重要的桥梁，是实现渠道目标的重要节点。零售商是直接面对消费者的中间商，为人们提供满足日常生活需求的商品或服务，因而对消费者偏好、消费习惯更为了解。零售商经营的产品种类复杂多样，经营规模差异巨大，小到个体经营的小摊贩、夫妻店、小商店，大到拥有千亿资产的跨国零售巨头，它们都在为满足人们吃、穿、住、行、娱乐、金融、教育、安全、信息等方面的需求而服务。

2. 零售商的类型

随着商品经济和商业环境的发展和演变，零售行业及零售形式也在不断地发展和演化，尤其是近年来"互联网＋"的发展，更是带来了零售业翻天覆地的变化，滋生了许多新的零售业态。

零售业态(Retail Institution)的概念源于日本，主要是指零售商的组织形式，回答零售商卖什么、如何卖和卖给谁的问题。零售业态决定了零售商出售的商品种类及属性，也自然选择了零售商的目标顾客。

零售商的种类很多，依据近年我国零售业发展趋势，并借鉴发达国家对零售业态的划分方式，我国商务部门组织有关单位对原国家标准《零售业态分类》(CB/T18106—2000)进行了修订，成功颁布了新国家标准《零售业态分类》(CB/T18106—2004)（国标委标批函[2004]102号），按是否有店铺将零售业态分为有店铺类（12种）和无店铺类（5种），共17种；按照销售方式将零售业态划分为实体零售商和非实体零售商两种类型。

（1）实体零售商。

实体零售商也叫商店零售商或有店铺零售商，是指通过设立实体店铺进行经营和销售的零售商，其特点是将商业活动主要限制在实体店铺，商品在实体的货架、货柜上陈列摆放，顾客到店浏览、体验和购买，交易在实体店铺完成。随着经济的进步和社会的发展，新型零售商店也在不断涌现。依据零售商所经营的产品种类、规模、价格及服务方式的不同，还可以将实体零售商划分为专业商店、百货商店、专卖店、超级市场、大型综合超市、折扣商店、便利店、仓储商店、购物中心、工厂代销点、体验店等。

（2）非实体零售商。

非实体零售是指不设立实体店铺进行经营和销售的零售商。非店铺零售商主要有以下几种形式：

直复销售：这是指利用邮政、电视、广播、电话、网络等现代通信工具、广告媒体等形式传递商品信息，使之与消费者相互作用，并刺激消费者做出购买决策的一种零售方式，包括邮购、电视购物、电话购物和网络营销等。在现代社会中，随着网络技术和移动互联网的发展，网络销售已经成为当前商品零售的主流，并使网络销售和移动销售逐步从直复营销中脱离出来，成为相对独立的零售方式。

直接销售：这是指制造商生产出来的产品无需经过中间商，通过制造商的销售人员与顾客进行联系，直接将商品销售给目标顾客的零售方式。直接销售是否成功主要依靠销售人员，因而在人员招聘、培训、激励等方面的成本较高。直接销售主要包括上门推销、家庭销售会、展销会、传销（也称多层次直销）等形式。

自动（无人）售货：这是指利用自动售货机、自动柜员机等自动售货设备来进行商品或服务的销售。自动售货设备通常设置在机场、火车站、商场、学校、高速公路服务区等流动人口密集的公共场所，销售的产品主要包括饮料、食品、报刊、计生用品等。自动售货还包括银行供客户自动存取款以及查询服务的自动柜员机和为顾客提供咨询、游戏、点歌等活动的自动服务机。"互联网＋"环境下，自动售货进一步演化为无人售货，售货装备也不再局限于单个设备，还包括可以销售多种商品的无人店铺。

购买服务社：这是指一种为特定顾客提供上门服务的无店铺销售方式，这些顾客通常是一些组织，如学校、医院、军队和政府机构等。这些顾客有商品需求时，购买服务社会提供送货上门服务，在价格上也会比一般的零售商低。

另外，零售商依据商品所有权的不同，也可以分为零售经销商、零售代理商和零售经纪商。

3. 零售商的功能

零售商是连接制造商与消费者或批发商与消费者的中间环节，发挥着重要的桥梁和纽带作用。零售商提供商品分类和服务，不但为最终消费者提供良好的购物环境和服务体验，也为上游制造商或批发商提供了市场信息并分担其风险。零售商经营的好坏不仅仅关系到市场的供给状况，而且也能影响整个国民经济的发展。零售商的功能主要包括以下几个方面：

（1）组织和编配商品。消费者具有多样性、个性化的需求，满足其需求通常需要成千上万种商品，这些商品也来源于众多不同类型、处在不同地理区位的制造商。消费者需求的时间、地点、种类、数量、频率、服务等，与制造商的供给通常存在巨大的差距，这种产销矛盾就使得零售商的存在成为必然。对于消费者来说，零售商通过组织和编配产品调节供需矛盾，既代替消费者垫付资金，从制造商、批发商甚至其他供应商那里大量购进商品，并按照消费者的需求进行重新组织、分配、包装、组合，满足消费者便利化、多样化、小批量、多品种、高频率的购物需求；对于制造商或批发商来说，零售商的这种组织和编配商品的活动既可以更好地满足顾客需求，帮助制造商更好地销售产品，扩大销售市场和产品影响力，也可以将不同制造商生产的产品组合起来进行联合销售。

（2）储存商品并承担风险。零售商面临的是最终消费者，他们的购买行为是少量、多次的，为满足这种随时、随机的购买需求，零售商必须储备一定数量的各种商品。另外，为了降低采购成本，零售商通常也是批量采购的。零售商这种批量采购、零散销售的行为，可以帮助制造商或批发商承担并转移部分仓储、运输成本以及储运、销售期间的滞销、脱销、自然损耗、意外损失等风险。

（3）提供服务。零售商直接服务于消费者，它可以为消费者提供良好的购物环境及服务体验。零售商可以准确、及时地掌握市场供求趋势，组织适销对路的产品，在扩大产品品种的同时保证商品的质量，让消费者能及时充分地选购商品，并让制造商了解消费者需求；其次，通过正确执行商品销售策略，不断研究改进商品的销售方式方法，可以帮助企业销售产品并与消费者建立良好关系；最后，零售商可以向消费者提供与商品销售直接相关的服务，如包装、免费送货、电话预约、经营礼品、停车场、临时保管、儿童游乐、休息场所等。

（4）传递信息。零售商数量多、分布广、形式多样，处于商品流通的最终环节，可以更快、更好地获得并传递信息。一方面，零售商可以通过人员推销、销售促进、海报展示等手段，及时将商品、厂家的相关信息传递给消费者，激发其购买欲望，推动购买行为，并提供完善的购物体验和售后服务，让顾客明明白白消费；另一方面，可以向制造商、批发商及其他机构提供终端客户的反馈信息，如消费者的投诉、建议等，帮助上游客户掌握更多的市场信息，以做出正确的营销决策。

（5）提供娱乐。以顾客需求为导向是零售商经营活动成功的关键。零售商不仅为消费者提供商品，而且还要满足最终消费者的抽象需求，如消费者对购物环境、文化氛围等的需求。零售商通过对购物环境的精心布置，不仅陶冶了消费者的情趣，同时还为消费者提供了休闲娱乐和休息的场所。作为最接近消费者的环节，零售商需要给消费者带来最直观的娱乐体验。

（三）零售商与批发商的区别

零售与批发是相对的概念，它们的区别体现在销售活动中，最终用户购买物品是为了满足个人与家庭最终消费的需要，而批发则是为了提供商品给下一级的中间商。

（1）销售对象不同。批发商从事的是企业之间的商品买卖，一般不直接与消费者发生交易。批发商的交易结束后，商品没有成为最终消费品，而零售商从事的交易是把商品直接卖给个人消费者。

（2）销售批量不同。零售商的销售对象是最终消费者，而最终消费者购买商品是为了个人的和家庭的生活消费，因而购买量比较小；而批发商的销售对象是企业、机关用户，这些用户的购买量都比较大。并且，批发商的销售额要大于零售商，因为零售商只将商品转卖一次，而商品在各级批发商之间，是要经过多次转卖的。

（3）地区分布不同。零售商，特别是为数众多的小零售商分散在全国各地的消费者聚居处，而批发商是为生产企业、各种公司用户和广大零售商服务的，所以一般集中在经济中心城市和交通枢纽地区。

📢实践分析与应用

依据市场营销和营销渠道相关理论分析和解决实际问题。阅读材料，思考并回答以下问题：

（1）结合自己的理解，谈谈为什么说"更快、更近、更便利、更精准"成为当前零售企业效率提升的核心？

（2）结合自己的理解，谈谈什么是"新的、更有效率的零售模式"？

（3）选择一个你熟悉的零售企业，说说它应该如何提升三大效率？

零售企业要关注三大效率

零售业的变革始终是以效率为主要推动力量。二十年前，更有效率的现代连锁大卖场、超市、便利店零售形式取代了传统零售形式。今天，可能更有效率的新零售形式将会取代目前的现代零售形式。

总体看，面对消费者的新需求特点，面对互联网的快速发展，面对外部竞争者的不断创新，效率正在逐步成为零售企业之间比拼的核心。更快、更近、更便利、更精准已经成为零售企业需要高度聚焦、高度关注的效率提升核心。

——消费者主权时代，需要构建新的、更有效率的零售模式

消费者主权时代，零售商必须要彻底转换为以消费者为中心的零售理念，重构一套新的以消费者为中心的零售技术体系。这些理念、技术体系，可能需要颠覆目前的零售理念、零售技术。

新的零售理念、零售技术体系，必须要以更有效率为基本前提，也就是需要以更有效率的零售理念、零售技术迭代目前效率低下的零售理念、零售技术。

——新零售，企业需要构建的三大新效率体系

零售业的发展已经进入一种更注重效率，靠效率发展，靠效率比拼的关键时期。企业必须要实时转变，以效率为核心，重构新的零售模式。

连接效率：零售的效率变革首先要看清连接的价值，构建以消费者为中心的连接效率变革。连接一定会带来零售革命性的变革。

连接效率是要把你的消费者，由买卖关系变成为用户关系，由一次性关系变成为终生用户关系，目标是使用户为企业创造更大的价值。

提升连接效率，必须借助互联网的连接手段。借助互联网打造出来的各个平台，特别是社交平台，构建起各种有价值的连接模式。

提升连接效率的主要目标是：找到顾客、建立连接、产生影响、增强黏性、打造顾客终生价值。

在这当中，一定会借助连接、交互，产生更有价值的新零售商业模式，譬如海尔大顺逛平台的交互产生的新商业模式。

订单效率：对零售企业来讲，订单效率应该包括上游订单、内部订单、下游订单。

企业要加强与上游厂家、经销商之间的配合，改变目前的采购订单效率。借助互联网信息技术，使采购订单的速度、精准效率得到提高。

要改造企业的信息技术，提升门店与总部之间、门店与物流之间的订单协同，并形成配合门店有效实现到店、到家、O2O等多种订单模式。

要改变目前的销售关系，逐步把与消费者之间的商品售卖关系改造成一种订单关系，必须要实现顾客的全注册，通过注册能够实现顾客的价值管理。

订单管理的核心的是活跃度、复购率、顾客价值。

把与消费者的买卖关系改造成一种订单关系，是一件非常有价值的事情。

这种订单关系，不是以往的零售企业顾客客单的简单分析，它的目标是围绕顾客价值，做更加有深度的分析、关联，最终的目标是实现更精准的顾客分析，可以把分析具象到每一单个的顾客，实现企业与每个顾客的直接对接。

交付效率：交付效率一定需要零售企业重新认识。以往顾客到店的交付，只是满足顾客的一个需求场景，而目前顾客已经迭代出更多的需求场景，即所想即所得、所见即所得、

到家需求；等等。这些需求已经是当前更多顾客的基本需求，若你不能满足，顾客只能选择能够满足其需求的其他商家。

从目前一些新零售创新案例来看，这些需求潜力已经很大了。譬如盒马鲜生，它的门店订单比率有一半是通过到家模式实现的。

目前外卖平台也在快速发展。2017年，我国网上外卖用户规模达到3.43亿，较2016年底增加1.35亿，同比增长64.6%。其中，手机网上外卖用户规模达到3.22亿，增长率为66.2%。

数据显示，2016年我国在线餐饮外卖市场规模达到1657亿元，增长率为36%。2017年全年市场规模将突破2000亿元大关，2018年在线餐饮外卖市场规模将有望突破2300亿元。

加班、周末聚餐、下午茶、夜宵等订餐场景出现，外卖消费呈现多元化发展趋势。据悉，仅是"饿了么"就有接近30%的交易额由这些非就餐时段的订单构成。这些场景，都应该是零售企业特别关注的新场景。

所以，未来的零售商品交付场景，不可能还是单一的到店交付一种模式，可能是到店＋到家＋线上下单到店自提等多种方式。

面对新环境，零售商必须要研究多种新的商品交付模式，重新树立商品快速交付的新理念。

——如何构建新的企业效率体系

由以往的零售理念转向更加注重效率的新零售理念是一项复杂的系统工程，但这可能是零售企业必须要做的。这是新的消费需求推动的零售变革，这是新的竞争对手已经在开始快速创新的新零售模式。企业必须要看清形势，尽快变革。

转变观念，模式重构：实现这一转变，关键在于理念的转变。必须要看清当前消费需求变化的特点，看清目前新零售形式，特别是线上企业在做出的快速推进。企业理念的转变必须要自上而下，首先要从老板开始转变观念。企业的变革一定需要顶层设计，从企业的上层重新设计一套新的以效率提升为中心的新模式。同时，企业的转变一定需要从模式上进行重构。

打造完善的信息化体系：企业要真正效率提升，一是需要模式重构，二是要在模式重构基础上，用一套高效率的信息系统更好地体现出来。最终的效率表现，关键靠信息系统。

目前的零售信息系统迫切需要重构。改变以往以管理为中心的信息系统理念，需要用互联网的连接模式重构信息系统的架构。

从盒马的模式看，它可以实现更好的零售效率，主要是靠一套新的零售信息系统的支撑。

打造好完善的商品、运营基础：零售效率的提升，一定是建立在零售店完善的、符合当前消费需求特点的商品管理、运营管理体系基础上。

譬如盒马，它的基础是构建了一套新的日日鲜商品体系、品质化大海鲜商品体系、以满足目标消费者日常生活解决方案的场景化品类模式体系、构建了新的营销体系。

在这种完善的品质化商品、运营体系基础上，才能体现出更多的价值。

重构企业新的组织、流程：提升零售效率，需要重构企业组织、流程。

这种重构需要以消费者为中心，以快速反应为目标，以满足消费者的新需求为基础，以超越竞争对手为前提。

零售业已经进入效率零售新时代，即看谁更快、更精准、更有效率。

资料来源：鲍跃忠. 零售企业要关注三大效率.

第一营销网, http://www.cmmo.cn/b/780085/817929.html.

◆▶ 习题与提升 ◀◆

一、讨论

(1)"互联网＋"时代下营销渠道及其功能的变化。

(2)结合实例，理解"互联网＋"对营销渠道的流程及作用带来了哪些影响。

(3)当前时代企业应如何进行营销渠道管理。

(4)当前渠道参与者角色发生了哪些变化，他们应该如何应对当前的机遇和挑战。

二、案例分析

互联网时代的深度分销变形方向

深度分销是战术体系，不是战略体系！无论传统快消品企业还是互联网企业，深度分销都是销量加速器，是进攻的大杀器，一旦陷入持久战或用于防御，覆盖面过大，战线过长，不但管理难度增加，而且久战必衰！

关于深度分销的争议从其诞生之日起就没有间断过，各种力挺或质疑的声音不断。近年来，随着互联网时代的来临，对于深度分销的唱衰声音比较多，尤其是很多深度分销功夫老辣的传统企业开始业绩下滑，更激起了众多批评之声。

1. 深度分销的背景

深度分销体系是一套基于终端管控的销售作业体系，其业绩来源的主要构成要素就是终端控制数量，也就是铺货率，而铺货率的提升源自基层业代的拜访沟通。在 20 世纪末批发市场刚刚衰退，超市（KA、CVS）等现代分销渠道还不强势，城市市场里面传统零售终端（单体夫妻老婆店）占据主流时，深度分销作为一套以人海战术为特点的连接工具开始走红，几乎每个快消品大品牌都使用过这套武功，并且威力无比。

总结一下，深度分销是连接单体碎片化终端的组织系统，必须具备低成本、高效率的特征。

2. 深度分销走衰的关键要素

深度分销对于碎片化终端的抓取整合有很强的能力，但是对于 KA、CVS、电商、大型终端等往往无能为力，尤其是业代是按照小区域划分，单个业代的能力无法对付大终端及跨区域分布的连锁终端，对于隐形终端更是无法触及。商业终端的现代化进程是从城市自上而下开始的，即深度分销的作用最先失效的是城市。越是发达的城市，其现代化终端的比例越高，深度分销威力就越弱。加之人员成本、管理成本、物流成本与城市现代化成正比关系，深度分销往往就被驱逐到边缘地带或低级市场。同时，企业的销售管理体系更新往往比较慢，深度分销逐渐成为成本高、效率低的系统。

3. 深度分销的本质与核心

进攻性是深度分销最本质的功能，对于企业而言，增量贡献是深度分销受宠的根源。增量的路径大多源自终端数量的提高、新品的推广和单店动销率的提升。在增量维度方面，深度分销是一个低成本、高效率的工具，因为随着铺货率、动销率、产品数的增加，增量业绩会稀释成本。但是一旦陷入存量保卫战，铺货率降低、动销率降低、新品成活率不能保证时，深度分销就会陷入系统性死循环，表现为业绩下滑、人员流失、地盘缩小。

传统的单体终端不具备连锁现代终端的统一管控体系，由于单体终端的自主性较强，从进货到出货随意性很大，同一品牌的价格不一，会给企业带来麻烦。而深度分销作为企业有组织的管理体系恰当地解决了这些问题，通过业代固定区域的拜访管理，让这些单体终端逐步规范。

为什么以深度分销为基础的地推队伍生机勃勃，例如滴滴、美团甚至B端电商等，很多互联网企业不仅仅拥有技术资源上的优势，更拥有庞大的线下推广团队，其管理作业逻辑与深度分销无异。

越来越多的年轻人向城市聚拢，但是深度分销的整体走向却与城市化背道而驰。

4. 互联网对深度分销的影响

从商业进化的角度来看，终端碎片化在进一步加剧，从大一统的供销系统到个体夫妻店、批发、商超、电商、社会化渠道……企业的销售管理系统里终端分类越来越复杂，这对于业代及销售体系的涵盖能力要求越来越高。

无论是深度分销、深度协销，或者品牌驱动下的客户代理模式，其核心销量都来自终端。打开企业的销量报表，很多企业的绝大部分销量来自传统终端，也有很多企业的绝大部分销量来自深度分销体系。

面对深度分销的种种非议，受益于增量神器的传统快消品巨头没有几个宣布退出这套系统，动辄百亿的存量致使巨头们不敢轻言放弃。从另外一个角度看，还没有哪套系统能代替深度分销镇守如此庞大的存量。

然而，一旦产出变低，成本越过红线，人员绩效变低，管理效率拉不起来，深度分销则必然陷入泥潭。

传统快消品企业更稳妥的做法是，用两支队伍打天下：一支抓主流销量，一支布局未来潮流品牌。一支队伍是渠道终端的人海战术，一支队伍是粉丝鼠标的特种部队。从品牌的角度看，市场部有支部队引导线上聚合粉丝；从销售部的角度看，一支部队抓主流销量，一支部队抓潮流销量；从渠道布局的角度看，增量品牌（品种）重新布局经销商。

线上聚合粉丝，线下抓取终端（渠道）。线上会喊，线下能做。潮流博眼球，主流修地球。更新自己的渠道分类标准，线下扫街，线上扫网。线下终端依然靠深度分销（协销）扫街铁军支撑，线上终端建立补充网，平台电商、城市分布式电商、社区电商等新型终端则用另外一支队伍做功课。

传统快销品大多是以深度分销或深度协销模式构建起来的渠道终端团队，这种队伍对于大品牌而言，往往是几万甚至几十万的大部队。镇守主流销量的同时对这部分人进行改造是个庞大的工程，即直接转入信息文明时代的增量争夺，难度极大。

很多人认为深度分销退出历史舞台的原因是互联网冲击，但线下终端依然占据95%的销量主体。线上对于传统快消品的影响源自流量抢劫，传统营销对于流量的认知是模糊的，在互联网世界里流量不仅仅是销量之母，更关键的一点在于流量等于注意力。传统营销对于流量抓取的手段来自于两个维度：一个是媒体（电视、报纸、广告牌等），一个是终端的"三到"原则，即看得到（生动化陈列）、听得到（终端推荐）、买得到（铺货率）。

5. 互联网工具对于深度分销的改造与助推

传统快消品企业的深度分销体系里，对于业务人员的行踪管理与绩效管理，工作量很大，很多访销软件强调了这些基础性工作，有的增加订单传递及铺货率指标的分析，生动化指标落地监控，这些工具提高了深度分销系统里的管理效率，适当助推了企业导入或改进终端管理体系。

仅仅靠一套工具系统就能够成就一个企业的主流营销系统，或者从根本上解决存量企业的深度分销问题，也有些片面。深度分销的基本逻辑是人的管理，能否提高单位产出、降低运营成本是检验一个工具先进性和适用性的有效维度。

过去十几年的快消品营销历史，很大比重是深度分销的历史，成就了无数攻城略地、敢于下沉的企业。存量企业的深度分销改进或变形是个系统提升的问题，商业系统的连锁化与碎片化共存也决定了企业销量抓取的手段必须多样化，仅仅靠一两个手段打天下的时代过去了。

资料来源：方刚. 互联网时代的深度分销变形方向[J]. 销售与市场（管理版），2016(12).

阅读案例资料并回答以下问题：

（1）你如何理解文中提到的深度分销？

（2）互联网时代深度分销是不是应逐步退出历史舞台，为什么？

（3）你认为当前快消品应该如何进行分销？

三、实践应用

通过课堂教学及课堂讨论，对本专题涉及的知识点和思考讨论题进行重新思考和讨论，选择合适的题目，完成不少于4000字的小论文。

专题三　渠道结构与渠道战略

※任务一　营销渠道结构模式
※任务二　我国家电行业的渠道结构
※任务三　渠道战略规划
※任务四　宝洁的渠道战略转型

课前导读

信息技术影响下营销渠道结构的演化

20 世纪 90 年代以来,信息技术取得了长期而迅速的发展,其中的互联网技术更是在世界范围内快速普及。信息技术的发展大大加强了渠道成员间的信息传递效率和信息沟通量,有效减少了需求放大效应,使制造商可以在第一时间获得真实的市场数据,为制造商的生产提供有效的决策依据,有效减少渠道中的库存成本,提升总体渠道效率,提高最终产品的市场竞争力。另外一方面,条形码技术、通用分组无线服务技术(General Packet Radio Service,GPRS)、全球定位系统(Glob - al Positioning System,GPS)等技术的发展,使物流领域的运营效率有了很大的提升,不仅减少了单位产品的物流运输成本,而且部分物流服务提供商还能精准做到在恰当的时间、恰当的地点提供恰当的产品,为更进一步的供应链管理提供了技术基础。

信息技术对营销渠道的影响,不仅仅局限于加强渠道间企业信息沟通、提升渠道效率等方面,还包括目前影响力越来越大的因特网直销渠道。信息技术开始改变渠道中成员的构成与成员间的协调机制,导致了产品价值链的重新构建,利润的重新分配,可以说影响深远。

互联网技术和移动通信技术使终端客户的搜索能力大幅度提升,客户通过搜索引擎和智能代理,可以很方便地获取厂商和产品数据并进行比较,最终确定要购买的产品。从厂商的角度出发,由于信息系统的建设,厂商可快速有效地处理海量的客户信息,并及时对客户的信息进行分析,与客户进行点对点的沟通。由此我们可以看出,目前厂商与消费者之间进行直接交易,将比以往的传统市场容易很多。因此,对很多厂商而言,中间商的角色将变得有点多余,这些厂商的营销渠道可简化为直销的模式,这就是营销渠道的去中间化。

尽管信息化可以大幅度降低终端客户和厂商之间的交易成本,并扩大终端客户的信息量,但只要双方的交易成本不为零,或者客户的信息并不是充分而完整的,传统中间商就不会都被消灭,经过考验的传统中间商可以充分利用信息技术,更好地发挥中间商的功用,这就是营销渠道的再中间化。再中间化现象既可定义为被去中间化的参与者重新回到支持买卖双方交易的价值链中的过程，也可被定义为通过电子化的中间商，提供新的功能和增值服务的流程。

在信息技术的帮助下，制造商可以选择因特网直销、混合营销渠道或保留传统营销渠道。戴尔公司在建立伊始就采用了直销形式，所以不存在梳理原有中间商的问题。但是，对于大部分传统企业而言，从传统的渠道方式直接转入因特网直销模式是不可能的，因而大部分制造商都会选择混合营销模式，以应对信息技术蓬勃发展所带来的问题，同时抓住信息技术带来的市场机会。

资料来源：吕玉明，吕庆华. 信息技术影响下营销渠道结构的演化[J]. 中国流通经济，2013(1).

★思考与讨论

（1）信息技术对渠道结构有哪些影响？除了文中指出的去中间化和再中间化，你是否还有别的补充？

（2）文中提出大部分制造商都会选择混合营销模式，你是否认同？制造商应该如何调整其渠道结构，以适应信息技术的发展？

任务一　营销渠道结构模式

★学习目标及任务

1. 理解营销渠道结构的含义及构成。
2. 了解并掌握营销渠道的长度、宽度、广度及渠道系统结构。
3. 学会分析企业或产品的渠道结构。

一、营销渠道的结构及含义

营销渠道是由制造商、中间商、消费者等多个相互竞争又相互依存的渠道参与者构成的连接消费者和制造商的一条通道。那么，这些渠道参与者是如何相互依赖并形成完整的渠道组织呢？它们又是如何合作，实现分销目标的呢？

为达到分销目标，企业需要为产品或服务设定一组渠道成员的关系和任务序列，也就是渠道结构。具体来说，渠道结构是所有参与完成商品所有权从生产者向消费者转移的组织和个人的构成方式。营销渠道的结构可分为长度结构（即层级结构）、宽度结构及广度结构三个方面，并且渠道成员间的不同组合方式也形成了不同的渠道系统。

二、营销渠道的长度

为消费者更好地获得所需产品或服务，以尽可能低的成本提高分销效率，企业可以组建不同形式的分销渠道，可以把产品直接卖给消费者，也可以通过批发商和零售商销售给顾客。凡是能够完成某些工作而使得产品或服务更有效率地达到消费者的每一层营销中介都是一个渠道层级。渠道层级（Channel Level）是指构成分销渠道的不同中间商类型的数目，也称为渠道长度。需要注意的是，在整个营销渠道中，制造商和最终消费者也可以起到一定的作用，所以也是分销渠道的一部分。

　　渠道长度表示产品从生产商转移到消费者手中所经过的中间环节的数量,中间环节越多就表示渠道越长,反之则越短。通常,依据中间商层级的多少可以把营销渠道长度分为零级渠道、一级渠道、二级渠道和三级渠道四种类型。也可以依据是否存在中间商把生产商的营销渠道分为直接渠道和间接渠道,其中直接渠道就是生产商的分销过程中没有中间商,直接将商品或服务销售给消费者,也就是零级渠道;间接渠道是指生产商的产品或服务经由中间商的中转传递给消费者,也就是一级渠道、二级渠道或三级渠道(见图3-1)。

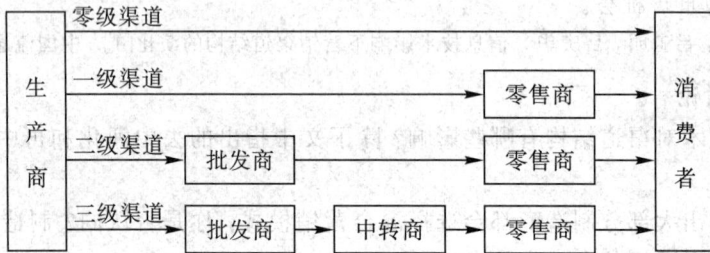

图3-1　营销渠道的长度

(一)直接渠道

　　直接渠道(Direct Channel)又称零级渠道,是指没有中间商参与,产品由生产者直接销售给消费者(用户)的渠道类型,它是一种最短、最简单的渠道模式。整条分销渠道上没有中间环节,只有生产者和终端用户,仅发生一次商品所有权的转移,产品销售者也是生产者,消费者获取的商品价值全部来自于生产商的生产性活动,因而生产商可以获取产品的全部利润。零级渠道主要有直接销售(上门推销、家庭销售会、寄放销售、多层次直销等)、直复营销(目录营销、电话营销、电视营销、网络营销等)以及企业直营店(生产厂家自办的连锁专卖店、销售门市部、租赁卖场等)三种类型。如 IBM、联想、奇瑞等公司针对集团客户设立直销渠道,戴尔、安利、雅芳等公司更是采取典型的直销模式。互联网和移动商务的发展使得越来越多的企业开始"触网",发展网络直销以及移动销售业务。

　　零级渠道早期主要适用于产业用品的销售,产业用户直接从生产厂家订购所需要的设备或原料,避免了中间环节的流通损耗及成本。而且产业用户对产品的需求量大,商品体积大、价值高,产品的使用需要更多的专业技术知识和售后服务,因而直接销售成本更低、效率更高。也有很多消费品会通过目录销售、电视购物、邮购、上门推销的方式进行销售,如安利、雅芳等公司的产品。随着互联网及移动互联网技术和现代物流的发展,越来越多的产品品类开始采取以网络销售为主的直接渠道模式,如官方网站、APP、官方微商城等。

　　零级渠道由于不存在中间商,因而具有以下优点:

　　(1)有利于信息的沟通。生产厂家直接面对消费者,可以更好地了解顾客的需求和偏好,获取消费者的消费信息及意见反馈,与顾客建立一种直接的、良好的关系,为顾客提供更好的产品及服务。

　　(2)有利于降低流通损耗。省掉中间环节可以使商品在流通过程中降低损耗,提高效益,也省掉了需要支付给中间商的费用,降低了流通成本。

　　(3)可以进行直接促销。制造商可以直接派出促销人员接触顾客,促进订货,不存在和中间商的协调问题,也提高了促销效果,扩大了企业和品牌的影响力。

（4）便于管理控制，关系更加稳定。直接销售模式下制造商对终端的掌控力度更强，不存在与中间商的矛盾和冲突，客户关系更加稳定，对订货数量、实践、价格、质量、服务等方面的管控更加便捷和自如。

另一方面，零级渠道也存在其不足之处：

（1）经营成本高，市场覆盖率受限。多数消费品价值低、品类多、体积小，而消费者购买数量少、种类多、购买频次高、随机性强且品牌忠诚度不高，如果制造商完全凭借自己的力量去自建渠道往往力不从心，渠道建设成本和终端经营成本高，也不利于市场覆盖率的提高，不利于广泛分销。

（2）经营风险高。企业自建渠道尽管不会产生利润分摊的问题，但是所有销售和售后服务工作都需要由制造商承担，增加了工作量，分散了企业精力，带来了更多的经营风险，如果产品销售情况不好也面临着资金难以回笼的问题。另外，专业的销售企业往往掌握更多的销售经验，他们更为接近顾客，更为了解顾客的消费习惯和行为模式。

（3）多样性差，顾客体验差。消费者对消费品具有多样化、个性化、体验性需求，而制造商生产的产品种类有限，对消费者关注程度有限，也缺乏专业的市场和销售经验，这就需要中间商发挥其作用。

📖 **阅读资料**

直销和传销

直销全称"直接商业模式"，指的是通过简化或省略中间商，将消费类产品或服务直接销售给顾客的销售模式。直销的核心是面对面销售、团队计酬和无店铺经营。直销企业的经营模式可分为单层次和多层次：单层次指生产商不经过任何层次的中间商，直接将产品销售给消费者，生产商承担了营销流程中所有环节的工作和风险，以雅芳（中国）为代表；大多数直销公司如安利和玫琳凯都是采用多层次，即每一个直销商作为一层中间商，以独立经销商的身份参与公司的所有营销流程并承担一定风险。

多层次直销（Multi‑level Direct Selling）是指制造公司通过许多层的经销商来销售产品的营销方式，在国内多译为传销。第一个经销商除了可以将产品销售出去外，还可以自己招募并培训一些新的经销商，建立自己的营销网络，从而赚取差价。这些新的经销商也可以依次建立自己的营销网络。这种传销方式源于美国，是最早的直销模式。1945年纽崔莱公司的创始人李·麦亭杰和威廉·卡森伯瑞在实践中创造了一种独特的直销销售计划，就是当今传销制度的基本模式。传销制度的操作方式是：

• 直销员向他们两位进货可以得到35%的折扣。

• 如果直销员能够吸收25人加盟，而且加盟者每个人都能购买一个月的供应量，那么直销员就可以成为保荐人。此时，他自己的客户和他手下的经销商都可以直接向他订货。直销员可以从卖给客户的销售额中提取35%的利润。

• 下线直销商的销售额最高可以抽取25%。

• 当上线和他的下线经销商累积150个顾客时，他就变成了"金字塔"顶端的"代理商"。

· 如果下线的经销商也变成代理商的话，此时，上线就可以由他们的销售总额抽取 20%。

安利的创始人温安格和狄维士原来是纽崔莱公司的直销员，1959 年他们离开了纽崔莱公司成立了安利（A）公司，在纽崔莱原有的传销模式上加以改造，然后销售自制的清洁剂，并取得了巨大的成功。据统计，美国通过传统市场销售的消费品价格中，销售费用一般占 60%～80%，这使得持有限购买力的消费者所能消费的产品越来越少。因此，消费者开始和生产者直接联系起来，绕开盘剥重重的中间渠道。多层传销制的产生，将制造商与消费者合作推向了一个新的阶段，它不仅增加了消费者在有限购买力下所能消费的产品，而且使他们能够分享原来被销售商赚走的利润，扩大了消费者的购买力。20 世纪末期，多层直销公司在美国发展迅猛，已成为一个发展速度最快的全新行业。

传销其实只是一种销售渠道，传销员也同其他行业的工作人员一样，多劳多得。传销的生命力在于它是一种简捷、回款有保证、为社会中低阶层提供低风险创业机会的营销方式。但是，传销在我国的发展一开始就有些误入歧途，成为一些人发家致富的捷径。在我国，传销是组织者或者经营者发展人员，通过对被发展人员以及直接或者间接发展的人员数量或者销售业绩为依据计算和给付报酬，或者要求被发展人员以交纳一定费用为条件取得加入资格等方式牟取非法利益的行为。不正当的运营方式加上缺乏法律监管，使得传销成为非法的诈骗手段。据统计，国外传销从业人员 80% 是消费型，只有 20% 是经营型。传销员购买商品的目的多半是消费，购买的产品也多是日用品；而我国正相反，80% 是经营型，20% 是消费型，传销员购买商品的目的是为了赚钱，经营的产品多是不会反复购买的保健品等。

实际上，很多学者将多层次直销分为合法的多层次直销和非法的传销（金字塔式直销）两类，国外的多层次直销多属于前者，是以销售产品为主，通过销售提成来为直销人员发放报酬；而中国的多层次直销多是第二种，是以发展线下人员为主，通过高价购入产品、交会费等方式吸纳传销者，并且这些传销人员通过发展线下和收取会费提成获得收入。表 3-1 展示了多层次直销的分类和特征。

表 3-1　多层次直销的分类及特征

多层次直销类型		合法的多层次直销	非法的多层次直销（金字塔式直销）
表现特征	收入结构	销售提成＋公司招聘培训补偿	销售提成＋下线及会费提成
	收入来源	销售提成	下线会费提成
	进入门槛	不收费	高价购入产品及入会费
	是否购买产品	不限制	强制购买
	主要工作	销售产品	发展下线
	是否可以退货	容易退货	很难退货
	销售价格	统一售价	价差很大

另外需要注意的是，尽管直销是直接渠道的一种销售形式，但是直销不等于直接渠道，只有制造商的直销行为才属于直接渠道。中间商也有直销和经由其他中间商销售的不同渠道之分，因而中间商的直销行为不属于直接渠道。如苏宁是我国著名的连锁零售商，

它不仅有自己的线下实体店、线上苏宁易购的直销模式，也经过中间商阿里巴巴在天猫平台开设了官方旗舰店。

★思考与讨论

谈谈你对直销和传销的认识，以及传销从美国传到中国为什么会变质？

（二）间接渠道

一级、二级、三级甚至四级渠道等称为间接渠道（Indirect-marketing Channel）或长渠道（Long-marketing Channel），是制造商通过多层中间商来实现商品转移的渠道类型。通过间接分销渠道，尽管由于增加销售环节而增加了谈判及交易费用，加大了信息沟通的难度，分薄了企业利润，减弱了企业对渠道的控制，但是中间商的存在可以帮助制造企业不用直接面对众多消费者，简化交易过程，集中资源和精力做自己最擅长的工作，同时也可以利用中间商的资源优势及销售能力为顾客提供更加优质、便捷的服务，能最大限度地扩展企业市场范围。

通常，多于三条渠道的比较少见，因为渠道越长，渠道成本就越高，中间物流损耗就越多，渠道管理难度也越大。随着市场及"互联网＋"的发展，"去中间化"和"再中间化"已成为市场发展的主要趋势，因而直接渠道和间接渠道并行也是多数制造商采用的手段。直接渠道和间接渠道的对比如表3-2所示。

表3-2　直接渠道和间接渠道的对比

直接 渠道	零级 渠道	直接销售	上门推销、办公室销售、家庭销售会、寄放销售、多层次直销
		直复营销	网络销售、目录营销、直达信函营销、电话营销、电视营销、电台报刊营销
		厂家自营商店	连锁专卖店、零售门市部、销售陈列室、租赁卖场、合资分销店
间接 渠道	一级渠道	零售渠道	百货店、超市、仓储店、折扣店、便利店、专业商店、购物中心等
	多级渠道	批发零售渠道	商业批发商、经纪人、代理商、制造商的销售公司、零售商的采购办事处

间接渠道由于增加了中间商的参与，所以具备以下优点：

（1）有利于广泛分销，扩大市场覆盖率。通过中间商的加入，不但能够利用广大中间商的销售团队和客户资源，还可以调节制造商和消费者之间在消费种类、数量、时间、地点等方面的矛盾，为消费者提供更为便捷、周到的服务，有助于提升顾客满意度和销售量，扩大市场。

（2）有助于分散风险，集中资源。通过中间商，制造商将不熟悉的销售业务剥离出去，可以更好地集中精力做自己最擅长、最具价值的业务，降低产成品的物流、库存、销售等成本，分散经营风险和金融风险。

（3）促进资源共享，缓解制造商资源和精力不足。与中间商合作可以利用中间商的销售经验、销售渠道和客户资源，可以利用中间商的品牌影响力销售产品，可以通过向中间商销售产品提前实现商品价值，可以让中间商承担部分宣传、促销、服务、仓储、运输、信息收集等职能。

（4）有助于简化交易。从全社会的角度来说，中间商的存在简化了交易次数，提高了交易效率。

同时，间接渠道也具有以下不足：

（1）较高的交易、流通和信息成本。间接渠道需要寻找及评价中间商，与中间商进行谈判及签订合同，这就增加了交易成本。商品在流通过程中也增加了中间的损耗与物流成本。另外，制造商获取市场信息需要通过中间商的中转，不但增加了信息获取难度和传递成本，也容易引起信息的滞后性和失真。

（2）较高的管理成本和渠道冲突。制造商和中间商之间既是合作关系也是竞争关系，虽然共同为实现同一渠道目标而合作，但各自都有各自的经营目标和利益，不同中间商之间也会出现矛盾和冲突，这就增加了管理的难度，增加了许多不确定性和风险。

（3）分摊利润，增加成本，加重消费者负担。各中间商需要赚取差价以获得利润，商品流通中会出现成本加成及流通损耗，这些都会加到最终销售价格中，进而增加了产品的价格，加重消费者负担。另外，中间商如果不能全面落实制造商的服务政策，及时处理消费者投诉及信息反馈等，也容易引起消费者的不满和抵触情绪。

三、营销渠道的宽度

营销渠道宽度是指同一层次上经销某种产品的批发商、零售商、代理商的数量的多少。合理的渠道宽度有助于制造商的产品或服务顺利有效地到达消费者手中，获取理想的市场份额，并控制销售成本，提高销售业绩。一般来说，产品从制造商转移到消费者手中经过越多的同类中间商，销售渠道的宽度越大，称为宽渠道；如果只选择一类中间商，销售渠道的宽度就窄，称为窄渠道。一般说来，营销渠道越宽市场覆盖面就越大，越容易接触到更多顾客，扩展市场，提升销售业绩并更充分地利用中间商的力量；营销渠道越窄就越容易控制渠道，节省促销费用，并降低分销商之间的恶性竞争。受产品性质、市场特征和企业渠道战略选择的影响，营销渠道的宽窄可以有三种类型，即密集型分销、选择型分销、独家分销。

（一）密集型分销

密集型分销渠道（Intensive Distribution）又称普遍性分销渠道或广泛分销渠道，是指生产者尽可能通过更多的批发商和零售商来推销自己的产品。密集型分销模式需要在潜在顾客可能出现的任何地点设立分销点，尽可能多地接近消费者，让消费者可以随时随地且方便地购买到所需商品。密集型分销关注的是市场的易变性和顾客需求的随机性，目标是最大化地满足顾客的需求。

这种分销模式的优点在于市场覆盖面大，顾客接触率高，有助于迅速扩大市场，方便顾客购买；缺点在于渠道建设费用高，对经销商的寻找、评估、培训、激励等成本高，并且经销商之间价格竞争激烈，渠道冲突严重，管理难度大，容易导致市场混乱，破坏制造商的营销意图。

由于密集型分销渠道使用的中间商较多，往往是面宽路广，大量销售，方便消费者随时随地购买到所需产品，所以一般适用于日用消费品、食品和消费者经常购买或替代性高的商品，以及工业品中的标准化、通用化程度比较高的小件用品。如可口可乐、宝洁、中粮、心相印等企业以及工业品中的某些标准化配件及生产工具等都采用密集型分销策略。

(二)选择型分销

选择型分销渠道(Selective Distribution)是指生产者在某一地区仅通过少数几个中间商来推销产品。企业依据消费者的消费特征,选择与少数客流量大、信誉高、销售能力强、符合企业形象和产品定位的中间商进行合作。选择型分销渠道关注消费者的选择机会,对于那些愿意花费时间和精力挑选产品的消费者来说,他们对产品的质量、差异性及服务的需求远远高于对便利性的需求,因而制造商可以选取消费者最可能选择的中间商类型,向顾客传递差异性的产品信息,并促成购买行为。

选择型分销渠道通常由若干实力强大的中间商构成,它避免了密集型分销费用高、管理难、恶性竞争等问题,能有效地维护并提升制造商的品牌形象,并且可以利用中间商的信誉及销售能力促进产品的销售,给消费者提供了更多便利及更为周到的服务。另一方面,选择型分销也面临着分销商之间竞争激烈,对中间商选择、评价和激励困难等问题,购买便利性和市场覆盖率比不上密集型渠道。

这种渠道策略应用范围较广,主要适用于消费品中的服装、家具、家电、经济型汽车等选购品、特殊品以及工业用品中的零部件等,是一种中宽渠道策略。

(三)独家分销

独家分销渠道(Exclusive Distribution)指生产者在一定地区、一定时期对一种产品只选择一家批发商(或代理商)或零售商为自己推销产品,这是一种极端的专营型分销渠道,属于窄渠道结构,主要适用于一些技术性强、价值高或体积大较笨重的商品,如工业用机械等工业品及部分高档耐用品、奢侈品等。

对于制造商来说,选择独家分销模式即在某一区域或市场范畴内只选择一家经销商,选择和管理较为容易,不容易产生渠道冲突和分歧,竞争程度低,控制容易,促销费用少,能更好地与经销商进行交流,经销商也更容易了解和贯彻制造商的销售意图。对经销商来说,独家经营品牌知名度和品牌形象较好的产品有助于提升企业形象和知名度,也容易获得制造商更多的支持和帮助。但是,独家分销市场覆盖率很小,不容易接触到顾客,销售量受限,并且由于经销商唯一,不存在竞争,经销商的积极性会受到一定影响,会降低消费者的服务体验和满意程度。另外,制造商对经销商的依赖性增强,会使得中间商在谈判中获取更多主动地位,影响制造商对渠道的控制强度。

案例分析

安利的营销渠道转型

创立于1959年的美国安利公司是世界知名的日用消费品生产商及销售商,业务遍及五大洲,营销人员超过300万人。由于安利公司的两位创始人狄维士和温安洛都是推销员出身,所以近50年来直销一直被安利公司看作是最有效的市场营销策略。1995年,安利正式落户中国,他们在广州投资1亿美元建成了安利在海外唯一现代化日用消费品生产基地,欲在中国掀起一场安利的直销风暴。当安利兴冲冲地将这种营销模式导入中国时,他们却遇到了前所未有的尴尬,国内形形色色打着直销旗号的传销诈骗活动搅乱了安利的市场前景。

国务院《关于禁止传销经营活动的通知》出台,对传销(包括直销)活动加以全面禁止。对于安利来说,1998 年无疑是其在中国发展的一个分水岭,随着这年 4 月在中国的业务被禁,安利开始在中国寻求新的生存方式。工商局颁发《关到目前为止,于外商投资传销企业转变销售方式有关问题的通知》,准许部分外资传销企业转为店铺经营,并可以雇佣推销员。1998 年 7 月,经批准,安利(中国)日用品有限公司正式采用新的营销方式,由直销改为"店铺+雇佣推销员"的经营模式,自此,安利 40 多年来在全球 80 多个国家和地区均通过直销员销售产品的传统被彻底打破。转型后的安利把原来分布在全国的 20 多个分公司改造成为第一批店铺,以后又陆续对这些店铺进行扩充,所有产品明码标价,消费者可以直接到专卖店自行选购,杜绝推销员自行定价带来的问题。新的经营模式给消费者带来了新的选择,同时也让安利做出了新的尝试,突破原有的直销模式,多种销售方式并举,对于融入中国国情的安利来说也是一种挑战。

"店铺+雇佣推销员"模式是安利在中国渠道转型的最主要内容。安利公司创办人之一狄维士对这一转型直言:"这是安利 41 年来前所未有的革命!"。"店铺+雇佣推销员"渠道模式的优势可总结为下列 3 个方面:

(1) 保证了产品质量:通过直销模式,安利的消费者基本上不会遇到假冒伪劣产品。

(2) 提供了很好的销售渠道:安利既是公司形象的代表,又为营销人员提供后勤服务,还直接面对普通消费者,消费者和政府都因为店铺的存在而更加放心。

(3) 这种模式可直接受益于安利(中国)积极的市场推广手法。安达高公司执行副总裁Bill Payne 这样总结安利的变革:"到目前为止,这种经营方式非常有效。其一,自设店铺提高了公司透明度,让消费者有一个自愿选货、进货和成为优惠顾客的机会;其二,安利目前在全国 120 家店铺的所有产品都明码标价,公开的价格避免了哄抬价格的可能。此外,营业代表的推销弥补了销售网点的不足,提升了服务素质,让消费者享受到更直接、更亲切的售前、售后服务。"

"店铺+雇佣推销员"的新型渠道成功地推进了安利在中国的转型进程,为其带来了巨大的市场收益。公司财务报告显示,在 2002—2003 财政年度中,安利(中国)的销售额已超过 10 亿美元,在全球销售额中占据两成,中国成为安利全球营业额最大的市场。正如安达高公司执行副总裁 Bill Payne 所说:"我们重视中国市场,我们尊重中国国情,我们遵守中国的规则,因此我们改变自己的经营模式来适应中国,做这一切的结果是:我们赢得了中国市场。"

★思考与讨论

安利的人员直销模式有哪些优点?安利(中国)为什么需要转型?安利渠道转型带来了什么好处,我们可以从中得到哪些启示?

四、营销渠道的广度

渠道广度是渠道宽度的一种扩展和延伸,指制造商选择渠道的条数。从营销渠道的演变历程来看,渠道广度可以分为单一渠道、多渠道和全渠道三种类型。

(一) 单一渠道

单一的渠道说明营销渠道窄，只有一种渠道类型，制造商通过唯一的渠道类型、统一的渠道政策进行产品的销售。如宝洁进入中国市场之初和广州肥皂厂及和记黄埔集团合作，利用广州肥皂厂的销售网络进行销售，利用和记黄埔集团打通与政府、消费者及当地企业的关系；女装品牌麦考林创业之初也只能通过目录邮购一种形式购买；小米手机创业之初也仅仅通过官网发售（与凡客诚品合作时间较短，发售量也较少），只有网络销售一种渠道。

20世纪八九十年代之前，传统的制造商—批发商/代理商—零售商的渠道模式占据市场的主导，而以夫妻店、路边摊、百货商店、专卖店、仓储店、超市等为代表的实体店铺是零售的主要业态。

(二) 多渠道

多渠道说明营销渠道广，有两条以上的渠道或渠道类型，又称为多渠道组合。麦考林可以说是多渠道模式的代表企业之一，由原来的目录邮购，发展到目录销售、线上商城（m18.com）以及线下实体店的多渠道模式；小米手机也由最初单一的线上网络渠道拓展到线下，与联通、移动、苏宁等众多实体店商合作。

21世纪以来，伴随网络技术和移动网络的应用和普及，使得电子商务和移动电子商务迅速发展起来，为获取竞争优势，各企业纷纷"触网"，尝试多渠道互补的发展战略。如百丽2008年组建电子商务公司，按照"多方位、多路径"的渠道方式发展；苏宁电器2009年成立B2C网上商城"苏宁易购"，并在2013年更名为"苏宁云商集团股份有限公司"，逐步向"店商＋电商＋零售服务商"的"云商"模式转型；2009年，国内领先的男装品牌七匹狼也开始在淘宝网上开店、探路，于2010年11月联合IBM公司共建电子商务云平台，致力于有效控制渠道成本，降低电子商务风险。

(三) 全渠道

全渠道是指实体渠道、电子商务渠道与移动商务渠道的全新整合。全渠道零售（Omni-Channel retailing），就是企业为了满足消费者任何时候、任何地点、任何方式购买的需求，采取实体渠道、电子商务渠道和移动电子商务渠道整合的方式销售商品或服务，给顾客提供无差别的购买体验。全渠道零售是一种多渠道或跨渠道零售，但更关注通过各种销售渠道即移动网络设备、计算机、电视、书目等与消费者体验的无缝连接。调查数据表明，消费者在全渠道购物模式下比在传统模式下的消费金额增加15%到30%。全渠道购物者更容易通过他们的社交网络、在线活动影响别人，表现出很强的忠诚度。

当前，随着信息技术的快速发展，特别是移动互联网的快速发展，消费者的生活方式、信息沟通方式以及购买行为方式发生了巨大变化，导致传统的零售渠道模式越来越无法匹配新的消费需求。信息技术的快速发展导致消费者从定期购物转变为全天候购物，从定点购物转变为全空间（任何地点）购物，从被动参与购物转变为主动参与购物，从大众化购物转变为个性化购物，从被动接受商家单维度信息转变为主动搜寻商家多维度立体信息。消费者开始不再忠诚于单一渠道，而是交替出现在地面实体店、PC网店、社交商店、移动商店、视频网站等渠道中，并希望渠道之间无缝衔接，也希望能够在不同渠道获得一致的购物体验。在此背景下，传统企业必须重新整合并协同多条渠道，以对接新的消费需求。

2012 年开始，我国企业更加关注顾客体验，有形店铺的地位开始弱化，零售业开始步入鼠标加水泥加移动网络的零售时代，大型零售企业纷纷开始进行渠道转型。2013 年，苏宁云商成立，提出了"店商＋电商＋零售服务商"的云商模式。2014 年，苏宁将战略路线明确为以互联网零售为主体，打造全渠道经营的"一体两翼互联网零售路线图"，为消费者提供统一融合的线上线下多渠道整合体验。2014 年，国美提出要打造"线下实体店＋线上电商＋移动终端＋社会化渠道"运营模式的全渠道零售企业。面对消费者行为的变化，所有零售企业都需要重新认识并创新传统零售渠道模式。2016 年，阿里巴巴提出纯电商时代将很快过去，取而代之的是"新零售"，也就是需要将线上线下和物流结合在一起。

全渠道具有三大标准：全程、全面、全线。全程，一个消费者从接触一个品牌到最后购买的过程中，全程会有五个关键环节，即搜寻、比较、下单、体验、分享，企业必须在这些关键节点保持与消费者的全程、零距离接触。全面，企业可以跟踪和积累消费者购物全过程的数据，在这个过程中与消费者及时互动，掌握消费者在购买过程中的决策变化，给消费者个性化建议，提升购物体验。全线，渠道的发展经历了单一渠道时代（单渠道）、分散渠道时代（多渠道）的发展阶段，实现了渠道全线覆盖即线上线下全渠道阶段。这个全渠道覆盖就包括了实体渠道、电子商务渠道、移动商务渠道的线上与线下的融合。

五、营销渠道系统

一般来说，企业往往依据自己的战略目标及实际需要选择多个渠道成员，组建多条营销渠道，形成营销渠道系统（或营销渠道网络）。为保证渠道系统的良好运行，各渠道成员依据不同的方式联合在一起，分别承担相应的工作，像接力赛一下，共同完成商品的传递过程。依据系统内成员相互联系的紧密程度，营销渠道系统可以分为传统渠道系统、垂直渠道系统、水平渠道系统和混合渠道系统四类。

（一）传统渠道系统

传统渠道系统（Traditional Marketing System）也称为松散型渠道系统，在这种渠道模式下，渠道成员松散地联络在一起，往往为追求自身利益最大化而激烈竞争，甚至不惜牺牲渠道整体利益，彼此间是一种松散型合作关系。这种渠道系统通常缺乏领导型的企业和权利，往往导致破坏性渠道冲突频发，最终致使整个营销效率低下。

这种松散型渠道系统尽管缺乏规范性、长期性、安全性及效率性，但是对一些实力较弱的中小企业来说非常适用。中小企业的产品数量少、缺乏知名度，企业自身财力及销售能力有限，参与到渠道系统中要远远优于自建渠道，并且松散型组织模式独立性强、进退灵活，有助于中小企业借助外部力量迅速成长。在市场营销发展史早期，这种分销模式非常流行，当前一些生产较分散的日用品、小商品的制造商也普遍采用这种分销模式。

（二）垂直渠道系统

垂直渠道系统（Vertical Marketing System）是由生产者、批发商和零售商所组成的一种统一的联合体，某个渠道成员拥有其他成员的产权，或者是一种特约代营关系，或者某个渠道成员拥有相当实力，其他成员愿意合作。垂直渠道系统有利于控制渠道行动，是一种专业化管理和集中执行的网络组织，它消除了渠道成员为追求各自利益而造成的冲突，能够通过其规模、谈判实力以及重复服务的减少而获得价值。垂直渠道系统包括公司型垂直渠道系统、契约型垂直渠道系统和管理型垂直渠道系统。

公司型垂直渠道系统(Corporate VMS)是指一家公司通过建立自己的销售分公司、办事处或通过实施产供销一体化及纵向战略而形成的一种关系模式。这种模式在单一的所有权下整合了从生产到销售的一系列步骤,通过常规的组织渠道来完成协作和冲突管理。公司型垂直渠道系统又分为两种,一种是大工业公司拥有和统一管理若干生产单位和商业机构,采取工商一体化经营方式。例如,美国胜家公司在美国各地设有缝纫机商店,自产自销,并经营教授缝纫等服务项目;雅戈尔不但生产服装,还涉足纺织原料、服装面料和辅料领域。另一种是大型零售公司拥有或控制众多制造型企业或中小商业企业,从而形成贸工商一体化的销售系统。如美国零售业巨头西尔斯拥有自己的油漆厂、汽车厂、洗衣机厂、风琴厂、家具厂等,有几千家连锁商店,还有上千家供应契约商,其子公司遍布欧美各大城市。

契约型垂直渠道系统(Contractual VMS)是为获得更大的销量及利润,具有独立地位且处于生产与分销不同层次的众多企业通过订立合同联系在一起构成的一个联合体。这种系统中的成员通过建立契约来相互约束,协调行动和管理冲突。特许经营是一种最常见的契约型关系,是有特许经营授权的渠道成员将生产到销售的各个环节通过订立契约联系起来构成了一个完整的销售系统。据统计,美国每隔 8 分钟就有一家新的特许经营店开业,每 12 家零售店中就有一家是特许经营店。特许权类型主要有三种:一是制造商主导的零售商特许权系统,如福特汽车授权给其独立的专营经销商;二是制造商主导的批发商特许权系统,如可口可乐将其浓缩液销售给特许灌装企业(批发商);三是服务企业主导的零售商特许权系统,如麦当劳、肯德基等餐饮企业以及假日酒店、罗玛达旅店等汽车旅馆行业。除特许权组织外,契约型垂直渠道系统还包括批发商倡办的自愿连锁以及零售商合作社(如瑞典最大食品连锁集团 ICA)。

管理型垂直渠道系统(Administered VMS)是由一个或几个占统治地位的渠道成员凭借自身实力及影响力建立起来的,而不是通过所有权或契约建立的。具有某种优势的强大的渠道成员可以对其他成员施加影响和控制。如宝洁、卡夫、海尔这样的制造企业可以对与其合作的渠道商在货架摆放、价格、促销、商品展示等方面做出要求,而沃尔玛、苏宁、京东商城等大的零售商又可以对其供应商施加影响。

(三) 水平渠道系统

水平渠道系统(Horizontal Marketing System)是指处于同一层次的两家或多家公司为抓住市场机会,实现资源共享,解决单个企业在资金、技术、产能以及其他营销资源上的不足而联合起来建立的营销系统。这种联合可以是竞争者之间的联合,也可以是非竞争者之间的联合;可以是暂时的联合,也可以是长期的联合,甚至可能会共同组建一家新的企业。

如沃尔玛、人人乐、万达、赛格等超级市场及购物中心与麦当劳、海底捞等餐饮企业联合,麦当劳等餐饮企业从超市及购物中心的众多人流中吸引顾客就餐,而超市及购物中心也留住了饥饿的顾客,同时也会吸引专门就餐的客户到店消费。再如,可口可乐与雀巢本来是竞争对手,但为了共同开发市场,于 2001 年成立了联合分销企业——全球饮料伙伴公司(Beverage Partner Worldwide,BPW),由可口可乐公司负责生产和分销,雀巢公司提供雀巢咖啡(Nescafe)和雀巢冰爽茶(Nestea)两个品牌及产品研发。

（四）混合渠道系统

当前，市场的发展及营销手段的多样化使得以往靠单一渠道在一个或多个分销市场销售的做法逐步被淘汰，更多的企业开始采用多种渠道策略以满足不同的细分市场及消费者的需求，称为混合渠道系统（Multichannel Distribution System）。混合渠道系统也就是渠道广度较大，对不同的细分市场选择不同层级、不同方式的分销渠道。

当前，几乎所有的大企业和多数中小企业都采取多渠道分销模式。如宝洁公司有"分销商"（传统渠道、网络渠道）、"批发商"（小城市、农村市场）、"主要零售商和大型连锁商"（直接供货）以及"沃尔玛"（协同商务模式，直接供货）四种渠道；康师傅有通过办事处、营业所等直接将产品铺向终端的直销模式和通过中间经销商发展终端网点的经销商模式。前面讲过的全渠道模式也是移动互联时代的一种混合渠道系统。

案例分析

小米的"新零售"战略

2016 年开始，小米开始大举推进"新零售"，并承诺线上线下同价。"新零售，就是更高效率的零售。我们要从线上回到线下，但不是原路返回，而是要用互联网的工具和方法，提升传统零售的效率，实现融合。"雷军这样说。

雷军说，电商相对于传统零售，是提升效率的典范；但在获得效率的同时，也带来了两个缺点：损失了体验性和即得性。2015 年之后，高歌猛进的电商平台开始意识到一个更加严重的问题：电商用户的增速开始放缓，但是电商平台（包括各种社交电商、内容电商）的数量却在猛增，这就直接导致了一个结果：僧多粥少。电商的获客成本，也就是"流量成本"越来越高。

新零售，就是"用互联网的效率回到线下"，就是让线下的"体验性"和"即得性"优势，插上"效率"的翅膀。雷军说，"效率"就是让线下的小米之家和线上的小米商城实现同款同价，这就是"小米的新零售"。

零售＝流量×转化率×客单价×复购率。流量就是有多少人进店；转化率就是进店的那些人中，最终有多少人买了东西，也叫成交率；客单价就是一个单独的客人一次花了多少钱，买了多少东西；复购率，就是这个客人下次是否还会来，也叫回头客。

极致的坪效[①]，是小米新零售的关键。极致的"坪效"就是要把"流量、转化率、客单价、复购率"做到极致。

为了提高流量，小米采取了两个办法：

1. 选址对标快时尚

过去的小米之家是开在写字楼里的，那是只有粉丝才知道的地方，人少，没流量。现在的小米之家，为了获得自然流量，会选在核心商圈，对标快时尚品牌。目前的小米之家，主要选在一二线城市核心商圈的购物中心，优先和知名地产商合作，比如万达、华润和中

---

① 坪效是均摊到每平方米店铺面积上的销售额，坪效 ＝（流量×转化率×客单价×复购率）/ 面积。

粮。对于入驻的购物中心，小米还要考察其年收入，入驻商圈之前，一定会数客流，计算单位时间内的人流量。

2. 低频变高频

快时尚品牌之所以敢选那么贵的地方开店，是因为它们是高频消费的产品，而手机却是低频消费的产品。因此，小米开发充电宝、手环、耳机、平衡车、电饭煲等多个品类以弥补产品品类的不足。小米之家现在有 20～30 个品类、200～300 件商品，所有的品类 1 年更换 1 次，相当于用户可以每隔半个月进店来买一些好东西，将所有低频加在一起，就变成了高频。

为了提高转化率，小米用了两种方法：

1. 爆品战略

小米一直有个"极致单品"的逻辑，叫"爆品战略"。虽然看起来小米有很多产品，但是每一个品类都只有几款产品，比如箱子就 2～3 款，雨伞就 1 款。其他的公司，可能都会做几百款。爆品战略可以在单件产品上倾注更多的心血，所以设计感、品质都有机会做得更好，带来更多转化率。其次，爆品带来的巨大销量，又必然会带来供应链成本的降低，价格就可以尽可能地便宜，当然更能促成巨大的转化率。

2. 大数据选品

线下的面积是有限的，什么东西好卖，就卖什么。但是什么东西好卖呢？因为已经做了几年的电商，小米可以根据之前积累的互联网数据来选品。比如，线下店可以优先选择在线上被验证过的畅销产品，如果是新品，则根据口碑和评论来观察，看前一周的评论，评论不好的不上。此外，根据大数据来安排不同地域小米之家门店的选品，并且统一调度。比如，在线上，河南用户购买小米电饭煲的特别多，那么河南的线下小米之家在铺货的时候，电饭煲是一定会上的。另外，这里不好卖的东西，可以在那里卖；线下不好卖的东西，可以在线上卖；甚至反过来，线上不好卖的东西，在线下卖。这种大数据带来的精准选品、卖畅销品、卖当地最好卖的货，大大提高了用户的转化率。

为了提高客单价，小米采取了提高连带率和增加体验感两种手段：

1. 提高连带率

连带率，就是买了一样东西，顺便多买几样。你买一个小米监控摄像头，觉得很好；如果你再买一个小米路由器，监控数据可以 30 天循环保存在路由器的硬盘上；如果你再买个小米电视，打开家里的电视就可以监控办公室的情况；如果你还有个小米手机，旅行中拍的照片，家里人在电视上就能实时看到。

2. 增加体验感

很多人以前听过小米，但并没真的见过小米的产品，更不知道小米有这么丰富的产品，现在都放在你面前，你可以好好体验一番。雷军说，小米之家非常强调体验性，有动线设计，可慢慢体验，小孩在店里打王者荣耀也没有关系。数据显示：小米的同一款手机，在线上中低配版卖得更多，而在线下高配版居然卖得更多。在线下，用户可以细细体验外观、手感、性能的差异，买高配的人就变多了，这就进一步提高了客单价。

为了提高复购率，挖掘客户终生价值，线下的"小米之家"还肩挑着两个重要的使命：

1. 强化品牌认知

小米发现，线下更广大的用户和线上的小米用户重叠度很低。于是，小米之家有一个重任，是让更多过去不知道、不了解小米的消费者认识小米，在消费者心中植入小米的品牌。一旦买过、用过、喜欢上小米，这些用户未来买电子产品或者智能家居商品时，就可能首先想起小米。

所以，小米之家线下店的一部分成本，在财务上甚至可以记入小米品牌的建设费用。如果把获得的品牌认知当成"收益"，用费用补贴给小米之家的话，它的收入会更高。

2. 打通全渠道

小米把零售全渠道从上到下分为三层，分别是米家有品、小米商城和小米之家。米家有品和小米商城是线上电商，拥有更多的商品。米家有品有 20 000 种商品，是众筹和筛选爆品的平台；小米商城有 2000 种商品，主要是小米自己和小米生态链的产品；线下的小米之家有大约 200 种商品。在这个梯度的全渠道中，小米之家还有一个重要的工作，就是从线下往线上引流，向用户介绍更丰富的小米产品系列。

用户在小米之家购买商品时，店员会引导用户在手机上安装小米商城的 APP，这样他如果喜欢小米的产品，下次购买就可以通过手机完成，而且在小米商城可以选择更全的品类，并且没有线下的租金成本。

通过打通线上线下，爆品在店内立刻就能拿到，享受了体验性和即得性；如果是店内没有的商品，可以扫码，在网上购买。这样，一个到店一次的用户，就会成为小米的会员，有机会成为小米真正的粉丝，产生惊人的复购率。

因此，"小米新零售"的八大战略可以表现为以下公式：

零售＝流量×转化率×客单价×复购率

＝（对标快时尚选址 ＋ 低频变高频）×（爆品战略 ＋ 大数据选品）

×（提高连带率 ＋ 增加体验性）×（强化品牌认知 ＋ 打通全渠道）

这些战略都只有一个目标：提高"流量、转化率、客单价、复购率"，从而最终做到了高达27万/平米的坪效。在这个坪效下，小米之家单店的费用率居然可以做到只有 8%。这就是"小米的新零售"：用互联网的效率回到线下，给线下的体验性和即得性优势插上效率的翅膀。

资料来源：刘润．雷军：过去我们犯的最大的错误之一，就是忽视了线下．

新浪微博，http://tech.sina.com.cn/csj/2017-10-10/doc-ifymrcmn0020271.shtml.

★思考与讨论

小米的渠道结构经历了怎样的演变历程？你如何认识小米的新零售战略？

🔭实践分析与应用

依据管理学、市场营销和营销渠道相关理论分析和解决实际问题。依据自己的理解并阅读材料，尝试回答以下问题：

(1) 雅戈尔现阶段的渠道结构是怎样的？

(2) 雅戈尔为什么要实行纵向一体化？

(3) 企业在什么情况下可以考虑实施纵向一体化？

雅戈尔的纵向一体化渠道模式

雅戈尔集团创建于 1979 年，是以品牌服装为主业，涉足地产开发、金融投资领域，多元并进、专业化发展的跨国集团公司。2014 年，集团实现销售收入 590 亿元，利润 39.35 亿元(同比增长 30%)，完成税收 28 亿元，位列 2014 中国企业五百强第 221 位、中国民企五百强第 30 位。

经过 30 年的发展，雅戈尔已形成了以品牌服装为龙头的纺织服装垂直产业链。2015 年起，雅戈尔以大会员为切入口，联动会员、股东及潜在粉丝，充分应用大数据手段 360° 采集会员信息，形成以大会员为核心的闭环，进行全渠道营销。线上微商城、电商网站、社交媒体、手机终端移动社交、APP 等平台将与线下雅戈尔门店同步联动，跨平台、跨渠道、跨区域实现线上线下营销模式的无缝链接，以更精准的差异化营销和跨界异业联盟，为会员提供更个性化的增值服务。

近年来，雅戈尔从制造者转变成品牌创造者，自主创意、创新构建出五大品牌方阵，丰富了服饰文化内涵。主打品牌 YOUNGOR 突出功能性；高端品牌 MAYOR 旨在打造中国的量身定制品牌，内涵低调奢华；GY 品牌以时尚风格构筑年轻人的概念世界；HANP 健康、环保、清新淡雅，源自天成；Hart Schaffner Marx 则传承美式休闲风。

雅戈尔的服装产业链从纺织技术研发、面料生产、服装设计到服装加工和服装商贸实现了一体化发展。服装销售渠道分为出口和内销两部分，其中出口部分之前是依靠找订单然后加工，2007 年收购了星马后采取自己经营和贸易商两种渠道；内销部分包括直营店(37%)、商场专卖店(33%)、特许加盟(12%)、直销(18%)等多种形式。直销包括医院、学校、政府机关等的职业服团购，私人高级定制和电子商务三种模式。雅戈尔的服装产业链如图 3-2 所示。

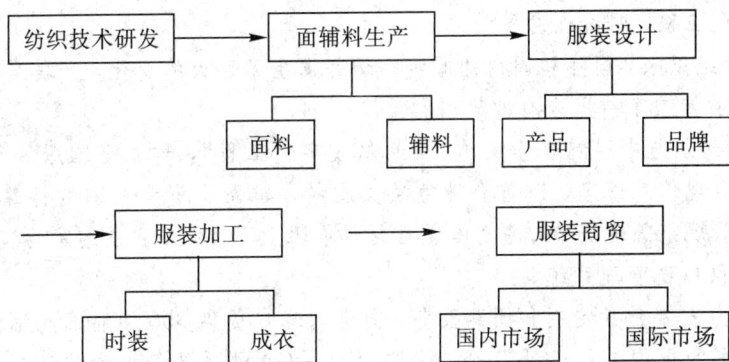

图 3-2 雅戈尔的服装产业链

一、艰难起步到品牌化发展阶段

在 20 世纪 70 年代末至 80 年代初期，雅戈尔艰难起步，开始只是一个不足 10 人、几台缝纫机的小型民办服装加工厂，为国内有一定规模的服装企业(上海开开)进行贴牌加工，利润结构只是廉价的制造加工费。

80 年代中期，雅戈尔开始引进加工设备和相对先进的加工工艺技术，导入制造规范和制造管理体系。雅戈尔不断扩大企业的规模,贴牌加工生产的同时,向中国服装零售市场进行批发销售。这种加工费、简单的材料增值和有限的批发销售利润的利润结构为雅戈尔的企业原始积累做出了巨大的贡献。

80年代末至90年代初期,雅戈尔开始展开国际合作,走向现代化、标准化。1995年雅戈尔衬衫第一次夺得国内同类产品市场综合占有率第一名之后,雅戈尔衬衫一直稳居市场第一;1999年雅戈尔西服夺得国内同类产品市场综合占有率第一名之后五年,雅戈尔西服一直稳居市场第一。2002年4月,集团股份有限公司通过了ISO9001、2000标准认证,认证范围涵盖衬衫、西服、休闲服三种主导产品。

二、自建渠道,后向一体化

到了90年代中期,国内服装市场逐渐进入了有规模的初级品牌消费阶段,成衣加工厂商越来越多,供大于求。1995年雅戈尔组建现代化营销中心——雅戈尔服饰有限公司,致力于营销网络体系建设。

雅戈尔在全国设立了一个覆盖全国以自营专卖店、大型窗口商场、特许专卖店和团队订购为主要营销方式和渠道的多元化营销网络体系,转化为以服装加工为基础、以(初级)品牌服装营销为主体的具有复合型业态的服装企业。

2001年10月,全国最大的服装生产基地——雅戈尔国际服装城全面竣工,并且请来了"巴黎时尚工作室"的创始人奥博利·马蒂规划品牌的国际发展路线。

2004年2月,雅戈尔与美国服装销售巨头Kellwood合资组建雅新衬衫公司,并且参与生产销售高档纺织面料。

三、布局上游,前向一体化

雅戈尔建立自己的营销网络后,解决了产能的问题,但此时又遇到了新的瓶颈:市场趋势变化需要不断地设计和开发新的产品线,以提高自身的灵活性和快速反应性。因此,雅戈尔决定自己发展上游产业——面料,与日本最大的几家综合商社合资开发纺织城。

四、数字化工程,网络化发展

进入21世纪以来,国际和国内的服装市场都发生了巨大的变化,互联网和数字经济的发展给经济发展带来了前所未有的机遇和挑战。

2001年雅戈尔与中科院合作实施"雅戈尔数字化工程",建立全国服装行业领先的业务运作模式,实现信息管理,改善企业的决策支持,建立了覆盖全国的计算机网络系统,优化业务流程,规范管理环节,建立沟通雅戈尔集团上下、内外联系的集物流、信息流、资金流于一体的供应链管理系统。

雅戈尔大力发展量身定制和团购业务,向定制客户提供300多种高档面料,二十多种款式,提供先进的量体工具COSTAR,电脑CAD、CAM系统等把量体数据化为图形,出具三维效果图,并且通过财务分析系统、虚拟制造系统、CAQ质量控制以及技术支持和售后服务等提升用户的定制体验。

总之,雅戈尔抓住了每次历史的机遇,在重大转折点都抓住机会迅速做大做强,不但实现了生产的规模经济,而且通过对男装趋势的把握,实现了衬衫、西服、休闲服在生产、营销、品牌的范围经济。雅戈尔产业链理顺以后,灵活性强,毛利润比较高(50%以上),每一个环节的附加值都掌握在自己手中。高层领导的高瞻远瞩和魄力、强大的研发能力、高品质、以客户为中心、个性化服务、品牌建设、营销网络的设计与打造、战略合作伙伴联盟的打造、先进通畅的信息化手段支撑和强大的分析能力、整个供应链的协调与合作，等等，都为雅戈尔"创国际品牌，建百年企业"打下了坚实的基础。

资料来源：中国雅戈尔．http：//www.youngor.com/．

任务二　我国家电行业的渠道结构

★学习目标及任务

1. 收集资料，了解并分析我国家电行业渠道结构现状及发展趋势。
2. 结合现状及渠道相关理论，分析我国家电行业渠道结构存在的问题及原因。
3. 针对问题及原因，结合当前环境给出我国家电行业渠道结构优化的对策。

本任务以案例分析为主，对家电行业渠道结构的分析需要用到营销渠道、渠道管理、渠道结构以及家电行业营销渠道相关理论。这部分理论在专题二及专题三任务一部分有详细介绍。

一、我国家电行业渠道结构现状

任务要求：该部分需要学生自行收集资料，分析了解我国家电行业及其渠道结构发展现状，并依据所收集的资料对我国家电行业发展及其渠道结构现状进行分析、总结。需要注意的是，所收集的资料仅仅作为参考，学生需要依据自己的理解进行归纳、概括，并对自己的观点展开阐述。

参考材料

材料1：家电行业及其营销渠道历史演变

一、中国家电行业特征分析

历经二十多年的超高速发展，中国家电产业已经形成具有相当规模，拥有相当水平的生产体系，形成了超过亿元市场规模的成熟产业，这一数字还仅限于白色家电行业。我国家电行业的主要特征如下：

1. 我国家电市场已经进入成熟阶段

我国家电行业仅用发达国家家电产业化进程的一半时间，就完成了从以黑白电视机、单桶洗衣机为标志的产业初级阶段向以高清晰度彩电、全自动洗衣机等高档家电产品为标志的产业成熟阶段的过渡，现在主要家电产品的生产工艺和技术水平已和国际水平基本实现了同步，产业扩张期基本结束。就行业整体而言，应该说我国家电行业目前已经处在了产业生命周期的成熟期，家电市场也出现了与之相对应的特征，主要表现在市场竞争日益激烈、产品利润率趋于平均化、市场集中程度不断提高、价格水平稳步下降等几个方面。

2. 市场化程度最高，竞争也最激烈

家电行业是最早尝试市场化运作的行业，也是目前我国市场化程度最高的行业。家电企业率先摆脱了计划经济体制下的商业运作模式，在营销领域大胆探索，最终涌现出了一大批优秀的家电企业和一大批年富力强的营销、管理人才。他们既了解中国的国情，又能灵活运用营销理论，在他们的努力和实干下，家电业成为了国内一个朝气蓬勃的行业。我国家电行业竞争也在加剧，上游钢铁和塑料等原材料价格成本的上涨，下游渠道商进一步扩张导致家电企业话语权更低，在这些因素的影响下，家电产品的产销增速放缓，品牌淘汰进程明显加快。

3. 消费者的消费结构正在发生变化

当前，我国家电行业产品的消费结构也出现变化。从国内电冰箱市场的消费来看，多门大容积冰箱的市场份额增加；其次，从国内空调器市场的消费来看，柜机市场份额增加，挂机仍占主流，挂机销量占整体空调市场的比例下降，而柜机的比例上升。另外，从国内洗衣机市场的消费来看，节水环保产品走俏，大容量产品成为亮点；彩电市场高端产品成为热点，其中低端液晶电视对等离子电视造成很大冲击。

4. 城市市场逐渐饱和，农村市场正在兴起

目前，我国经济的稳步发展、城镇化进程的加快以及出口竞争力的提高，为家电市场的稳定发展提供了需求支撑，特别是随着城乡居民收入水平的提高，城镇居民家电消费将进入更新换代周期，农村居民家电消费进入快速普及阶段，市场需求将稳定增长。存在机会的同时，原材料成本价格上涨等问题使得家电行业利润空间较小，下游渠道商对家电厂商利润的挤压仍不可避免。国外市场也面临着反倾销和非关税贸易壁垒等诸多因素的考验，对家电的生产企业提出了较高的技术要求。

二、中国家电行业发展趋势

1. 全球家电制造中心地位稳固

由于中国经济设施完善，产业发展成熟且劳动力成本低，具有成为全球制造中心的比较经济优势，制造业外向型发展特征明显。中心地位的加强首先表现在家电产品的出口全面增长，还表现在中国市场对于跨国公司的影响，有些跨国公司甚至认为在中国竞争的成败决定了其全球竞争地位，具体表现为主要跨国家电企业加快了在中国的战略布局调整。

2. 国内市场需求增长缓慢

国内家电市场需求相比出口市场增长缓慢，显得有些平淡，供需不平衡加剧了家电市场的竞争激烈程度，家电产品几乎存在全面供大于求的情况，导致家电产品价格进一步下降。随着竞争的加剧，家电产业链各阶段的利润空间均在压缩，越来越多的企业认识到单靠价格竞争不能提升核心竞争力，不是长远发展的方向，并开始努力探索新的发展道路。许多家电企业加大了技术投入，开发新的具有高技术含量的产品，将产品的差异化作为企业发展的长久之计，寻求新的市场需求，建立新的经济增长点，以实现企业的可持续发展。

3. 行业内的重组和整合趋于活跃

在全球竞争的环境下，为了获得有利的竞争地位和提高竞争力，产业重组是行业永恒的主题。行业内的重组和整合打破了国有资本、民营资本和外资之间的界限。从资本角度讲，当前的主要特点是国有资本在家用电器行业的比例在减少，外资的独资倾向在增强，民营资本的扩张在加剧。从竞争行为上看，企业间资源共享的合作在增加。

4. 中国优秀家电企业更加成熟

中国本土家电企业所处的经营环境发生着巨大的变化，这既包括国内消费结构的升级

和销售渠道的变革等来自国内市场的压力，也有全球化带来的跨国公司的竞争压力。应该说，中国本土家电企业根据环境的变化和自身的发展制定了相应的发展战略，既切合实际，又具有一定的超前性，表现得越来越成熟。

5. 渠道间的竞争也日益激烈

由于国内家电需求增长趋缓，产品供过于求，从卖方市场转入买方市场，销售渠道成为关键的竞争因素，各方对渠道的争夺日趋激烈。从制造业角度分析，家电生产厂家加强了对零售终端的控制，力争减少销售环节，节省销售费用，使销售渠道向扁平化的方向发展，企业销售模式朝着能同时适应多样市场的方向发展。另一方面，销售业发展的趋势是大型家电连锁店的地位不断上升，对行业的控制能力增强，参与并引发了以前主要由制造商主导的价格竞争。大型零售商凭借其广阔的市场覆盖面、采购规模和成本优势，在产品定价、货款交割等方面的话语权日益增强。

三、西方发达国家家电营销渠道分析

西方发达国家由于市场经济相对比较成熟，其家电企业的分销体系已经相当完善。但是与中国家电企业不同的是，西方发达国家的家电制造商主导着渠道规则的制定，家电制造商更多是进行渠道上下游之间的整合，并不直接参与渠道运行，这与西方发达国家零售商强大的分销能力密不可分。而中国家电制造企业对渠道建设的参与度远远大于西方发达国家的家电制造企业，所以中国家电制造企业的分销成本往往要高于西方发达国家家电制造企业的分销成本。

西方发达国家家电企业营销渠道模式大致分为三种：

(1) 制造商——制造商销售代表——中型零售商——消费者；

(2) 制造商——大型零售商——消费者；

(3) 制造商——独立采购批发商——小型零售商——消费者。

在西方发达国家，(2)(3)模式相当普遍，特别是(2)模式由于诸如沃尔玛、麦德龙、家乐福、百思买等大型连锁超市的兴起，这种直销模式在国外占有及其重要的地位。不过，在我国由于国美、苏宁、大中等大型连锁渠道商的崛起，这种直销模式所占的市场份额正在逐年增加。

纵观这几年西方发达国家家电渠道的变化，大概可以看出目前其呈现如下特点：第一、批发商相对分散；第二、零售商高度集中；第三、渠道专业化趋强和网络渠道兴起。

四、中国家电营销渠道历史演变

在计划经济时期，我国家电企业的营销渠道相对单一，经销商完全服从于制造商。由于粗放式经营环境，制造商对终端分销渠道重视不够，制造商的营销工作停留在简单的销售这一水平上。进入20世纪90年代，随着人民生活水平的提高和消费需求结构的变化，家电流通领域也发生了重大变革。曾经是家电营销绝对主力的百货商场通过出租场地、收取租金、摊牌营业等方式向制造商转嫁商业风险，这种转嫁商业风险的做法是以丢失或者放弃商业职能为前提的，同时也使家电制造商为获取竞争优势而直接介入终端，区域代理营销渠道渐渐浮出水面，分销渠道逐渐呈现扁平化。进入21世纪，家电营销渠道最大的变化则是以国美、苏宁、大中等为主要代表的连锁渠道商的迅速崛起和以百思买等为主代表的国外连锁渠道商的进入，这些变化势必影响我国家电企业营销渠道的构建策略。

家电企业营销渠道的发展也经历了从无到有、从简单到复杂、从固定到变化的过程。

大致可以从以下几个方面对我国家电营销渠道的演进理顺脉络：

百货商场家电部。在计划经济时代，家用电器还属于短缺商品，百货商场家电部是家电产品最重要的销售渠道。那时，家电产品还属于"皇帝的女儿不愁嫁"，家电制造商在整个家电产品价值链上处于优势地位，所谓的营销渠道系统也就是依托各地百货商场的家电部，这种相对单一的营销渠道与家电企业生产的单一性、产品的稀缺性、消费者需求的趋同性是一致的。可以说，百货商场的家电部在计划经济时代发挥了不可替代的作用，甚至即使是现在，边缘的农村市场百货商场的家电部也是家电企业一支重要的分销力量。

专业批发商。在 20 世纪八九十年代，我国家电行业进入了高速发展阶段，家电市场也从卖方市场逐渐变为买方市场，市场竞争也发展为以产品、价格、渠道等多种手段为特征的多元竞争格局。消费者的需求结构也发生了重大变化，无论从消费档次还是消费量上都上了一个台阶，大型专业批发商承担起家电流通领域的重要职能。

大型家电连锁商。20 世纪 90 年代中期到现在（这里是指文章写作的时间，2007—2008年），国美、苏宁、大中等大型家电连锁渠道商的迅速崛起使我国家电营销渠道进入了新的时期，他们的崛起标志着我国家电业进入了渠道为王的阶段。以国美、苏宁为代表的全国家电连锁和以北京大中、青岛雅泰、上海永乐等为代表的地方家电连锁迅速瓦解了以百货商店、批发商等主的传统家电营销渠道。

品牌专卖店。品牌专卖店是近几年才兴起的一种分销渠道，它是制造商依靠自己的力量或者自己能够控制的力量，以品牌建设为核心建立起来的营销渠道。其中海尔专卖店和格力空调专卖店是品牌专卖店的典型代表，它们的兴起曾经在业内引发家电企业是否应该自己建立营销渠道的讨论。值得说明的是，品牌专卖店并不全是制造商自己建立的专卖店，而是制造商通过在各地对潜在经销商进行评选而最终选择的有制造商产品经营权的经销商。品牌专卖店可能是制造商自己独资建立，也可能是制造商控股的与普通经销商合资的公司。

资料来源：胡春民. 中国家电营销渠道构建研究[D]. 中国邮电大学，2008.

★思考与讨论

（1）根据自己的了解谈谈你对文中提到的我国家电行业发展特征和发展趋势的理解，并尝试总结概括写出要点。

（2）我国家电行业的营销渠道与西方发达国家有什么区别和联系？尝试描述一下我国家电行业的渠道特征。

材料 2 2018 年中国家电行业营销渠道分析

2018 年，中国家电行业承压前行，尤其是下半年，众多品类增长乏力，零售量出现下滑，零售额增幅出现波动。但是，部分高端产品、品质化产品、差异化产品、新兴家电产品呈现了不错的发展趋势，成为家电行业的新亮点，也给很多家电厂家带来了希望和机会。

家电行业的品质化升级一直跟随消费升级的脚步不断前行，中国家庭对家电产品的需求已经由"从无到有"转化成了"从低到高、从劣到优"。相对于原来较匮乏的家电信息，现在的消费者已经积累了大量的使用经验，一些原来潜在的消费需求开始浮出水面，并转化成了多样性、个性化的消费需求。消费者的需求变化不仅仅体现在具体产品的选择上，在购物渠道上也在向多渠道转化。另外随着网络社交方式的普及，消费者获得家电信息更便捷、更丰富，因而无论是对购买渠道的选择，还是产品型号的选择都向多样化发展。消费者在电商平台进行家电产品的采购，已经成为一种习惯。

一、渠道环境的变化

经济环境：我国经济受到全球政治经济环境影响，在持续下行的状态下，保持了较高的同比增长速度。这说明我国经济继续保持缓中趋稳、稳中向好的总体态势。有表现稳健的整体环境，但也有制约家电行业发展的因素，比如房地产市场表现。

社会环境：人口数量影响着家电消费，而我国人口红利正在消失。由于新生儿减少，新婚人口对数下降给家电带来的增量也在逐年下降。

产品需求：在农村市场，空调和油烟机产品正在快速普及；在城镇市场，传统"三大件"以及空调和油烟机产品的销售则进入以替换为主的阶段。而存在替换需求的消费者，对家电产品的要求更是向着品质化、多功能、舒适化等产品升级的方向发展。

政治环境：国家为了加快发展先进制造业，推动人工智能和实体经济深度融合，出台多项发展规划、行动方案及管理措施。

需求升级：居民可支配收入越来越多，消费结构过渡到更高层次，对绿色消费、信息消费、便捷消费、健康消费的新型服务型消费需求将进一步增加。消费情况的好转，带来的是消费者对高端家电、品质家电、多功能家电的偏好。

二、2018 年家电行业的特点

2018 年家电行业的整体特点可以用五个字"大、美、舒、智、健"来概括，各家电产品的发展变化和功能卖点都在这五个字中得到了体现。

"大"：彩电产品的屏幕尺寸增大，视觉体验改善；两门冰箱市场份额减少，多门对开等大容积冰箱市场份额增加；洗衣机、洗碗机大容量增大，油烟机大风量等都是对"大"的诠释。

"美"：彩电曲面、窄框设计使产品更美观，冰箱冷柜彩色面板，滚筒大视窗，创意小家电等，都说明家电产品向"美"的改变。

"舒"：空调的无风感，洗衣机的烘干功能，体现了消费者对舒适性家电产品的追求。

"智"：智能家电市场份额增高，WIFI、语音交互、NFC 功能、摄像头、自动投放等更多的功能加载在家电上，让操作使用更便捷、更轻松。

"健"：冰箱产品保鲜功能创新，洗衣机桶自洁、分筒洗，养生小家电，新风系统等都反映了消费者对健康的追求。

三、2018 年家电行业营销渠道分析

线上市场已经成为家电行业不可或缺的渠道市场，其占比不断提高，但是对于彩电、空调、冰洗、厨卫产品，线下市场仍是主要渠道。

线上消费已经被消费者普遍接受，线上市场仍保持增长势头，消费额度不断增加。随着线上零售普及率的提升以及专业电商在物流、配送、安装、售后服务等环节的服务优化，越来越多的家电制造企业与电商平台进行战略合作，以提升产品在线上的市场份额。2018 年，以苏宁易购、京东商城等为代表的家电渠道商在线上市场持续发力，但是在线上市场中，各渠道也存在激烈的竞争。

线下渠道受线上渠道的影响，规模呈现萎缩，但以转型求品质和效率为主。2018 年线下市场家电零售额下滑。线下渠道通过各种办法改善消费者的购物体验，提升门店的服务水平，调整门店样机和销售结构，以提高门店的销售额。在整个家电市场中，线下渠道仍是家电销售的主流渠道，同时，电商平台也纷纷涉足线下。在渠道分布上，全国连锁渠道、地方连锁渠道、百货、超市、乡镇零售店等构成整个线下市场。全渠道平台——苏宁、国美在线下市场保持着大量的实体卖场，贡献了线下市场的很大份额。

线上线下全场景覆盖才是未来。苏宁率先完成线上线下全场景布局，并坚持线上和线下系统均衡发展。苏宁、国美加速线上发展，京东、天猫向线下探索，两种渠道业态正在深度融合，不断涌现出更注重消费者体验，集餐饮、购物、娱乐、休闲等跨界消费场景于一体的全新零售业态。家电行业同样需要线上和线下市场不断融合，为消费者提供更丰富的商品、更便捷的服务。

资料来源：国家用电器研究院、全国家用电器工业信息中心.
2018 年中国家电行业年度报告[R]. 2019 - 02.

★思考与讨论

（1）我国当前家电行业的渠道环境发生了哪些变化？给家电企业带来了哪些机遇和挑战？

（2）你如何理解和评价文中对我国家电行业营销渠道的分析？

★演示示例

学生可以依据自己课下收集的资料以及对参考材料的阅读及讨论，形成自己的观点并制作演示 PPT 的第一部分内容——我国家电行业渠道的发展与趋势，核心内容如下：

二、我国家电行业渠道的发展与趋势

1. 我国家电行业发展历史

- 1955 年，第一台冰箱，1958 年，第一台电视；
- 80 年代初，大力引进国外生产线；
- 90 年代，品牌化、多元化；
- 21 世纪，国际化、全球化。

2. 我国家电行业渠道演变

- 六七十年代，计划经济，统一供销，百货商场；
- 八九十年代，代理制，国营商场、家电市场、专营店；
- 90 年代中后期到 21 世纪初，批发、代理、自建渠道等多渠道，大型家电连锁；
- 21 世纪初到现在，大型连锁商、专卖店、电商等多渠道，线上线下全渠道。

3. 我国家电行业渠道现状

- 线上飞速发展，线下改善体验；
- 全渠道、全场景覆盖；
- 一二级市场加快整合，连锁为主，三四级市场多业态并存。

4. 我国家电行业渠道特征及趋势

- 制造品质化、智能化、人性化；
- 零售规模化、集中化、场景化；
- 渠道扁平化、多元化、无缝化；
- 垂直系统纵向一体化；

·水平系统跨界联合化。

★思考与讨论

你是否赞同以上分析示例中的观点？尝试理解并对以上分析要点展开论述，或说说你的不同观点。

三、我国家电行业营销渠道存在的问题及其原因

任务要求：该部分需要学生自行收集资料，分析了解我国家电行业渠道结构，并结合渠道结构基础理论分析我国家电行业在营销渠道方面存在哪些亟待解决的问题以及存在这些问题的原因。需要注意的是，所收集的资料仅仅作为参考，学生需要依据自己的理解进行归纳、概括，并对自己的观点展开阐述。

📚**参考材料**

材料1 我国家电企业营销渠道面临的问题

1. 渠道成本持续攀升

中国家电业历来的重大问题之一是渠道成本居高不下，并受企业资源条件的限制，在渠道推广产品的过程中渠道成本往往节节攀升。例如，家电企业在降价销售的同时，在促销、宣传上也加大了投入，如销售网络建设、增加客户返利额、增加促销品、增加广告宣传支出等。高渠道成本表现为渠道利润缺失及渠道投入过大，在商品或服务的价格构成中分销渠道费用基本占15%～50%左右。尽管自建网络在家电行业的发展中起过举足轻重的作用，但在家电业利润微薄的形势下，其高昂的成本代价是巨大的。有些家电企业持"再穷不能穷渠道"的认识，将渠道费用的持续攀升视为正常现象，忽视渠道的改善，忽视可以通过降低渠道费用提高经济效益。

2. 销售行为不规范

家电企业竞争方式日趋多样化的同时，由于过度的分散性竞争、市场透明度差，使各种不正当竞争行为屡见不鲜，销售行为不规范，主要体现在：

(1) 在岁末年初及节假日消费旺季，大型家电经销商经常使用"最低价"、"差价赔偿"、"特价"等促销手段推进家电价格战及包括打折、特价、买赠、抽奖等形式的变相价格战，导致降价的恶性循环和市场恶性竞争。

(2) 对于销售区域，存在不畅销地区向畅销地区，畅销地区向新市场或正在启动的市场窜货，搞乱了价格、网络体系，造成虚假销售。

(3) 由于家电市场主控权由厂家转至商家，家电企业忽视与中间商在经营上的长期互动和业务上的广泛整合，同时缺乏有效的约束与控制机制，家电中间商常出于效益因素跳槽，缺乏对家电制造企业的忠诚度。

此外，家电企业急功近利，求短期利益的现象严重，商业道德和商业信誉低下，信息手段落后等也表现出家电渠道中销售行为的不规范。

3. 渠道运行效率低

我国某些家电制造企业只注重一级经销网络，对一级经销网络中的大户依赖性强，对二三级网络的管理相对薄弱，使其营销网络处于较粗放的经营与管理阶段，难以满足进一步的发展和市场竞争愈加激烈的需要。渠道冲突使家电企业销售混乱，增加了人力、物力、财力、时间的投入，造成渠道低效率运行。家电制造企业自建网络在管理上失控，面临着诸多财务、税务等方面的难题，使营销网流难以有效利用。松散的、间接的渠道模式使得中间商与厂家形成相互独立的利益关系，甚至在某些方面形成了对立关系，这种买卖而非合作的关系在一定程度上制约了厂家与消费者的直接沟通，使渠道效率下降，更不利于企业的经营决策。渠道运行效率不高是目前一些家电制造企业亏损的重要原因。

4. 渠道成员冲突

一方面，家电企业分销渠道中存在机构重叠和渠道方式单一的现象；另一方面，生产商和经销商由于自身独立的经济利益，关系容易失衡。其中主要的问题是生产商对经销商的依赖过多。由于渠道成员的角色、目标、对双方权利和义务关系的认识不一致，以及成员间信息沟通过于缓慢或不精确，造成目前家电渠道成员间的矛盾和冲突表现突出。经销商之间存在冲突是很正常的事，但重要的是防止冲突扩大化，避免冲突造成销售业绩下滑、市场份额下降的负面影响。家电分销渠道冲突中最严重的就是窜货。

5. 终端争夺白热化

出于保护自己通路安全的需要，各家电厂商在零售业展开了终端市场大战，不同类型的终端处于整合状态。

6. 渠道通向的目标市场趋同

由于我国家电制造企业忽视农村市场的开拓，并且缺乏足够的国际市场开拓能力，所以决定了家电生产商面对的是同一市场和同样的消费群体，其通路、价格、传播方式、利润区、盈利模式、价值链、战略控制手段等都严重趋同，销售末端都集中在同一销售商场或专卖店等，广告和促销也基本大同小异。随着市场经济的发展，城市中的家电市场竞争越来越激烈，利润空间越来越小，争取市场份额的交易成本越来越高。在这种情况下，家电企业被迫把目光投向农村市场。农村的市场环境虽相对宽松，但消费意识却相对落后，信息的获取难度和复杂程度更高，而可信度及传输速度却更低，这不可避免地影响家电企业在构建和发展农村营销渠道时要支付更高的交易成本。

资料来源：董剑英. 中国家电企业营销渠道创新研究[D]. 北京交通大学，2010.

★思考与讨论

(1) 根据自己的了解谈谈你对文中观点的理解，尝试分析文中提到的问题其存在的原因。

(2) 在当前环境下，我国家电行业营销渠道还存在哪些文中没有提到的问题？

材料2　当前我国家电企业营销渠道存在的问题

一、渠道费用居高不下，分销效率低

当前，家电行业的多数企业仍采取传统的间接分销模式，产品经过厂家、代理商、经销商、终端后，才会最终到达消费者手中，如此多的中间环节，摊薄了原本微薄的产品利

润，每一渠道层级的增加都会增加人力成本、物流成本、促销费用、仓储费用，随着行业竞争的不断加剧，家电企业的生存环境越来越艰辛。但是如果自建直营渠道，在付出更多市场费用的同时，也面临着调整客户后的市场停滞不前、人员增加后管理不完善、原有渠道客户遗留等诸多问题，这就使得成熟的家电企业不会贸然地进行渠道变革，以完善科学管理水平来降低成本，并不断提高销售规模来获得规模的边际效应。

二、零售企业的强势地位影响着生产型企业的渠道策略

连锁终端企业强势崛起，使家电业在渠道选择上处于被动地位，与终端企业不能对等谈判。以国美、苏宁为代表的家电连锁企业则过度地压榨上游厂方资源，如高额的进场费、装修费、选位费、节庆费、海报费、导购员管理费、建档费。然而高额的费用也未必能带来高额的销售回报，所以更多中小型家电企业在连锁终端面前望而却步，只能选择二三级渠道市场，但是选择二三级渠道市场也同样面临着销售人员数量配置有限，无法精耕细作，只能粗放开发，粗放维护；同时，在失去零售终端这一建立品牌形象的主阵地后，品牌知名度的提升也开始变得缓慢。

三、信息流、物流管理水平低

目前国内大中型家电企业都有自己完善的信息系统，从日常办公到客户网上订单制作、库存信息共享、产品物流信息查询、售后配件申请、客户档案录入、市场信息反馈等都能通过信息系统实现。但是大多数的中小企业仍处于半自动化状态或者传统手工及电话业务模式，总部与分公司之间、分公司与办事处之间、办事处与客户之间不能实现快速的信息传递，无法适应快速变化的市场。而近几年二三级市场的迅速崛起，更是考验着家电企业的物流配送能力，借助第三方物流可以实现货物的送达，但是物流成本也会增加，并且没有信息化的支撑，发货的周期会延长，配送效率大大降低。没有信息流和物流的支撑，库存结构的合理性也会降低，库存巨大的同时又会出现产品结构性断货，库存周转率低下，仓储成本增加，资金回报率降低。

四、厂商之间、渠道成员之间冲突严重

现阶段，厂商之间、渠道成员之间的冲突空前严重，主有原因有三点。一是随着经销商的发展壮大，家电生产企业对渠道客户的掌控力开始变弱，受制于大户。大户会变相向上游工厂提出要求和压榨资源，或者向工厂提出市场资源的补贴，厂商合作稳定性变差，进而演变成厂商间的冲突。二是渠道成员之间为提升销量获取规模返利，相互之间低价窜货，冲突不断。三是随着电子商务等新渠道的兴起，在不同渠道之间存在恶性的竞争，如何维持不同渠道模式的良性发展，平衡好各渠道成员的利益，成为生产型企业共同面临的课题。

资料来源：徐华锋. 美的日用家电公司的渠道变革与管理[D]. 郑州大学，2014.

★思考与讨论

(1) 比较分析材料1和材料2中所述我国家电行业营销渠道存在的问题，说说你比较赞同哪些观点？

(2) 材料1和材料2所述问题中哪些是由渠道结构问题引起的？分析渠道结构如何引发这些问题？

★演示示例

学生可以依据自己课下收集的资料以及对参考材料的阅读及讨论，形成自己的观点并制作演示 PPT 的第二部分内容——我国家电行业营销渠道存在的问题及优化对策，核心内容如下：

四、我国家电行业营销渠道存在的问题及优化对策

（一）我国家电行业营销渠道存在的问题

1. 渠道费用高

- 渠道流通；
- 信息沟通；
- 推广、返利；
- 广告、促销；
- 渠道管理费用高。

2. 运行效率低

- 管理效率低下；
- 二三级网络管理薄弱；
- 渠道冲突，销售混乱，行为不规范。

3. 终端竞争激烈

- 大型连锁零售冲击；
- 电商主导，线下关店；
- 线上线下冲突；
- 消费者需求升级。

（二）我国家电行业营销渠道问题的原因——结构视角

1. 渠道费用高的原因

- 流通渠道长；
- 同一层级渠道成员数量多、规模能力差距大；
- 渠道组织松散。

2. 运行效率低的原因

- 渠道网络混乱；
- 二三级网络不健全；
- 渠道组织松散，信息沟通不畅。

3. 终端竞争激烈的原因

- 渠道组织松散，控制力弱；
- 线下实体店渠道成本过高、体验性差；
- 消费者关注不够。

★思考与讨论

你是否赞同以上分析示例中的观点？尝试理解并对以上分析要点展开论述，或说说你的不同观点。

五、我国家电行业渠道结构优化对策

任务要求：该部分需要学生依据所分析的我国家电行业营销渠道存在的问题及其原因，从渠道结构的角度提出相应的改进建议。需要注意的是，所收集的资料仅仅作为参考，学生需要依据自己的理解进行归纳、概括，并对自己的观点展开阐述。

参考材料

我国家电企业渠道创新的途径

1. 对渠道结构进行整合以实现渠道结构的扁平化

渠道扁平化与传统的模式相比，简化了销售过程，缩减了销售成本，企业的利润空间也在加大。扁平化并不是盲目地删去某个销售环节，而是对原有的供应链进行优化，减去那些没有增值的环节。因此，需要对渠道的结构进行整合，以达到结构的扁平化，进而降低渠道的交易成本。对家电营销渠道系统结构层面的整合包括渠道长度、宽度的整合，多元渠道间的整合等。

我国的家电营销渠道系统应注重摆脱传统层次分明的模式，由传统的生产商——一级批发商——多层级批发商——零售商的"金字塔"模式转向生产商——批发商或零售店——消费者的扁平模式，在长度上趋向缩短化。没有中间商参与的直销形式与通过大型专业或综合家电连锁经营的形式是家电渠道整合应采取的主要渠道形式，同时它们也是将来发展的趋势。家电生产企业缩短销售渠道，并逐步缩短直至取消批发环节，能降低厂商之间因签订合同、履行合同所产生的交易成本，加强家电生产商对市场的控制。根据渠道中每一层级使用同类型中间商的多少，可以划分出渠道的宽度结构。渠道密度是一个相对的概念。家电制造商选择经销其产品的同类中间商批发商或零售商越多，分销渠道越宽。受产品性质、市场特征和企业分销战略等因素的影响，我国家电营销渠道的宽度结构整合应以选择性分销渠道为主，减少渠道中间商的个数，降低区域窜货等水平冲突发生的可能性。对家电营销渠道的长度、宽度的整合不是简单地采取极端的扁平化模式，而应该根据市场变化以及本土的实际，通过减少管理层次、压缩职能机构、裁减冗余人员，建立一种纵向横向都比较紧凑的有限扁平型结构，使组织结构变得灵活、敏捷、快速、高效。

在不同的细分市场内部，家电企业形成了多元化的渠道。家电渠道间的整合的基础是家电企业的各细分市场，而不是家电企业的整体市场。在某一选定的家电细分市场上的多元家电营销渠道间的整合要在对现有多元渠道进行分析的基础上，选择交易成本最低而效率和效益最高的渠道。选择过程为：首先，要分析目标顾客购买准则，在对企业不同营销渠道的绩效进行比较的基础上选出所有与目标顾客购买准则相适应的渠道；然后，在这些渠道中进行产品——渠道适应性分析，找出能够满足要求的渠道；最后，对选出的渠道进行经济性评估，只有满足企业经济标准的渠道才能最终被保留下来。从家电多元渠道整合的总体趋势看，批发渠道将会逐渐成为历史；品牌专卖店只会在某一细分市场中生存，市场占有率的下滑只是时间问题；自建渠道将逐步向全国性家电连锁过渡；百货商场家电部对家电销售不会发挥较大的作用，将类似于专卖店选择细分市场经营；全国性家电连锁将成为家电营销的主渠道。有实力的家电生产商应该在目前渠道网络的基础上从产品规划、广告、培训等方面对现有渠道重新进行定位，自建全国性连锁店。

2. 在渠道运作方面采用分销渠道逆向模式

在渠道运作方面采用分销渠道逆向模式，即以总经销商为中心变为以终端市场为中心。分销渠道逆向模式指企业从渠道的终端开始考虑整条渠道的选择，即根据消费者需求行为和产品的特征选择零售终端，并根据中间商的财力、信誉、能力和与零售终端的关系进一步选择中间商、经销商。此种模式类似于美的集团提出的"弱化一级市场，强化二级市场，决胜终端"的战略意图。这样，一方面企业可以通过对经销商、代理商、零售商等各环节的服务与监控，使得自身产品能及时、准确地通过各种渠道环节到达零售终端市场，提高市场覆盖率，使得消费者能够及时买到本企业的商品；另一方面，企业可以在终端市场开展多种促销活动等管理工作。

3. 加强对渠道成员的管理

尽可能跳出单一渠道的束缚，采用合理的多渠道策略并进行通路整合，能够有效提高市场占有率和销售业绩。对中间商的管理，厂家应积极开展对中间商的服务，与其一起共同规划营销目标、存货水平、商场布局、人员培训等，用支持业绩目标的激励机制进行考核和管理，使渠道成员充分认识到他们都是渠道系统中的一部分，他们的目标与企业的目标是一致的而不是独立的，同时积极协调渠道成员之间的工作，最终实现渠道目标。

4. 建立以关系营销为基础的营销渠道

关系营销是指企业通过与主要合作伙伴如供应商、顾客、经销商等建立起长期的、满意的战略合作关系，以谋求共同发展的分销模式。在关系营销中，厂家与供应商、经销商结成了利益同盟，他们之间不再处于利益的对立面。关系营销的核心内容集中体现在各渠道成员通过为顾客提供更高的满意度而寻求自身的生存发展。企业在进行渠道管理与控制时，坚持以关系营销为核心，注意发展同中间商、顾客的长期伙伴关系，这是未来家电行业竞争的大势所趋。

5. 利用现代物流技术降低营销渠道成本

随着家电制造企业微利时代全面到来，家电生产企业为了寻找新的利润源泉，纷纷把目光投向过去并不被人注意的物流环节，力争构建一条高效率、低成本的物流渠道。

对于那些销售量大、产品种类多、产品线长、规模大的家电生产企业而言，可以自己建立物流系统，不仅要建立自己的运输车队也可以整合社会资源成立，并且要在全国各销售区域建立仓库和物流信息系统。

家电企业可以将其产品的分销配送物流业务交给第三方专业物流公司来完成，生产企业不必自己成立车队、建立仓库，由第三方按照家电企业的需求，及时地将产品送到零售终端，送达顾客，这样可以使家电企业集中精力强化主业，在技术研发和创品牌方面强化核心竞争力。第三方物流模式可以更好地整合资源，实现规模效应，极大地节约了物流成本。

目前城市居民家电拥有量日趋饱和，而农村家电市场需求潜力很大，各家电企业开始纷纷在农村市场建立营销渠道网络。但农村县、乡家电零售网点极为分散，多而小且单店需求量也不大，给家电产品的物流配送带来了极大的困难，更加要求物流配送具有规模效益。因此，单个家电生产企业在县、乡一级营销渠道的物流配送往往达不到规模效益，需要几个家电生产企业联合组成一个物流配送系统才能达到规模效益，最大程度地降低渠道物流成本。

6. 建设电子商务的新型营销渠道

随着中国家电业市场饱和度越来越高，分级代理、家电连锁大卖场等传统的销售渠道使得厂家的产品销售利润率渐渐低下。因此，厂商纷纷寻找新的销售渠道来改善利润收益。此时，利用电子商务进行网络直销的新型营销模式被家电企业紧密关注，并开始积极尝试。

资料来源：董剑英. 中国家电企业营销渠道创新研究［D］. 北京交通大学，2010.

★思考与讨论

1. 根据自己的了解，谈谈你对文中观点的理解，尝试分析以上措施如何解决当前我国家电行业营销渠道面临的问题？

2. 以上解决方案中，哪些措施是对渠道结构的调整和优化而不是直接调整渠道结构，它们与渠道结构有什么关系？

★演示示例

学生可以依据自己课下收集的资料以及对参考材料的阅读及讨论，形成自己的观点并制作演示PPT的第三部分内容——我国家电行业渠道结构优化对策，核心内容如下：

我国家电行业渠道结构优化对策包括：

1. 缩减渠道长度
· 渠道扁平化；
· 布局网络化；
· 纵向一体化。

2. 控制渠道宽度
· 精选渠道成员；
· 优化成员管理；
· 建立战略联盟；
· 横向一体化。

3. 拓宽渠道广度
· 建立新型渠道；
· 融合全渠道；
· 掌控渠道终端；
· 提升服务体验。

★思考与讨论

你是否赞同以上分析示例中的观点？尝试理解并对以上分析要点展开论述，或说说你的不同观点。

任务三　渠道战略规划

★学习目标及任务
1. 理解渠道战略及策略的内涵；
2. 掌握渠道战略规划的步骤；
3. 理解渠道策略实施、控制及调整方法。

一、营销渠道战略的内涵及意义

营销渠道是企业满足顾客需求的重要手段，是企业创造和获取竞争优势，维持长期生存和健康发展的重要保障。在当前市场竞争中，渠道建设对企业有着重要的战略意义，因而企业需要从战略的角度看待渠道建设，需要设计出能够适应市场环境，最大限度发挥企业优势、满足顾客需求的渠道战略。

"战略"一词最早出现在军事领域，是指导战争全局的计划和谋略，是决定战争全局的策略。战略具有全局性、预见性、谋略性等特点。随着现代经济的发展，人们开始把"战略"一词应用到管理领域。从本质上说，营销渠道的管理与其他管理活动没有任何区别，它是管理活动在营销渠道中的具体表现。因此，营销渠道战略和企业战略、营销战略一样，也要求管理者能够从全局出发，以长远的眼光、预见性的思维分析市场需求、寻找自身定位，从而进一步对企业营销渠道模式、营销渠道目标以及渠道管理原则等问题做出指导性的决策。

（一）营销战略与渠道战略

市场营销战略是企业营销管理者为实现营销目标，根据企业战略思想，结合市场营销具体职能，在综合考虑企业所面临的外部市场机会和内部资源等因素的基础上，对目标市场、市场定位和市场营销组合等问题制定的总体规划和指导方针。为实现总体目标，落实营销战略规划，企业需要综合运用产品、价格、渠道、促销等营销组合工具。由此可见，渠道战略是营销战略的一个部分，是营销战略在渠道领域的具体体现。

营销渠道战略是指企业为实现自己的营销任务和渠道目标，针对各种变化的市场机会和自身资源而制定的带有长期性、全局性、方向性的营销渠道规划。营销渠道战略的规划最关键的是要适应市场变化，分析市场需求，并在此基础上选择最适合企业自身生存与发展的基本营销渠道模式及管理原则，从而以最低的成本实现产品的价值，最大程度地满足顾客需求。

营销渠道战略是市场营销战略的重要组成部分，它和产品策略、价格策略、促销策略相互配合，共同撑起了市场营销战略的体系及内容。换言之，企业战略是从总体角度去分析企业的发展，其内容包括生产、人力、营销、财务、研发等各个职能领域；市场营销战略则是从营销的角度出发，结合市场营销的具体职能，按照"4P"——产品、价格、促销、渠道四个维度去具体分析并选择营销的策略；而营销渠道战略是从渠道建设角度出发，需要解决的是如何以最低的渠道成本达到顾客满意度最高，并且完成市场营销策略总目标中渠道方面的任务，它指导的对象是营销渠道中制造商和渠道成员间更为具体的渠道活动。企业战略的层次如图3-3所示。

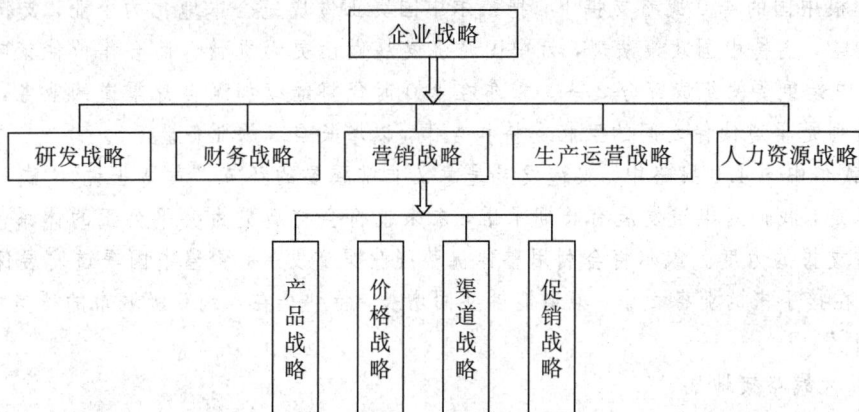

图3-3　企业战略层次

营销渠道战略有以下几个特征：

首先，渠道战略是营销战略的一部分，它从属于营销战略，为营销战略服务。为了实现营销战略目标，渠道战略需要和产品战略、价格战略、促销战略相互配合，将符合顾客需求的产品及服务以有吸引力的价格和低成本的沟通方法，高效率地传递给目标顾客。

其次，渠道战略是具有指导性、方向性和全局性的战略规划，它不是具体的实施策略或精确的行动方案，是总体的、宽泛的、粗线条的。渠道战略需要具体的渠道策略和实施方案来实现，对于渠道结构设计、渠道布局、终端规划、渠道成员选择、渠道成员评估与激励、渠道冲突管理等具体的渠道策略具有纲领性的意义。

最后，渠道战略是面向未来的，是具有预见性的，需要适应环境的变化，并且能够在未来复杂的环境变化中获取竞争优势。20世纪末，戴尔预见到顾客对个人电脑的需求增长以及个性化需求的发展趋势，创造性地采取了低价直销模式，获得了高额的利润回报。进入21世纪之后，电商和新零售的发展使得戴尔的直销模式遭遇到了巨大挑战，为此，戴尔开始进行渠道战略转型，实施多元化渠道战略。

📚 阅读资料

发布中国渠道战略，戴尔渠道全面接地气

2017年12月19日

在中国市场的4.0战略发布，以及完成对EMC的大型购并之后，摆出全面中国化的姿态的戴尔将会如何在中国地区发展合作伙伴体系？这也是近日以来，IT渠道圈中数以万计的从业者一直关心的问题。近日，戴尔大中华区掌门人黄陈宏博士在媒体访谈中详细地对4.0时代戴尔的渠道战略进行了专门解读：在未来，戴尔的渠道战略将会更接地气，提供更多针对渠道伙伴的支持策略。

在 9 月的访华行程中,戴尔创始人迈克尔·戴尔亲自对媒体公布了新时代的中国战略。在扎根中国的 4.0 战略支持下,把戴尔中国真正做成完全本地化的企业,支持中国政府国家战略,支持中国政策法规,为中国经济发展做出更大贡献。而合作伙伴策略,就是 4.0 战略中最重要的组成部分之一。戴尔在 4.0 时代将继续加深自身渠道的业务,加深合作伙伴特别是渠道伙伴之间的互相支持和合作,以增长自身的业务。

"在戴尔中国 4.0 战略中,渠道发展是意义非常重要的环节。"黄博士说,"戴尔想要传递的信息是,我们对渠道发展有长期承诺,未来也将会打造更为公平公正的体系,不断加强对渠道支撑的力度。戴尔将会利用整体优势强化渠道发展,希望中国渠道发展保持良好的势头,在接下来的业务之中,渠道能够共同增长,特别是在 4 到 6 级城市的覆盖中,取得更大成绩。"

1. 五大战略接地气

黄博士介绍,戴尔新时代的渠道政策将主要围绕 5 个方面展开:

一是建立统一的渠道分销平台——将过去的两大区域平台体系整合为统一的平台,通过专门的团队——渠道营业部门来为渠道伙伴提供支撑,帮助他们得到更好的发展。"在我一年的工作之中,最重要的事情就是在一个季度内把原来的分区管理变成统一管理。原来分为南中国和北中国,现在只有戴尔大中华区,渠道管理、平台和政策都是统一的,这也方便渠道工作的开展。"黄博士表示。

二是进一步加深、扩大对整个产业的覆盖。在过去,戴尔更为注重 1 到 3 级城市的发展,而在现在,业务重点将向 4 到 6 级城市迁移,并将在 1 到 3 级城市成功的渠道覆盖经验移植到这些地区。

三是加强对行业渠道的支持。在金融、能源、教育等戴尔未来规划的重点行业中,都会发展更多行业化的合作伙伴,尤其是系统集成商伙伴。通过加强专门负责每个行业渠道之间的合作,提供满足各个行业独特需求的解决方案。"做行业的关键就是把共性发挥极致,充分利用行业渠道,打造适合行业共性的方案。"黄博士表示,戴尔在行业领域有大量的方案得到了成功的应用,证明了其能给行业客户带来价值。在未来的渠道生态中,也会一起大力推动方案发展。针对有行业特点的渠道伙伴,戴尔将会强化培养和合作政策,帮助他们针对行业提供更好的解决方案。而对于战略合作伙伴,尤其是能够提供整体解决方案的大型系统集成商而言,戴尔将会进一步加强与他们在云计算、大数据等创新领域的合作关系。

四是加大对渠道的投入。从今年开始,戴尔的渠道返点、市场支撑基金力度都有了大幅度的提高。而在 4.0 时代,戴尔将会进一步优化 4SP 计划,通过渠道客户的金融保理业务,解除渠道的后顾之忧。

五是建立公平、公正、公开的渠道体系,保证注册合作伙伴的合法权益。在行业项目销售中,渠道对于"自己参与的项目有可能会被同一品牌的其他竞争者抢走"一直抱有担忧,而在未来的体系中,戴尔将会本着先到先得的原则,从生态链体系上保证先来的合作伙伴能够得到项目。与往年相比,4.0 时代戴尔在合作伙伴利益保障方面的最大区别就是会通过独立的、扩大的团队来看项目报备,遵循先到先得的原则,会在价格上提供更多优惠的区别对待。而对于报备成功的合作伙伴,戴尔会提供针对项目的技术支持、针对优先报备企业的招标授权,以及专门针对项目报备的积分返利系统。

2. 与多元渠道共增长

"戴尔新渠道政策的根本目的是希望能够打造一个适合渠道业务与自身一起增长的平台,有公平公正的环境和很好的支持,让渠道业务更好地发展。"黄博士表示。

从 2.0 时代开始,戴尔就开始多元化渠道的建设,在全国范围内建立门店覆盖,随之进一步加深渠道纵深。今天,渠道业务在戴尔业务中的比重越来越重,渠道业务增长也是所有业务增长中最快的。而与此同时,渠道自身对他的投入和信心也在不断增强。未来,戴尔会更紧密依靠渠道伙伴,把业务推向新的高度。

资料来源:发布中国渠道战略,戴尔渠道全面接地气.
http://www.360doc.com/content/17/1219/10/30965498_714438242.shtml.

★思考与讨论

你如何理解和评价当前戴尔的渠道战略?戴尔的渠道战略和其总体发展战略有什么关系?

(二)营销渠道战略的意义

渠道战略是企业为了实现营销战略目标而制定的一套中长期渠道开发和管理的指导性方针和实施对策,其根本意义和作用就是实现企业营销目标。除此之外,渠道战略还有以下重要意义:

首先,渠道战略是企业战略和营销战略的重要组成部分,是企业战略目标和营销战略目标实现的重要保障。正如前文所讲,渠道战略是从渠道管理角度对企业战略和营销战略的贯彻和实施,是企业战略和营销战略不可或缺的重要组成部分,只有当渠道战略与市场营销战略的其他部分配合,才可能实现最大的经济效益。

其次,营销渠道战略本身具有不可替代的重要性,它已经成为企业间重要的竞争手段与策略。当前竞争环境下,与其他营销组合相比,渠道战略对企业获取竞争优势起着更大的作用:技术的领先和产品的创新越来越难,价格优势越来越难以持久,促销手段也因为容易模仿而变得不堪一击,而稳定、高效的渠道体系更加持久,并且具有一定的隐蔽性,难以被竞争对手察觉和模仿。如国美和苏宁的竞争,归根到底就是渠道能力的竞争。渠道战略从根本上决定了企业的渠道能力,进而对企业间的竞争起到了决定性的作用。

再次,渠道战略可以使企业在更大范围内配置资源,为企业带来更多的竞争优势。分销渠道是企业营销组合中唯一的外部资源变量,可以更大限度地利用市场资源,达到 $1+1>2$ 的效果。任何一个企业的资源能力都是有限的,通过渠道系统的建立可以整合市场上可供利用的资源,将不同的企业、组织联合起来,形成紧密的合作关系,为实现共同的渠道目标而合作共享、协同共进。

最后,企业的渠道战略也是关系营销的重要体现,在营销组合中占有重要的地位。关系营销本质上是一种观念,是在对客户和最终顾客的一系列承诺的基础上建立、维系和发展的长期、互利的伙伴关系。关系营销不是一锤子买卖,不计较一时得失,而是看重长远、细水长流,其核心就是对顾客的承诺及其履行。要想使顾客满意,履行顾客承诺,渠道建设是必不可少的关键环节:渠道将产品和服务传递给顾客,渠道终端直接服务于顾客,渠道形象直接影响产品和品牌的形象。不仅仅是最终消费者,企业与其合作伙伴的关系更需要渠道来维系。比如戴尔的未来发展中,渠道伙伴是重中之重,阿里巴巴与星巴克、雀巢等也建立了战略联盟。

📖 阅读资料

阿里巴巴宣布推出"A100"战略合作伙伴计划

2019 年 1 月 11 日

北京时间 1 月 11 日上午消息，阿里巴巴今天宣布推出"A100"战略合作伙伴计划，旨在为企业提供全面一站式解决方案，帮助其加速数字化转型。A100 的成员将与阿里巴巴多个部门和平台建立深厚长久的合作关系，联手创造数字时代高效、可持续的最佳价值观。

阿里巴巴在杭州举行的首届"阿里巴巴 ONE 商务会议"上提出了 A100 倡议。A100 这个名字象征着阿里巴巴希望能为大量公司提高数字化解决方案的目标。A100 项目的建立是基于会上展示的"阿里巴巴操作系统"(Alibaba Operating System)。事实上，阿里巴巴操作系统的创建也是源于公司计划从电商服务供应商升级成为整合型全球科技公司。阿里巴巴已经将其业务从纯电商服务转变为数字娱乐和本地化服务，其基础设施已经覆盖到销售、物流、供应链优化、支付、营销以及其他支持性服务，这些服务均由云计算提供技术支持。鉴于云计算的强大，阿里的基础设施能够处理大量数据流，并可以提供深刻见解及分析，这对于更好地满足客户需求以及业务发展至关重要。新零售已经成为了关键结合口，企业可以通过其利用阿里巴巴的操作系统。

"阿里巴巴 ONE 商务会议"还强调了新零售的成功——阿里率先提出了新零售模式，通过数字化店铺运营来整合线上线下零售。在过去两年的时间里，新零售取得了很大发展，超过 1200 个品牌已经将 20 多万家线下门店数字化升级为"智能店铺"。

"许多合作伙伴通过与阿里巴巴建立深厚的合作关系，已经改进了运营效率并且获得了业务增长。我们生态系统带来的协同作用正在为销售和分销创造新的渠道，并在催化产品创新，以抓住中国生活方式升级过程中出现的机遇。我们期待能有更多全球和本国企业在不远的将来加入 A100 战略合作项目。"张勇补充道。

早先受益于阿里巴巴跨平台合作关系的企业就包括雀巢。雀巢通过天猫旗舰店、天猫超市以及农村淘宝平台加强了核心 B2C 业务，近期它又开始将业务扩展到阿里巴巴推出的新渠道，例如零售通、FRESHIPPO(原先叫作盒马)超市以及大润发。此外，雀巢还与阿里巴巴在多个项目上建立了数字化合作关系，通过阿里巴巴生态系统内的不同平台获得市场和产品类别洞察以及消费者分析。2018 年，雀巢与阿里巴巴集团的物流部门菜鸟达成战略合作协议，将四个服务于阿里巴巴相关业务的经销商整合成一家并且引入"One Set"库存系统来交付在线订单。这样一来，雀巢就可以充分利用菜鸟智能，基于不同地区消费者的偏好来整理产品并管理库存，减少跨区域包裹比例并且加快配送速度。

2018 年 8 月，阿里巴巴与星巴克也达成了战略性新零售合作协议，将在中国促成无缝式星巴克体验并且变革咖啡行业。星巴克与阿里巴巴生态系统的不同关键业务部门进行合作，其中包括中国领先按需食品配送平台饿了么、FRESHIPPO、天猫、淘宝以及支付宝。与饿了么的合作使得星巴克在中国三十个城市内的 2000 家门店都能支持配送服务。星巴克还与 FRESHIPPO 合作，建立了专为星巴克外卖订单而设计的"星厨房"，这进一步促进了食品配送。2018 年 12 月，星巴克在阿里巴巴技术的支持下，首次在中国推出了虚拟门店，并在阿里巴巴生态系统内将星巴克应用和移动应用整合起来，提供一站式数字体验。

资料来源：阿里巴巴宣布推出"A100"战略合作伙伴计划.

https：//www.cnbeta.com/articles/tech/807565.htm.

★思考与讨论

阿里巴巴推出的"A100"战略合作伙伴计划对其新零售布局有什么重要意义？伙伴关系对阿里巴巴的长期发展又有什么战略意义？

（三）渠道战略和渠道策略

在很多教材中，经常将渠道战略和渠道策略混用，在外文文献中，这两个词也都被翻译成 Marketing Channel Strategy 或 Strategy of Marketing Channel。其实，这两个词是不可以混用的，那么它们究竟有什么区别呢？

从汉语意思上来看，战略和策略是不同的，战略是带有全局性、方向性、指引性、预见性的，是粗略的、笼统的、概括的，而策略是局部的、片面的、具体的。简单地说，战略是做正确的事，策略是正确地做事。从这个意义上看，渠道战略是对企业整体的渠道发展方向做的规划，是粗略的指导方针，而这个总体规划的实现，就需要具体的、具有应用性和方法性的众多局部的、片面的渠道策略来实现。所以说，渠道战略是高于渠道策略的，它统领着渠道策略。另一方面，渠道策略的实施有助于实现渠道战略，不同的渠道策略相互配合，才能实现战略目标。

渠道战略和渠道策略既紧密联系，又有所区别。企业制定渠道战略是将渠道问题放在战略的角度进行长远规划，需要对企业未来渠道发展方向进行战略思考、全局规划。而渠道策略是在战略指引下，从中短期的角度思考如何实现渠道目标。如果说渠道战略是一篇文章的摘要、目录，那么渠道策略就是具体的内容。比如某企业制定了多渠道密集型分销战略，这只是给出了一个大体的思路。那么具体有哪些渠道类型、每种渠道类型有哪些渠道层级、每种渠道层级由什么类型的渠道成员构成、每种渠道成员有多少数量、如何选择渠道成员、如何布局、如何评价和激励渠道成员、怎样对渠道成员进行协调和管理，这些具体的问题就属于渠道策略问题，是涉及执行应用层面的计划和方法。

二、营销渠道战略规划

当前，市场环境已经发生了天翻地覆的变化，渠道决策与管理活动正日益体现出战略性特征。要想在未来急剧变化且日益复杂的竞争中占据一席之地，企业必须抛弃陈旧的渠道管理观念，从战略层面重新审视营销渠道规划，以更宽的视野对进入市场的方式进行战略调整。

（一）渠道战略规划的内涵

营销渠道的实质是连接生产者和消费者的通路，是实现价值交换的必要通道。所以，营销渠道战略规划就是解决如何以最低的成本向消费者传递产品及其信息，并且达成消费者最大程度的满意。为了达成这一目标，我们需要对分销模式进行选择，需要制定渠道管理的基本方针原则。总之，渠道战略规划就是为适应环境变化，以最低的成本、最合理的价格向目标顾客提供满意的产品和服务，而对关系企业生存发展的基本分销模式、目标及管理原则的总体计划。

因此，要求我们在进行营销渠道战略规划时，不仅要深刻了解细分市场目标客户的真实需求——顾客对什么样的产品满意？而且还要回答如何提高企业满足顾客真实需求的能力的问题，包括为满足顾客需求企业的营销渠道要提供哪些服务；可以通过什么样的手段来提供这些服务；由哪一类企业或组织来提供这些服务，并且做得更好，效率更高。

（二）渠道战略规划的原则

渠道战略是企业营销渠道建设和管理的总体指导方针，渠道战略规划要科学、合理，要能够让企业以最少的投入实现渠道管理效率和渠道效益的最大化。在进行渠道战略设计和开发时，企业需要遵循以下原则：

1. 需求导向

市场营销的核心任务就是满足顾客需求，渠道设计也是为了最大程度地满足需求，方便顾客购买，刺激顾客购买。因此，顾客需求必须是渠道设计的首要前提。企业的营销渠道必须能够最大程度地接触到目标顾客，为他们提供符合其需求的产品和服务，并且满足他们在购物时间、地点、方式、服务等方面的需求，让他们能够以最小的成本、最喜欢的方式购买到最心仪的产品。

2. 畅通高效

营销渠道是连接制造商和最终顾客之间的通道，渠道的畅通性是决定产品和服务能否顺利到达顾客手中的重要评判标准。因此，在渠道的运行过程中必须考虑实物流、资金流、信息流、促销流、支付流等是否顺畅，是否能够高效运行，以保障渠道功能的顺利实现。当然，渠道的运行和维护也需要人力、物力、资金等成本，所以在保证渠道顺畅高效的前提下，也要尽可能地控制渠道成本，需要设计合理的渠道层次和布局，缩减和调整不合理环节，提高渠道效率和效益。

3. 覆盖适度

渠道管理的一个关键是解决在一个地区应该建立多少销售网点以及每个销售网点应当如何参与营销流程的问题，以保证现有和潜在客户得到充分的服务。关于渠道覆盖密度最为常见的观点是：高市场覆盖率就能带来高销售额，这是十分片面的。从消费者角度而言，高覆盖率使购买者更容易看到这个品牌，更容易买到这个产品，这样就很容易提高销售额，但这并不是绝对的。对于快消品来说，市场覆盖率的提高必然降低了产品的稀有度，从而加剧了下游渠道成员之间的竞争，反而压缩了利润空间，结果就是除了强势品牌之外的下游渠道成员会因为利润的下降而放弃该品牌，导致远期总的销量下降。耐用品渠道覆盖率的提高会使渠道管理成本提高，同时低质量渠道成员的混入很容易影响品牌定位和营销计划的实施，甚至还会有搭便车等情况出现，这就会导致原有优质渠道成员的不满，影响其积极性甚至失去成员，从而导致销量下降。因此，何种程度的渠道覆盖才能达到既保持覆盖率又能带来高销售额的水平是渠道战略制定需要认真考虑的。

4. 稳定可控

控制是管理的重要职能，有效的控制才能确保营销渠道战略的正确实施。失去对战略计划的控制，管理就会失去方向，失去标准，那么渠道战略也就失去了意义，成为一纸空谈。企业在复杂缓慢的发展过程中一步步地构建渠道并保持日常维护，这必将投入大量的金钱和时间，成本高昂。如果频繁地更换渠道模式或渠道成员，就会给企业会带来成本增加、消费者需求降低等问题。因此，渠道的长期动态稳定，是渠道效率的基础。

5. 深耕市场

构建高效合理的渠道覆盖规模只是基础，只有与深耕市场结合起来才能发挥其价值，否则就像一张破网，看起来够大，却打不到几条鱼。所以，要对市场进行深耕细作，如对各个分销商的区域进行合理划分，对渠道成员的任务、人员、地点、物流路线等实行细致化、个性化服务，进行精细化管理和全面化控制。

6. 合理分配

渠道合作的关键在于对成员间权利的合理分配，如果分配不公会导致渠道冲突矛盾的发生，从而造成更大的损失。因此，要求企业在设计渠道时不能片面地追求企业自身利益最大化，而应该追求整个渠道集体的利益最大化，并根据成员责任权利对等的原则，设立一套完善的、渠道成员一致认可的、合理公平的分配机制。只有这样，才能保持渠道的高效运作，使获得更多收入成为可能。

7. 协调合作

渠道成员间存在竞争不可避免，制造商抱怨经销商随意打折、谎报业绩、跨区窜货，经销商抱怨制造商产品不给力、支持不足、利润较低等。竞争和矛盾是必然的，但是合作共赢是渠道建立的前提和基础。我们应该正确地看待竞争，合理的良性的竞争可以保持渠道能力和成员积极性；恶性的不合理的竞争会给渠道带来伤害。而减少恶性竞争的关键在于渠道战略中对渠道结构的设计是否合理。渠道规划应该强调协调合作，鼓励适度合理的竞争，引导成员进行协作沟通，努力使渠道具有充沛的活力及和谐的秩序。

（三）渠道战略规划的步骤

渠道战略规划从属于营销战略，应该在企业营销战略指导下，以满足目标顾客需求为核心，以战略定位为基础，以实现营销目标为目的，在分析影响企业渠道活动的内外部因素的基础上，设计并选择合理的渠道方案。渠道战略规划一般包括如图 3-4 所示的步骤。

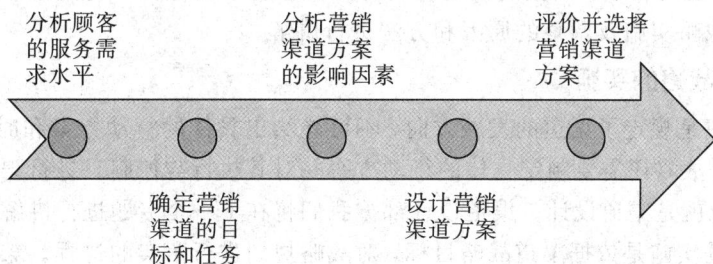

图 3-4 渠道战略规划的步骤

1. 分析顾客的服务需求水平

设计营销渠道之前，首先需要明确目标市场中的顾客需求。通常，我们从顾客购买批量、频次、等候时间、空间便利性、选择范围和服务支持几个角度来分析顾客的服务需求水平。

2. 确定营销渠道的目标及任务

渠道目标是企业营销渠道的最终导向，因而企业必须确定营销渠道的战略目标。为了保证渠道战略目标变为现实，我们还要从推销、渠道支持、物流、售后服务、风险承担和其他任务等角度对营销渠道目标和任务进行分解，目标指标需要符合可量化、可达到且具有时间限制等要求。

3. 分析营销渠道方案的影响因素

通常，企业自身、产品特性、目标市场、消费者购买行为、行业竞争以及外部宏观环境等都影响着渠道方案的设计。因此，在设计渠道方案之前需要对企业营销渠道所处的宏观环境，以及企业、产品、市场、消费者、竞争等因素进行综合考虑。

4. 设计营销渠道方案

设计渠道方案也就是对渠道长度、渠道宽度、渠道广度以及渠道中间商类型、权利分配、管理措施等进行规划设计。不同的渠道方案各有优缺点和适用范围，没有最好的渠道方案，只有最合适的渠道方案，渠道战略规划就是要找到最适合自己的方案。可供企业选择的战略方案有单一渠道战略、多渠道战略、密集型渠道战略、低成本渠道战略、专业化渠道战略等。

5. 评价并选择营销渠道方案

通常，每个渠道方案都可能有助于企业将产品送达顾客手中，但不同渠道方案都需要参与渠道资源的分配，都需要耗费企业大量成本，并且不同方案之间可能还会相互排斥。因此，企业需要从经济性、控制性、适应性三个维度对所有的渠道方案进行评价，并从中选出最佳的渠道方案。企业可以邀请企业内外的渠道成员对方案进行在评估，对其合理性和可改进空间进行全方位细致的考虑；需要召开非正式会议，商讨现有方案和理想预期间的差距，并寻找改进方案；还需要结合外部环境和营销因素进行分析，选择最适合企业特点且能达成战略目标的营销渠道方案。

三、渠道战略的实施及调整

好的战略还需要好的执行，所以纵使已经设计了适合企业特点且能达成战略目标的营销渠道战略，渠道管理的任务依然没有结束。渠道成员必须将最优的渠道战略设计方案实施执行，对过程进行控制，当偏离预定计划时及时调整，或者当环境变化时进行调整。以下我们就渠道战略实施及调整的原因和方法进行讲解。

（一）渠道战略的实施

渠道战略只是规定了渠道的发展方向，不可能给出具体的行动方案和时间、数量等安排。因此，渠道战略还需要制定具体的行动方案并对其执行与控制。进行渠道结构及管理方案的设计，也就是渠道设计。渠道设计部分我们将在下一个专题进行讲解。

渠道战略的实施是依据渠道战略目标，对战略规划进行落实的过程。渠道战略控制是在实施的过程中，以战略为蓝本进行不断比较修正，使实际与计划相吻合的过程。

战略实施通常需要考虑以下几方面问题：首先，识别渠道权力。因为渠道权力是不同分销层次的渠道参与者营销能力的体现。为了实施最优的渠道战略，明晰渠道权力的来源、合理应用并保持渠道权力是十分关键的。其次，正确的认识和管理渠道冲突。冲突是在所难免的，只要渠道成员间出现目标间的差异，冲突便产生了。但不论是目标冲突、领域冲突抑或是认知冲突，不及时管理和解决都会对渠道绩效造成损害。因此，渠道实施管理要判断冲突起因，特别要区分由不良冲突导致的不良绩效，并通过建设性的方法解决。

最后是如何协调渠道目标。当营销渠道战略得出一个合理的战略目标后，如何将全然不同的渠道成员聚集在一起去实现渠道目标而不是各自的目标，这便是渠道目标的协调。同时，随着市场环境的变化，对渠道目标协调也提出了动态化、实时化的要求。

（二）渠道战略调整的原因

渠道战略调整的根本原因在于设计方案实施运行后的效果与预期效果相比出现差距，那么这就需要对原有的渠道战略进行适度调整，也就是要改变具体的渠道策略以保证渠道战略目标的实现。导致这种差距的原因一般来自两方面：环境限制和管理限制。环境限制是指渠道运营所处的市场环境特征会限制营销渠道的运行，这就会造成设计预期和现实运营成果的差距，其中以地方法律限制以及地方物质和零售基础设施完善程度限制最为突出。由公司内部规则引起的对销售渠道结构的限制我们称之为管理限制，其中最为典型的是由于企业缺乏关于执行渠道的合理投资或活动的知识和高层优化所引起的限制。

另外，渠道战略是依据内外部环境而制定的，当企业内部条件及外部环境发生变化时，原有的渠道战略很可能不再适应企业发展的需要，这时就需要对渠道战略进行调整或重新设计，比如消费者购买方式发生变化、产品属性发生重大变革、消费者对现有渠道不满意、出现新的市场机会、中间商因素以及企业战略发展的新要求等。比如，当越来越多的年轻消费者开始关注抖音、快手等短视频，习惯于购买直播推荐的产品，企业就有了新的销售渠道可选择，可以增加新的渠道类型；当血压仪、胎心仪、雾化器等产品由原来的医用变成家用时，这些医疗器械就不能沿用原来的医院、诊所等传统渠道，需要通过药店、网上药店、电视购物等渠道传递给普通消费者；当企业由原来的专业产品制造商转型为纵向一体化的服务提供商，就必须在渠道上不能完全依赖中间商。

（三）渠道战略调整的方法

如果因事先设定的渠道战略方案的实施效果与预期出现差距，而需要对渠道进行适度调整，那么首先要了解出现差距的原因，然后再有针对性地提出改进措施。这个差距通常可以表现为供应方和需求方两部分。

从供应角度看，导致的差距多是由于渠道的总成本过高，使得最后的产品价格超过了市场接受水平。较高的渠道成本大多是因为不合理的渠道结构设计、渠道管理方式落后、渠道执行力度不够等。主要的解决办法有三种：第一是优化渠道结构，可以借助外部专业机构进行渠道结构的优化或大规模改进；第二是引入先进的管理理念、方法及高效率的管理系统等；第三是转变成员角色，通过战略联盟、适度授权、奖惩激励等措施强化渠道系统的黏性，提高渠道成员的合作意愿和积极性，进而提高渠道效率。

需求方差距意味着至少有一种服务产出需求没有得到很好的满足，其原因大多是由于供应不足或者供应过度。解决方法有三种：第一是提供多样化、多层次、差异化的产品以满足不同市场、不同人群的个性化需求；第二是扩张或收缩目标市场的服务产出供应水平，通过改变供需比来减少需求方差异；第三是重新细分选择目标市场，这种方法甚至可以在不改变服务产出和供应水平的基础上大幅度增加收入。

如果企业内外部环境发生了变化，原有的渠道战略已经不再适应企业发展需要，这时就需要依据变化对渠道战略进行调整。这种调整需要考察哪些环境要素发生了变化，这些变化对企业的渠道活动产生了哪些影响，原有的渠道战略及相应的策略中哪些部分阻碍了企业发展，渠道战略的执行过程中遇到了哪些问题，针对这些问题，对渠道战略进行优化调整。

渠道战略的调整主要体现在渠道结构上，而渠道结构的调整方式有四种：

第一种是删除或增加渠道层级，也就是对渠道长度的调整。企业为了缩减流通环节和渠道成本，往往需要删除渠道层级，也就是"去中心化"。但有时候为了提高效率，提高市场覆盖率，也会增加渠道层级，也就是"再中心化"。

第二种是删除或增加渠道成员，也就是对渠道宽度的调整。如果原有的渠道成员效率低下、合作意愿不强、无法很好地完成渠道任务，或者渠道冲突严重、管理成本高，就需要精简渠道，删除某些不合适的渠道成员。如果企业推出新产品、进入新市场、原有产品需要扩大市场覆盖率、出现新的适合的渠道成员等，那么企业就可以增加渠道成员。

第三种是删除或增加营销渠道，也就是减少或增加整条营销渠道，是对渠道广度的调整。比如小米手机上市之初采取的是单一的网络直销方式，随着产品产量的上升、产品组合的增加，为了最大限度地接触顾客、扩大销量，开始引入营业厅、电器商城等社会化渠道。

第四种是改进整个渠道，是对渠道长度、宽度、广度的整体优化。

🔖 实践分析与应用

依据市场营销和营销渠道相关理论分析和解决实际问题。依据相关理论及自己的理解，尝试回答以下问题：

（1）小米上市之初为什么采取网络直销的渠道战略？之后为什么进行渠道战略调整？

（2）小米在什么环境下提出了新零售战略？新零售战略的实施关键是什么，对小米的发展有什么战略意义？

小米公布双十一新零售战略：全品类、全渠道、全场景

11月1日，小米公布了今年在双十一期间的新零售战略。小米集团副总裁兼销售与服务部总经理汪凌鸣表示，小米将打造双十一狂欢节，涉及全品类、全渠道、全场景，给"米粉"营造一个不一样的双十一。在采访中，汪凌鸣还说，今年采用线上线下融合的模式是对小米零售体系的一次考验，包括对综合运营能力以及服务能力的考验。

具体来说，小米在今年双十一将把线上7大平台与线下的三种业态5000多家门店融为一体，投入1000多家服务门店，2900多名客服人员，3000多辆提货车辆和超10万名送货人员，全天24小时待命。此外，双十一当天，全国小米授权体验店还将24小时不打烊。

既然提出了全品类、全渠道、全场景，那么有必要了解一下小米在这三方面的布局成果。汪凌鸣介绍，在线上，小米有小米商城、小米旗舰店、小米京东旗舰店、小米苏宁旗舰店、小米有品、唯品会旗舰店以及拼多多旗舰店。在线下，有小米之家、小米授权体验店和小米专营店/直供点。

众所周知，在移动互联网时代，渠道的融合是必然的。因为我们认为线上和线下相叠加的结果必然会产生更大更好的效果，对于消费者来说体验也将更好。此外，也源于移动互联网的发展，让线上和线下的区隔不再分明。现实中存在的情况是，在店里看到的商品用手机下单，因此线上线下顺势在融合，对于消费者而言则是所处的消费场景不同。因此，借由今年的双十一启动全品类、全渠道、全场景的新零售模式，给消费者以不同的体验。

伴随这次双十一，小米在新零售方面也有四大升级。汪凌鸣介绍，渠道由电商渠道升级为线上线下联动，核心由重视产品品质升级为提升用户生活品质，产品由以智能手机为主升级为全品类智慧生活，目标由证明自己升级为创新突破。

汪凌鸣透露，今年双十一开启线上线下联动对于小米来说也是很有底气的，这源于小米的线下布局已经小有规模。小米从几年前开始布局线下，至今拥有小米之家 515 家、小米授权体验店 1183 家、小米专营店/直供点 36 256 家，三种业态能够覆盖全国各地，包含省会、地级市、县域、区县和乡镇。

2016 年 10 月 13 号，雷军在四川绵阳提出了新零售的概念，这与马云在云栖大会提出新零售概念是同一天。自此，小米在线上拓宽渠道的同时，线下也在加紧布局。小米之家作为小米线下的首个业态，也是小米探索新零售的触手。

汪凌鸣说，新零售下沉是小米在今年大力推行的一个战略举措，也是这次双十一的一个重点核心关键。关于新零售的下沉，正是基于在小米之家经营模式上的摸索与创新所获得的成功经验。因此，小米授权体验店应运而生，它的存在不仅让更多人体验到小米产品给生活带来的品质提升，同时授权体验店的经营者也因此得到了不错的经济回报。此外，前面所提到的小米专营店/直供点也是小米在乡镇地区的创新成果。

至此，新零售作为小米的核心理念不仅多次在其发布会中被提到，小米还将新零售概念做了延伸和创新，与小米模式融为一体。汪凌鸣说，小米成立之初是做电商卖手机，再到后来推行智慧家庭的概念和产品，产品品类也由手机拓展到方方面面，而新零售体系也将各类产品带到消费者身边。未来，小米的新零售体系将会发挥出更大的作用。

任务四 宝洁的渠道战略转型

★**学习目标及任务**
1. 了解宝洁公司及其主要营销策略；
2. 分析和了解宝洁公司几次主要的渠道战略调整背景和调整方式；
3. 分析宝洁不同渠道模式的特征和优缺点；
4. 总结宝洁几次渠道调整的经验和启示。

本任务以案例分析为主，对宝洁公司渠道战略的分析需要用到渠道结构及渠道战略相关理论，这部分理论在本专题任务一和任务三中已有详细介绍。

一、宝洁公司企业简介

任务要求：以相关理论知识为基础，结合宝洁公司渠道环境的变化，分析其在不同时期的渠道策略，锻炼学生文献查阅、资料整理以及分析问题、解决问题的能力，使学生能够通过对理论知识的掌握和实践材料的分析找出相关问题，并提出有针对性的解决对策。这部分可以从企业网站、百度、谷歌以及相关报纸、期刊获取相关信息。

★**演示示例**
学生可以依据自己课下收集的资料以及对参考材料的阅读及讨论，形成自己观点并制作演示 PPT 的第一部分内容——宝洁公司企业简介，核心内容如下：

(1) 企业概况。

(2) 主要产品。

(3) 主要营销策略：

·市场细分、多品牌、多定位；

·概念营销；

·多元化；

·传播策略：长时间广告轰炸。

二、宝洁公司的渠道战略演变历程

　　任务要求：该部分需要学生自行收集资料以分析了解宝洁公司的渠道战略演变历程及背景，结合营销环境分析理论理解并分析宝洁为什么要转变渠道战略。需要注意的是，所收集的资料仅仅作为参考，学生需要依据自己的理解进行归纳、概括，并对自己的观点展开阐述。

参考材料

宝洁渠道之变

1. 初入中国的宝洁

1988 年进入中国的宝洁公司与当时的广州肥皂厂和香港和记黄埔集团成立了在国内的第一家合资公司。在最初的五年时间里，宝洁选择的代理商大多是广州肥皂厂在全国各地的商业客户，这些商业客户基本都是国营的百货批发站、供销社或工贸公司。这些传统的贸易企业在多年的计划体制中，建立了层层的商业辐射网络，自省级站、市级站、县级站一直到村级供销社。正是这些商业网络帮助了宝洁公司最初的业务发展，海飞丝、飘柔就是通过这个网络被成功推广的。

　　随着生意的初步成功，宝洁加快了各种产品的推出步伐，并提出了全新的分销理念，强调市场工作的 4P，即产品、价格、促销和货架的管理工作。而传统的商业客户经营理念落后，又很难改变原来的观念，体制僵化加之员工积极性不高，长期以来形成的拖欠货款的习惯，导致虽然宝洁公司产品供不应求，但宝洁公司对经销商的应收账款却很多难以收回。而宝洁公司最初的销售人员大多是广州肥皂厂的业务员，销售技巧和理念存在很大的局限性。此时，宝洁公司招聘的管理实习生已经得到了专业的培训并已在市场中得到了锻炼，很多人业绩相当突出。于是，宝洁公司下定决心在中国培养具有先进营销理念且可以承担分销职能的分销商。

2. 1993 年的"人海战术"

1993 年前后，历经了 20 世纪 80 年代末家用电器市场从卖方到买方的转变，家电市场开始转向了大批量的批发市场。此时，宝洁各地的销售经理们在全国各地发动了一场寻找分销商的竞赛活动，很多区域甚至设立了分销商拓展的冠军，全国一下子出现了数目众多的宝洁分销商。随着市场的发展，宝洁的分销商之间"打"得非常厉害，为了争取更多的市场份额，分销商之间的竞争更多是通过特价和促销的手段来完成，导致宝洁的市场价格相当混乱，这无疑影响了宝洁的品牌形象。

在1993年至1998年期间，宝洁发展了大量的经销商，依靠传统的"人海战术"，其产品分销率得到了极大提高。这个时期宝洁推出的护舒宝、舒肤佳等新产品很快被分销到每个商店。随着宝洁公司生意的迅猛发展，各个分销商的生意日益红火起来，有些分销商的年销售额可达几千万甚至上亿元人民币。但是大量的问题也接踵而至，当时宝洁在全国有300多家分销商，但各家生意规模都比较小，而且竞争激烈，"串货"现象严重。而且，零售市场中连锁零售终端大量出现，他们希望和宝洁公司进行直接合作，这无疑挤压了分销渠道的生存空间。而最难的还是宝洁的销售经理们，他们不仅要应对各个方面的挑战，负责众多品牌的推广，而且要负责各个渠道的管理和沟通等事宜。这些都促使宝洁公司的渠道改革势在必行。

3.1999年的渠道变革

为了解决"人海战术"带来的弊端，宝洁开始考虑对经过了市场优胜劣汰的分销商队伍再进行一次重新的识别和定位。1999年，宝洁公司从现有的300多家分销商中找出乐意并有实力和宝洁公司发展战略伙伴关系的100多家分销商进行重点扶持，而与余下的分销商中止了合作关系。接下来，宝洁公司就开始考虑怎样让现有的100多家分销商去覆盖原来300多家分销商的销售区域。

为了更好地帮助分销商执行这些职能，宝洁公司一下子投资两个多亿帮助分销商购买了200多辆"依维柯"汽车、200多辆面包车用于覆盖中型商店和小型零售店，并配备PDA进行销售拜访。

宝洁公司减少了分销商的数目，但却通过各种方式帮助经销商获取了更高的销量和利润。2001年左右，宝洁根据经销商进货的多少和资金结算的速度重新调整了原来一成不变的价格制度和授信额度，这无疑大大促进了经销商的积极性。在宝洁采取的各种相关激励和保护措施下，留下来的宝洁经销商的销售规模和利润都在逐年增长。

资料来源：刘源．宝洁渠道之变[J]．互联网周刊，2003－06．

★思考与讨论

根据自己的了解，谈谈宝洁在1988年为什么与和记黄埔集团和广州肥皂厂合作，以及1993年和1999年为什么要进行渠道结构调整？

★演示示例

学生可以依据自己课下收集的资料以及对参考材料的阅读及讨论，形成自己的观点并制作演示PPT的第二部分——宝洁公司渠道发展历程，核心内容如下：

三、宝洁公司的渠道发展历程

（一）1988年的渠道模式

· 合作方是广州肥皂厂和香港和记黄埔集团；

· 借助广州肥皂厂的品牌、客户网络及管理人员，和记黄埔集团帮助解决与中国政府的沟通、相关贸易和金融问题；

· 思考：为什么采取这种渠道模式，有什么好处？

· 代理商大多是广州肥皂厂在各地的客户：国营的百货批发站、供销社或工贸公司等；

· 省、市、县至村，层层的商业辐射网络帮助了宝洁公司最初的业务发展，海飞丝、飘柔的成功推广就有这个网络的卓越贡献；

· 思考：1993 年哪些因素发生变化？这种模式有什么问题？

（二）1993 年的渠道变革

· 自建渠道：寻找分销商，每个分销商划定分销区域，招聘分销商的销售代表，按照商店的类型及商店所在区域分配相应的销售代表；

· 四个销售区域：华南、华北、西南、华东，每个区域中心除设有区域分销中心，还设有人力资源、营销、财务、行政、后勤等部门；

· 分销商承担销售、回款、分销的职能，公司提供培训并推出分销商基金、分销商生意管理系统、自动订单生成、电子订单、高效分销商补货系统、分销商一体化运作系统等；

· 思考与讨论：自建渠道的条件是什么？这种模式有什么优势，可能出现什么问题？

（三）1999 年的渠道变革

· 改革了原有的单一的分销商渠道，取消销售部，设立客户生意发展部，打破分区，建立了集分销商、批发商、主要零售商、大型连锁商及沃尔玛的综合渠道；

· 渠道员工集中精力研究各自渠道的运作，更好地解决了零售终端的服务问题；

· 分销商减少到 100 多个，与分销商建立了良好的合作伙伴关系；

· 思考与讨论：1999 年为什么要进行渠道变革，变革的好处是什么？

四、宝洁公司的渠道战略及策略分析

任务要求：该部分需要学生依据宝洁公司的渠道战略转变历程，对 1999 年的渠道战略转型特征及渠道策略现状进行分析，以了解 1999 年为什么要转变渠道战略，以及转变后的渠道结构和渠道管理策略。

参考材料

宝洁公司渠道战略转变分析及其启示

1. 我国零售业态的变化对宝洁渠道战略的影响

（1）渠道终端的不断集中和分化使宝洁单一的分销商渠道不再灵活高效。

零售业态的格局转变使我国零售业出现了丰富多样的零售形式。零售业态之间的激烈竞争促进了渠道终端的不断集中和分化。集中表现在零售业态中联合、兼并、重组的不断演变，使得一部分零售终端呈现出规模化和连锁化的趋势。另一方面，一些规模较小、竞争力薄弱的零售终端开始通过差异化战略，突出自己的特点，定位于相对狭小的细分市场，为其目标客户提供个性化的服务。渠道终端的演变使得零售市场呈现多样化的特点，这使得宝洁原有的单一的渠道分销商显得力不从心，统一的分销商销售难以给不同的渠道终端提供满意的服务。

（2）零售业态的跨区域发展冲击了宝洁原有的按区域设置的销售渠道。

随着零售业态跨区域连锁、兼并和重组的不断深入，大型零售终端的统一采购、分区域销售以及现代化的物流运作，使得宝洁原有按区域设置的销售渠道不能适应市场的变化。这些不同区域的产品资源已被大型零售终端纳入组织内部，这不仅扩大了大型零售终端的规模，而且节约了采购的单位成本和交易成本。基于零售业态的这种跨区域发展，宝洁适时地打破了原来分区的组织结构，从而削减了销售部门在不同地区的重复设置，降低了管理成本。同时，零售业态的跨区域发展也促使宝洁采用更加灵活的组织结构应对这种变化。

（3）零售业态的网络化和国际化催生宝洁的网上运作。

电子商务和传统零售业态的网上订货、网上销售等网上业务加快了零售业态网络化的步伐。计算机信息系统的建立极大地提高了零售业的订货、补货、销货、仓库管理和物流管理水平。网络化的方便、快捷，促使宝洁采取网络运作。另一方面，随着零售业态国际化趋势的加强，网络作为一种良好的沟通协作方式，可以缩短不同地区甚至不同国别的物理距离。总之，随着零售业网络化和国际化的不断深入，宝洁加快了网上运作的步伐。

2. 宝洁渠道战略的转变

面对我国国内零售业态格局的转变和发展趋势，宝洁在 1999 年对其销售渠道进行了战略调整。

（1）宝洁公司 1999 年之前的销售渠道。

1999 年之前，宝洁在中国的销售部门分为四个销售区域，即华南，以广州为区域中心；华北，以北京为区域中心；西南，以成都为区域中心；华东，以上海为区域中心。每个区域中心除设有区域分销中心外，还设有人力资源、营销、财务、行政、后勤等部门。区域分销中心分管所属区域内的分销商，销售任务由分销商承担，分销商不仅承担销售和回款任务，还承担分销的职能，即将产品卖到目标消费者可能出现的所有场所，包括零售终端、批发市场、夫妻店，甚至企业客户、洗浴中心和美容美发店。1999 年宝洁超过 80% 的销售额是通过分销商销售的。另外，宝洁还帮助分销商建立了管理进销存的系统，即分销商生意系统。该系统是整个分销商管理系统的数据库基础，在此基础上出现了分销商一体化系统和高效分销商补货系统。1999 年之前宝洁销售部的组织结构见图 3-5 所示。

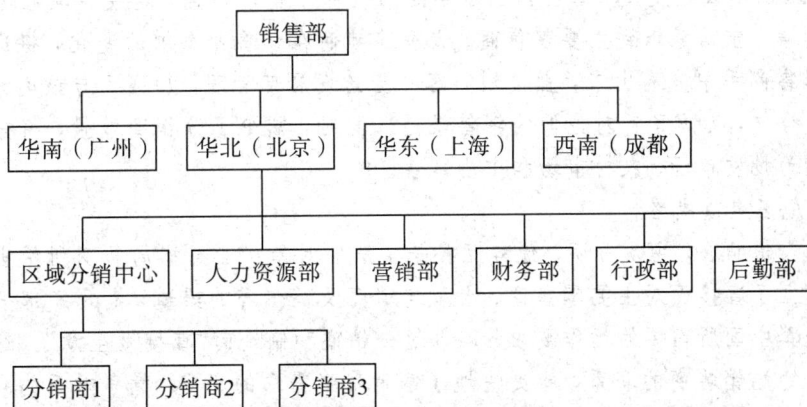

图 3-5　1999 年之前宝洁销售部的组织结构（全国有 300 多个分销商）

（2）宝洁公司 1999 年的渠道变革。

1999 年，在洗发水行业，由于联合利华成功推出了"夏士莲"，同时"舒蕾"在终端的攻坚战中获得了大量的市场份额，宝洁在腹背受敌的情况下改革了原有的单一的分销商渠道，其改革后的渠道组织结构如图 3-6 所示。宝洁取消销售部，设立了客户生意发展部（CBD），全面负责客户生意的发展及服务工作，打破了原来分区的组织结构，建立了集分销商、批发商、主要零售商、大型连锁商及沃尔玛的综合渠道。这使渠道成员可以集中精力研究各自渠道的运作，作为顾问型营销专家，同时可以更好地解决零售终端的服务问题。宝洁的分销商减少到 100 多个，并与分销商建立了良好的合作伙伴关系，按照渠道架构销售组织管理生意的改革措施。由此可见，分销商渠道仍在宝洁渠道战略中占据着重要的地位，其销售额占宝洁的 50%。

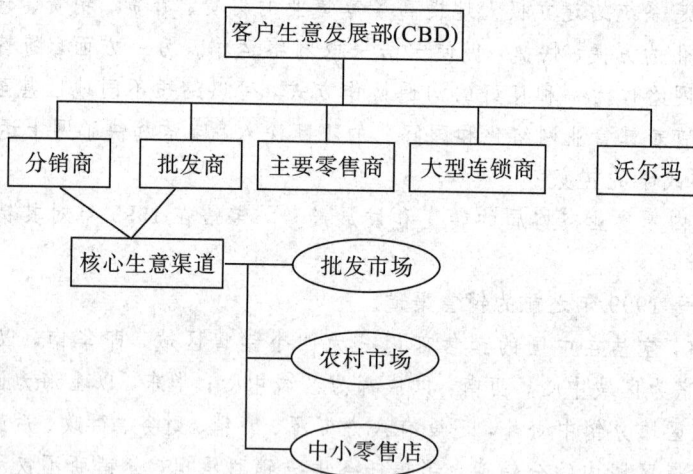

图 3-6　1999 年改革后的宝洁渠道结构

3. 宝洁渠道战略转变的特点分析

（1）增加了直面主要零售商、大型连锁商的辅助渠道。

由于零售业中连锁化和规模化趋势的不断加强，主要零售商、大型连锁商规模逐渐扩大，并以较快的增长速度发展，占据了零售业的大部分市场份额，这使得其在零售业中的地位与日俱增。宝洁意识到主要零售商、大型连锁商在零售业态中的变化，将这一部分渠道终端从零售商手中分离出来，直接划归客户生意发展部管理，加强了与该类大型零售终端的沟通与合作，缩短了针对他们的销售渠道。同时，减少了分销商数量，将分销商的渠道终端调整为批发市场、农村市场和中小零售。

（2）实施多渠道战略。

实行多渠道结合，主次分明、优势互补是宝洁应对零售业态格局转变所做出的战略改革。宝洁建立了直接面对主要零售商、大型连锁商及沃尔玛的渠道，满足了部分国际连锁超市大量进军中国所需的运作要求，即越过分销商和制造商"直接做生意"。这无疑使宝洁加强了与终端销售商的联系，能更快地了解消费者需求的变化、竞争对手的战略战术变革，并迅速做出反应，同时也有利于宝洁加强终端的营销策略，弥补了宝洁原有单一的分销商系统的诸多弊端。例如，分销商众多，覆盖区域狭小且重叠，易发生串货现象，分销商利润减少，甚至出现负利润，部分分销商规模小，能力有限，不能承担一些售后服务功能；通过渠道改革后，大大减少了分销商数量，仅保留了一部分实力强、合作性强的分销商，并通过对分销商再培训、建立分销商基金、为分销商配车等多种途径增强了分销商队伍的竞争实力和整体业绩。

（3）以分销网络实施网上经营。

宝洁利用先进的网络信息技术建立了分销商管理系统（DMS）。该系统包括规范分销商行为的覆盖流程、高效分销商补货系统、考虑周全的订货管理系统，以及科学有效的信用控制系统。这样，分销商的全部业务可以全部统一到总部的管理平台上完成，从而通过网络有效控制渠道中定价、促销及终端服务等环节。分销商管理系统（DMS）已经在一部分分销商中实行，宝洁计划在中国所有的分销商中推行该系统。

（4）全程助销策略，强化同终端的联系。

宝洁采用全程助销策略且视分销商为合作伙伴，实际上控制了终端市场，同时限制市场上分销商的数量，并派驻厂方代表全面负责开发管理该区域市场，管理分销商及分销商下属销售队伍。宝洁在分销商处的营销组织构架如图3-7所示，相关工作人员的工资、奖金全由宝洁公司承担，这样宝洁就基本控制了终端网络。

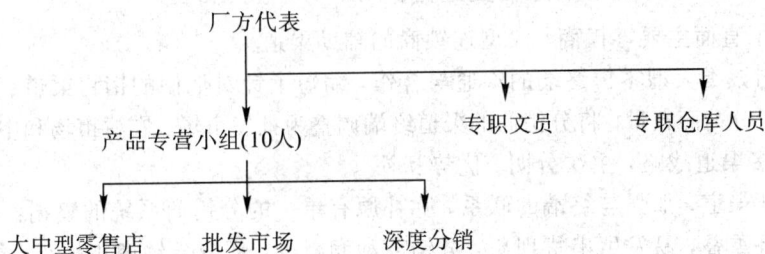

图3-7 宝洁在分销商处的营销组织构架

4. 宝洁渠道战略转变对我国企业的启示

（1）研究渠道终端，把握零售业态变化趋势。

零售业态作为企业销售渠道的终端，其变化和格局转变必将影响企业的销售渠道和渠道战略。把握零售业态的变化趋势，有利于企业根据自身渠道终端的变化，建立合适的销售渠道，采取可行高效的渠道战略。宝洁在研究自身渠道终端变化的基础上，撤销了原有的销售部，针对不同渠道终端的市场定位、销售规模、目标销售群以及其在宝洁渠道网络中的销售能力和地位，有针对性地采用了多渠道战略。

（2）结合企业自身的核心优势，对渠道终端进行分类管理。

由于零售业态格局的转变，以前在零售业态中居主导地位的百货店经济效益开始下降，其在零售业的竞争中出现疲软。而一些新兴的零售业态以其符合消费者购物偏好和生活节奏变化的优势，越来越受到消费者的青睐，并且其数量和规模正以较快的速度增长。宝洁针对零售业态的这一变化，对渠道终端进行了分类管理，对主要零售商、大型连锁超市、沃尔玛等主要的渠道终端，实行短渠道策略以改变以前统一由分销商负责的局面，这有利于宝洁与这些主要零售商的交流和合作。同时，保留自身原有的核心渠道——分销商渠道，将区域分散、数量较多的批发市场、农村市场和中小零售店交给核心渠道分销商。

（3）与渠道成员进行互动，形成渠道战略联盟。

一个企业很难在企业运作的各个环节上做到最优。宝洁与渠道成员之间建立了双赢、互动的战略伙伴关系，利用各自的相对优势，实现强强联合，共同面对竞争对手和零售业态的转变。这表现在宝洁的客户生意发展部（CBD）直接与零售商、大型连锁超市、沃尔玛和分销商的经常性互动，他们通过合作形成渠道上的利益共同体，触角伸及包括农村市场在内的整个零售市场，铺盖整个中国。

资料来源：周伟．宝洁公司渠道战略转变分析及其启示[J]．企业活力，2005-05．

★思考与讨论

（1）阅读材料，谈谈宝洁在 1999 年为什么进行渠道结构调整？

（2）宝洁 1999 年渠道结构调整的好处有哪些？

（3）在当前互联网时代，宝洁原有的渠道结构有什么不足？请给出相应的改进建议。

★演示示例

学生可以依据自己课下收集的资料以及对参考材料的阅读及讨论，形成自己的观点并制作演示 PPT 的第三部分——宝洁公司的渠道战略及策略分析，核心部分如下：

（一）宝洁 1999 年渠道战略转变的特征

1. 增加了直面主要零售商、大型连锁商的辅助渠道

· 加强与该类大型零售终端的沟通与合作，缩短了针对他们的销售渠道；

· 减少了分销商数量，将分销商的渠道终端调整为批发市场、农村市场和中小零售店。

2. 实施多渠道战略，主次分明、优势互补

· 建立新渠道，加强与终端的联系，弥补原有单一的分销商系统的弊端：分销商众多，覆盖区域小且重叠，易发生串货现象，分销商利润减少，部分分销商规模小、能力有限等；

· 减少分销商数量，仅保留了一部分实力强、合作性强的分销商，并通过对分销商再培训、建立分销商基金、为分销商配车等措施增强了分销商队伍的竞争实力和整体业绩。

3. 以分销网络实施网上经营

· 利用先进的网络信息技术建立了分销商管理系统（DMS），包括规范分销商行为的覆盖流程、高效分销商补货系统、订货管理系统以及科学有效的信用控制系统；

· 分销商的全部业务可以统一到总部的管理平台上完成，从而通过网络有效控制渠道中定价、促销及终端服务等环节。

4. 全程助销策略，强化同终端的联系

· 视分销商为合作伙伴，实际上控制了终端市场，限制市场上分销商的数量并派驻厂方代表，全面负责开发管理该区域市场，管理分销商及分销商下属销售队伍；

· 这些人员的工资、奖金全由宝洁公司承担，这样宝洁基本控制了终端网络。

（二）宝洁公司的渠道策略现状

1. 渠道长度

· 一级渠道：直接供货给主要零售商和大型连锁商，包括北京华联、乐购、屈臣氏、家乐福、大润发、华润万家等。沃尔玛与宝洁有"协同商务模式"，一二线城市铺货。

· 三级渠道：宝洁→分销商、批发商→二级经销商→三级经销商，向一些地方的分销商再转二批、三批，覆盖三四线城乡和郊县市场。

2. 渠道宽度

·减少分销商数量：集中管理，强化对终端的控制，增强覆盖密度。

3. 渠道广度

·增加新渠道：多种渠道并存符合市场需求和环境变化。

4. 渠道管理

·助销模式：销售辅助、分销商再培训、分销商基金、延长还款期限、增加分销商的信用额度、投资两亿帮助分销商购买车辆；

·建立管理信息系统：2001年外包了富基公司负责信息系统支持、培训和升级工作。

5. 渠道变革评价

·多渠道战略，主次分明、优势互补，多管齐下，对于不同的地区采取不同的渠道模式，对二三级的分销网络进行有效管理，并在分销网络实施网上经营；

·精简分销商，减少了成本，改善分销商多、覆盖区域狭小且重叠、串货等现象，通过培训、强化管理等增强分销商队伍的竞争实力和整体业绩；

·助销模式为经销商提供增值服务、直接效益，实现共赢，提高控制效率，促进思路和行为的趋同性，以及形象传播和文化控制；

·建立管理信息系统，完善宝洁和分销商之间的供销系统，形成供应链的良性循环。

（三）结论和启示

·企业渠道战略要与企业总体战略和目标相适应，要符合企业内部资源条件；

·企业渠道战略要适应市场需求和外部环境，包括消费者、中间商、政府、公众、竞争者以及其他宏观环境等；

·企业渠道战略具有长期性和动态性，也需要随着内外部环境的变化不断调整。

★思考与讨论

你是否赞同以上分析示例中的观点？尝试理解并对以上分析要点展开论述，或说说你的不同观点。

习题与提升

一、论述

（1）什么是渠道结构？渠道结构包含哪些内容？

（2）什么是渠道战略？渠道战略对企业有什么重要意义？

（3）你认为未来渠道结构的发展趋势是什么？

（4）企业应该如何进行渠道战略规划？

二、案例分析

选择你熟悉的企业、产品或行业，尝试分析其渠道结构。

三、实践应用

通过课堂教学及课堂讨论，对本专题涉及的知识点和思考讨论题进行重新思考和讨论，选择合适的题目，完成不少于4000字的小论文。

专题四　渠道设计与渠道布局

※任务一　渠道环境与渠道设计
※任务二　老人鞋产品的渠道设计
※任务三　渠道布局与终端规划

◆▶ 课前导读 ◀◆

全聚德的"互联网＋"布局

2016 年 4 月，中华老字号"全聚德"（中国全聚德（集团）股份有限公司）在北京发布"互联网＋"战略：利用全聚德的百年老字号品牌、完整的供应链体系、百年工匠烤鸭技艺以及丰富的线下门店等独特的资源，从经营产品、经营门店，到启动用户经营计划，利用互联网工具和互联网思维全面拥抱互联网、拥抱年轻人。

为了达成"互联网＋"战略目标，全聚德于 2015 年 10 月 15 日与重庆狂草科技有限公司（以下简称：狂草科技）在北京成立了合资公司北京鸭哥科技有限公司（以下简称：鸭哥科技）。

在全聚德 150 多年的发展历史中，中式正餐一直是其核心业务，凭借百年品牌、完整供应链、优质产品、独特技艺、上百家门店的底层支撑。全聚德"互联网＋"的核心思想就是从过去单纯的经营门店、经营产品到开始经营用户，利用互联网，让顾客变成用户，同时根据对用户数据的挖掘和管理，推出用户所渴望的产品和服务，实现用户价值的转化。

基于顾客用户化经营的实践，全聚德打破传统门店经营受制于时间和空间的局限，在本次发布会上了推出了全聚德外卖和全聚德电商两个新的业务板块。全聚德从产品、服务、管理等，对其外卖进行了整体封装。在全聚德"互联网＋"战略发布会上，全聚德与百度外卖签订了战略合作协议，双方将强强联手打造全聚德外卖生态体系，用户除了可以在全聚德小鸭哥的公众号上订购全聚德外卖和全聚德电商产品外，在百度外卖也能订购到全聚德外卖。同期，全聚德还宣布：已经在重庆试跑超过半年，取得用户认可的小鸭哥全聚德手作鸭卷正式在北京上线，目前可以通过小鸭哥外卖微信公众号以及百度外卖平台下单订购。

经过长达一年多的研发和迭代，小鸭哥全聚德手作鸭卷已经打破了传统烤鸭外卖的形态束缚，完全从用户出发，采用包制鸭卷，通过使用特制的加热包，以现场加热的方式，让外卖烤鸭卷入口时的温度、口感尽量与堂食相仿，基本解决了烤鸭外卖化的大难题。除了小鸭哥全聚德手作鸭卷，芥末鸭掌、麻辣鸭膀丝等全聚德的招牌菜也已通过外卖化试验，同期上线。所有全聚德外卖的产品全部由全聚德门店生产，品质与门店同步。

然而，全聚德的"互联网＋"战略并没有如预期般披荆斩棘，仅过了一年就不得不黯然落幕。全聚德年报显示，2016 年鸭哥科技净利润为－1344 万元，2017 年上半年净利润为－243 万元，并于 4 月份停止营业。全聚德在财报中解释："经过一年多的运营，由于多种因素的影响，未能达到经营预期，鸭哥科技公司董事会决定公司停止营业。"

中国食品产业评论员朱丹蓬表示，全聚德做外卖本身的定位就是错误的，其以烤鸭为主的产品结构和当前外卖的主要消费群体不匹配，而且套餐定价太高，在性价比方面难以激发消费者重复购买的欲望。相关数据显示，外卖93.5%的订单来自白领商务人群和学生，在这些外卖订单中，最受欢迎的当属米饭这一品类，如黄焖鸡米饭、烤鸭饭等。由此可见，消费者并不排斥烤鸭等鸭货外卖餐饮，但全聚德外卖业务最终还是以亏损告终。

朱丹蓬认为，全聚德"触网"失败的根源在于其运营机制。他认为全聚德外卖平台鸭哥科技虽然由拥有互联网思维的公司进行运作，但从全聚德拥抱互联网的顶层设计来看，全聚德仍是鸭哥科技控股大股东，运营方未必能拍板。"互联网＋"噱头大于内容本身，就像把梳子卖给和尚，更多是营销上的话术。"全聚德做外卖的问题是产品销量太少，而成本太高，导致亏损倒闭。"

"全聚德真正的问题是对互联网思维的认识问题。"李国宏认为，全聚德拥抱互联网可以依托其老字号品牌以及积累的文化底蕴，针对年轻消费者创建一个好吃好玩又好记的新品牌，但这对全聚德来说并不容易，如果缺少顶层设计，只靠运营是实现不了的。

资料来源：① 百年老字号全聚德发布"互联网＋"战略．网易新闻，http：//news.163.com/16/0413/
　　10/BKHA005I00014JB6.html；② 全聚德小鸭哥因持续亏损停摆 被指体验不够互联网化．
　　新浪财经，http：//finance.sina.com.cn/roll/2017-08-26/doc-ifykkfas8622407.shtml.

★思考与讨论

（1）全聚德在怎样的背景下提出"互联网＋"战略布局？它在"触网"布局方面有哪些优势和不足？

（2）全聚德对传统渠道进行重新设计需要考虑哪些因素？传统餐饮行业发展线上需要注意哪些问题？

（3）你如何看待和评价全聚德的"互联网＋"战略？

任务一　渠道环境与渠道设计

★学习目标及任务

1. 理解渠道环境及主要的环境要素。
2. 认识和理解渠道设计的背景条件及影响因素。
3. 了解和掌握渠道设计的步骤和方法。

一、营销渠道环境

任何企业都存在于一定的市场环境中，并受多种环境因素的影响，企业制定决策时必须考虑不断变化的环境要素，渠道策略的制订也不例外。企业制定什么样的渠道战略，采用怎样的渠道模式，设计怎样的渠道结构，如何进行渠道的优化和调整，都需要以环境分析为前提。也就是说，渠道环境分析是任何渠道策略制定的依据和先决条件。

营销环境是与企业营销活动密切相关且存在于企业营销系统外部的不可控或难以控制

的所有力量和影响因素的集合。相对应的，渠道环境是指与企业营销渠道活动密切相关且存在于营销渠道系统外部的不可控或难以控制的所有力量和影响因素的集合。渠道环境是多样的、复杂的，通常人们所说的渠道环境是对渠道系统产生现实或潜在影响的渠道外部所有因素的集合，它们与企业的渠道系统相互依存、相互制约、相互作用。

（一）渠道环境的特征

随着经济的发展与文化的变迁，人们的价值观念、生活方式、消费习惯都在不断地变化，企业的竞争方式及管理手段也会发生相应的改变，这都导致了企业所面临的渠道环境的变化。渠道环境通常具有以下特征：

1. 客观性与动态性

渠道环境是客观存在且动态演化的，它有着自己的运行规律和发展趋势，不以企业的意志为转移，同时它又会随着社会经济的发展而不断变化。渠道环境的变化可以给企业提供更多的发展机会，也会给企业带来一定的威胁。在"互联网＋"环境下，电商、外卖、O2O 的发展为传统餐饮品牌带来了巨大的冲击，同时也使得全聚德可以利用大数据技术、外卖平台为中华老字号寻找新的利润点。

2. 多样性与复杂性

渠道环境涉及影响企业渠道系统的所有力量和要素，种类多、范围广、内容杂，且各要素和力量关系复杂，它们相互联系、相互依存、相互影响，甚至相互制约、相互矛盾。比如互联网的发展改变了消费者的消费习惯，使得消费者在信息获取、商品比较、交易谈判、订单下达、支付方式、获取商品等方面都有了更多的选择，这是技术环境、经济环境、社会环境的改变引发了消费者购物模式的改变，为此，商家的销售渠道、推广渠道也不断随着外部环境的改变而变化。网络技术的发展尽管给企业带来了很多的便利，但是同时也给企业带来了更大的挑战和竞争压力。家乐福、达芙妮、民生百货等很多传统线下实体店受互联网冲击纷纷关店，小蓝单车、拉手网、鹿角巷、徹思叔叔等曾经红极一时的新兴互联网企业、网红品牌也相继死亡，除了自身因素外，受多变、复杂的环境冲击，不能适应环境变化也是重要的原因之一。

3. 不可控性与可影响性

通常，企业所面临的渠道环境是无法控制或很难控制的，尤其是政治、经济、技术、文化、地理等宏观要素，但这并不意味着只能被动地适应环境。有时候企业可以发挥一定的主观能动性，对环境要素施加一定的影响，以使某些环境要素朝着有利于企业发展的方向转化。比如企业本身就是市场环境中的一部分，多家影响力大的企业联合起来就足以影响行业环境，单个企业也可以通过广告、公关等促销方式在一定程度上影响消费者的消费观念和消费习惯等。

4. 差异性

尽管很多企业都是在共同的市场环境中进行渠道活动，但每个企业所面临的具体环境是不同的。不但不同企业的内部环境不同，企业外部所面临的供应商、营销中介、顾客等也是不同的，哪怕是同样的环境要素对不同企业的影响也是不一样的。比如 2014 年上海福喜食品有限公司被曝出大量采用过期变质肉类，使得麦当劳、肯德基不得不暂停肉类供应，重新寻找供应商，但对海底捞、沃尔玛却没什么影响。该事件不但为其他的肉类供应商敲了警钟，也给他们向麦当劳、肯德基供货提供了机会。

5. 层次性

从空间上看，渠道环境因素是一个多层次要素的集合，不同层次的要素对企业的影响不同。第一层次是企业所在的区域环境；第二层次是整个国家的市场环境；第三层次是国际环境。不同层次的环境因素对企业的影响程度是不同的，通常区域环境对企业营销活动的影响程度最大，对于跨国经营的企业来说，不同国家地区的经济、文化、法律差异，以及贸易政策、汇率等都会对企业生产经营产生重要影响。

（二）竞争环境

企业的渠道活动很大程度上都要受到市场竞争的影响，因而竞争环境是影响企业渠道结构设计和渠道管理的重要因素。市场竞争是指现实的和潜在的竞争者对于渠道资源和利益的竞争，这种竞争行为受到竞争类型的影响。通常，常见的竞争包括垂直竞争、水平竞争、类型间竞争和渠道系统竞争四种类型，如图 4 - 1 所示。

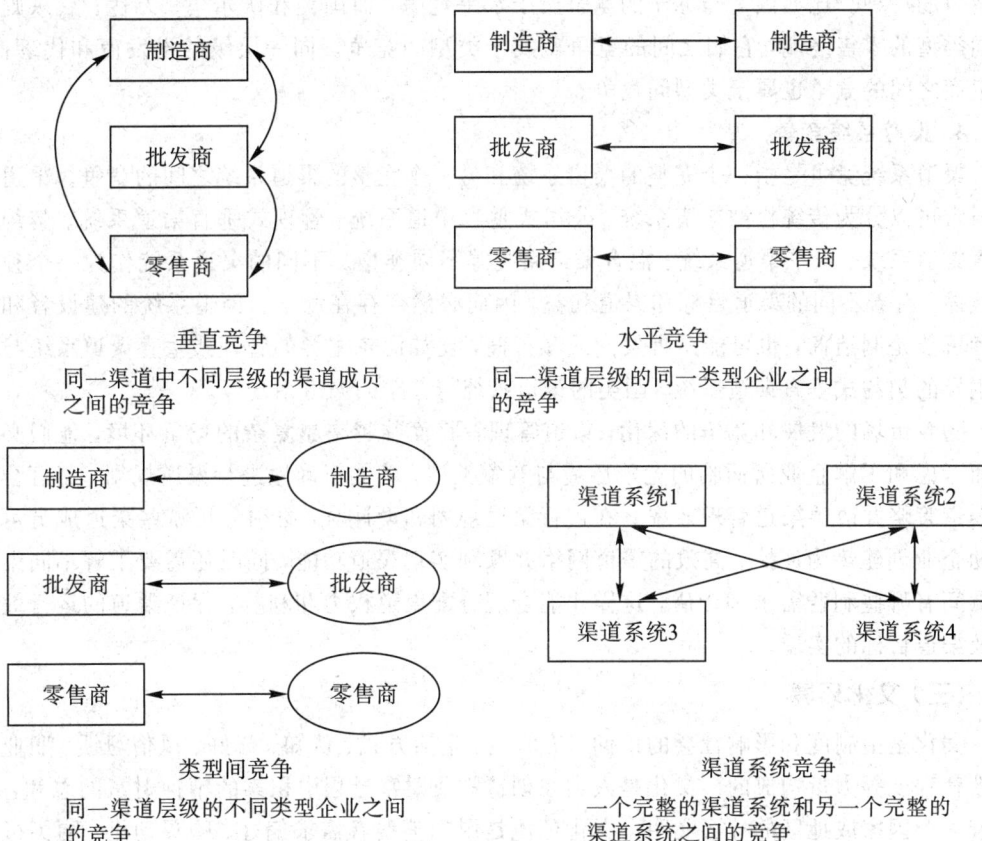

垂直竞争
同一渠道中不同层级的渠道成员
之间的竞争

水平竞争
同一渠道层级的同一类型企业之间
的竞争

类型间竞争
同一渠道层级的不同类型企业之间
的竞争

渠道系统竞争
一个完整的渠道系统和另一个完整的
渠道系统之间的竞争

图 4 - 1　渠道的四种竞争类型

1. 垂直竞争

垂直竞争是指同一渠道中不同层级的渠道成员之间的竞争。比如制造商和批发商、批发商和零售商或制造商和零售商之间的竞争，它们虽然共用一个渠道，有共同的利益和目标，但是它们各自属于不同的利益主体，在分配渠道权力和利益时会出现矛盾和竞争。制造商希望掌控更多的渠道权力，希望批发商和零售商全力配合他们的工作，而批发商和零售商则从自身的利益出发，希望掌握更多的自主权，希望制造商给予更多的支持和优惠。从垂直渠道的不同成员来说，它们需要共同承担渠道任务，瓜分渠道利益，一方想要少承担任务和风险，就需要转嫁到其他成员身上；同样，在总利益一定的情况下，某一成员想要多获利，必然意味着其他成员的损失。

2. 水平竞争

水平竞争是指同一渠道层级中相同类型的企业之间的竞争。比如海尔和美的都属于家电制造商，它们之间必然会在产品开发、渠道布局、终端建设等方面形成竞争，会在与国美、苏宁这些零售商的合作中争夺它们的渠道资源；国美、苏宁这些零售商之间，京东和天猫之间，或者同一级别的渠道代理商或批发商之间也存在产品供应及销售等方面的竞争。

3. 类型间竞争

类型间竞争是指同一渠道层级中不同类型的企业之间的竞争，从广义上说也是属于水平竞争的一种。比如国美与苏宁的竞争属于水平竞争，而国美和沃尔玛、万达、京东则是不同类型的零售终端，它们之间的竞争就属于类型间竞争。同一层级的批发商和代理商、经纪商之间的竞争也属于类型间竞争。

4. 渠道系统竞争

渠道系统竞争是指一个完整的渠道系统和另一个完整的渠道系统之间的竞争。渠道系统通常可以分为传统松散渠道系统、公司式垂直渠道系统、管理式垂直渠道系统、契约式垂直渠道系统、水平渠道系统、混合渠道系统等不同类型。不同的渠道系统作为一个独立的整体，有着不同的渠道目标和渠道利益，因而必然会存在竞争。渠道系统的建设者和主导者可能是制造商，也可能是批发商或零售商，比如海尔主导的管理式垂直渠道系统与格力主导的契约式垂直渠道系统，国美的渠道系统与苏宁的渠道系统等。

随着市场的发展和竞争的深化，渠道管理者将面临越来越复杂的竞争环境，他们必须全面考虑和了解企业所面临的竞争环境与竞争类型，才能正确地进行渠道规划，制订合理的渠道策略并改善渠道管理效率。在进行渠道规划和设计时，必须分析哪些渠道成员可以帮助企业创建最为便捷、高效的渠道网络并顺利实现渠道功能，同时还需要了解不同渠道成员间有哪些利益需求和矛盾，这样才能合理分配渠道权力和利益，保证渠道的运行效率以及渠道目标的实现。

（三）文化环境

文化是由制度和影响社会的信仰、价值观、生活方式、认知、偏好、风俗习惯、职业及受教育程度等力量构成的。文化是人类在创造物质财富过程中积累的精神财富的总和，体现着一个国家或地区的社会文明。文化环境是影响消费者需求偏好、购买动机、购买行为的重要因素，也会直接或间接地影响企业产品的设计、包装、分销、推广以及信息的沟通方式等。因此，企业进行渠道规划时，必须重视对社会文化的调查分析，并以当地的社会文化，尤其是消费者的价值观念、消费习惯等为依据设计渠道结构及渠道策略。

1. 价值观念

价值观念是指人们在某种世界观的基础上对各种事物、行为及可能做出的选择等进行评价的标准，以及据此采取的某种行为的态度及倾向，也就是人们对客观事物的评价及由此带来的行为倾向。人类社会的各种行为实际上就是特定价值观念的具体体现，它可以反映在不同的方面：财富观念、审美观念、阶层观念、时间观念、幸福观念等。不同地区、代际、民族、宗教、社会阶层的人具有不同的价值观念，必然也影响着他们的消费习惯和消费行为。比如日本人、德国人时间观念比较强，比较注重新鲜和质量，因而购买次数多、批量小，对价格不敏感，这就对分销渠道的便利性、高效性提出了更高的要求；希腊人、意大利人比较喜欢囤货，购买次数少、批量大，对价格比较敏感，所以需要降低渠道成本，对网点的密集型要求不高。

2. 消费习惯

价值观念也影响了消费者的消费习惯，不同国家、民族、种族、社会阶层、代际的人在信息搜寻、比较、谈判、交易、支付等方面都呈现出不同特征，所以企业在进行渠道设计尤其是终端建设时一定要了解消费者需求和偏好。比如中国人越来越习惯网购、网络支付，因而网络渠道建设、互联网化成了很多企业未来渠道建设的重中之重；年轻人、白领阶层越来越习惯网购，对微信、网红、短视频等越来越热衷，所以企业可以通过微商城、朋友圈、抖音等方式推广和销售年轻人喜爱的产品。

3. 受教育程度

消费者的受教育程度会影响他们的价值观念、知识水平和文化素质，进而影响其消费心理和消费结构，也影响其对商品及商家的销售推广活动的认识、理解和接受程度。因此，企业的营销推广方式要与目标顾客的受教育程度相一致。比如向受教育程度低的消费者推广产品时，简单、直白的现场展示和广播、电视等广告形式更为有效，线下实体店销售比线上更容易推广，操作和维修保养简单的产品更受欢迎。受教育程度高的消费者更喜欢便捷、高效、体验好、多样化的购买方式，更青睐时尚、含蓄、发人深省且带有一定知识性、引导性的广告形式及内容。

另外，民族、种族、宗教、职业、社会道德等方面都会影响消费者的消费观念及偏好。需要注意的是，随着经济生活的国际化、文化的交融与渗透，企业所面临的社会文化环境也在不断发生变化，所以企业在营销活动中应该重视文化的差异性与演变特征，深入了解并利用这些文化要素。

（四）经济环境

经济环境是影响企业渠道建设最直接、最普遍的环境因素。不管是制造商、中间商，还是消费者，经济发展水平及宏观经济形势都将直接影响他们的销售及消费行为。如果经济发展水平低下，经济增长速度下滑甚至负增长，就会出现通货紧缩，消费者购买行为会更加理性和谨慎，需求水平下降，这时渠道参与者就会感到市场萎缩、销售困难、成本上升，渠道建设和管理工作步履维艰；相反，经济发展水平高，经济增长速度快，消费者需求旺盛，企业开拓市场就变得比较容易，但也会面临更多同行业的竞争。

（五）技术环境

技术是生产力中最为活跃的要素，是现代生产活动的主导力量。尤其是进入21世纪以来，科学技术日新月异，新技术革命给企业带来了无可比拟的发展机会，同时也对企业提出了许多新的要求。科学技术的发展改变了人们传统的购物方式和消费观念，使得消费者的购物模式出现了颠覆式变化，同时也导致了企业市场营销策略和管理方式的变化。

1. 渠道输入环节的改变

技术的发展带来了很多新的产品和服务，使更多新款式、新功能、新品种、新形式的产品进入分销领域；同时也对分销渠道成员以及销售人员的素质和能力提出了更多新的要求，他们需要通过多渠道、多场景在产品供给、交易和支付等环节把握和满足消费者个性化、多样化、体验化、便利化的需求。原来陈旧的产品及分销渠道将无法输入和消化新的产品。

2. 渠道管理方式的改变

科技的发展，尤其是信息和网络技术的进步带来了企业管理方式的变革，反映在渠道管理领域，主要体现在以下几个方面：

（1）供应和物流成本降低，效率提高。通过信息化管理方式和先进的技术手段，包括寻找和选择供应商以及订货、交易、运输、装卸、仓储等过程中的运营和管理等，企业可以大大降低商品供应和物流运输的成本，提高工作效率和效益。

（2）降低库存成本，使零库存成为可能。利用新技术，渠道管理者和分销者可以最大限度地降低库存成本，提高库存管理效率。

（3）维护渠道的稳定。利用信息化手段，渠道成员间更容易进行信息交流和沟通，战略伙伴关系的建立更为容易，有助于建立牢固的渠道网络。

（4）有助于开拓海外市场。技术水平的提升和广泛应用提高了工作效率，使得原来很繁琐的客户管理、物流运输、财务管理变得比较简单；另外，技术的发展也降低了信息获取的门槛，使企业可以很轻松地获取来自世界各地的市场信息，这就为进军国际市场打下了良好的基础。

（5）提高内部管理的效率。信息技术提高了管理效率，打破了传统企业管理的界限，使企业组织结构网络化、平面化，员工的工作地点、工作方式更为灵活，企业内部沟通更为顺畅，提高了企业活力和管理效率。

3. 分销方式的改变

科学技术带来了新的分销方式和手段，比如网络购物、电视购物、无人商店、微商城、直播销售等，同时也使得以线上、线下、移动端等多渠道相互融合为特征的 O2O、O2M、全渠道、无缝零售、新零售等渠道模式成为当前渠道竞争的主要战场。

📖 **阅读资料**

互联网对旅游分销渠道的影响

互联网的本质在于信息传播，旅游业是信息密集型产业，也是信息依托型产业。旅游分销渠道的首要功能是提供信息和促进交易，互联网无可避免地影响了旅游分销渠道，主要表现在两个方面：

一、对旅游分销渠道结构的影响

在互联网对旅游分销渠道的影响研究中，关注最多的是互联网对旅游分销渠道结构的影响，表现为对分销渠道未来发展趋势的判断：去中介化（Disintermediation）和再中介化（Re-intermediation）。

所谓去中介化，是指互联网对中间商（尤指传统的中间商）分销功能的替代影响。所谓再中介化，就是指中间商利用互联网所提供的便利优势，将自己原有的功能和机制重新组合，继续在旅游分销渠道中发挥自己独特的优势。

　　一方面，互联网会使旅游分销渠道出现"去中介化"现象——西方旅行社体系中的旅游代理商和旅游批发商的作用被极大地削减，同时受到以网络为基础的新型旅游中介商的挤压，将会不断萎缩。另一方面，互联网信息技术给旅游分销渠道也带来了"再中介化"的机会——传统旅行社或旅游代理商通过合理利用信息技术，降低成本，重组业务流程，发挥旅行社或旅游代理商的核心业务优势：选择细分市场、提供个性化的服务产品等，通过自身改革获取生存空间的同时改变了传统旅游中介的操作模式。此外，新生的以网络为基础的在线旅游中介商，以多样化的商务模式和交易平台进一步丰富旅游中介的结构，同时改造了旅游的分销渠道，形成了新的分销渠道模式（见图4-2），并形成了互联网新技术时代的新的旅游电子中介分销框架模型（见图4-3）。可以看出，在互联网的影响下，旅游分销渠道结构变得更复杂了。

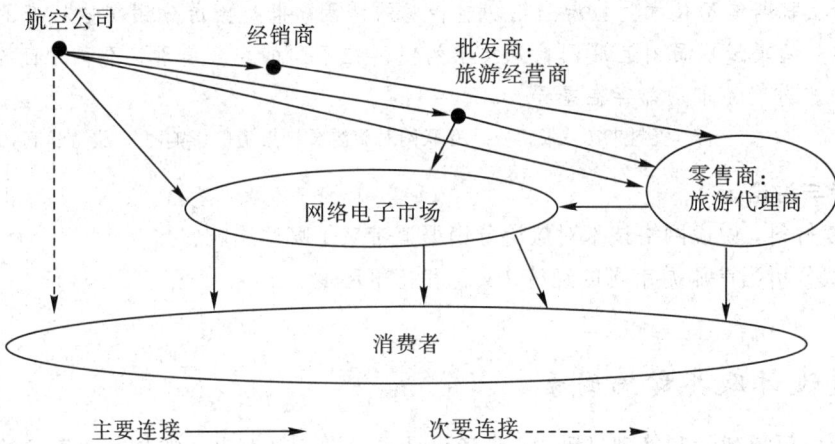

图4-2　互联网影响下旅游分销渠道模型

资料来源：Standing C，Borbely S，Vasudavan T，1999；Standing & Borbely，et al.，1999.

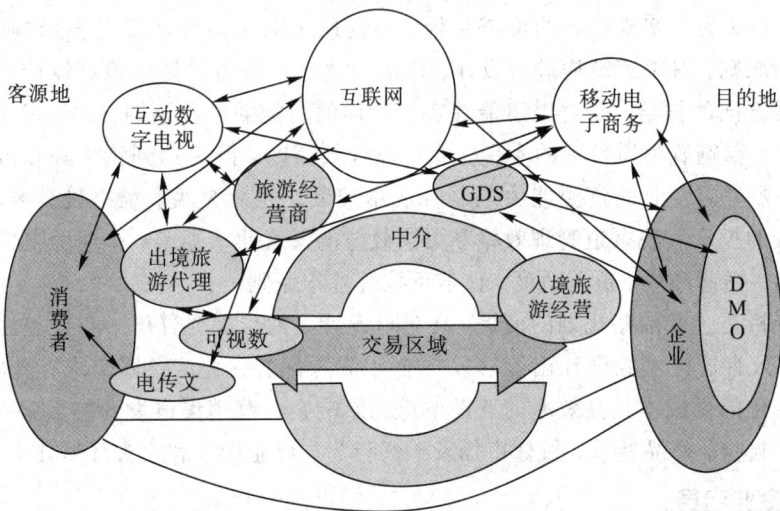

图4-3　新旅游电子中介分销框架

资料来源：Buhalis D，Licata M C，2002；Buhalis & Licata，2002.

二、对旅游分销渠道功能的影响

互联网作为一种信息技术，极大地改变了信息传播与交易方式，并逐渐发展成为一种直接销售的渠道路径，这对于旅游分销提出了功能转变的要求。

互联网重新定义了旅游者如何发现和购买旅游产品，从而改变了旅游产品的分销，使得旅游产品的组合设计更为个性化；对分销渠道成员企业而言，互联网等信息技术逐渐再造了分销渠道内所有企业的商业流程，使他们必须重新定位自己的核心竞争力所在，以互联网为基础的电子中介以层出不穷的商业模型改变了传统的分销策略，并逐渐证明交易的便捷性比产品的可选择性更为重要。因此，互联网等信息技术将使旅游分销功能从促进信息传播和交易向增加附加价值和服务的专业机制转移，使信息交换更快捷、预订机制更复杂，同时提供更完善的服务。

可见，互联网信息技术是旅游分销功能转变的诱因，也是旅游分销功能转变的重要途径，但旅游分销渠道成员对互联网信息技术的使用在不同的企业类别、不同的目的地类型以及不同的旅游产品市场都存在差异。

资料来源：张朝枝．互联网对旅游分销渠道的影响［J］．旅游学刊，2012(8)．

★思考与讨论

1. 阅读材料，说说网络技术对旅游分销渠道带来了哪些影响？
2. 尝试分析当前旅游市场的经济、文化和竞争环境。

二、渠道设计及其影响因素

在企业的渠道建设和管理过程中，渠道设计是最关键的环节，它是渠道管理的前提和基础，属于企业渠道战略的重要组成部分，决定着企业营销渠道的战略方向，也规划了企业战略的具体实施方略。可以说，企业渠道设计就是对企业营销渠道总体发展战略的规划和具体实施策略的计划。

通常，企业为了实现特定的渠道目标，需要通过对渠道环境及关键影响因素的分析，按照一定的原则，对渠道结构进行设计、评估和选择。渠道设计应该是设计者对渠道结构及未来发展方向的描绘，是对渠道能够实现怎样的功能的一种预期，它体现了渠道设计者的战略意图，影响着渠道目标的实现。企业设计渠道时，既要达到销售额和市场覆盖率的最大化，又要考虑企业的资源能力限制及成本控制。也就是说，渠道设计要科学、合理，要通过最少的投入实现渠道管理效率和渠道效益的最大化。通常，企业的渠道设计需要遵循需求导向、畅通高效、覆盖适度、稳定可控等基本原则。

环境分析是企业战略规划的前提，在渠道设计之前也需要分析影响渠道设计的内外部环境因素，只有这样才能设计出能够发挥企业资源优势、满足顾客需求、突出竞争优势、适应环境变化的低成本且高效率的营销渠道。影响企业营销渠道设计的因素有很多，我们可以从企业自身、产品特性、目标市场及购买行为、行业竞争和宏观环境几个方面来分析。

（一）企业自身

这里说的企业是指渠道组织和设计者，不仅仅是制造商，中间商也需要进行渠道设计。企业自身资源条件既是渠道运行的依托，也是重要的制约因素。"没有金刚钻，别揽瓷器活",企业的渠道建设要以自身的资源能力为基础,通常需考虑以下几个因素。

1. 企业规模和资金实力

企业是渠道的组织和维护者。通常情况下,企业在发展过程中会不断优化与拓展营销渠道,因而企业创立时间越长,规模越大,实力越强,渠道结构就越复杂,渠道网络覆盖范围就越广。大型企业资金和人才充足,具有创建和维护复杂、高效的渠道系统的能力和条件,在渠道模式选择中拥有更多的自由度和灵活性,在与其他渠道成员谈判时也拥有更多的话语权。大企业可以选择自建渠道,可以选择多种渠道,可以在不同区域,针对不同产品类别、不同目标市场采取不同的渠道模式。它们对其他渠道成员的依赖程度比较低,在与其他渠道成员合作时可以掌握更多的渠道权力,比如海尔、雅戈尔、海底捞。相反,规模小的企业受自身资源和能力的限制,只能选择成本低、容易实现的渠道模式,更多地依赖中间商来开拓市场,借助外部力量来分担成本和风险。

2. 综合实力和管理专长

企业渠道系统的运行不仅需要大量资金的支持,还需要专业的管理团队、销售团队以及服务团队,更需要丰富的经验积累,同时也离不开较强的仓储及订单处理能力。通常,综合实力强的企业有资本有能力创建效率高、竞争力强、结构复杂的渠道系统,实力弱的企业只能选择成本低、操作简单、易于开展业务的渠道模式。当然,不是所有大企业都会选择自建渠道或是复杂渠道,渠道模式的选择还要看企业的管理专长。只有在自己最擅长的领域集中资源,才能更好地发挥比较优势,提高资源利用效率。

3. 企业战略和营销战略

企业的渠道战略是营销战略的一部分,而营销战略是从属于企业战略的职能战略。因此,渠道设计是企业战略和营销战略在渠道领域的体现,是为了实现企业目标和战略而实施的。所以,渠道设计必须服从企业目标和战略,必须配合营销战略。如果企业实施保护市场份额的垄断竞争战略,那么就应该对渠道进行高强度控制,需要采取短渠道、窄渠道,限制中间商数量,强化对中间商的控制;如果采取扩大市场份额的低成本竞争战略,那么就应该控制渠道成本,提高渠道覆盖范围,采取宽渠道、多渠道,尽可能利用中间商力量。

(二)产品特性

不同类型和特性的产品适用于不同的渠道模式,渠道设计中通常考虑以下产品因素:

1. 价值

通常,价值越低的产品,顾客购买频率越高,购买批量越大,对其便利性要求就越高。而长渠道、宽渠道、多渠道比较容易满足顾客的便利性需求,由于单位价值比较低,增加的渠道流通成本分摊到单位产品上也容易被顾客接受。消费品中的便利品、工业品中的标准品可以适当增加渠道长度和密度,如食品、饮料、纸巾等。相反,价值高的产品,消费者购买频率低、批量小,可以采取短渠道、窄渠道,如家电、家具、汽车等。

2. 体积与重量

体积和重量比较大的产品运输困难,运输和仓储成本比较高,应该选择短渠道,以降低流通成本,比如大型机械设备、大型家具家电、水泥、钢材等。相反,体积小、重量小易于运输的产品可以采取长渠道,如插座、螺丝钉、纸笔等。

3. 易腐蚀性和易碎性

容易腐烂、难以长久保存、易碎的生鲜、熟食、玻璃制品以及具有腐蚀性、易燃易爆产品应该采取短渠道，缩减渠道流通时间，以降低流通过程中的损失及其他风险。

4. 技术性和标准化

技术水平低、标准化程度高、结构简单的产品，通常也不需要多少售后服务，这类产品通常价值也不高，可以采用较长、较宽的渠道，如插座、手电、电池等。而技术水平高、结构复杂或定制性产品通常价值较高、操作复杂，需要较多的售后服务和技术指导，因而需要缩减渠道，尽可能直接销售，如电脑、汽车、大型机械设备等。

5. 时尚性

通常，时尚性强的产品款式、样式、风格更新换代比较快，需要尽快传递到消费者手中，因而要尽可能地缩减渠道流通环节，以避免过时，比如比较高端的时装、珠宝、箱包等，以及中低端快时尚服装等（如 ZARA、HM、优衣库）。

6. 季节性

为了平衡生产，充分发挥中间商对库存的调节作用，季节性强的产品通常采用较长渠道，避免淡季产品积压，旺季供不应求。

7. 生命周期

产品上市初期，中间商和消费者对产品不熟悉，销量不大，通常采用较少的渠道类型，渠道也比较短和窄；进入成长和成熟期，销售渠道密度越来越大，通常采用长渠道、宽渠道、多渠道；到衰退期又应该缩减渠道。

在实际操作中，企业的产品可能同时具备多种特性，比如空调产品既价值高、体积大、重量大，又具备较高的技术水平，需要一定水平的售后服务，这些特征都决定了空调产品适用于短渠道、窄渠道，但同时它还具备一定程度的季节性，又需要利用中间商来调节生产。那么，空调产品到底该采用怎样的渠道还需要综合考虑企业自身情况以及目标市场、行业竞争等其他因素。

（三）目标市场及购买行为

企业在设计渠道时需要考虑目标市场的特征以及目标顾客的消费行为。目标市场不同，消费者购买行为不一样，企业应该选用不同的渠道策略。

1. 目标市场

不管是消费品市场还是产业用品市场，制造商在设计渠道结构时都要考虑目标市场的规模大小、分布范围等。如果目标市场规模较大，消费者数量比较多且比较分散，应采用长渠道、宽渠道、多渠道，这样比较容易接触到更多顾客，降低分销成本，利用分销商的力量将产品顺利传递给顾客。如果目标市场规模小，分布集中或距离制造商比较近，那么可以采用短渠道、窄渠道，甚至直接销售。比如多数日用消费品目标市场规模大、消费者分布分散，通常都采用长渠道、宽渠道，而高端消费品、奢侈品及专业性强的工业用品市场规模较小，分销渠道通常比较短，比较窄。

2. 消费者购买行为

营销的核心是满足顾客需求，所以消费者的购买行为和需求服务水平是企业进行渠道设计需要考虑的重要因素。

（1）购买批量和频次。通常，消费者购买批量越小、购买频次越高，对渠道便利性需求就越高，此时企业应该采用长渠道、宽渠道、多渠道来满足消费者随时随地的购物需求；反之，消费者购买批量大、购买频次低，就会降低对便利性的需求，企业可以通过短渠道、窄渠道进行分销。

（2）购买方式。随着互联网和移动互联网的发展，越来越多的消费者习惯于多元化的购物方式，他们倾向于网络搜索、货比三家，喜欢在线下体验线上下单，喜欢看直播购物，喜欢线下扫码下单……当然，不同消费者的消费习惯不同，商家应该针对目标消费者的购买方式调整渠道结构，比如针对喜欢网络购物的消费者开拓网上分销渠道，为习惯于实体店购物的消费者完善线下体验，为习惯自助购物的顾客推出无人售货等。

（3）购买时间性。有些产品本身具有一定的时间性，比如服装、空调、温泉、旅游等，因而消费者购买行为也具有一定的时间性；有些产品本身不具有时间性，但是消费者购买行为具有一定的时机，比如开学时对学习用品、日用品的购买，节假日期间对交通出行、旅游产品的购买等。对于具有时间性的购买行为，企业应该通过较长、较宽的渠道快速铺货，以免错过时机，同时要发挥中间商在仓储、客源等方面的功能，避免淡季的资源闲置。

（4）购买地点。不同消费者习惯的购买地点不同，比如同样的产品有些人喜欢在网上用电脑、手机购买，有些人喜欢在超市、便利店购买，有些人喜欢在购物中心、专卖店购买，有些人喜欢在集市、批发市场购买；同样是网上购买，有人喜欢在京东买，有人喜欢在当当买，有人喜欢在淘宝买。商家应该了解目标顾客习惯的购买地点，使营销渠道尽可能多地接触目标消费者。

另外，消费者的购买特征、购买时的介入程度、购买偏好等都会对企业的渠道结构设计产生不同程度的影响。

阅读资料

消费者在哪里，渠道就应该在哪里

8月30日，2017年上海国际商业年会拉开帷幕。31日，小米科技创始人雷军在大会的"中国消费经济转型升级高峰论坛"上，分享了小米对于线下零售的经验与看法。

"为什么小米在去年年初提出新零售，因为电商有很强的优势，同时也有它的不足。比如说它不容易展现需要体验的产品，另外，用户不能想买什么东西拿着就走。而且有90％的消费者不在网上买东西，所以这给了我们很大的困惑。"

遇到这个困惑后小米就在思考一个问题，为什么不能用互联网思维、电商的技术做线上线下联动的新零售？为什么我们的零售只能在网上做，不能用同样的效率在线下做呢？

经过小米之家的实践，雷军在大会首次透露了小米之家的运营成果：我们每个店平均是200平方米，基本单店月均是519万人民币，1～8月份坪效已经做到27万人民币。

这个成绩在全球第二位，仅次于苹果，比几乎所有奢侈品店的坪效高很多，相当于国内平均水平20倍以上。

小米的奇迹正在往线下蔓延，上海国际商业年会，这场预计10万人次参加的实体商业大会，设展的商业地产和商业零售企业217家、品牌商607家、科技企业67家，同时还有超过15 000余家国内外品牌及5000余家代理商高层代表参会，这样的规模与场面，也让许多电商企业正视到"实体＋"的真正价值。

1. 流量红利消失，电商愈加难做

2012年到2016年是线上流量红利期，早期的淘品牌借助着流量红利在线上做得风生水起。比如目前最火的零食品牌三只松鼠等就是在这时候兴起，以"互联网顾客体验的第一品牌"和"只做互联网销售"成为淘品牌的网红店。

在流量红利期，流量＝新用户数，一个新兴的产品基本上可以吸纳这个产业大部分新用户数，并且不断滚雪球一样地增加，直到所有的新用户成为你的用户，流量达到了顶峰。

而小米的成功亦是如此。从 2011 年 9 月份，小米手机正式上线销售，期间历经高峰盘整，到了 2017 年第二季度，手机出货量达 2316 万台，环比增长 70%。

雷军称，过去两年自身遇到的困难，第一个是线上市场遭遇恶性竞争。在过去两年时间里，一些同行在手机市场中赔的钱是天文数字。

第二个困难是在专注线上时，错过了县乡市场的线下换机潮。雷军称，小米整个商业模式就是为了高品质、高性价比，高性价比是效率革命。要提高效率，在当时的市场情况下只有电商能够完成小米要的效率。

"所以我们在过去几年里专注于电商，但是有一个天大的缺陷，电商只占商品零售总额的 10%。到今天为止，90% 的人买东西还是在线下。在过去几年，我们最痛苦的是如何高效率做线下。"雷军说。

小米的产品虽然非常不错，但是小米只拥有了线上销售的能力，而没有抓取线下流量的能力。

2. 线上线下深度融合是大势所趋

流量红利消失，使得线上流量成本急剧上升，增长遭遇瓶颈，电商变得越来越难做。电商人不得不重新寻找线上之外的新增长点。

大家发现，互联网和电商的零售充其量占 15%，哪怕到 2020 年，完成"十三五计划"也不过是占到 25%，这也就意味着还有 75% 的市场还不在互联网上。而线下市场的表现如何呢？

我们看到，这两年与小米的预势相反的是，VIVO、OPPO 连续两个季度的突飞猛进，一跃进入了全球前五，逼近了当红的华为。在行业整体增速放缓的大趋势下，他们的表现无异于是继小米之后的又一市场格局搅动者。

其实回头看看他们这几年所走的路，就能发现 VIVO、OPPO 能在当下成为行业的又一搅局者，与他们抓住了消费升级的行业新风口、有强有力的线下门店、在县级城市有大量的店铺覆盖、给消费者带来良好的用户体验都有着密不可分的关系。

未来线上线下深度融合，三只松鼠、小米等电商品牌确实需要实体支撑。我们也看到，雷军最近调整战略，在大力布局线下的小米体验；三只松鼠定下"2017 年要在线下开 100 家店，未来三到五年开 1000 家"的目标。而实际上，目前小米之家已经达到 179 家。

如今整个商业模式在转型，线上崛起的品牌开始做线下，线下店铺做线上。但我们要认清的事实是，线上固然重要，但消费者在哪里，我们就应该在哪里。

VIVO、OPPO 成功的案例告诉我们，线下门店覆盖率越高的品牌，其品牌影响力越强。从线下来的品牌，反过来哺育线上，未来线上经营也越来越容易。OPPO 等品牌就是靠线下做大再在线上立足的典型例子。

如果说 2012 年到 2016 年是线上流量红利期，那么，从 2016 年开始到 2017 年以及未来，就是线下体验的红利期。消费者在哪里，我们就应该在哪里，这样我们的品牌才走得更远。

所以说,未来线上线下的融合是大势所趋。马云也曾讲过,未来线上的企业要走到线下来,线下的企业必须走到线上来,这是大势所趋,是未来的新商业!

资料来源:派代网.新商业趋势:消费者在哪里,品牌就应该在哪里,https://mp.weixin.qq.com/s?__biz=MjM5ODAyODY2MA%3D%3D&chksm=bd2e05018a598c173b2fdf01c97c32778a07053663648e787b2057a62f43371c02fd34913885&idx=1&mid=2651476250&scene=27&sn=7b39f32782ac235e55c6e862885bf5ea.

★ 思考与讨论

(1)结合资料,说说你如何理解"消费者在哪里,渠道就在哪里"。

(2)尝试分析小米的消费者购买行为,并说说小米的营销渠道是如何适应消费者购买行为的。

(四)行业竞争

企业营销渠道的设计还需要考虑行业当前的竞争环境,尤其是中间商和竞争者。

1. 中间商

企业进行渠道设计时,需要考虑是否选择中间商、选择多少中间商、选择什么样的中间商等问题,也就是说不仅要考虑自身需求,还要考虑中间商的情况,比如它们的实力如何、是否愿意合作、合作有哪些条件、能否满足企业渠道需求等问题。

(1)可获得性。如果现有中间商中不愿意销售企业的产品,不适合销售企业的产品,或者无法有效完成销售任务,那么企业必须考虑组建自己的直接渠道。如果比较容易与中间商达成合作协议,那么企业可以选择长渠道、宽渠道,如果难以找到足够数量的中间商,企业只好缩减渠道。

(2)获得成本。企业在设计渠道结构时,还要考虑与中间商合作所花费的成本,包括寻找、评估、激励中间商所花费的时间、精力等成本。通常,渠道商的获得成本越高,渠道长度越短,宽度越窄;获得成本越低,则渠道长度越长,宽度越宽。一般情况下,制造商倾向于选择低成本的渠道商。当然,在渠道设计时也不能仅仅关注获得成本,还要看渠道效益,需要在获得成本和合作带来的直接及间接收益之间进行衡量。比如尽管一些大型的、高端的中间商获得成本比较高,自建渠道所需要付出的代价比较大,但是如果他们在市场覆盖率、销售额、品牌影响力等方面带来的收益高于成本,那么还是不能舍弃的。

(3)服务水平。中间商需要承担服务于消费者的重要职能,企业在设计渠道时应该考虑中间商所能提供的服务水平是否符合顾客的服务需求,应该尽量选择那些可以低成本、高效率完成服务职能的渠道成员。比如对于药品及医疗器械产品制造商来说,社区卫生站、社区药店的便利性服务更好,医院、疗养院的专业性服务水平更高,而网络销售只适合于常用药物及温度计、血压计等不需要过多服务性的产品。对于专业化的大型机械设备或大型家电等产品制造商来说,中间商往往缺少产品知识及维修、维护方面的服务能力,通常采用短渠道或直销的方式,即使有中间商存在,售后服务职能也更多是由制造商承担的。

2. 竞争者和竞争方式

企业采取怎样的渠道结构还要考虑竞争者的渠道结构和企业采取的竞争方式。

(1)竞争者的渠道结构。如果主要竞争对手采取长渠道、宽渠道、多渠道,企业自己的渠道短而窄，那么就有可能使得更多的市场份额被竞争对手占有；如果竞争对手采用短渠道，企业自己的渠道过长，就会增加渠道流通费用，不具成本优势。

（2）定位和竞争方式。在参考竞争者渠道结构的基础上，企业设计渠道时还要考虑自身与对手的实力比较、产品定位以及采取什么样的竞争方式等。如果企业与实力相当的对手采取针锋相对的竞争，那么企业在设计渠道时要更多考虑市场覆盖率和品牌影响力，可能短期内不计成本，比如国美、苏宁、京东的渠道竞争；如果企业实力不足，选择另辟蹊径、避其锋芒的竞争方式，在渠道设计时应尽可能回避与竞争者的直接对抗，比如哈罗单车避开与摩拜、OFO之争，从中小城市开始抢占市场；如果企业采取差异化竞争策略，那么渠道结构和布局可以与竞争对手相区别，比如薇姿定位于药妆，以药店作为主要销售终端。

（五）宏观环境

企业的生存和发展离不开宏观环境，营销规划必须以环境为依托，企业所在的经济环境、文化环境、技术环境、法律环境等都制约和影响着渠道结构的设计、渠道成员的选择、渠道布局以及渠道管理等。本书前面的部分已经对营销渠道环境做了详细的介绍，这里就不再重复。

★思考与讨论
举例说明宏观环境要素如何影响渠道设计。

三、渠道设计的流程

企业的渠道设计是一个系统的工程，它包括渠道环境分析、渠道战略目标设定、渠道结构选择与评估等。上一专题讲的渠道战略规划就是对渠道未来发展方向的总体设计，也就是渠道设计，在这里我们沿用上一专题渠道战略规划的步骤（如图4-4所示），对渠道设计的流程进行详细介绍。

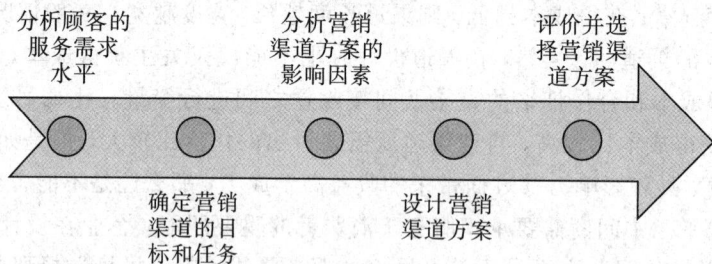

图4-4　渠道设计的步骤

（一）分析顾客的服务需求水平

企业的营销渠道设计要以顾客需求为导向，因此，第一步就要分析顾客的服务需求水平，了解目标顾客在购买产品时希望得到哪些服务，对企业所能够提供的服务有什么期望。通常，企业的营销渠道需要满足顾客五种类型的服务需求。

1. 购买批量与频次

购买批量通常指顾客单次购买的数量，也可以指营销渠道允许顾客购买的最小单位。购买频次是指顾客重复购买的频率或一定时期内的购买次数。比如个人消费者通常购买批量小、频次高；企业用户购买批量大、频次低。消费者购买保质期短、难保存、不耐用的消费品批量小、频次高；购买价值低、保质期长、易保存、不耐用的消费品批量大、频次低；购买价值低的耐用品批量小、频次低。

通常，顾客单次购买批量越小，越希望得到更多的服务，而企业则需要承担较高的服务成本，这时实力不足的企业多数希望通过中间商或辅助商分担服务职能；如果顾客单次购买的批量较大，通常也不需要过多的服务，而分摊到单位产品上的服务成本更低，此时可以通过短渠道、窄渠道来满足顾客的服务需求。比如大企业通常比中小企业购买批量大，企业客户通常比普通消费者购买批量大，因而营销渠道会更短、更窄。

企业的渠道设计不仅要符合顾客对购买批量方面的要求，还要考虑到购买频次。如果是小批量、高频次购买，顾客不希望付出更多的成本，这时企业的渠道应该能够方便顾客购买，尽可能通过较为密集的渠道满足顾客的便利性需求。如果是小批量、低频次购买，比如汽车、电脑、高档服装、专业设备等，顾客愿意付出更多的购买努力，这时企业可以通过较短、较窄的渠道降低渠道成本，同时也能给消费者以专业、高端的印象。

2. 等候时间

等候时间是指顾客从确定购买需求或订货到拿到产品的平均等待时间。对顾客来说，等候时间越短越好，但较短的等候时间就意味着企业需要配备更多的人员、设备及更高效的渠道管理系统，意味着渠道成本的增加。企业的渠道设计需要在渠道成本和顾客愿意接受的等候时间之间进行平衡，实现顾客乐于接受的等候时间范围内的成本最小化，或企业接受的渠道成本范围内的等候时间最小化。

通常，不同产品、不同使用情景、不同条件下，顾客愿意接受的等候时间不同。因此，企业需要了解和分析目标顾客接受的等候时间，尽可能使自己的渠道系统优于竞争对手。比如京东以"快"著称、顺丰以速度制胜、盒马鲜生以"30 分送达"为卖点、麦当劳挑战 30 秒取餐，这些都抓住了顾客在等候时间方面的服务需求。

3. 空间便利性

空间便利性是指企业的营销渠道在服务空间方面能够给顾客带来哪些便利。空间便利性主要体现在购物距离、交通状况与空间环境三个方面。购物距离是指顾客到达商店的距离，购物距离越长，空间便利性越差。购物是否方便还和顾客到商店的交通状况相关，交通越便利，空间便利程度就越高。另外，顾客到达商店还需要能够快速找到自己所需要的产品，如果商店空间过大、布局混乱、服务指引不到位也会增加顾客购买时间，降低空间便利性。

顾客对不同产品的空间便利性需求不一样，不同顾客在不同场景下的便利性需求也会有差异。比如顾客对房产、汽车、家具、家电等产品的便利性需求比较低，对日用品、消费品的便利性需求比较高；时间比较空闲的消费者、对产品需求紧迫程度低的消费者，其便利性需求比较低；比较忙碌的消费者、对产品需求紧迫程度高的消费者，其便利性需求比较高。

企业的渠道设计需要最大程度地满足顾客的空间便利性需求，如果便利性需求高，需要密集的渠道布局，便利性需求低可以采用短渠道、窄渠道。需要注意的是，网络营销、电视营销、邮购等渠道虽然等候时间比较长，但是便利性程度很高，并且随着订单处理、物流、移动互联网等技术的发展，网购渠道的等候时间越来越短，便利程度越来越高，逐步成为消费者购物的首选。

4. 选择范围

选择范围是指企业的销售渠道能够提供给顾客挑选的产品种类和数量。不同顾客的需求不同，同一个顾客也会具有多样化需求。通常，顾客希望企业能够提供更多的选择，以便挑选到自己最满意的产品。比如顾客在超市购买日用品希望有更多的选择，希望能够一站式完成采购任务；在商场购物累了，希望喝杯咖啡、吃点甜点或者看看电影。

企业提供给顾客的选择范围越广，其服务水平就越高，通常也就越具竞争力。当然，多品种和多数量也意味着比较高的成本，也可能增加顾客的选择成本。因此，选择范围不是越大越好，也不是越精简越好，重要的是要符合顾客的期望。

企业的渠道设计要符合顾客对选择范围的服务需求。通常越是大型的、综合性的零售终端提供的选择范围越大，专业店、专卖店、直营店等终端选择范围小。通常，顾客对日用品、消费品更倾向于多样化需求，希望在综合性超市、商场进行购买，对技术性强、价值大的产品比较相信专业店的专业化水平。当然，也有企业反其道而行之并取得了较好的效果。

5. 服务支持

服务支持是指企业营销渠道能够给顾客提供的相关服务，包括支付、包装、送货、安装、维修、培训等。服务支持是产品的重要组成部分，是消费者做出购买决策的重要参考要素，同时也是营销渠道的重要功能。

不同规模、类型的渠道，不同的渠道成员可以提供不同程度的服务支持。消费者对不同产品要求的服务程度也是不同的，越是复杂的、技术含量高的、专业性强的、价值高的产品，越需要更多的服务支持。通常，服务支持范围和力度越大，企业所要付出的成本和努力就越高。因此，企业需要以目标顾客对产品的服务需求为导向，在综合考虑企业能力与专长、营销目标、市场竞争等要素的基础上，设计合理的渠道结构。

案例分析

口红一哥的"造神"之路

所有的微信用户应该都有一个共同的微信好友，它就是"微商"。最近主打美妆的微商们都在朋友圈疯狂地刷起了"李佳琦 OMG 清单"，一句话的段子更是流行："不怕李佳琦说话，就怕李佳琦 Oh my god"。

李佳琦是何许人也？他是资深的欧莱雅专柜 BA 出身，从一个柜台小哥走到今天的口红一哥，李佳琦把握住了天时地利，打造属于自己的人物 IP。

造人设——口红一哥，专注于口红，精准地把握了细分市场下的垂直需求，受众群体非常广泛，且凭借男人的身份专业测评口红，既有反差的新奇，又有唇模男人别样的美感；

选平台——抖音短视频、淘宝和微信都是巨大的流量池，可他偏偏选择抖音短视频，利用短视频的轻松娱乐性让人们隔着屏幕试色号、听分析，顺带看帅颜；

懂话术——美妆博主千千万，可他出口就是文案，"接吻到流血的感觉""涂上你就是贵妇"，再配上他高分贝的"OMG 好看到炸裂"，分分钟戳中想买的心。最毒辣的是，他在测评口红时会扮熟地推荐给某位明星，自主利用"明星效应"。

人如产品，产品如人，核心的营销策略都是：找准领域，抓住特色，形成风格，然后就是积累和耕耘。

资料来源：陈涵．口红一哥的"造神"之路[J]，销售与市场(管理版)，2019-04.

★思考与讨论

(1) 依据自己的理解，谈谈消费者对口红有哪些服务需求。

(2) 口红一哥为什么选择抖音作为销售方式？他是如何满足顾客的服务需求的？

(二) 确定营销渠道的目标和任务

渠道目标就是企业的营销渠道需要达到的目标，也就是企业的渠道系统和渠道成员在实现企业营销目标过程中所能起到的作用。营销渠道设计是营销战略的一部分，而营销战略从属于企业的总体战略，因而企业的渠道目标必须与企业总体目标以及营销目标保持一致，并且服从于企业目标和营销目标，是为了实现企业总体目标所需达到的分目标。另外，渠道目标还需要与产品、价格、促销等其他目标相协调，为实现营销目标而相互配合。企业战略与企业总体目标的层次关系如图4-5所示。

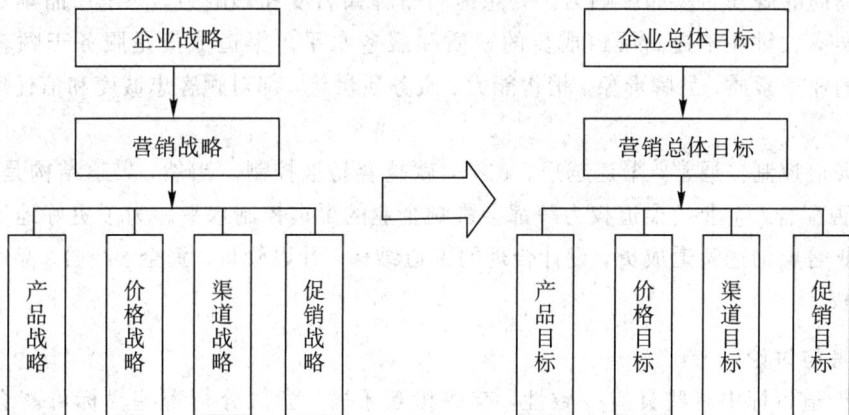

图4-5　企业战略与企业总体目标的层次关系

企业的渠道设计是为实现营销目标而服务的，因而渠道设计必须首先设定一定的渠道目标，也就是确定营销渠道要达到的目标市场的服务需求水平。企业战略和营销战略不同，所要达到的渠道目标也不同，不同类型的营销渠道对渠道目标的实现程度不一样，所以企业需要依据渠道目标去设计营销渠道。企业在确定营销渠道目标时会有多种选择，营销渠道专家们的看法也不尽一致，但是要注意不同渠道目标的协调性与一致性。通常，企业可能有以下渠道目标：

(1) 渠道顺畅。促使产品从制造商手中传递到消费者手中是营销渠道的基本功能，所以渠道的顺畅性是多数企业首选的渠道目标。通常，渠道越短，经历的中间环节越少，顺畅性就越好。

(2) 提高市场覆盖率。市场覆盖率越高，覆盖密度越大，接触到顾客的可能性就越大，企业就越有可能增加销量。为了提高市场覆盖率和覆盖密度，增大流量，企业需要采用多家分销、密集分销的方式，广泛布局、多路并进、增加铺货率，采取长渠道、宽渠道的渠道模式。

（3）购买便利。为了满足消费者便利性需求，企业需要最大限度地贴近消费者，通过多渠道广泛布点、灵活经营，增加市场覆盖率。

（4）开拓市场。对于新上市的产品或新企业来说，快速开拓市场尤为重要，因而企业通常会比较多地倚重经销商、代理商，借助中间商的资源快速打开市场，等企业站稳脚跟后再逐步创建自己的渠道网络。

（5）提高市场占有率。市场占有率是企业产品销量在同类产品中所占的比重，它是衡量企业竞争力的重要指标。通常，提高市场覆盖率有助于市场占有率的提高，但是市场覆盖率不等于市场占有率，能够刺激消费者大量购买、重复购买的关键在于渠道的保养，也就是提高渠道对顾客服务需求的满足水平。

（6）经济性。渠道的建设、维护需要成本，经济性目标就是要考虑对渠道成本的控制。如果盲目追求市场覆盖率、占有率，盲目追求市场开拓速度，就会造成渠道成本的大幅上升，不但增加渠道管理难度，还会占用企业资源，造成资金的快速流失，很容易拖垮整个企业。

（7）提高品牌知名度和影响力。要想提高品牌知名度和影响力，除了产品本身以及促销等因素外，关键在于提高渠道成员的素质和服务水平。渠道成员是服务于顾客的第一线，他们的业务素质、品牌形象、销售能力、服务质量等，都对顾客忠诚度和信任度有着直接的影响。

（8）渠道控制。通常，渠道越短、越窄，就越容易被控制。当然，渠道结构是否合理、中间商是否配合、企业的渠道权力等都会影响企业的渠道控制水平。为了更好地实现渠道控制，企业需要精选渠道成员，设计合理的渠道结构，并以管理、资金、经验、品牌等掌握渠道控制权。

★思考与讨论

以上渠道目标中有些具有一致性，有些相互矛盾，尝试分析哪些目标可能会发生矛盾，以及企业如何在这些目标中进行平衡。

为了实现渠道目标，需要将渠道目标分解为具体的任务，也就是将各种渠道功能在不同渠道成员间进行分配。渠道任务必须明确、具体而全面。通常，营销渠道的任务包括推销、渠道支持、物流、售后服务、风险承担等，如表 4-1 所示。

（三）分析营销渠道方案的影响因素

在确定渠道目标和任务之后，就要分析影响渠道方案设计的影响因素。通常，企业自身、产品特性、目标市场、消费者购买行为、行业竞争以及外部宏观环境等都影响着渠道方案的设计。这部分内容在之前已经做了详细分析，在此不再赘述。

（四）设计营销渠道方案

设计渠道方案主要是设计可行的渠道结构，包括渠道长度结构、宽度结构、广度结构以及渠道系统。渠道结构理论在专题三任务一部分已经做了详细介绍，在此不再赘述。

表 4 - 1　主要渠道任务

推销	· 新产品推广 · 现有产品推广 · 向最终消费者促销 · 建立零售展厅 · 价格谈判 · 销售形式确定	售后服务	· 提供技术服务 · 调整产品以满足顾客需求 · 产品维护与修理 · 处理退货 · 处理取消的订单
渠道支持	· 市场调研 · 地区市场信息共享 · 向顾客提供市场信息 · 与最终消费者洽谈 · 选择经销商 · 培训经销商员工	风险承担	· 存货融资 · 向最终消费者提供信用 · 存货的所有权 · 产品义务 · 仓储设施投资
物流	· 存货 · 订单处理 · 产品运输 · 与最终消费者的信用交易 · 向顾客报单 · 单据处理	其他任务	

除了渠道结构，渠道方案设计还可以包括中间商类型选择、渠道布局规划、成员选择标准制定、渠道权力分配等内容。中间商类型选择就是不同层级的渠道选择什么类型的中间商，如批发环节是选择商人批发商、代理批发商、经纪商还是批发市场，零售终端是选择大型连锁超市、购物中心、专业店、仓储店、便利店、夫妻店还是网上商店等。渠道布局规划、成员选择等内容将再后面的内容中作详细介绍。

（五）评价并选择营销渠道方案

渠道方案设计工作完成之后就需要对渠道方案在经济性、适应性、控制性等方面进行评估，在几个备选的渠道方案中挑选最适合的，务必使所选的渠道方案在长度、宽度、广度和系统等方面有助于渠道目标的实现。

1. 经济性

经济性评估就是从成本收益的角度对备选方案进行评价，通过对不同渠道方案所带来的经济效益、间接收益以及渠道成本的比较衡量，选择低成本、高收益的渠道方案。

首先要预测渠道方案所能带来的经济效益，主要是预期销售量和销售额的大小。不同数量、不同规模、不同类型的渠道成员所能带来的预期销售量和销售额不同。通常，如果企业对市场不够熟悉或信心不足，往往寻找少数中间商进行试探性营销来避免损失。如果企业实力较强，对市场前景看好，则习惯于选择那些有助于快速占领市场，实现销量大幅提升的渠道方案。

渠道建设带来的收益不仅仅是直接经济效益，还包括品牌知名度的提升、品牌形象的美化、渠道控制力的强化等。比如某企业缩减渠道，放弃了那些实力弱、能力不足、合作意愿不强、与企业品牌形象不相符的渠道成员，尽管短期内可能会带来销售量和销售额的大幅缩减，但却有助于提升品牌形象，留住真正的忠诚顾客，也有助于强化企业对营销渠道的控制力度，有助于渠道的长期稳定。

最后，要对不同渠道方案所需要付出的代价进行评估。通常，企业自建渠道成本最高，付出的代价最大，但是渠道权力和利润全部掌握在自己手中；利用的中间商和中间环节越多，市场开拓速度就越快，预期销售量就越多，但相应的成本就会越高，不仅仅是支付给中间商的各种费用，还包括管理成本。因此，企业需要在众多渠道方案中选取成本最低、效益最高的方案。

2. 适应性

渠道方案既要适应企业自身条件和渠道目标，还要适应外部环境的变化，能够发挥企业资源能力和管理专长，能够满足顾客需求和竞争需要，又要有助于企业渠道目标和营销目标的实现。只有如此，企业的营销渠道才能够维持稳定，才能健康发展，才能有助于企业竞争力的提升。

3. 控制性

企业只有依靠自己的力量自建渠道才能掌握全部的渠道权力，否则必定要丧失部分或全部的控制权。任何中间商都是独立的个体，他们都有自己的利益追求，同时也会要求一定的渠道权力。为了发挥中间商的积极性和自主性，制造商不能对中间商控制过多、过死，但是过度放任就会造成渠道混乱、失控，使渠道管理难度加大、渠道利益流失，甚至受制于中间商。

在不同类型的渠道结构及组织方式下，企业的控制程度不同，企业实力、谈判、合作方式、渠道结构的复杂性等因素都影响着企业对渠道的控制能力。企业对渠道的控制能力和控制水平在一定程度上也影响了渠道利益的分配和渠道的稳定性。因此，企业在选择分销渠道的时候，除了经济性、适应性，还要考虑控制性。

最后，根据前面的调研、分析及评价结果选择合适的渠道方案，之后就可以进入渠道的实施和管理环节。

案例分析

汽车厂商的渠道设计

1. 分析消费者的服务需求

麦肯锡的专家对当前的汽车用户调查表明，汽车的消费者是真正意义上的"全需要"消费群，不仅注重功能利益的满足，而且对过程利益和关系利益给予了同等的重视。

1) 购买批量

对汽车而言，出租汽车公司喜欢到大批量出售汽车的汽车工业园区或者汽车交易市场购车；对私人而言，他们更愿意到品牌专营店买车。因此，购买批量的差异，要求厂家为他们设计不同的分销渠道。

2) 等候时间

在现代社会，人们的生活节奏加快，更喜欢快速交货的营销渠道。营销渠道交货越迅速，表明该企业的服务产出水平越高。

3）出行距离

对汽车厂商来说，由于汽车经销店是高投入的场所，为了保证厂商和经销商的利益，相对其他商品而言，汽车经销店的密度相对较小。

4）选择范围

对汽车厂商来说，汽车业是高投入的规模企业，为了实现规模经济，一般来说汽车的颜色不会很多，所以各大汽车企业都通过市场细分来选择自己需要的客户。从这点来说，汽车工业园区、汽车交易市场比品牌专卖更有优势。

5）售后服务

对汽车业来说，顾客购买过程是短暂的，顾客更注重的是长期的服务，而品牌专卖店在这一点上比其他模式优越得多。对目前来说，品牌专营是汽车市场分销渠道的主渠道模式。

研究目标顾客的服务需求，是为了在所设计的分销渠道中满足顾客的需求。这决不意味着服务产出水平越高越好，因为服务产出水平是与成本成正比的。可见，目标的最终确定还要考虑各种影响因素。

2. 分析影响因素并确定渠道目标

1）市场因素

以日本丰田汽车公司的渠道分销为例，在日本本土它采用较短的渠道进行分销，并且有相当一部分丰田轿车是通过直销的方式卖出去的。但在亚洲其他国家和非洲一些地区，能够买丰田车的用户数量有限，并且相当分散，当中还有一部分人会选择购买其他品牌的同档次轿车，所以在这些地区丰田公司主要通过大量的中间商来实现销售。

2）产品因素

汽车体积大、价值高、技术性强、销售数量少，需要较多的售后服务，因而营销渠道多采用直接渠道或中间商环节较少的间接渠道，同时营销渠道的密度也不大。

3）组织因素

汽车厂商财务力量雄厚，有广泛产品组合的，就能够从事广泛直接的市场营销。相反，如果公司力量很弱，只有较少的人力物力，就要靠中间商来处理主要的工作。从汽车厂商的产品组合来分析，如果产品组合的宽度和深度大，则采用密度较大的短渠道。相反，如果产品组合的宽度和深度不大，则采用密度较小的渠道。从汽车厂商控制营销渠道的程度来分析，如果汽车厂商为了实现其战略目标，在策略上需要控制市场零售价格，需要控制营销渠道，就要加强销售力量，选择直销渠道或较短的渠道进行营销。但是，汽车厂商能否做到这一步，又取决于其声誉、财力、经营管理能力等。

4）间商因素

上海通用汽车公司所选择的中间商，他们在广告、储运、信用条件上都十分有限，流动资金在500万元左右，所掌握的销售网络也很有限。因此，上海通用汽车公司加强了销售队伍建设，开展短渠道分销。

5）竞争者因素

在我国处于计划经济时期，各大汽车厂商主要通过各地的汽车销售总公司推销其产品，使用着同一分销渠道。但近年来汽车市场竞争日趋激烈，各大厂商都纷纷发展自己独有的营销渠道，大量的品牌专营店涌现出来。在西方国家，由于市场竞争的压力，各大汽车制造商都主要采用自己的营销渠道，避开竞争对手的锋芒。

6）环境因素

当经济不景气时，汽车厂商就会采取最短最便宜的分销渠道，反之则采用相对较长的渠道。

3. 设定营销渠道目标，评估并选择营销渠道

1）营销渠道目标的设定

（1）购买便利性。营销的目的就是使顾客能顺利而又方便地买到所需的产品，所以对汽车厂商来说应尽量建更多的网点，覆盖更多的区域，以适应市场的要求。

（2）较大利润性。汽车厂商行为动机是获取利润，营销目标也必须有销售额及利润指标。当然利润指标不单靠销售额提高来实现，还要考虑营销渠道成本的降低。

（3）渠道成员的支持度。前两个目标的实现，必须以渠道成员的支持为基础。应使经销商全力支持企业的营销策略，推广产品，包括促销活动、公关活动等方面的支持。

（4）售后服务水平。汽车厂商必须确定一个基本的售后服务水平，这是设计营销渠道的重要基础，尤其是对汽车厂商来说，售后服务水平至关重要。

2）营销渠道目标的协调

第一，利润指标应服从需求的满足。汽车厂商在设计营销渠道时一味地注重长期利润最大化，可能会忽视对顾客需求的满足，从而使营销渠道受阻。

第二，寻找满足两个目标的最佳结合点，即提高营销渠道的服务产出水平和保证企业长期利润最大化。任何一家汽车厂商的营销目标都应是在保证目标顾客服务满意度的基础上，实现渠道费用成本最小。

第三，汽车厂商确定汽车营销渠道模式之后就要考虑如何实现这一目标。尽可能地把所想到的方案全部列出，但不论何种方案至少应包含四大基本内容，即渠道的长度、宽度、广度和系统。

4. 评估并选择渠道方案

对列出的渠道方案进行评估并选择最优方案。

经过以上步骤之后，汽车厂商的决策者就可以最终确定最优的营销渠道。

★思考与讨论

（1）你是否同意以上观点？谈谈你的看法。

（2）选择你熟悉的一家汽车企业，尝试依据以上步骤为其进行渠道设计。

实践分析与应用

依据市场营销和营销渠道相关理论分析和解决实际问题。依据自己对市场营销和营销渠道的理解，尝试回答以下问题：

（1）尝试对社区生鲜超市的外部环境进行分析。

（2）依据所学理论，谈谈顾客对生鲜产品有哪些服务需求。

（3）文中提到的几种生鲜销售渠道各有什么优缺点？

（4）从渠道建设角度谈谈社区生鲜应该如何满足顾客的服务需求。

社区生鲜：火热赛道演绎"百团大战"

继前不久盒马生鲜在上海推出盒马菜市后，盒马菜市的第二站也即将落地武汉；无独有偶，苏宁小店推出的苏宁菜场已开始在北京、南京两地进行紧张的布局；同时，在北京和上海已经开出10家服务站的基础上，美团买菜日前又在北京增开了两家站点。除此之外，人们更直观地看到自己居住的周边近年涌现出了像钱大妈、百果园等之类的生鲜品小店。包括果蔬、肉类和水产品等在内的生鲜食品在百姓日常生活中扮演着必不可少的角色，因而生鲜具有类刚需属性；由于是人们每天生活所必需，而且保质期短，由此也决定了生鲜商品具有高频次特征。另外，生鲜还具有短消费半径的属性，即消费者会选择最短的生鲜售卖地点进行购买，由此决定了生鲜物理场所只能坐落在居民居住区或人口稠密区。正是具有了以上特征，无论时代怎么变迁，生鲜都有着持续火热的市场需求。

我国城市居民长期以来购买生鲜的最主要渠道应当是农产品集贸市场。不过，伴随着"瘦肉精""毒大米"等食品安全事故的频发，以散户经营为主的农贸市场引起了消费者的质疑，而且农贸市场还存在购物环境脏、乱、差的硬伤。同时，伴随城市土地资源越来越稀缺，农贸市场租金不断上涨，菜贩个体户的生存空间受到挤压，并且由于占地面积大，农贸市场密集布点的空间也受到极大约束，进而也限制了其充分而有效的生鲜供给能力。在这种情况下，"农改超"被提上了议事日程。

"农改超"的核心是让生鲜进入超市，部分替代或者补充农贸市场的生鲜供给职能，而且超市具有明亮、干净与整洁的购物环境，能给消费者创造放心消费的体验；更为重要的是，在政策的支持与引导下，国内不少超市很快探索出了"农超对接"模式，即超市直接与产品原产地对接，生鲜实行产地直采，而不是从批发市场间接采购，由此大大提高了超市生鲜品类的生鲜度，也导致了生鲜超市渠道的消费占比日渐提升。

但是，无论是农贸市场还是生鲜超市，它们在满足居民消费便捷性与满意度方面依然存在不可绕开的痛点。拿农贸市场来说，较大面积的占位决定了它不可能开在距离所有居民家最近的位置，许多消费者还需步行一段路程和花费不短的时间才能完成购买，实际上并没有给消费者带来短消费半径的愉悦；同样，超市的数量和覆盖密度也十分有限，而且超市生鲜的价格往往高出农贸市场不少，由此触碰到了消费者最敏感的心理神经，也倒逼着不少消费者尤其是年长消费人群不得不又回到农贸市场。

生鲜的有效供给不足让互联网企业看到了新的商机。除了网民熟知的盒马生鲜、每日优鲜和京东7FRESH外，还产生了美团买菜、叮咚买菜以及未来生活等不少新的物种。这些电商依托线上下单和线下配送的O2O模式为消费者提供生鲜到家服务。不过，虽然数据显示生鲜电商保持着每年50%的增长率，但由于配送成本较高，生鲜电商却始终无法最大程度地让利消费者。同时，生鲜电商至今怎么也无法彻底解决生鲜高损耗的难题，由此也压制了生鲜电商的盈利能力。因此，绝大多数生鲜电商仍处在持续亏损中，进而限制了其惠民程度。

社区生鲜的出现可以说解决了农贸市场、生鲜超市以及生鲜电商等诸多业态的所有痛点。一方面，社区生鲜呈现出"小而美"的状态，能够直接将店铺开到消费者家门口，从而真正打通了生鲜供求的"最后100米"，极大地满足了消费者便捷消费的体验；不仅如此，社区生鲜还在渠道上与上游供应商完全打通，更少的流通环节锻造出了自己的价格优势，同时也确保了生鲜商品的"生鲜"本质。另外，社区生鲜虽然店面不大，但其提供的 SKU（商品品项数）一般都会在 300 左右，而且每个品类上有产品输出，从而保证了消费者的多样化需求。更为重要的是，社区生鲜也能通过自身 APP 或者微信小程序构造出 O2O 渠道，利用近场化优势实现对附近社区物品的快速交付。

当然，作为一个全新业态，社区生鲜必须拿出独有的竞争功力才能在市场中赢得一席之地。

从来源看，社区生鲜不少是由果蔬批发商或者是菜贩转型而来的，也有直接由便利店改造而成的，同时还有由大型实体零售企业细分而生的，如永辉超市旗下的永辉生活、中百集团旗下的邻里生鲜等，另外还有的是上游农产品向下游延伸而出的，如地利集团推出的地利生鲜、温氏集团推出的温氏生鲜等，这些从业者不乏深耕社区市场的相关经验。但是，飞轮效应（只有门店数量达到预计规模才有希望成为零售企业新的盈利增长点）往往是决定生鲜业态能否持续生存的重要因素，于是我们看到，目前国内不少社区生鲜采取了快速复制与高密度覆盖的开店策略，毕竟在同一赛道上谁跑得更快或区域渗透度较高，谁就可能赢得先机，否则必然会受到其他品牌的残酷挤压。

商业模式的创新可以更清晰地看出社区生鲜博弈市场的不凡，如有的社区生鲜推出了"以订定量"模式，顾客前日通过 APP 下单，次日到店取菜，这种订制化经营方式一方面可以减少传统菜市场、超市头痛的损耗问题，同时更适合现代人的生活节奏，帮助用户节省买菜时间成本；还有的社区生鲜推出了"社区团购"模式，招募小区业主作为团长，创建公司控群的小区业主微信群，消费者通过小程序下单，次日到团长提货点取货。除了全是精准流量，这种模式也能大大节约铺店成本，同时拼团还能降低小区消费者的购买成本。还有，不同于更多的社区生鲜坐落于居民小区之外，"恒记匠心农坊·智慧社区生鲜盒子"等社区生鲜直接将盒子驻扎在了社区内部，只为单社区服务，并采用了"线上电商＋线下售卖＋无人售货"三位一体的运营模式。而鲜稻屋更是在小区内采取排列式透明橱窗、用户开柜取货的智能化方式，目前在北京、深圳的数十个社区共铺设了 100 台透明橱窗。

社区生鲜的生猛进逼之势倒逼着传统生鲜企业尤其是生鲜电商加快了创新的脚步，最为典型的就是盒马鲜生、每日优鲜等推出了前置仓经营模式。该模式以仓为店，将前置仓设立在社区周边 1～3 公里内，商品先由中心仓（或批发市场、综合菜场等）运至前置仓，用户下单后即时送货上门或者自己到仓提货。此外，盒马鲜生开出的盒马菜市除了丰富多彩的备选生鲜外，顾客还可以在店内自行加工生鲜，而且盒马菜市还提供相关菜品的烹饪方法。

资料来源：张锐．社区生鲜：火热赛道演绎"百团大战"[N]．证券时报，2019－05－14．

任务二　老人鞋产品的渠道设计

★学习目标及任务

1. 掌握环境分析方法，对老人鞋产品的渠道环境及服务需求进行分析。
2. 掌握渠道设计流程，分析影响足力健老人鞋渠道设计的因素。
3. 尝试设计某企业老人鞋产品的渠道结构。

该任务以案例分析为主,对老人鞋产品的渠道设计需要用到营销渠道环境分析、渠道设计相关理论。这部分理论在前面任务一中有详细介绍。

一、老人鞋市场环境分析

任务要求:该部分需要学生自行收集资料,了解老年产品市场环境,并依据所收集的资料对老年鞋产品的消费者特征和市场环境进行分析。需要注意的是,所收集的资料仅仅作为参考,学生需要依据自己的理解进行归纳、概括,并对自己的观点展开阐述。

📖 参考材料

材料1 盘活"新老年"群体消费市场

面对深度老龄化的步步紧逼,深挖老年人娱乐消费蓝海,为老年人提供文化服务,促进经济发展,显得尤为迫切。时代飞速发展,具有较高消费能力的"新老年"群体已经崛起。

中国老年人群体已有2亿多人,而其中的"新老年"群体尤其引人注目。《2017中国老年消费习惯白皮书》中提出"新老年崛起"概念,"新老年"群体即身处61岁至76岁这一年龄段且有稳定收入来源(部分来自养老保险)的群体,他们往往保持着旺盛的精力,退而不休已成常态。

现在我国的人均预期寿命大幅提升,《2017年我国卫生健康事业发展统计公报》报告显示,从2016年到2017年,居民人均预期寿命由76.5岁提高到76.7岁,提高了0.2岁。61岁到76岁的"新老年"群体,早已不是过去人们固有印象中年老体衰、老态龙钟的老年人,很多人都朝气蓬勃、活力十足。他们在生活中追求高品质,与年轻人相比,他们不仅有钱,还有时间,他们在旅游、休闲娱乐、健康养生等诸多领域都有很旺盛的消费需求,是"银发消费"的主力军。

值得注意的是,也有一些不法分子盯上了老年群体,如对老年人进行保健品诈骗,这一行为不仅没能满足广大老年消费者的消费需求,还侵害了老年人的合法权益,甚至伤害老年人的身体健康。

为了保护庞大的"新老年"等老年消费群体,除了要加大力度打击保健品诈骗犯罪外,更需要促进银发经济健康有序发展。只有老年人消费市场健康发展,老年人的消费需求才就能够得到合理满足,针对老年群体的不法行为也会无机可乘。

面对当下经济下行压力增大,拉动内需、刺激消费就显得尤为重要,庞大的"新老年"群体正是可供开发的"消费富矿"。因此,需要消费市场及各地相关部门真正重视银发经济,促进银发经济的转型升级,解决老年消费群体的服务痛点,规范老年消费市场,促进老年消费市场健康有序发展。

资料来源:戴先任. 盘活"新老年"群体消费市场[N]. 中国人口报,2019-04-26.

★思考与讨论

(1) 根据自己的理解,谈谈你对老年市场和银发经济的理解。

（2）阅读《2017中国老年消费习惯白皮书》，并据此谈谈老年人对鞋的消费特征。

材料2　华年堂中老年鞋项目投资背景

1. 中国老年人基数庞大且逐年增加

中国已逐步进入老龄化社会，国务院新闻办2009年发表的《中国老龄事业的发展》白皮书指出，中国60岁以上老年人口已近1.44亿，其中近六成分布在农村。也有预测指出，到2030年，中国老年人口将达3.6亿；到2051年，老年人口将达到峰值4.37亿，占人口比例的31%。

2. 中国老年人消费能力巨大且消费观逐年开放

根据欧美国家的经验，老年人口的消费潜力十分巨大。老年人处于家庭生命的空巢期，子女已成家立业，家庭负担明显减少，各项收入和积蓄基本上用于自我消费。以城市老年人为例，中国老年人的退休金、再就业收入、劳动收入、赡养费等，较保守估计，2000年达到4000亿。仅退休金一项，2000年达到2099亿元，2010年为8400亿元，2020年预计为28 150亿元，2030年为73 200亿元。

一些发达国家的统计资料显示，在人均开支上，一个65岁以上的老人是年轻人的三倍。另根据联合国的估算，年老型人口消费比年轻型高18%左右。2000年，日本的老年市场占消费市场的24%。仅老年服装产业产值达6000亿美元。美国、法国老年人的消费力也占本国总消费力的20%。

当然，由于历史和传统观念的原因，目前中国老年人的消费力尚未达到发达国家的水平。随着更多生活富裕的人进入到老年，也随着消费观念的变化，中国老人的消费能力也肯定随之提升。

3. 中国老年礼品市场日渐兴旺

中国自古讲究孝道，晚辈对长辈的孝敬是天经地义，晚辈不仅要支付赡养费，也要帮长辈选购服饰、家电等生活用品。"送长辈"这个商业理念已经深入人心，脑白金的年销售额达十多亿元，主要依靠的就是"送礼给长辈"这样的理念。

据问星网调查研究发现，从未买过老年人用品的人仅占11.11%，其中春节和老人生日是购买老人用品的主要时间，也有相当一部分人表示遇见合适的就会买。有42.68%的人表示对价格无所谓，有23.81%的人选择价格在200~300元的产品，有12.7%的人选择价格在100~199元的产品，有7.94%的人选择价格在300~499元的产品。随着老年人口基数的日益庞大，老年礼品市场也随之日益兴旺。

4. 中国老年人的消费特征

中国老年人消费具有七大特征：

（1）求实性消费特征。注重商品的实用性、服务的可靠性、价格的合理性。

（2）习惯性消费特征。人到老年后，其行为表现往往为怀旧和沿袭旧俗的心态大于对新事物的接受。

（3）方便性消费特征。消费求方便是老年人生理变化促成消费变化的自然走向，方便性消费是生理变化的自然结果，一般表现为对购买和消费两个方面求方便的要求。

（4）补偿性消费特征。这是一种纯粹的心理性消费，是一种心理不平衡的自我修复。

（5）服务性消费特征。这里指通过服务形式弥补老年人生活能力和心理上的不足。

（6）自我性与利他性消费特征。所谓自我性消费主要是指具有现代观念且子女独立性较强的那部分老人；而利他性消费多指传统观念较重或子女由于各种原因难以独立的老人。

（7）情趣性消费特征。老年人的情趣性消费与青年人不同，老年人情趣性消费的主体实际上是习惯性消费的固化，或为适应老年人生理条件变化而参与的休闲消费的升华。

★思考与讨论

（1）你是否同意文中的观点？谈谈你的看法。

（2）尝试运用 PEST 分析框架分析华年堂中老年鞋的宏观环境。

★演示示例

学生可以依据自己课下收集的资料以及对参考材料的阅读及讨论，形成自己的观点并制作演示 PPT 的第一部分——老人鞋市场环境分析，核心内容如下：

1. 政治法律环境

·社会保障体系；

·养老政策扶持；

·法律保护。

2. 经济环境

·总体经济发展水平；

·老年人收入增加；

·养老产业发展。

3. 社会环境

·孝心文化；

·老年人消费观念；

·礼品文化。

4. 技术环境

·互联网；

·支付技术；

·大数据。

5. 消费者需求

·基数大、购买力强；

·消费需求升级；

·消费习惯改变；

·消费心理：求实、求廉、时尚、便利、健康。

需要说明的是，以上仅仅是简单的提纲示例，学生在制作 PPT 时要求条理清晰、要点分明、有理有据，并且图文并茂，文字部分尽量精简，只需要给出分析要点即可，在课堂上讲述时对各要点进行展开论述，深入阐述自己的观点，并与其他同学进行互动、交流。该部分环境分析可以以学过的 PEST 或五力模型为分析框架，也可以根据自己查到的资料及行业特征任选几个环境要素进行分析。

★思考与讨论

你是否赞同以上分析示例中的观点？尝试理解并对以上分析要点展开论述，或说说你的不同观点。

二、老人鞋产品的服务需求

任务要求：该部分需要学生自行收集资料或通过对身边老年人的观察、访谈，了解老年人对鞋有哪些服务需求。需要注意的是，所收集的资料仅仅作为参考，学生需要依据自己的理解进行归纳、概括，并对自己的观点展开阐述。

参考材料

做中国老人鞋领先品牌　真正为老人谋福利

——专访上海百步健投资发展有限公司华东区市场总监周鹏珺

题记："在上海坐地铁，看到一些老人穿着我们的'百步健老人鞋'，身边的朋友也经常跟我反馈说合肥的大街小巷都能看到老人脚穿百步健，这就是我最大的欣慰了"。

上海百步健投资发展有限公司是一家致力于中老年健康用品研发、生产、销售为一体的现代高科技工商企业。2014年，上海百步健与强生国际香港有限公司联合开发出一款专为中国老人设计的"百步健老人鞋"系列专利产品，集轻便舒适、安全防滑、健康养生于一体。产品一上市，即受到了全国中老年朋友的追捧。

说到自己公司生产研发的百步健老人鞋，周鹏珺总监充满自豪和喜悦。采访激动之余，同鹏珺还特意拿来了两双样品："这是我们最新上市的夏季新款，不仅轻便防滑，透气凉爽，而且你们摸摸，这里面有三颗锗磁，还能按摩脚底……"可以看出，他是真正用心地在做这个产品。

记者：您是怎么想到去做这款老人鞋的？为进入这一领域，经历了哪些阶段？

周鹏珺：如今人口老龄化严重，之前我们公司也一直在做医药健康产品。一次去国外调研的时候，我发现他们有专门针对老人群体的鞋，觉得非常好，可以说是发现了一个商机吧。后来对市场做了一个深度的研究之后，我和几个志同道合的朋友在2013年策划确立了这个项目，经过一番努力在2014年创立了这个公司。

记者："百步健老人鞋"有什么特点，与同行业相比有哪些优势？

周鹏珺：老人年纪大了，不仅腿脚乏力，脚也会变形肿大，一双合脚舒适的老人鞋对老人的日常生活至关重要。而对于一双专业的老人鞋来说，年轻人的鞋模肯定不适合，我们公司前期采集了上万个50岁以上的老人脚型特征数据，根据数据分析并结合过往的老人鞋先进技术，开发出了符合我国老人脚部特征的专业老人鞋鞋模，并从防滑、重量、舒适度、养脚等方面进行技术攻关，打造出轻便防滑、透气舒适还能按摩足底的老人专用鞋，老人穿了就舒服！而且公司还在有着"世界鞋都"美誉的福建晋江建立了12条现代化的生产线和 30 多人的研发团队,确保产品品质和新品研发。另外,强生国际香港有限公司是我们的战略伙伴,为我们提供了大量国外老人鞋的先进生产技术。现在,我们在北京、上海、广州等各大城市都有直营的专卖店,截止到 2016 年 4 月,全国各个省市的百步健老人鞋体验店已达 300 多家。

就鞋子本身而言,百步健老人鞋在安全性、舒适性和脚感方面都达到了国际先进水平,同行业领先;而且在鞋底关键部位镶嵌了磁石,对老人的脚底穴位起到一个刺激、按摩、保健、缓解疲劳的作用。鞋子的品质也是关键点,百步健老人鞋全部采用环保透气的耐磨材质,穿的安全,穿的舒服,穿的持久。而且百步健老人鞋款式丰富、颜色多样,根据老年人的需求提供了中高低系列产品。

记者:在做鞋这一块有什么学问?有没有遇到过什么瓶颈?

周鹏珺:鞋对于人们来说只是一个代步工具,但想把鞋做好真的不容易。"技术"是一个关键点,目前内地这一块的科技力量还不是特别发达,一味地模仿是不够的。"中国创造"处于刚刚起步的阶段,材料、技术都是比较难解决的问题,还是要慢慢摸索的。我之前去国外考察,发现意大利有一种鞋,鞋底非常厚,但脚穿在里面却很享受,一点不觉得累。据说这种鞋英国女皇、教皇都在穿,还有一些中国企业家也在穿,我们现在也已经把这个技术攻破了,准备开拓在中国的高端市场。

记者:未来有什么发展规划?

周鹏珺:还是希望多开发高品质、更舒服的新品老人鞋,并增加全国实体店数量,让百步健老人鞋走进千家万户,争取在 2 到 3 年内把百步健做成中国老人鞋第一品牌。并且,公司也在创新研发和引进国外老人先进的日常生活方面的健康用品,提升我国老人的晚年生活品质。最值得一提的是:我们准备开发一种带定位功能的老人鞋,也算是给老年痴呆患者提供一种帮助吧。

后记:做有社会责任感的良心企业,真正为老人谋福利,是百步健一直的经营理念。百步健老人鞋想老人所想,解老人所需,为老人带去了诸多便利;同时,百步健也非常倡导孝道文化,每逢重大节日都要组织感恩特惠和慰问敬老院等公益活动,得到了社会各界的一致好评。

资料来源:微商网,做中国老人鞋领先品牌 真正为老人谋福利,

https://www.ah.cn/display.asp? id=14259.

★**思考与讨论**

(1) 你觉得老年人对鞋的服务需求和年轻人有什么不同?

(2) 百步健是如何满足老年人服务需求的?

★**演示示例**

学生可以依据自己课下收集的资料以及对参考材料的阅读及讨论,形成自己的观点并制作演示 PPT 的第二部分——老人鞋产品的服务需求,核心内容如下:

1. 购买批量

• 个人消费者:小批量,一两双;

・团体消费者：大批量（单位离退休组织、非正式组织）。

2. 购买频次

・购买低频次，几个月甚至一两年一次。

3. 等候时间

・老年购买者：不愿等候，现款现货；

・年轻人买给长辈：愿意等候。

4. 空间便利性

・该产品具有较高的便利性。

5. 产品品种

・该产品不需要太多品种。

6. 服务支持

・老年购买者：一定的服务支持，推销、试穿、退换货；

・年轻人买给长辈：一般性服务支持。

需要说明的是，以上仅仅是简单的提纲示例，学生可以参照以上分析框架，也可以根据所学理论和自己查到的资料以及分析需要自行设计分析提纲。

★思考与讨论

你是否赞同以上分析示例中的观点？尝试理解并对以上分析要点展开论述，或说说你的不同观点。

三、足力健老人鞋的渠道设计

任务要求：该部分需要学生依据渠道环境及渠道设计影响因素相关理论，结合老人鞋市场特征，分析某品牌老人鞋的渠道设计。需要注意的是，所收集的资料仅仅作为参考，学生需要依据自己的理解进行归纳、概括，并对自己的观点展开阐述。

📖 参考材料

足力健老人鞋的渠道设计

先前有达芙妮关店 3000 家，后有百丽遭遇退市，一大批实体店遭遇寒冬之时，足力健却逆流而上，干出了一番好成绩！从 2016 年开第一家店，成立仅仅两年的时间，足力健的店面在全国遍地开花，县级及以上市场几乎 100% 全部覆盖！令人震惊的是，这么多的门店，竟无一亏损！

1. 容易忽略的老年市场就是鞋服业的下一个风口

初中的时候张京康就已经出来闯荡，卖过板鞋、服装、家具、木雕……磕磕碰碰，前前后后一共干过十几份工作，大都与销售有关。

在社会上摸爬滚打了二十多年，张京康给自己定了创业标准：高频、80% 人的生意、刚需、细分、B2C。就在张京康百感焦虑之时，他突然想到了容易被忽略的老年人这个消费群体，但这次不是卖保健品，而是卖老年人鞋。

现在我国老年人人口数量已达 2.3 亿，随着时间的推移，老龄化会越来越严重。并且，不论男女老少，鞋服都是刚需的，潜在需求大。但大多数商家都把目光聚焦在 80、90 后的年轻消费群体，忽视了老年人市场，而且其行业竞争小，这正是张京康最好的进军时期。所以在 2013 年，张京康做了款老年人健康鞋，并在郑州当地媒体做了广告，2014 年开始全国招商，最后竟卖了四十多万双。

通过这次，也给足了张京康信心，他内心坚定：要让老年人都穿上专业的老人鞋！

2. 亲手摸过 500＋老人的脚，打造专业的老年鞋

一个品牌的灵魂就是产品，深谙其道的张京康在打造产品上精益求精。他做的第一步，就是成立用户调研部，了解并解决消费者需求痛点。

在调研过程中，他和老人朝夕相处，走访社区、上门拜访和老人聊天，几个月下来，他双手摸过不下 500 位老人的双脚。在这个过程中他就发现了问题：大部分老人的脚型都发生了变形：脚背变高、脚变长、脚踝骨变脆、脚跟疼，皮肤也变得松软。老年人穿的鞋和年轻人穿的鞋绝对不一样，必须对症下药。

在研发的过程中，张京康根据用户的反馈，死磕产品的品质、款式、颜色等每个环节、每个细节。最后，他打造出了第一款"穿上不挤脚，出门不打滑"的足力健动力鞋，结果一上市就成为了爆款，一年卖出了 50 万双！之后，张京康又推出了多个系列：轻盈鞋、广舞鞋、安全鞋，将产品打造得更全面。

他还将小米列为自己学习的对象，"打造极致单品，用超高性价比吸引用户"！足力健每年全力打造 1～2 款极致单品：2016 年为动力鞋，2017 年则是安全鞋，2018 年主打轻旅鞋。这些鞋型在家能穿，晨练能穿，散步能穿，甚至聚会旅游都能穿，使用场景丰富，产品的附加值也高。

他还从源头上控制原材料的价格。工作经验丰富的张京康，对进货渠道了如指掌，供应商的成本价被他算得滴水不漏，砍价能力更是分分钟秒杀"中国大妈"。供应商报价 18 块的鞋底，8 块钱被他拿下，供应商每次看到他都想躲。所以，别人卖 300＋的羊毛雪地靴，他能以 168 的超低价售出。

而极致的单品助力足力健迅速跑马圈地，让无数老年人成为忠实粉丝。

3. 老人喜欢去哪里，店就开到哪！

光有产品还不行，渠道也是至关重要的一环。

意想不到的是，足力健把重心放在线下实体店，并把大多数的店面开在超市。原来，超市是老年人经常光顾的地方，而且在他们眼里，超市的商品可信度高、品质好。再说，能跟得上时代去网上购物的老人真的很少，大部分老年人还是依赖线下实体店。自己的儿女又都喜欢给父母买一些保健品、营养品，真正能想到为父母买鞋的很少，所以老人的鞋基本上是自己买的。综合来看，超市是足力健铺货的最好渠道。

事实证明，张京康的选择没有错。2016 年 1 月，张京康在郑州开了第一家店，之后疯狂扩张，仅仅一年的时间就开了 1500 家店，县级以上市场 100％覆盖，并且所开的店没有一家店亏损，店店都盈利！

4. 投资 2 亿元，在央视做广告

虽说好的产品会长腿，但品牌想要快速发展，也需要大范围传播。如今，很多人都说

单纯依靠电视广告来提高品牌知名度的年代已一去不复返,但足力健偏反其道而行,还在用最"土"的方法,在电视上狂投广告。其实,这还与目标人群的生活特性有关,电视是老年人接触最多的广告媒体,可以大范围覆盖目标人群。

而且足力健选择在央视上投放,豪气冲天怒砸2个亿,央视六档联播。央视在老年人眼中,权威性和专业性极高,他们看完广告后纷纷表示:"央视都打广告了,这产品肯定没问题!"在代言人的选择上,足力健也十分明智,它选择了备受老人喜爱的演员张凯丽来代言。很多老人到店后,甚至连看都不看,就直接说我要张凯丽穿的那双鞋,试穿后就直接付款,更加简化了流程,销售也更加火爆。

所以,做营销,不要盲目跟风,适合自己的才是最重要的。

5. 将用户体验做到极致!

不仅将产品做到了极致,足力健将用户体验也做到极致。足力健在用户体验上力求做到完美,为此,它提出了三个"超预期":"多款高性价比的超预期产品""30天无理由退换货,1年内开胶、断底,免费旧鞋换新鞋的超预期服务""进店试穿即免费赠送老人袜的超预期体验"。

性价比极高的产品,超预期的用户体验,自然会俘获无数粉丝的心。考虑到人群的特殊性,足力健还贴心地为老年人提供半跪式服务,服务员半跪式为顾客脱鞋、换鞋,品牌的这份热忱与温度也让消费者大为感动。

在很多人的眼里,把实体店开在超市里,还在央视投资了2个亿做电视广告,怎么看都觉得与当下时代不符合。但是,足力健就是靠这种"反潮流"的方式,在老年人这个市场引起了非常大的反响,销量火爆并成为了老年人最爱的鞋类品牌。

其实足力健的经验告诉我们:只要是做品牌,就一定要以客户为核心,不断地随时了解客户的需求和想法,不断地改进,这样用户才会对企业产生信赖。

资料来源:足力健老人鞋,2年开出3000家店,无一亏损,一年销售10个亿!
https://www.yidianzixun.com/article/0KcYtI3y.

★思考与讨论

(1) 依据渠道设计的影响因素,分析足力健为什么要在线下开实体店?为什么要把店开在超市,谈谈你的看法。

(2) 自行查资料,看看足力健还有什么其他渠道类型。

(3) 说说足力健是如何满足顾客服务需求的,你还有什么改进建议?

★演示示例

学生可以依据自己课下收集的资料以及对参考材料的阅读及讨论,形成自己的观点并制作演示PPT的第三部分——足力健老人鞋的渠道设计,核心内容如下:

(一)足力健企业简介

1. 基本情况

·北京孝夕阳科技发展有限公司;

·专注老人脚部健康,集研发、生产、销售专业老人鞋为一体的综合型企业。

2. 企业文化

·以"关爱老人、孝暖夕阳"为宗旨;

·以弘扬中国传统"孝"文化为己任；

·坚持"匠心演绎舒适，科技成就安全"的经营理念，以工匠精神和高度的社会责任感，着力提升中国老人的晚年生活品质，引领老年健康新风尚。

3. 品牌建设

·足力健是孝夕阳旗下的子品牌；

·以"为中国老人提供更专业、更舒适的老人鞋"为使命，为改变中国老人穿鞋难题而生，打造中国专业老人鞋品牌；

·坚持用户导向和口碑战略，独创"五维一体"老人鞋标准。

（二）足力健产品的服务需求及渠道目标

1. 服务需求

·舒适耐用；

·经济实惠；

·购买便利；

·无忧服务。

2. 渠道目标

·前期：开拓市场、渠道顺畅、购买便利；

·中期：提高市场覆盖率、品牌知名度、购买便利性；

·长期：经济性、品牌美誉度、渠道控制。

（三）足力健渠道设计的影响因素

1. 企业自身

·2012 年创建，年轻品牌，规模实力及资金有限；

·广告轰炸，市场认知度较高；

·专业老人鞋；

·连锁加盟；

·其他。

2. 产品特性

·中低端产品，便于运输、储存；

·型号、款式无需过多；

·刚需产品；

·需要一定水平的售后服务，尤其是退换、维修。

3. 目标市场及购买行为

·目标市场规模较大，分布分散；

·购买批量小、频次不高，有一定的季节性；

·老年人倾向于线下购买，年轻人线上随时购买；

·偏好舒适、健康、实惠。

4. 行业竞争

·较易获得中间商，获得成本不高；

·竞争者多是知名鞋服品牌，有专卖店、加盟店、商场专柜、网络渠道等多种渠道模式，知名度较高，但都是非专业老人鞋品牌；

- 其他专业老人鞋品牌不多，知名度不强。

5. 宏观环境

- 政治经济环境好，市场容量大；
- 老人更注重健康和生活品质，消费需求旺盛；
- 孝心文化，年轻人孝敬父母，为父母网上购物；
- 大数据、物联网支持精准营销、多渠道营销。

（四）足力健渠道设计及选择

1. 渠道长度

- 零级渠道：官网、京东、天猫等，团体订购；
- 一级渠道：一二线城市直接为加盟商供货；
- 多级渠道：偏远地区代理商、经纪商、加盟商。

2. 渠道宽度

- 大众产品密集渠道：广泛覆盖，有老人存在的地方就有专业老人鞋；
- 中高端产品中宽密度：选择性分销，中高端销售终端。

3. 渠道广度

- 多渠道广泛覆盖；
- 线下推广、展示、体验，线上巩固回头客。

4. 渠道系统

- 垂直渠道系统：管理式、契约式渠道系统；
- 水平渠道系统：与超市、商场合作；
- 严格选择渠道成员，强化对品质、服务的控制。

5. 终端建设

- 密集布局，在中老年人喜欢去的地方开店；
- 强化品质、提升形象、完善服务；
- 广告支持。

需要说明的是，以上仅仅是简单的提纲示例，学生可以参照以上分析框架，也可以根据所学理论和自己搜集的企业资料以及分析需要自行设计分析提纲。

★思考与讨论

你是否赞同以上分析示例中的观点？尝试理解并对以上分析要点展开论述，或说说你的不同观点。

任务三　渠道布局与终端规划

★学习目标及任务

1. 理解渠道布局的含义、内容及基本参数。

2. 掌握渠道布局的原则和方法。

3. 理解终端规划的内涵、影响因素及方法。

一、渠道布局理论及方法

渠道布局也就是要将产品销售到什么地方，如何接触到最终顾客，它关系到企业产品或服务能够满足哪里的消费者的需求，是否能够占据有利的市场空间，也关系到企业产品的销售额及最终经济收益。渠道布局规划也就是关于在哪里销售产品及如何规划渠道分布的问题。合理的渠道布局不仅关系到企业是否能有效开发市场，占据有利的市场份额，提升品牌知名度，还关系到企业渠道成本及长远的经济利益。

（一）渠道布局的含义及内容

渠道布局，简单地说就是要把产品送到什么地方去销售，它关系到产品销售地点的空间分布及销售机构类型（渠道成员类型）。从空间分布来说，渠道布局包括空间范围及分布密度。空间范围的布局就是指产品在哪里，在多大范围内销售，是在哪个省、哪个市、哪个地区销售，还是在多个省、市、地区销售，或者在全国范围内多数地区同时销售，更甚者还要考虑在国外哪个国家、哪个地区销售。空间分布密度的布局就是指分销网点的分布密度，是密集分销、选择性分销还是独家分销，即在某一个区域内销售网点的数量分布。同一地区的销售网点数量越多，说明分布越密集。从渠道成员类型来说，也就是企业选择什么类型的中间商，是批发商还是代理商或是经纪商，是大型零售商还是连锁专业商店，是综合性购物广场还是高档专卖店，是中小型便利店还是夫妻店，是网上商店还是无人货架等。

从以上三个角度来看，渠道布局的决策主要涉及渠道的空间范围、网点分布和网点类型三个方面，渠道布局的具体内容也包括空间范围布局、空间密度布局和成员类型选择三部分内容。

1. 渠道空间范围布局

渠道空间范围布局也叫渠道空间广度布局，也就是在多大空间范围内进行布局。通常来说，空间范围越大，所能够覆盖的市场范围就越大，能够接触到的顾客群体就越多。但空间范围大不代表销售量和销售额大，更不代表经济效益高，只能说会给顾客提供更多接触和了解产品和服务的机会。能否接触和了解产品只是顾客是否会购买的前提，顾客是不是购买、购买多少，还要取决于产品本身的优势以及顾客的需求等因素。另外，比较大的销售空间也意味着比较高的促销、仓储、运输、管理等费用，意味着要适应不同地区的经济文化差异，也要管理更多的渠道成员、协调更复杂的成员关系。企业的空间布局既要考虑企业的总体战略与资源实力，也要考虑顾客的需求。通常，实力越强的企业，致力于市场开发的渠道空间范围就越广，哪里的消费者对企业产品需求量大，企业就会把渠道布局到哪里。

2. 渠道空间密度布局

渠道空间密度就是指在一定空间范围内的渠道网点数量。通常，渠道网点数量越多、越密集，接触到的顾客数量就越多，顾客购买起来就越便利，就越可能增加销售量。当然，尽管密集的渠道使得顾客随时随地都可以买到企业的产品，但是否买、买多少还是取决于产品本身的优势以及顾客的需求。只要产品质量优良、定价合理，能够满足顾客的需求，密集的渠道布局就有利于企业增大销量，提高市场占有率，但这并不是绝对的。如果网点分布过于分散就增加了顾客的采购成本，很容易造成顾客的流失。当然，企业设计怎样的空间布局密度还要考虑成本和产品特性。渠道布局越密集，渠道成本就会越高，管理难度就越大。有些产品比如食品、日用品等，消费者对其便利性需求比较高，适宜采取较密的渠道布局方式，而像中高档服装、家具、家电、专业器材以及多数产业用品等，由于顾客的便利性需求并不高，所以渠道网点没有必要过于密集。

3. 渠道成员类型选择

渠道成员类型选择包括对批发商、代理商、经纪商以及零售终端类型的选择。当然，除了渠道成员的性质选择，还要考虑渠道成员的经济实力、信誉、合作意愿、市场覆盖范围等。不同类型的渠道成员，其合作方式、合作条件、市场影响力、接触的顾客范围及特征、对渠道可能的贡献等不同，当然企业在与其进行谈判与合作时的掌控程度也不一样，所需要支付的成本也存在着很大的差异。通常，在一定市场范围内，企业的消费者习惯光顾的中间商往往是市场销售的主要力量，它所能创造的价值要远远大于其他渠道成员。如果企业选择了一个大型连锁企业作为其合作的中间商，那么这个中间商在各地的几十家甚至上百家门店就都成为了企业的渠道网点。当然，如果实力较弱的制造商与大型中间商合作，制造商就容易受中间商的盘剥，对渠道的掌控能力就比较弱。制造商如何选择渠道成员以及选择什么类型的渠道成员，要综合考虑企业自身、产品特征及市场竞争等多种因素，专题五会具体讲述如何选择中间商。

(二) 渠道布局的基本参数

渠道布局的关键就在于渠道的"点""线""面""级"四个基本的参数，需要考虑这四个参数的选择、管理与协调。

1. 点

渠道布局中关于"点"的决策也就是选择和确定营销网络中网点的地址，也就是具体在哪里设点。这里的"点"包括两个方面，一是分销网络的区位确定，比如说在哪个城市、哪些地区设点，是在哪些大城市还是哪些中小城市，或者是乡镇、农村等设置分销网点；二是分销活动的具体地址，比如在某个城市的哪些位置，是在人流量比较大的商业中心还是相对安静的高档小区，是在比较偏僻的巷道还是在人来人往的交通要道，是在白领集中的写字楼还是在大学生较多的大学城等。

通常，企业选择渠道网络的"点"时最关键的是选择目标顾客最容易出现、最集中的地方，比如足力健老人鞋将网点设在老年人最容易出现的超市。另外，实力弱的企业选择"点"时还要尽量避开强有力的竞争对手，通过寻找市场空白点和避实就虚的方式寻找生存空间。比如，美国西南航空公司建立之初仅仅在达拉斯、休斯敦和圣安东尼奥三个城市建立短途航线，避免了与美国各大航空公司的正面交锋。

2. 线

产品的分销过程主要是商品实物、信息、促销、货币等在不同渠道成员之间的流转，这些"流"就形成了"线"。营销渠道中的"线"既包括营销渠道中"点"与"点"连成的"线"，也包括商品或服务从生产者手中转移到消费者手中所形成的"线"。

"点"的分布有集中、广泛，密集、分散之分，因而由"点"连成的"线"也成不同的状态。

"点"越密集、越广泛,"线"就会越多、越长,更加纵横交错,密织如网。实际上,"线"的布局也就是连接"点"与"点"之间的运输线路构成的体系,通过交通运输实现实物的流转。企业"线"的布局决策主要是确定选用什么样的运输路线、什么交通工具,以低成本、短路线、最快速的方式完成商品的运输。

◆ 案例分析

美国西南航空公司的扩张之路

20世纪90年代,美国航空业寡头市场结构已形成,龙头企业控制市场,行业笼罩在萧条阴影的情形下。名不见经传的一家小企业——西南航空公司却突破阴云,一飞冲天,在1992年它难以置信地取得了营业收入增长25%的佳绩。而此时,美国航空业整体亏损20亿美元,龙头企业美国航空公司自1990年以来已累计亏损80亿美元,大陆、西方、TWT三家航空公司已宣告破产。那么,西南航空公司成功的奥妙何在?

1. 战略抉择

美国航空业在二战之后迅猛发展,到20世纪60年代中期,约有50条定期航班,航空业被四大航空公司——美国航空公司、三角洲航空公司、联合航空公司和西北航空公司——占据了绝大部分市场份额,它们之间的竞争已达到白热化程度。美国20世纪六七十年代开辟的航班绝大多数是长途航程,大航空公司对短途航程很少涉足。随着战后美国经济的高速发展,国内的商务旅行日益频繁,加上美国的疆域广阔,给了短程航运市场一个千载难逢的商业机会。

1968年,32岁的克莱尔在和他的一个客户聊天时,发现了短程航运市场这个商机。随后,克莱尔马上行动,以两架飞机起家成立了西南航空公司。当公司以短程航运市场为切入点挤入航空业后,立刻遭到其他大型航空公司的激烈反击。直到1975年,成立8年之久的西南航空公司也只有4架飞机,只飞达拉斯、休斯敦和圣安东尼奥3个城市。

2. 竞争策略

西南航空公司虽然发展缓慢,但依靠发展短程航空,仍在航空业中站稳了脚跟。20世纪70年代,公司只将精力集中于德克萨斯州之内的短途航运,并绞尽脑汁地压缩成本,使其运营成本低于任何一家大型航空公司,由此吸引了大批乘客。因此,尽管大型航空公司对西南航空公司进行反击,但由于专注于短途航线的经营,最后,在这场"猴子与大象"的战争中,西南航空公司打赢了由自己挑起的价格战。

进入20世纪80年代,公司开始以德克萨斯州为基地向外扩张,先开通了与德州邻近的4个州的短途航班,而后又在这4个州的基础上开通了新航班。不论如何拓展业务范围,西南航空公司都坚守两条原则:短航线、低价格。

西南航空公司在发展中始终坚持短途航线这一市场定位,克莱尔主张集中力量,稳扎稳打,不做不属于自己优势的事情。20世纪90年代初,美国至欧洲的航线利润很高,很多航空公司都想跻身这个市场,但克莱尔拒绝了另一公司的合作邀请,坚定不移地发展短途航线,以避免与大航空公司正面交锋。

资料来源:姜文芹. 小企业的胜利——美国西南航空公司的竞争策略[J],经营与管理,2007-08.

★思考与讨论

（1）美国西南航空公司当初为什么仅仅在 3 个临近的城市开辟航班？

（2）美国西南航空公司是如何一步步扩张的？20 世纪 90 年代初为什么没有发展美国至欧洲的航线？

3. 面

在营销渠道中，"点"与"点"相连构成了"线"，而多条"线"与"线"相互连接、纵横交错，就构成了网络，形成了"面"。创建和管理渠道的目标不仅仅是把产品销售出去，还需要努力扩大顾客服务范围，提升顾客体验，以提高顾客购买数量，进而促使企业进一步壮大发展。因此，对营销渠道"面"的布局主要在于提高市场覆盖率和市场渗透率，除了要让更多的顾客看到并了解企业的产品，还要让顾客对企业的产品产生信任和信赖，通过了解并满足顾客需求，让顾客对企业的产品或服务形成消费习惯，能够重复购买，并主动传播好的口碑。

市场覆盖率和渗透率的提升可以通过建立更多的渠道网点来实现，但更重要的是提高这些服务网点的服务质量，扩大服务半径和服务能力，提升顾客的消费体验。需要注意的是，"线"与"线"相连接形成的"面"有时候会存在"重复"或"漏洞"。"重复"会造成企业渠道内部的争夺、内耗和资源浪费，"漏洞"会引发顾客流失，渠道管理人员需要通过合理的渠道分工和渠道政策避免这些情况的发生。

4. 级

"级"也就是渠道"层级"，是指一个渠道系统中不同渠道成员的功能和等级地位的差异。在同一个渠道系统中，批发商、零售商、经纪商、物流中心、仓储商、运输商等渠道参与者各自的功能和渠道地位不同，比如一级批发商比二级批发商层级高、功能多，二级批发商比零售商层级高，零售商比最终顾客层级高。越是高级的渠道层级，服务范围和能力就越广，销售的产品数量和销售额就越大。不仅是不同级别的批发商功能地位不同，即使同是零售商，其业态、规模、实力不同，所处商圈不同，对顾客的吸引力不同等，在渠道中的功能与地位也不一样。制造商利用不同级别、不同功能地位的渠道商层层布局，占领不同市场，服务不同人群，形成完整的渠道网络体系，逐步渗透并占领市场。

"层级"是对"面"的更深一级的渠道组合。通过建"点"、连"线"和布"面"之后，企业通过全面整合各"级"纵观全局，掌握市场发展趋势。"层级"布局可以在一级市场整合"点"和"面"慢慢下沉到二三级市场，比如海尔、肯德基、京东等多数企业都是采取这种策略的。也可以从二三级市场逆向打入一级市场，也就是采取"农村包围城市"的道路，比如沃尔玛、哈罗单车、脑白金等。

❖ 案例分析

IBM 公司用"点、线、面"进行分销渠道布局

"点、线、面"是分销渠道布局的普遍方法，IBM 公司的国际战略，正是这一方法应用的极好实例。

IBM 公司的国际战略思想，是先在海外市场建立营业据点，并用线把据点连成渠道，最后用线围成一定的势力范围，并使之充实扩大。具体实践这一战略又可分为三个阶段。

第一阶段是从公司成立到 20 世纪 50 年代初期，经营的重点是向海外扩大营业据点。在公司创始人沃森一世的领导下，IBM 公司以美国母公司为中心，向欧洲扩充营业据点，确立未来海外经营的基础。

从 20 世纪 50 年代至 20 世纪 70 年代中期，是 IBM 世界经营的第二个阶段。在这一阶段，IBM 致力于将海外营业据点连成线，形成海外地域性经营渠道，实现高效的规模经济。这一阶段的主要特征是：已经壮大的海外经营企业一律分设自助独立的海外子公司。公司总部成立了 IBM WTC(World Trade Company)，也就是世界贸易公司，统一管理海外一些资产。这一时期，IBM 的竞争战略采取了海外市场渗透战略，即当地化，在各地的"点"(子公司)的基础上，逐步伸展，形成互为依托的经营渠道，利用规模经济产生的优点，以定价策略为武器，击败了当地的竞争对手。

第三阶段是从 20 世纪 70 年代中期开始至今，是 IBM 公司的国际化进入世界战略的展开，它将地域性渠道连成片，构成全球性的经营网络。以 WTC 为中心的 IBM 公司的世界战略是以当地的高度融合战略为基础，从全球观点出发，向当地传递世界情报，形成世界市场的统一战略。IBM 公司还对公司的组织结构进行调整，划分出美国、欧洲圈、亚太圈三个部分。同时，为了保持企业活力，IBM 公司积极推动分权化。IBM 公司在向世界性企业成长的进程中，正是通过了建点、连线和布局三个阶段，实现了在地区经营基础上的全球统一战略。

资料来源：李岩，李树玲．营销渠道管理[M]．机械工业出版社，2017，82—83.

★**思考与讨论**

(1) 谈谈 IBM 是如何进行点、线、面布局的？

(2) IBM 的渠道布局方式给你了什么启示？

(三) 渠道布局的原则

合理的渠道布局不仅仅是企业实现渠道目标，促进渠道系统稳定健康运行的基础，也有助于企业创造竞争优势，提升品牌价值和影响力。做好渠道布局规划，既要考虑企业自身能力和战略发展需要，还要综合考虑目标市场、产品特征、竞争对手、市场环境等多方面因素。总的来说，渠道布局需要遵循以下原则：

1. 以企业能力和战略为基础

企业的渠道布局首先要考虑自身能力及战略需要，既要考虑企业产能、渠道管理能力、销售人员素质、资金实力等，又要考虑企业的发展战略，渠道布局必须与企业能力和战略相适应。如果企业产能大，渠道管理能力强，有充裕的资金支持，同时企业计划加快市场开拓的步伐，想要提高市场占有率和渗透率，就可以进行广泛布局，多设渠道网点，扩大渠道分布范围，采取多样化的渠道层级和终端类型，以达到迅速占领市场、抢占市场份额的目的。如果企业产能不足，布局的目标市场范围过广，超过了企业产能，不但浪费了资源，增加了成本，还容易导致供货短缺甚至断货。如果企业资金不足，渠道管理能力有限，就不能好高骛远，应该适当缩减目标市场范围。当然，如果企业在某地区制定了收缩战略，即使资金再充足、销售能力再强，也应该适当缩减渠道覆盖范围。

2. 要与目标市场保持一致

企业渠道布局的目的就是要接近目标顾客，促成顾客的购买行为，因而渠道布局必须与目标市场保持一致。企业的渠道布局要围绕着目标市场展开，目标市场在哪里，渠道网点就应该布局在哪里，目标顾客有哪些需求，营销渠道就应该尽可能满足顾客的哪些需求，甚至超越顾客期望。企业的渠道布局既要使渠道网点深入目标市场，方便目标顾客接近和购买，还要尽可能地节约目标顾客购买的时间成本、货币成本和精力成本，最大限度地为顾客创造价值，只有这样才能提高市场占有率和渗透率。更进一步，目标市场的满足还会给企业带来更大范围的口碑传播和新顾客的引入。

3. 要循序渐进

企业的发展、市场的培育、产品的扩散都是一个渐进的过程，企业的渠道布局也要逐步扩张、循序渐进，不能急于求成，追求一步到位，也不宜一成不变。当企业实力较弱，或对市场不熟悉，或消费者对企业产品不熟悉时，企业可以选择目标顾客最集中的地方开辟一个或几个试点，先观察一下市场反应，待企业能力增强或消费者对产品认可度提升之后再逐步向边缘地区扩散；可以先从分销成本较低的地区或与企业所在地临近的地区开始布局，然后逐步向分销成本高或偏远地区扩散；也可以先从被强大竞争对手忽视的小市场进行渗透，待实力增强、产品知名度提升之后，再大幅扩张。当然也有些大企业进入新市场时大张旗鼓地全面布局，以求扩大影响力、先声夺人、快速抢占市场，但这都是在前期亏本烧钱、大量投入的基础上，没有强大的资金支持和烧钱造势的底气是不宜采取的。比如2015年支付宝为了扩大用户基数，攻占大爷大妈，"双十二"活动同时在全国200多个城市和全球12个国家地区展开，有30万商家参与"双十二"的五折活动。

4. 要占据优势

企业渠道布局还需要占据优势渠道，这有助于企业在与竞争对手的竞争中占据优势，提高市场占有率和渗透率。优势渠道就是具有战略价值的渠道，是一定市场上具有较高声誉、顾客青睐的中间商渠道。优势渠道的中间商能力强、形象好、服务优、顾客满意度高，有助于帮助企业快速获取市场认可并提高企业形象。尽管对于中小企业来说占据优势渠道比较困难，成本比较高，企业控制力弱，但从长远来看，一旦成功会给企业带来不可估量的收益。当然，对于不同产品、不同企业来说，是否是具有战略价值的优势渠道的评判标准不同，并非行业内最大、最好的中间商对所有制造商都是优势渠道。

二、终端规划理论及方法

渠道终端就是销售的终点，是营销渠道的最终环节，它联系着企业和顾客。广义的终端可以是特定的零售场所，包括超市、商场、专卖店等，也可以是人员直销、展会展览、厂家直销、邮购、电话销售、网络销售等。狭义的终端仅仅指商品零售场所，是顾客与企业的产品、服务、价格、品牌、文化等直接接触并发生交易的地点，是具体的购买场所，是营销渠道最为关键的神经末梢。这里所讨论的终端主要是狭义的终端。

（一）终端规划决策的影响因素

企业渠道终端决策也就是确定要把产品运到哪里，在什么地方卖，卖给什么人。终端规划是否合理关系到产品能否卖出去，卖出去多少，以什么价格卖等问题，关系到企业是否能更好地获取产品的价值。通常，企业的终端规划决策需要考虑以下因素：

1. 目标市场的购买能力和偏好

购买能力是构成市场的重要因素，有购买能力才能形成需求，所以企业在决定是否在某一地区进行终端布局时，要考虑当地人群的收入水平和购买能力。通常，顾客的收入水平越高，购买能力越强，对产品的需求量就越大，企业越可能获取较高的销售额和利润率。并且，越是购买能力强的地区，顾客购买产品的档次也越高，他们更愿意花更多的钱购买高品质的商品，享受更为周到的服务和美好的购物体验。

消费者的收入水平和购买能力不同，习惯选择的购物地点、终端类型就不同，对购物场景的要求也不一样。购买能力强的消费者通常喜欢到规模较大、环境优美、品牌知名度高、服务周到的专业店、连锁店或综合购买商场购物，对价格不太敏感；购买能力较差的消费者对价格比较敏感，对商店的购物环境没有过多要求，更注重产品的性价比，喜欢物美价廉的产品，大众型的超市、商场、街边小店是他们的首选；而购买能力更差的消费者对价格非常敏感，价格低廉是他们购物的首要标准，不在乎购物环境。因此，企业规划渠道终端时一定要分析和了解自身经营的产品是否符合当地市场的购买能力及购物偏好，依据目标市场的消费特征决定要不要进入、选择什么样的终端类型，以及如何进行终端场所装修和布置等。

需要注意的是，经济发展水平和收入水平较高的地区经营成本也比较高，企业要综合考虑自身发展战略、资源能力、产品特征等因素后再选择销售终端，不能一味追求商业中心、规模最大、渠道最优，也不能盲目地广泛设点、遍地开花，适合自己的才是最好的。

2. 目标顾客的位置

渠道终端最关键的作用就是把产品销售给目标顾客，所以终端规划首先要考虑目标顾客在哪里、他们经常在哪里活动、习惯在哪里购买。目标顾客在哪里，企业的销售终端就应该布局在哪里，能满足他们需求和购物欲望的产品就应该出现在哪里，只有这样才能方便顾客购买，刺激顾客购买。因此，终端规划要研究目标顾客的活动范围和购物习惯，跟踪顾客，研究他们在什么时候、什么地方、什么情况下容易产生购物需要，以及愿意接受多长距离的购物半径，并尽可能地满足他们的需求。比如多数顾客会在住宅区、地铁口、车站以及自己单位附近的路边摊贩买早餐，但他们不会在这些地方买服装、首饰；他们会开车一个小时去离家较远的大型商城买家具、家电，却只愿意在小区附近完成日用品的采购。

3. 竞争环境

企业进行终端布局归根结底是为了在激烈的市场竞争中占有一席之地，发挥自身优势，抢占市场份额。知己知彼，百战不殆。因此，企业规划渠道终端一方面要依据产品特征、自身优势及战略需求，另一方面还要考虑竞争对手，考虑竞争对手的数量多少、实力强弱，以及对手采取什么样的终端类型及竞争策略等。

（二）终端密度规划

企业终端密度的大小也就是营销渠道的密度，它将直接影响市场整体布局是否均衡。如果密度太大，直接造成成本上升、管理难度增加、渠道资源浪费、内部竞争等问题；如果密度太小，则不利于充分占领市场，会造成顾客流失。所以，渠道密度规划的关键在于建立和维持最适宜的终端布点。

1. 终端密度规划的基本任务

企业的渠道终端密度决策主要是确定它在目标市场上用多少渠道成员来销售产品才能获得更高的分销效率。终端密度规划方案是否合适的评判标准就是产品在目标市场上的覆盖率和分销效率。通常，终端密度越大，市场覆盖率就越大。然而，较大的市场覆盖率不一定意味着较高的市场占有率，也不代表较高的销售量和销售额。只有适宜的市场覆盖率才能带来较高的分销效率，而分销效率是密度规划中最关键的评判标准。分销效率是指企业的产品从制造商到顾客手中的传递时间和速度。高效的分销网络应该能以最快的速度、最低的成本、最适宜的方式将产品传递给顾客。

2. 终端密度规划的影响因素

企业的终端密度决策有密集型分销、选择性分销、独家分销三种基本的类型。不同密度方案以及密集程度规划需要考虑以下因素：

首先是分销成本。分销网络建设的成本主要包括两类：一是开发分销网络的成本，二是维护分销网络的成本。开发分销网络的成本可以看成是固定费用，维护分销网络的成本则看成变动费用，二者之和则是总成本。企业规划终端密度时要在最优分销效率的条件下实现总成本的最小化。当然，分销效率的提高也有助于降低分销成本。

其次是市场覆盖率。除非企业处在起步阶段，提高市场覆盖率都是企业营销渠道建设的关键目标，也是渠道密度决策中需要考虑的重要因素。企业规划终端密度不能仅仅考虑低成本，因为低成本可能意味着低效率，意味着市场覆盖率和销售量的下降。开源在任何情况下都比节流更重要，而在一定条件下适当增加渠道成本有助于市场覆盖率和销售量的提高。因此，企业需要关注市场覆盖率，通过市场覆盖率的提高来提高销售能力，拓展生存空间及企业影响力。

最后是企业的渠道控制能力。对终端的控制能力也是终端密度规划需要考虑的重要因素，如果企业一味追求市场覆盖率而导致渠道膨胀，很容易使渠道失控，引发渠道冲突，进而影响渠道运行效率，甚至摧毁整个市场。因此，企业的渠道终端密度规划还要考察自身对渠道网络的控制能力，不能一味地求大、求多。

案例分析

白酒终端渠道，你真的懂？

老张是一个经销商，在当地运作白酒不下数十年，由一个小小的小卖部发展成为当地最大的两个经销商之一。最近老张遇到了一个难题：现在的渠道怎么那么难做？

老张是渠道起家，由于产品众多，他几乎覆盖了当地所有的销售终端。今年老张刚接了一个品牌的中高端白酒，按照以前的想法，他把货铺了下去，结果几个月过去了，竟然没有卖出几瓶酒，特别是在烟酒店。老张纳闷了，不是说现在的白酒进入了烟酒店盘中盘时代了吗？老张用了各种各样的手段，买酒赠油，买酒赠烟等，可是一点效果也没有。看着别的品牌红红火火，而自己的品牌销量却那么惨淡，老张彻底迷茫了。经过调研，笔者发现老张的渠道存在以下问题：

问题1：低价战略

老张在操作市场的过程中，犯了几个典型的老经销商容易犯的错误：产品定位不明确，思想陈旧。老张的思想是：只要我的产品好，价格又比竞争对手的便宜，那么我的产品就一定会卖起来。老张在新产品刚刚导入市场的时候定了一个相当低的价格，甚至比市场流行的白酒品牌价格还要低10%，这直接导致了老张市场运作费用投入减少，没有利润空间去做市场投入，业务员的激励也就一省再省。针对渠道和品牌投入，无法与成熟竞品相比，短期内无法做到"品牌爆炸"。由于每瓶白酒的利润空间太低，作为一个百元价位的产品，终端的利润空间稍稍多于10%，作为一个新产品，终端根本没有动力销售。终端不断压货，销售停滞，产品刚开始就走向了死亡。终端不赚钱，业务员不赚钱，老张自己也不赚钱。终于，没有积极性，大家都不愿意推销，产品就死掉了。

问题2：先铺货，后促销

老张是做快消品出身的，他的理念就是先把货物铺到每个终端，然后用促销拉动消费者购买，产品跟着就做起来了。老张的想法没有错，他就是靠这种理念，把一个又一个的快消品给做起来了。但是时代变了，老张的思想却没有跟上时代的变化。中高端白酒的消费者更多的是政商务消费，一方面他们并不十分在乎力度不大的促销，另一方面他们很少会去终端直接购买白酒。80%的目标终端都有了自己的产品，终端陈列也做得非常好，有一定的市场氛围。但是目标消费者却不去终端购买白酒，市场的氛围似乎是在为终端老板而做，消费者并不知晓产品，所以产品卖不出去，也很正常。

问题3：进终端，没有掌控终端

每每问到老板目前的工作怎么样？动辄就是"我已经铺了多少家烟酒店，多少家酒店有了我的产品"。老张也不例外，新产品刚导入，他就很兴奋地说"我已经完成了多少家的铺货"。可是，那是你的终端吗？老张最引以为豪的就是自己掌控了当地几乎所有的销售网络，可是，那是真的吗？经过笔者调研发现，其实老张只是进入了当地几乎所有的销售终端，并没有掌控当地的销售终端。每走访一家酒店或者烟酒店，很少有老板能够说出老张的业务员姓什么，甚至有些老板都不知道这款白酒就是老张的；有些业务员半年没去某个终端，或者每次只是去店面站一站就走人，对产品不管不问；有些终端没有白酒了，想要进货，却找不到人；有些老板想推荐老张的白酒，却不知道价格……这样的情况，数不胜数。当老张看到报告的时候，脸都变色了，他没有想到自己引以为荣的终端网络，竟然是这副模样。

资料来源：李雨松．白酒终端渠道，你真的懂？[N]，华夏酒报，2013-01-08.

★**思考与讨论**

(1) 老张的终端规划决策需要考虑哪些因素？他犯了哪些错误？

(2) 如果让你给老张提点改进建议，你会怎么提？

实践分析与应用

依据市场营销和营销渠道相关理论分析并解决实际问题。阅读资料，尝试回答以下问题：

(1) 强化渠道布局和升级对吉利的发展有什么重要意义？

（2）吉利为什么要挺进一二线市场？尝试从渠道环境的角度进行分析。

（3）吉利是如何进行渠道布局的，可以给其他企业什么启示？

强化渠道布局和升级 让客户体验更有价值

在产品品质不断提高之后，吉利需要做的就是让消费者觉得买吉利的产品能获得更多价值。3月22日，在发布净利破百亿财报的第二天，吉利又开始了新一年的销售创举，江浙地区28家经销商联合开业，拉开了吉利新一轮渠道扩张序幕。

不难理解，要支撑起2018年158万辆的年销售目标，以及2020年200万辆的销售目标，除了以产品布局为根本外，整个经销商体系更是重中之重，这是吉利直面消费者的第一道端口，也是支撑吉利销量目标达成的最后一道关卡。

吉利控股销售公司副总经理、吉利品牌销售公司常务副总经理宋军在开业当天接受媒体采访时表示，吉利的核心就是一切工作围绕消费者展开，继续打造消费者期待的精品车。

毫无疑问，在车市整体微增长的大环境下，此次江浙地区28家经销商和投资人斥巨资联合开业，不仅意味着经销商对吉利汽车的发展前景充满信心，同时也代表吉利汽车将深耕华东地区一二线市场，开启江浙地区市场的新篇章，加速推进构建年销200万辆营销体系。

1. 挺进一二线市场，收割丰硕利润

此次参与江浙地区联合开业的28家店，包括浙江省17家店和江苏省11家店，其中新加盟店13家、异址新建店7家、现有升级店8家，总占地面积9万多平方米。另外，28家经销商总投资额高达6.48亿元，投资额超过2000万元的经销店有6家、投资额超过5000万元的经销店有3家。

以往，大多数行业人士认为，自主品牌要在三四五线市场拓展才能够取得一席之地，毕竟一二线市场长期被合资品牌牢牢占据着，所以去年吉利相继在西北和西南新开了多家4S店。但这次吉利江浙28家4S店联合开业，释放了一个信号，那就是吉利在深耕三四五线市场时，也不忘挺进一二线市场，这是吉利树品牌、引领全国汽车消费趋势的绝佳之地。

作为东部沿海发达省份，江苏和浙江的消费市场一直是全国市场的风向标。在吉利汽车与经销商伙伴的通力合作下，2017年吉利在浙江终端销量达10.24万辆，同比增长53%，跃升为吉利全国销量最大的省份，市场占有率排名第4；在江苏地区终端销量达6.4万辆，同比增长55.8%，市场占有率为中国品牌第一。2018年前两个月，吉利在江浙地区的终端销量为2.67万台，同比增长40%，持续保持高速增长态势。

而吉利在"家门口"杭州的表现同样不俗，2017年在杭州销量超2.4万辆，同比增长60%，市场排名从2016年的第5名上升到第3名（仅次于上汽大众和一汽大众），展示出吉利汽车在一线市场的强劲增长势头。可以说，吉利汽车旗下产品"款款都是爆款"的良好发展势头，给了经销商伙伴极大的信心。

更重要的是，从全国范围来看，吉利汽车在一二线市场的销量占比已超过5成，旗下产品越来越受到大城市85后、90后都市青年的认可和喜爱，越来越多的都市白领和公务员成为吉利汽车的用户。

截至2018年2月底，吉利汽车在全国的经销商总数已达868家，单店平均销售1314

台，增幅高达 31％。同时，凭借着博瑞、博越、帝豪 GS、帝豪 GL 等 3.0 精品车的推出和销量占比的提升，2017 年吉利汽车 8～15 万元的车型销量占比已达 60％，10～15 万元售价的车型销量占比达到 21％，品售价、品牌附加值和品牌影响力与日俱增。

2.“开门造车”，打造“满意吉利”

本次新开的 28 家店均按照吉利渠道 3.0 标准建设，导入了全新的渠道 VI 形象标准，对店铺的展厅布置、维修车间规范、VIP 休息室、敞开式洽谈区、精品区等硬件进行了全面升级，为车主提供与吉利 3.0 代精品车相匹配的高品质服务，让消费者感受更舒适的购车环境和服务体验。

宋军表示，在吉利汽车产品全面进入 3.0 时代之后，产品力已经完全不输合资品牌。但吉利在 3.0 代产品推出的同时，就意识到渠道和服务能力的弱点。“因此从 2016 年开始，吉利就着手打造与 3.0 代产品相匹配的销售体系和服务，包括店面形象、服务素质等，建立了一套标准化的服务体系。”宋军说道。

“包括我们在店面形象升级方面，都是让客户体验更加有价值感，同时在一些服务细节方面的关怀，做一些安排和设计，以超出用户的期望值。”宋军表示，满意度就是体验值减去期望值，体验值如果高于期望值那就满意度高，体验值如果低于期望值那就是满意度低。

在打造“满意吉利”的过程中，吉利也建立了内部的管控机制和外部的督导机制。宋军表示，吉利未来将建立满意度评价体系，可能会实现全员或者全民的公测。另外在经销商与用户的关系方面，吉利也正在积极做建设和引导，“吉利的车友会以‘我们’二字命名，当成我们和客户的一个活动平台；比如说车友会的聚餐被称之为吉家宴，我们把客户当成家人，这种方式就是产品之外的工作。”宋军表示。

3. 渠道营销体系协同迈入 3.0 时代

何为 3.0 时代的渠道和营销体系？上文讲了服务，实际上都是建立在渠道体系之上，如果没有便捷的看车、购车渠道，再好的服务也没办法进行进一步的辐射。倘若一个城市盲目开放太多的经销商渠道，势必会形成恶性竞争，最终不利于经销商的健康发展。这就是所谓的生态。宋军认为，生态在本质上已经产生了很多的延伸，不单纯只是一个实体店。同时生态一定是要健康的，否则就难以持续。“在经销商开放方面，吉利也有一套测评体系，比如该地是否有吉利的店、GDP 怎样、人口多少、消费能力如何，以及适合卖什么价位的产品。”宋军表示，通过这样的方式，可以形成良性竞争，互相触动并健康发展。

当前，4S 店竞争愈加激烈，同行业经销商利润普遍下滑，但对吉利而言，却有 65％ 的经销商实现了盈利，持平和盈利的经销商数量更是占到 95％。现在很多经销商投资人都对吉利抱以很大期望和信心，其中不乏合资品牌甚至豪华品牌经销商。

当然，吉利在渠道扩张上不完全是增加销售网点，有时候数量多并非就是最好的状态，还要注重质量和效率。比如开一家年销一万辆的 4S 店和开 10 家年销 1000 辆的 4S 店，虽然最终销量是没有什么差异，但就整个经销商生态来讲，就不是一个健康的状态。

因此，在渠道的运行和管理中，吉利每年都会有 6％ 的经销商被淘汰。就 2017 年来说，这一年仍然有 51 家经销商被淘汰。宋军表示，“吉利是高铁，如果谁没跟上，对不起你就要到点下车。”所以在经销商管理上，吉利推崇优胜劣汰机制，鼓励经销商在整个共战平台中更好地发展自己。

　　在渠道布局思路上，应对时代的变化可能也要做出相应的调整。以往购车就只有前往4S店，渠道在哪儿客户就在哪儿，未来将出现新的模式。"以前可能是我们把渠道放在汽车商圈里，但是现在我们要更多地把渠道伸到居民区，你下班吃完饭就方便去看看。未来客人在哪里，我们的车就去哪里。"宋军表示，有很多机会等着吉利去创新，未来不管是在银泰百货，还是在京东某个智能家具的店里看到吉利的产品，都是很正常的事情。

资料来源：强化渠道布局和升级　让客户体验更有价值，
http：//wemedia. ifeng. com/53817543/wemedia. shtml.

▸▸ 习题与提升 ◂◂

一、论述

(1) 渠道环境对渠道设计有哪些影响？

(2) 企业应该如何进行渠道设计？

(3) 如何理解渠道布局？企业应该如何进行渠道布局？

(4) 哪些因素影响了企业的渠道终端规划？

二、案例分析

选择你熟悉的企业或产品，尝试分析其渠道布局及终端规划。

三、实践应用

通过课堂教学及课堂讨论，对本专题涉及的知识点和思考讨论题进行重新思考和讨论，选择合适的题目，完成不少于4000字的小论文。

专题五　渠道成员选择与管理

※任务一　"大数据"环境下的渠道成员选择和培训
※任务二　渠道成员的任务分配和管理
※任务三　渠道成员的评估与激励

▶▶ 课前导读 ◀◀

爱普生公司如何选择中间商

精工爱普生公司(Seiko Epson Corporation)成立于 1942 年 5 月,总部位于日本长野县,是日本的一家数码影像领域的全球领先企业。爱普生公司目前在全球五大洲 32 个国家和地区设有生产和研发机构,在 57 个国家和地区设有营业和服务网点。爱普生集团在全球设有 94 家公司,员工总数逾 72 000 人。在公司准备扩大其产品线时,公司总经理杰克·沃伦对现有的中间商有些不满意,也对他们向零售商店销售其新型产品的能力有一些怀疑,他准备秘密招聘新的中间商以取代现有的中间商。为了找到更适合的中间商,沃伦雇用了一家招募公司,并给他们这样的指示:

(1)寻找在经营褐色商品(如电视机等)和白色商品(如冰箱等)方面有两层次(从工厂到分销商,再到零售商)分销经验的申请者;

(2)申请者必须具有领袖风格,他们愿意并有能力建立自己的分销系统;

(3)他们每年的薪水是 8 万美元底薪加奖金,公司提供 375 万美元帮助其拓展业务,他们每人再出资 25 万美元,并获得相应的股份;

(4)他们将只经营爱普生公司的产品,但是可以经销其他公司的软件;

(5)同时,每个中间商都配备一名培训经理并经营一个维修中心。

招募公司在寻找候选人时遇到了很大的困难。虽然他们在《华尔街日报》上刊登广告(没有提及爱普生公司)后收到了近 1700 封申请书,但大多数不符合爱普生公司的要求。于是,招募公司通过黄页得到了一份中间商的名单,再通过电话联系,安排与有关人员见面。在做了大量的工作之后,招募公司列出了一份最具资格的人员名单,沃伦与这些人员一一见面,并为爱普生 12 个配销区域选择了 12 名最合格的候选者,替换了现有的中间商,并支付了招募公司 25 万美元的酬金。由于招募是暗中进行的,因此原有中间商对此事一无所知。当杰克·沃伦通知他们须在 90 天内完成交接工作时,中间商感到非常震惊。他们与爱普生公司共事多年,只是没有订立合同。但是,沃伦必须更换中间商,因为他认为现在的中间商虽然合作了很多年,但是缺少经营爱普生新产品和拓展新渠道的能力。

资料来源:陈涛. 营销渠道管理[M]. 机械工业出版社,2013.4.

★思考与讨论

（1）企业重新选择渠道成员的原因通常有哪些？爱普生为什么要重新选择渠道成员？

（2）企业寻找渠道成员的途径通常有哪些？爱普生是如何寻找渠道成员的？

（3）爱普生选择渠道成员的标准有哪些？

任务一　"大数据"环境下的渠道成员选择和培训

★学习目标及任务

1．理解渠道成员选择的意义、原则、途径、评价标准与方法。

2．理解渠道成员培训的意义、内容及方法。

3．学会应用渠道成员选择和培训理论进行案例分析。

一、渠道成员选择基本理论

在设计渠道结构、确定布局方式之后，为了完成渠道布局，企业需要选择合适的渠道成员。渠道成员选择就是从大量相同类型的渠道成员中，挑选出适合本企业且能够帮助企业顺利达成渠道目标的合作伙伴。一件产品从设计、生产到传递到顾客手中需要经历制造商、中间商、零售商、终端消费者以及辅助商等多个环节，需要各个渠道参与者协调合作，他们之间的关系是否和谐关系到流通渠道是否顺畅、渠道目标是否能顺利实现等问题。要想建立长久的和谐的伙伴关系，企业需要投入大量的人力、物力和财力，需要制定科学的、长久的规划。因此，谨慎选择渠道成员是企业渠道管理的重要工作。

（一）渠道成员选择的意义

营销渠道的重要性毋庸置疑，它是关系着商品是否能够顺利传递到消费者手中的重要通道，也承担着信息传递、销售促进、商务洽谈、调节匹配、物资流通、风险承担、资金融通、商业服务等众多功能，然而这些功能能否顺利实现以及实现程度如何，很大程度上取决于渠道成员的选择是否合适。选择了合作性强、适合企业的渠道成员，不同渠道成员间能够建立一种和谐的、长久的伙伴关系，渠道的各种功能就能够很好地发挥作用，反之则会制约渠道功能的发挥，甚至起到反作用。所以，选择渠道成员是渠道管理工作很关键的步骤，可以从以下几个方面来理解。

1．渠道成员选择是渠道设计是否成功的关键

企业通过渠道环境分析，依据自身能力、产品特色和市场竞争等因素选择最适合自己的渠道结构，目的是为了渠道的通畅，是为了渠道流程和渠道功能的更好发挥。然而，营销渠道的主体是各个渠道成员，渠道流程是否能够顺利流转以及渠道功能能够在多大程度上实现，关键还在于渠道成员，也就是渠道参与者的意愿、能力等。所以说，渠道成员选择是渠道设计是否成功的关键，成员选择是渠道设计的落地环节，渠道成员的作用是实施设计好的渠道流程。

2．渠道成员选择是渠道管理工作顺利开展的前提

渠道设计是渠道管理的前提，通过渠道设计规定了渠道成员间的关系和任务序列，而渠道管理从本质上来说是对渠道成员的管理,通过计划、组织、领导、控制、协调等管理职能使渠道成员相互协作,保证渠道功能的正常发挥,共同完成渠道任务。在这个意义上,可以说渠道成员选择是渠道设计的最后一步,也是渠道管理工作的开始。

3. 渠道成员选择是商品顺利转移的重要保障

营销渠道是连接制造商和消费者的通道,这个通道最关键的职能就是保障商品和服务从制造商手中转移到消费者手中。商品从制造商手中经过众多批发商、零售商、代理商等渠道成员的中转,最终到达终端消费者手中,这种转移就需要依靠渠道成员。选对渠道成员可以事半功倍,选错了就会事倍功半,甚至使商品无法流通。

4. 渠道成员选择影响渠道成本

营销渠道的建立和维系需要耗费大量的人力、物力和财力,成员的选择、评价、奖惩,交易条件谈判,以及渠道管理中的订单处理、关系协调、库存、物流、促销等问题都会构成渠道成本。渠道成员选择本身就会形成渠道成本,成员选择的合适与否也会影响后续的渠道维系成本。所以说,选择合适的渠道成员可以显著降低成本,有助于提升渠道效益,进而实现渠道目标。

5. 渠道成员选择影响企业及产品形象

多数情况下制造商无法直接面对消费者,而渠道成员尤其是零售商处在商品销售的第一线,他们将直接面对并影响消费者。零售商的企业形象、服务质量直接影响着消费者对制造商和产品的印象。比如消费者会认为王府井百货的商品要比万达的更高级,赛格购物中心的时装要比军区服务社的更时尚,能在南大街、南门开店的企业要比在骡马市、康复路开店的企业更有实力。

6. 渠道成员选择影响销售成效

营销渠道建设的根本目的在于促进产品的销售,扩大销售量,增加销售利润。而渠道成员的合作意愿、信誉程度、市场覆盖率、销售能力、促销能力,以及渠道成员间的利益分配等直接影响着产品的销售额及利润率。不管是设计合适的渠道还是提高渠道管理绩效,不管是保障产品顺利转移还是控制渠道成本,或者是提升企业及产品形象,最终的目的都是为了促销,为了扩大销售并提升利润,而渠道成员选择就是扩大销售量、提高销售额并增加利润的最直接、最关键的步骤。

★思考与讨论

渠道成员选择对制造商至关重要,那么选择渠道成员对中间商有什么意义?

(二)渠道成员选择的原则

渠道成员选择对渠道功能的实现至关重要,所以企业需要谨慎选择渠道成员,应当遵循一定的规律。当然,不同企业的渠道目标和策略不同,选择渠道成员的方法和手段略有差异,但是通常都需要把握以下几条基本原则。

1. 达成共识

营销渠道是否畅通取决于渠道成员间能否高效的分工合作,只有成员间能够很好地配合才能共同完成渠道任务,保证商品源源不断地从制造商手中传递到终端消费者手中。生产者和中间商是否能够相互认同、相互信任,能够在渠道理念、服务理念、产品认知等方面达成共识是合作共赢的重要前提。因此，制造商需要选择那些认同本企业产品和理念，具有较强合作意识和商业信誉的中间商，通过谈判与协商与渠道成员达成共识。只有这样，制造商和中间商才能更好地分工协作、各尽其职，建立长久的合作关系，保证产品迅速进入目标市场，实现产品的价值和使用价值。

2. 资源共享

一条高效的营销渠道必定离不开渠道成员间的分工合作，而制造商和各渠道成员都在自己的领域上有自己的优势资源和能力，而资源和能力的互补和共享是分工合作的重要目的，可以很好地发挥"1＋1＞2"的效果。制造商可以利用中间商的市场知识获取关于消费者和终端市场的信息，可以利用中间商的销售团队和销售网络促进产品的销售，可以利用中间商的服务能力为消费者提供更加便利的服务……中间商可以利用制造商的品牌知名度提升企业形象，可以利用制造商的专业知识和能力帮助他们进行店铺装修、人员培训、商品促销等，可以利用制造商的赊销、返利等政策解决资金问题……

3. 利益共享

如果说分工的目的是为了合作，那么合作的目的就是共享。如果说资源共享是分工合作的重要目的，那么利益共享就是最根本的、最终极的目的。制造商创建营销渠道是为了商品的顺利销售，最终获取销售回款，中间商和辅助商创建和参与渠道是为了参与渠道利益的分配，是为了获利和企业的发展。可以说，利益共享既是资源共享的根本目的，也是资源共享的前提，没有利益共享，任何组织和个人都不愿意将自己的资源拿出来共享。

4. 经济效益

渠道成员组织和参与渠道行为的目的是为了瓜分渠道利益，然而营销渠道的创建和维系在创造利益的同时也需要支付一定的成本。因此，企业在选择渠道成员时还要考虑经济效益，也就是成本和收益。一方面要考虑分销效率，也就是一条营销渠道运行的投入产出比。渠道运行效率在很大程度上取决于各个渠道成员的经营管理水平，如果中间商存货管理不善会出现产品积压或脱销现象，这就会使得生产商以为供过于求或供不应求，从而调整产能，给企业造成巨大的损失。另一方面要考虑中间销售费用。产品的分销尽管可能增加一定的价值，但更多的是增加销售成本，分销环节越多，分销效率越低，分销成本就会越高。所以，企业在选择渠道成员的时候，还要考虑中间商的管理水平和中间销售费用。

5. 形象匹配

渠道成员不但要承担产品销售的任务，还在一定程度上代表着制造商的企业形象和品牌形象。对于拥有卓越品牌的制造商来说，他们必须选择和他们的品牌形象相一致的中间商来分销产品，否则就会影响品牌形象。比如 LV、卡地亚等奢侈品品牌不可能在普通的商场销售，追求质量和信誉的企业也不可能和那些产品质量和服务水平堪忧、信誉程度差的中间商合作。

6. 灵活可控

一条营销渠道只有建立一种和谐的渠道关系才能很好地发挥渠道功能，而这种渠道关系既包括与外部环境的和谐、相适应，也包括渠道内部成员间的和谐、可控。当外部环境发生变化时，企业所选择的营销渠道是否能够抵御外来的冲击并维持渠道的健康运行；当制造商的销售战略进行调整时所选择的营销渠道是否能灵活快速地进行调整以达到新的渠道目标；渠道成员间是否能够协调一致，顺利将产品递送到消费者手中；渠道成员是否拥有足够的分销能力、专业知识、销售经验，以保证承担的渠道任务符合制造企业预期；这些都是企业在选择渠道成员时必须考虑的问题，以保证营销渠道具备灵活的适应性和稳定的可控性。

二、渠道成员选择的途径和方法

营销渠道成员的选择对企业至关重要，不仅仅是制造商需要寻找下游中间商，中间商也需要寻找上游供应商和下游分销商及终端顾客。尽管在众多渠道成员中选择合适的合作伙伴是一件比较困难的工作，但实际上只有少数实力雄厚的大企业才可能从大量中间商或供应商中进行选择，而多数企业需要在少量可供选择的中间商之间进行评价选择，甚至很多企业需要想方设法通过各种途径去寻找和接触可供选择的渠道成员，并与之进行商谈，以期达成合作。

（一）渠道成员选择的途径

通常，企业寻找可供选择的渠道成员的途径有以下几种：

1. 广告或工具书等

不仅仅是制造商需要寻找中间商，中间商也需要寻找制造商。那些大的、知名度高的制造商和中间商总有有意合作者慕名而来，而更多的商家会通过各种方式宣传和推介自己，让更多的企业认识和了解自己。所以，企业可以通过关注电视、报纸、杂志、广播、网络等各种媒体上的广告来寻找合作伙伴。同时，商家也可以利用专业的工具书来寻找商家信息，比如当地的企业名录、地图册、手册、消费指南、专业杂志、电话号码簿等。

2. 专业会议

很多有实力的企业会通过举办新闻发布会、展示会、订货会等方式邀请新闻媒体、中间商、消费者等参与商品的展示和销售活动。中小企业也可以参与大企业举办的展示会、订货会、招商会等，以寻找合作伙伴。

3. 中介公司咨询

广告公司、新闻媒体、金融机构、物流公司、管理咨询公司、行业协会等都是与制造商及中间商有业务往来的营销中介，那么他们必定有各类企业名称、地址、联系方式、业务范围、产品特征、信誉程度、资产状况等方面的信息。另外，也有些咨询公司会有针对性地做一些行业报告、专业企业名录等。

4. 网络媒体

当前，很多品牌意识强且具备营销意识和长远眼光的企业都在互联网上创建了自己的网站、APP、微博、公众号等，既可以对外宣传和推介自己，也可以用来进行产品销售，还可以与渠道合作者建立更好的沟通渠道。除了公司建立自己的宣传阵地之外，很多公司也利用搜索引擎进行企业推广，企业很容易通过网络搜索找到想要了解的企业信息。

5. 同行朋友介绍

如果说广告、工具书、网络查询等方式是广泛撒网、大海捞针的话，那么同行、朋友的介绍就是有的放矢的重点捕鱼。同行、朋友通常和中间商有着长期的接触和了解，更了解供求双方的实际情况，可以帮助企业以更低的成本、更小的风险、更好的沟通和更高的效率与中间商达成共识。

6. 政府机构

商业企业都需要在政府相关部门进行备案，政府管理机构、政府网站、政府机构APP及公众号等都可能会提供商家的一些信息。

7. 现场调查

除了通过以上渠道获取商家的二手信息之外，企业还可以通过到销售现场、企业所在地、批发市场等地进行现场调查，帮助企业获取更为直观、更具真实性和可靠性的信息。

📖 阅读资料

酒类经销商如何寻找供应商

一、傍大牌

在名酒时代，作为经销商，如果能够想办法拿到名酒的经销权、专卖店开设权、团购客户资格等，就要毫不犹豫地接下来，不要被眼前的困难吓到。当然，账要算清楚，只是眼前账和长远账的问题，长远不是无限度哦，有三年的眼光基本上比较靠谱。拿不到全国性名酒，退而求其次要拿区域性强势品牌的经销权或者地方特色酒厂的经销权。能傍的大牌一定要傍！

二、选新品

新品意味着经销商巨大的机会。选新品不但考验眼光，更考验耐心和定力。还有一种就是类似"金六福·一坛好酒"这样的网红新品，厂家有实力，产品本身也有特性，关键是进入的经销商速度在加快。正在选新品补充自己网络的经销商就不能再犹豫，因为它入市时间超过一年，趋势也已经显现，再犹豫就会被别人抢了先机和地盘。

三、入社群

现在的经销商如果没有加入过社群都不好意思说自己在卖酒，因为社群就是您卖酒的地方。譬如同乡会、商会、钓鱼协会、篮球协会、登山协会、羽毛球协会、餐饮协会等，在这些社群里面如果您能够成为头儿，这个社群不喝您的酒又能喝谁的酒？因此，经销商一定要想办法多加入自己当地的社群组织并积极参加活动，做好厂家和社群之间的沟通联络人。

四、构圈层

圈层营销这几年大行其道。许多大腕明星借助自身的影响力都开始了卖酒征程，譬如赵薇、黄晓明的红酒生意；刘军、杜子健借助自己的圈子影响力做的肆捌酒坊、茅台镇酱酒以及吴刚众筹酒等都是圈层卖酒的典型代表。明星有明星的圈层，经销商通过自身这么多年的打拼也形成了自己的小众圈层，要把这个圈层培育好，成为自己的铁杆和"死忠粉"。

五、求联合

如果您不是当地数一数二的经销商，甚至数三数四都排不上，那您就要寻求联合，一个人的力量毕竟是有限的。怎么联合？一是构建松散式联盟，采取产品置换的方式相互借力做市场；二是加盟到大的团队中，跟着航母走，抗风浪能力自然强，譬如加盟1919、华致酒库等全国性大牌商家，也可跟区域商家合作。

六、控终端

得终端者得天下，这句话现在也不过时。作为经销商，如果懈怠终端，对终端失去了掌控能力，您拿什么跟厂家讨价还价？厂家主要做品牌层面的工作，重在跟消费者的沟通，消除C端壁垒，您就是构建C端跟厂家之间的桥梁，让厂家的产品在您的辖区方便消费者购买，这才是您最大的价值。

七、做差异

没有差异就没有暴利！大家都跟着卖的产品，现在除了茅台代理商有暴利赚，没有哪一个品牌能够提供。怎么办？经销商要做差异化的产品。差异化不是要求您挖空心思想一个新品牌出来运作市场，那样搞不好会偷鸡不成蚀把米。最好的办法就是联合其他客户做有市场畅销品牌的定制产品，既解决了基本的动销问题，又解决了利润不足问题，一举两得。另一个就是做小众市场，这个套路经销商用得最多，也最为娴熟。

八、建平台

建平台就是让经销商构建自己区域里面的线上线下一体化卖酒平台。线下有实体店做体验、做展示，线上有供顾客一键式下单的平台，满足消费者的便利化需求。线上线下必须打通是厂家的梦想，作为经销商更要落地，因为厂家做这个事情是单品牌，不能满足消费者的多元化需求，而您可以提供众多的品牌供顾客选择。

九、强渗透

这个渗透是指经销商向上游厂家和下游终端渗透，打通全产业链。国企做混改、小酒厂改制等都是参股、购买的好机会，只要您能够有效整合资源，想清楚接下来该怎么干就别怕。下游进行渗透就更好做了，参股当地的酒楼、连锁，不一定做控股人，精力、能力跟不上，但你有一席之地对您卖酒绝对有帮助，这就够了；成立合资、众筹公司，凝聚团队力量并借助社会资源来卖酒。

十、玩跨界

您卖酒的渠道那么好，马路修好了跑一台车是跑，跑10台车也是跑，因此借助网络和自身资源跨界做饮料、食品、奶粉、调味品、粮油等关联行业的生意理所应当。只是不同的行业尽管渠道相同，但面对的消费群体截然不同，因而组建不同的团队去应对很有必要，尤其是消费者沟通团队更要错开，不能为了整合资源强行通用。

资料来源：唐江华．寻找酒类经销商的出路（节选）？中国营销传播网，
http://www.emkt.com.cn/article/664/66429.html.

★思考与讨论

你有什么收获和感想？文中提到的十个策略在白酒之外的其他行业是不是也适用？选一个具体的行业，说说经销商如何寻找上游供应商，如何构建自己的销售渠道。

（二）渠道成员选择的评价标准

营销渠道的重要性毋庸置疑，它是关系商品是否能够顺利传递到消费者手中的重要通道，也承担着信息传递、风险转移等功能。通过各种途径找到渠道成员之后，还需要对这些渠道成员进行评价，这就需要制定选择渠道成员的评价标准。不同企业的性质不同，渠道目标及渠道策略也不同，因而评价标准也会有一定的差异性。通常，企业对渠道成员的评价都会从综合实力、可控性和适应性三个方面来进行。

1. 综合实力

综合实力方面主要需考察渠道成员的能力，这是决定渠道成员能否通过分工合作，共享资源和利益的关键。对于制造商来说，综合实力是评价中间商的最基础的要素，它直接决定着产品销售量和销售额的提升以及商品推广效果的好坏。对中间商综合实力的考察通常包括市场范围、销售和服务能力、信用和财务状况、产品线结构、信誉、态度与管理能力等。

(1) 市场范围。能覆盖的市场范围是制造商选择中间商的关键要素。制造商首先要考虑预先确定的中间商的经营范围、市场覆盖范围与制造商的产品以及预计销售的地区是否一致。如果中间商的经营范围主要是日化类，那么饮料企业就不应当与之合作；如果中间商的销售市场主要是在一二线城市，那么对于预计开发中小城市及乡镇市场的制造商就不适用。其次，还要考察中间商的销售对象是不是和生产商的目标顾客一致。如果中间商的销售对象主要是年轻的白领阶层，那么对于以中低收入水平的中老年为目标顾客的制造企业就不那么合适。

(2) 销售和服务能力。销售和服务能力是评价中间商实力的重要指标，它直接影响着制造商的产品销量和产品形象。通常，销售和服务能力与规模相关，可以从资金实力、终端数量、营业面积、人员数量、人员素质、库存能力、配送水平、市场覆盖范围、市场占有率、营业额、利润率等方面进行考察。如果中间商资金实力较好，那么不但能够保证及时回款，还能给制造商提供一些财务上的帮助。如果中间商配送水平较高，市场覆盖范围较大，那么就能更好地帮助制造商开拓市场，提高市场占有率。如果中间商的利润率稍高于行业平均水平，说明它有很好的客户资源和成本控制能力，适用于那些中高端产品的销售。如果中间商利润率稍低于行业平均水平但营业额较大，说明它以薄利多销为经营理念，适用于低端产品的销售。

(3) 信用和财务状况。企业的信用和财务状况是选择合作伙伴的重要考察要素，选择下游中间商和选择上游供应商时都不能例外，这是企业间建立互惠互利合作关系的基础。信用和财务状况的相关信息主要包括注册资金、资产总额、资产负债率、资金周转率、利润率、结算方式、偿债能力、信用评级等。

(4) 产品线结构。制造商挑选中间商还要考察中间商经销的系列产品，包括是否经营竞争对手的产品，是否经销兼容性、互补性产品，以及经销的其他产品的质量等。通常，制造商会尽可能地避免选择直接经营竞争对手的渠道成员，而寻找那些具备兼容性、互补性产品的中间商。比如可口可乐和麦当劳合作，而百事可乐则选择和肯德基合作，对可口可乐来说，它与百事是竞争对手，而与麦当劳的产品具有一定的兼容性和互补性。当然，我们通常在超市、便利店可以同时看到不同的可乐品牌，这是中间商通过经销不同品牌、不同种类的产品起到的调节分配作用，给顾客提供多样化选择。另外，中间商经销的其他产品的质量、品质等也影响消费者对制造商产品的印象。如果中间商经销的其他产品都是低质低价的产品，那么制造商的产品质量再好也不容易卖上高价。

(5) 信誉。任何企业都不愿意与信誉不好的企业建立伙伴关系，相对于信誉而言，其他要素都会显得不那么重要。固特异公司曾经指出，"中间商的经验或财务能力可以退而求其次，但这些经销商的信誉绝对是重要的、不容商量的。"商家的信誉、口碑绝对是企业持续发展的基石，也是建立伙伴关系需要考察的首要要素。如果一个企业没有信誉，那么会给它的合作伙伴带来无法估量的损失。同时，信誉也是最难考察的。通常，企业通过同行、同业的口碑获取相关信誉信息。

（6）态度和管理能力。制造商要想获取持续的竞争优势，必须不断地发展和创新，而中间商能否跟上制造商的步伐，准确贯彻和落实制造商的营销意图和渠道目标，经营理念和管理能力至关重要。如果中间商不思进取、思想陈旧、经营理念落后、管理能力差，就无法成为制造商前进道路上的好帮手，甚至会拖制造商的后腿。

2. 可控性

尽管渠道成员的综合实力对于企业选择合作伙伴至关重要，但是对渠道成员的控制也不容忽视。通常，企业都希望在渠道中占据支配和控制地位，对渠道成员有较高的控制程度。如果企业选择了一个强大的渠道成员，尽管这个成员有较强的实力和销售能力，但是它不一定重视你的产品，合作积极性可能不高。哪怕他有较强的合作意图，也期望在渠道中占据支配地位，可能恃强凌弱，要求较高的利润分成，这时较弱的企业不但要遭受利益损失，还可能为他人作嫁衣裳。因此，企业在选择渠道成员时要考虑对这个成员的控制程度。

制造商根据实际需要可能对渠道成员实施不同程度的控制，是实施较高程度的控制还是较低程度的控制，要受企业性质、能力、控制欲望、渠道目标以及与渠道成员实力比较等多个因素的影响。对渠道成员的可控性评估通常从控制内容、控制程度和控制方式三个角度进行。

（1）控制内容。从控制内容上评估渠道成员的可控性主要是指企业可以从哪些方面来控制渠道成员的行为，包括对渠道成员经营方式、产品陈列、促销策略、价格制定、服务方式、库存策略等的控制。比如海尔直接为下游零售商提供专柜装修及店铺装修，派遣促销员，提供商品，负责培训和管理零售负责人，制定零售价格，直接组织促销推广等。

（2）控制程度。从控制程度上评估渠道成员的可控性是指企业在某一方面控制渠道成员可以达到的程度。比如海尔对下游中间商可以实施绝对的控制，海尔承担和负责绝大部分渠道和促销工作，零售商只需要配合。而对志高空调来说，产品、促销、定价、售后服务、分销等大部分渠道权力都集中在经销商手中，志高对整个渠道的控制力度很弱，沦为经销商的生产工厂。

（3）控制方式。从控制方式看，对渠道成员的可控性评估是指企业可以用什么方式方法对渠道成员进行控制。比如娃哈哈可以通过其独特的联销体模式来规范渠道成员的权力、义务和行为方式，也就是通过渠道治理结构的建立来控制渠道成员；宝洁可以利用它的渠道权力来影响或控制中间商的行为。当然，企业间也可以通过彼此间的良好关系、信任和友好沟通，实现互相影响和控制的目的。

3. 适应性

对渠道成员的适应性评估，一方面是考察企业和渠道成员在经营理念、经营范围、服务理念、企业文化等方面是不是相一致和相互认同，以及是否能够适应企业的渠道结构和渠道战略；另一方面是考察渠道成员对环境变化的适应程度。

适应性评估一般以定性评估为主，比如通过访谈、实地观察、市场走访、二手数据收集、市场调查等方式了解中间商的经营理念、服务态度、人员素质、应变能力等。当然，随着市场的发展和研究手段的丰富，利用专业设备、专业实验室以及定量分析手段来考察中间商的方法也开始发展起来。

📖 阅读资料

沃尔玛的供应商标准

供应商标准（以下简称"标准"）是 Wal-Mart Stores，Inc. 对其供应商在社会和环境的影响方面的基本期望。这些标准用于评估那些为 Walmart 生产零售商品的工厂的雇佣方式和对环境法规的遵守情况。此外，供应商还应遵守 Walmart 的赠礼和酬金及利益冲突政策，以符合道德标准及公认会计原则的方式进行交易。所有供应商及其生产工厂，包括所有转包商和包装厂均应遵守此标准。

1. 合法

供应商及其指定的制造工厂（"供应商"）应完全遵守所有适用的国家及/或地方法律法规，包括但不限于与劳工、移民、健康与安全、环境相关的法律法规。

2. 自愿劳动

所有工人必须出于自愿劳动。苦工、童工、未成年工、强迫劳工、抵债劳工或契约劳工都是不允许的。供应商不得参与或支持人口买卖。供应商应证明他们已经实施了资料管理程序，包括所有与劳工相关的流程，并应用于产品以确保遵守反奴役和人口买卖法律，必须允许工人保管自己的身份文件。

3. 劳动时间

供应商必须向工人提供休息日，必须保证工作时间符合法律规定，且不得超出限制。

4. 雇佣实践

供应商应采取相关雇佣措施，以在雇佣前准确核实工人在该国的年龄和法定工作权利。雇佣条款条件包括但不限于：必须根据个人能力和工作意愿进行雇佣、支付薪酬、培训、提供晋升机会、终止劳动合同及准予退休。

5. 薪酬

供应商应向所有工人支付符合或超过法律标准或集体协定（以最高的为准）的工资、加班补贴及福利。鼓励供应商提供达到当地行业标准的工资。鼓励供应商向工人提供充分满足其基本需求的工资和福利，向工人及其家庭提供可自由支配的收入。

6. 结社自由与集体谈判

供应商应尊重工人根据自己的选择，合法、和平地组建或加入工会并进行集体谈判的权利。

7. 健康与安全

供应商应为工人提供安全、健康的工作环境。供应商应做好预防措施，防止工作场所危害。

8. 宿舍和食堂

供应商为员工提供的食宿设施必须安全、健康、卫生。

9. 环境

供应商应确保每个制造工厂均遵守环境法律，包括与废物处理、气体排放、水体排放、有毒物质和有害废物处理相关的所有法律。除了地方法律法规，供应商还应根据国际公约及协议证实所有输入原料及部件均来自合法产地。

10. 赠礼与招待

供应商不得向 Walmart 员工提供赠礼或招待。

11. 利益冲突

供应商不得与 Walmart 员工达成造成利益冲突的交易。

12. 反贿赂

供应商不得容忍、允许或参与贿赂、贪污或不道德行为，无论是在与公众人员还是私营机构个人开展交易之时。

13. 财务诚信

供应商应根据标准会计实践，如美国通用会计准则（GAAP）或国际财务报告准则（IFRS），保存所有与 Walmart 交易相关事宜之准确记录。

资料来源：沃尔玛公司网站，http：//www.wal-martchina.com/
supplier/downloads/vendor％20standard.pdf

★思考与讨论

依据所学理论，谈谈你对沃尔玛供应商标准的理解。

（三）渠道成员选择的方法

了解了渠道成员的选择原则、途径及评价标准之后，就需要采用一定的方法进行选择。选择渠道成员有时是主动的，有时是被动的。如果企业在规模、品牌、产品、促销等方面占据优势地位就可以主动挑选渠道成员，否则就只能努力争取和赢得渠道成员，甚至受其他渠道成员支配。通常，选择渠道成员的方法包括定性分析和定量分析两大类。

1. 定性分析法

定性分析法主要是企业管理人员利用自己所掌握的知识、经验等，通过观察、信息查询、直接沟通等方式对渠道成员进行分析、了解和考察，最终确定渠道成员的方法。定性分析的操作方法主要通过观察筛选、同行业熟人介绍、黄页报刊检索、公开招标、行业会议、反向追踪等方式获取备选成员，然后再凭借经验判断、综合考评、短期合同考察、市场运作、竞争筛选等方式选出合适的渠道成员。

定性分析方法简单易行、灵活多样、成本低廉，但是主观性和随意性比较强，不同的人在同样条件下，甚至同一个人在不同场景下可能做出不同的判断。对于中小企业、简单市场、熟悉的市场、短期合作或是不易获取定量数据等情况，可以采取这种分析方法。对于选择长期的战略伙伴，或是对企业具有重要意义的渠道成员的选择，通常可以通过定性分析对渠道成员进行初选，经过一段时间的市场运作或考察后再用定量分析方法进行再次筛选。

2. 定量分析法

相对于凭借经验的定性分析方法，定量分析法更具科学性和精确性，但操作更为复杂。定量分析就是运用一定的方法对备选渠道成员进行量化评估，通常有销售量评估法、加权平均法、销售成本评估法等。

(1) 销售量评估法。销售量评估法是通过实地考察了解中间商的顾客流量及销售情况，分析他们近年来的销售水平及变化趋势，估算将来的总销量，并在此基础上对他们能够承担的分销任务及可能达到的销售量进行评估。

(2) 加权平均法。加权平均法就是对备选的渠道成员就分销能力、合作意愿、信用程度等方面赋予一定的权重并进行打分，最终选取得分最高者。评价指标可以根据企业的战略规划、渠道目标、产品性质、市场竞争等从备选企业的综合实力、可控性、适应性等方面进行综合选择，各指标权重可以依据这些指标对于企业分销渠道建设的重要程度来设置。

加权平均法通常有五个步骤：

① 选择并列出营销渠道成员选择中所需考虑的全部因素；

② 将对渠道功能有影响的各个因素根据不同的重要程度赋予一定的权重；

③ 根据渠道成员在不同因素中的表现分别打分，将每个成员在每一个因素上的得分与该因素的权重相乘，得出每个成员在每一因素上的加权分；

④ 将每个成员在每一因素上的加权分数相加，得出该渠道成员的总分；

⑤ 将各渠道成员的总分进行排序，为渠道成员的选择提供标准。

比如某公司在某一地区需要选择一个独家分销商，目前通过初步筛选找到了三个备选公司。企业想要一个市场覆盖率大、声誉良好、分销经验丰富、具备一定规模和促销能力并且可以积极合作的伙伴，但这三个备选者在这些方面各有优势，因此公司采用加权平均法对这三个备选者进行评估，如表 5-1 所示。

表 5-1　用加权平均法选择渠道成员

评价因素	权数	备选者 1		备选者 2		备选者 3	
		打分	加权分	打分	加权分	打分	加权分
市场覆盖	0.25	80	20	90	22.5	85	21.25
声誉和经验	0.20	80	16	80	16	85	17
合作意愿	0.15	95	14.25	80	12	85	12.75
企业实力	0.15	85	12.75	95	14.25	90	13.5
促销能力	0.15	80	12	80	12	90	13.5
其他优势	0.10	75	7.5	85	8.5	85	8.5
总分	1.00	495	82.5	510	85.25	520	86.5

通过加权平均可以看出，备选者 3 的得分最高，该公司应该选择它作为分销商。权重的确定和打分可以采取专家评分法、层次分析法等分析方法，尽管也带有一定的主观性，但是相比于纯粹的定性分析法更具科学性和全面性。

(3) 销售成本评估法。制造企业开发中间商必然要付出一定的成本，主要包括市场开拓费、促销费、待收货款产生的收益损失、交易费用等，这些费用就构成了产品的销售和流通费，形成了制造商的销售成本。所以，企业可以通过计算预期的销售费用来考察中间商，选择那些销售费用最低的中间商作为合作伙伴。

销售成本评估法通常有三种具体方法：

① 总销售成本比较法，也就是在分析中间商合作意愿、企业声誉、销售经验、销售能力等的基础上，估算各备选者在分销过程中可能产生的总的销售费用，选择最低者。

② 单位销售成本比较法，也就是在评价备选中间商销售成本优劣时，将销售量和总销售成本综合起来考察评价，选择单位产品销售成本最低的经销商。

③ 成本效率法，也就是以中间商的销售业绩和销售费用的比值作为评价依据，选择成本效率最高的经销商。

可以看出，成本效率是单位销售成本的倒数，是总销售额或总销售量和总销售成本的比值。

相比于定性分析，定量分析的方法更加客观，不易受管理者的主观因素影响，但实际操作中的成本比较高，操作复杂，很多数据难以收集，并且收集数据需要大量的市场调查和人、财、物的花费，需要的时间也比较长。而且，有时候企业并不一定占据主动地位去选择别人，也有可能是备选者。因此，企业通常根据具体情况综合考虑选用哪种分析方法，有时候也会采取定性和定量分析相结合，实现两种方法的优势互补。

📖 阅读资料

汽车生产厂家选择渠道成员的方法

如果汽车生产厂家不是采用渠道直销的方式，那么就必然会涉及渠道成员的选择问题。这里面又包括两个方面：一个是制造商对经销商的选择，另外一个是经销商对制造商的产品的选择。但是在现阶段，由于我国的汽车产业还处在卖方市场阶段，所以我们只探讨汽车生产商对经销商的选择问题。选择经销商的步骤如下：

（1）初期剔除。剔除那些不符合基本要求的经销商。这些基本的要求包括技术设备、规模、现有经营品牌和信用等。

（2）访谈。通过这一步了解经销商的现有产品和服务，相关内容包括产品、价格、市场、客户、竞争、销售、经营状况、广告和促销活动、销售导向和书面协议等。

（3）渠道评价。经过访谈之后，可以根据经销商的回答来评估经销商。评估的标准包括：

① 向生产商提供足够的市场信息；

② 技术服务人员的素质；

③ 是否能有效地推销和促销；

④ 购买生产商整个生产线的意向度；

⑤ 提供充分的地域覆盖能力；

⑥ 各地理区域市场份额的分配；

⑦ 维持足够存货的资金能力；

⑧ 在市场上的道德声誉；

⑨ 维护生产商定价政策的意向度；

⑩ 对产品进行推荐和服务的技术能力。

（4）综合分析。

① 在不同销售层次下计算经销商的成本。当销售额在不同的层次时，经销成本和直销成本也是不同的，厂家可以估算出某一地理区域的销售量以及销售额，在这个销售额层次上再计算分销和直销的成本，进而做出选择。

② 确定经销商对销售的影响力。这种影响取决于三个方面：一是经销商在特定区域内的覆盖程度，二是互补性产品的销售，三是在特定目标市场上的全部销售额。

★思考与讨论

结合渠道成员选择评价标准和方法的相关理论，谈谈你对汽车制造商选择渠道成员方法的理解。如果你是某知名汽车品牌的营销管理人员，你打算如何选择经销商？如果你是经销商，你打算如何寻找生产商？

三、渠道成员的培训

选择好渠道成员之后，就需要对渠道成员进行培训，以使渠道成员能够更好地完成渠道任务。渠道成员培训是一个长期的过程，不仅仅要促进渠道成员和制造商之间的了解和沟通，强化双方和谐的合作关系，还要提升中间商的业务能力和服务水平，帮助制造商更好地开拓市场、服务于顾客。

（一）渠道成员培训的意义

当前经济社会中，商业竞争越来越激烈，制造商和渠道商之间的紧密协作、和谐互动不但有助于销量的增加和渠道绩效的提升，还有助于强化渠道系统对最终用户的亲和力和吸引力，而对渠道成员进行培训就是促进渠道成员间建立和谐关系的重要手段。

渠道成员培训首先可以促进渠道成员间的理解和认同。制造商通过对中间商的培训，可以促进双方的沟通和互动，使中间商更好地贯彻和理解制造商的经营理念、管理方式、工作方法、业务模式等，进而帮助制造商为最终用户提供更好的产品和服务。

其次，渠道成员培训有助于提高服务质量。制造商都希望渠道商可以提高对顾客售前、售中和售后的服务质量，从而将产品品牌植入消费者心中，提高顾客黏性。而渠道成员培训有助于增进中间商对产品和品牌的认识和了解，能更好地领会和传播品牌个性，提高中间商对最终顾客的信息服务能力；另外，渠道成员培训也有助于激发中间商的工作积极性，规范中间商对顾客的服务行为，进而提高中间商的服务质量。

再次，渠道成员培训有助于强化制造商对渠道成员的控制。制造商通过对渠道成员进行培训，可以规范中间商行为，建立自己的交易和服务标准，影响中间商对市场的认知，获取中间商认同，维系与中间商的关系，提高渠道成员忠诚度等，这些都有助于强化制造商对渠道成员的控制，稳固制造商在整个渠道网络中的地位。

最后，成员培训有助于提高渠道的综合竞争力。通过渠道成员培训强化渠道成员间的理解与沟通，实现渠道成员间知识、能力、信息等的共享与互补，协调渠道成员间的关系，进而有助于提升整个渠道网路的综合竞争力和渠道效益。

（二）渠道成员培训的内容

制造商对渠道成员的培训主要包括产品技术培训、销售能力培训、管理水平培训等几个方面。

1. 产品技术培训

产品技术培训主要是增进渠道商对产品技术和相关专业知识的理解，提高渠道商的专业化服务水平。渠道商主要是营销中介，处于流通环节，它们是市场销售过程的执行者，它们的服务水平、业务素质在一定程度上影响了消费者对制造商的印象。如果渠道商缺乏对产品技术和知识的了解，就无法更好地理解产品优势和特性，必然无法很好地向消费者介绍和传播产品信息，当然也没办法最大程度地提升最终顾客的服务体验，这就影响了制造商的企业形象和品牌形象。提升渠道商的专业化水平就是实现制造商和中间商在产品技术、服务体系、业务模式、管理方式等方面的协调和同步，对内提高企业素质和能力，对外提高服务质量，进而提高顾客满意度和顾客黏性。

2. 销售能力培训

相比于制造商，渠道商掌握着更多、更专业的市场知识和销售技巧，但是这种市场知识和销售技巧能否有效发挥，在很大程度上还取决于渠道商对所销售的产品的理解。产品是销售的基石，销售人员或销售组织只有对自己所销售的产品的特性、优势、价值等深刻理解，才能更好地将这种产品传递给顾客，才能利用自己掌握的销售技巧刺激并劝说顾客购买。另外，有些大的制造商有自己的市场研究部门或销售机构，他们掌握了大量市场信息，也通过自身积累、从其他渠道商处获取等方式掌握了大量销售经验和销售技巧，这些也可以通过培训的方式与渠道商进行共享以提升他们的销售能力。制造商对渠道商销售能力的培训主要包括介绍产品功能、竞争优势、竞争者分析、报价方法、成功案例及相关销售技巧等。

3. 管理水平培训

渠道商的经营管理水平直接影响其是否能很好地承担制造商分配的渠道任务，是否能够给终端顾客提供令人满意的服务。因此，制造商通常会从企业文化、经营理念、战略管理、营销战略、营销技巧等方面对下游渠道商进行培训，以促进其对生产商的经营理念、营销目标、营销理念等的认同和理解，提升渠道商的经营能力和管理水平。

（三）渠道成员培训的方法

渠道成员的培训通常有课堂培训和现场培训两类，其中课堂培训包括在制造商建立的专门的培训机构进行培训、送经销商到高校参加培训、邀请专家学者举办讲座、制造商的培训师为经销商举办专门的公开课、网络培训等方式；现场培训是针对技术性强、比较复杂的产品，可以由制造商派遣专业技术人员到销售现场对经销商及其销售人员进行专门的培训。

通常，有实力的大企业会建立专门的培训学院对渠道成员及其员工进行经常性的培训。比如惠普为了提高经销商的业务能力和管理水平，创办了专门的"经销商大学"。这个大学设置了专门的技术学院、销售学院、管理学院、师范学院、远程教育学院等，长期关注渠道合作伙伴的成长与发展，贯彻以渠道为中心的管理理念，不断提升经销商的管理能力与销售水平，促进惠普与其渠道成员的共同进步、持续发展。

实践分析与应用

依据营销渠道相关理论分析并解决实际问题。依据自己对营销渠道和渠道成员选择的理解，尝试回答以下问题：

(1) 你认为九阳公司的渠道模式是怎样的？它评价选择经销商的标准是什么？

(2) 九阳评价选择经销商的四条标准的依据是什么？谈谈你的理解。

(3) 九阳公司如何与经销商实现双赢？

九阳公司选择经销商的思路

济南九阳电器有限公司是一家从事新型小家电研发、生产与销售的民营企业。公司设立于 1993 年下半年，起步资金仅有数千元。1994 年 12 月份推出产品——豆浆机后，市场连年大幅度扩大，6 年来把豆浆机从无到有，做成了一个产业。虽然现在市场上有了 100 多家生产豆浆机的企业，但无论从产品性能还是市场营销上，都不能对九阳构成真正的威胁。九阳公司销售总经理许发刚说，九阳有技术优势，但与技术上的领先优势相比较，九阳在市场营销上更为成功。特别是在全国 160 多个地级城市的营销网络，不仅是实现销售和利润的渠道，而且是构筑自身安全体系和锤炼企业核心竞争力的"法宝"。

通过 160 多个地级市场的建设，九阳形成了一套寻找和管理经销商的思路。

九阳公司根据自身情况和产品特点采用了地区总经销制。以地级城市为单位，在确定目标市场后，选择一家经销商作为该地独家总经销。为达到立足长远做市场、做品牌、共同发展的目标，九阳公司对选择总经销商提出了较严格的要求。

(1) 总经销商要具有对公司和产品的认同感，具有负责的态度，具有敬业精神。这是选择经销商的首要条件。九阳的销售人员注意在帮助经销商分析认识企业的发展前景和产品的市场潜力，以及培养经销商认同感方面做工作。九阳公司在开发重庆市场时，曾有一家大型国有批发企业提议担任总经销，公司在对其全面考察后，认为其虽然具备较强的实力但缺乏负责任的态度，不利于公司市场发展的需要，否决了这项提议。

(2) 总经销商要具备经营和市场开拓能力，具有较强的批发零售能力。

(3) 总经销商要具备一定的实力。九阳公司在评价经销商实力时采用一种辩证的标准，即只要符合九阳公司的需要，能够保证公司产品的正常经营即可，并不要求资金最多。

(4) 总经销商现有经营范围与公司一致，有较好的经营场所。九阳公司要求总经销商设立九阳产品专卖店，由九阳公司统一制作店头标志。

九阳公司的业务经理们对于开拓市场首先树立了三个信心：第一，提供的是好产品，满足了消费者的生活需要，有市场需求，而且产品质量过硬，售后服务完善；第二，公司的一切工作围绕市场开展，考虑了经销商的利益，拥有先进的营销模式；第三，坚信有眼光的经销商必定会和九阳公司达成共识，进行合作。这三个信心保证了业务经理在同经销商的谈判中积极主动，帮助经销商分析产品的优势和市场潜力，理解并认同公司的经营理念和宗旨；认识合作能带来的近期及长远利益，研究符合当地市场特征的营销方案，并且在谈判中坚持公司对经销方式的原则要求，在网点选择上不做表面文章，奠定了整个网络质量的基础。

　　九阳公司与其经销商的关系，不是简单的立足于产品买卖的关系，而是一种伙伴关系，谋求的是共创市场、共同发展。因此，公司在制定营销策略时，注意保证经销商的利益，注重的是利益均衡，不让经销商承担损失。如公司规定总经销商从公司进货必须以现款结算，一方面保证公司的生产经营正常进行，另一方面可促使总经销商全力推动产品销售。那么，如何化解经销商的经营风险？一是公司的当地业务经理可以协助总经销商合理确定进货的品种和数量并协助到货的销售，二是公司能够做到为经销商调换产品品种，直至合同终止时原价收回经销商的全部存货，通过这些措施解除经销商的疑虑。

资料来源：汤定娜，万后芬．中国企业营销案例［M］，高等教育出版社，2001．

任务二　渠道成员的任务分配和管理

★学习目标及任务

1. 理解渠道成员任务分配的相关内容。
2. 掌握制造商与中间商管理和稳定渠道成员的策略。
3. 应用渠道成员的任务分配和管理理论进行案例分析。

一、渠道成员的任务分配

　　企业创建营销渠道是为了发挥渠道的功能，更好地实现渠道目标。因此，他们通常会在选定渠道成员并对他们进行一定的培训之后，为渠道成员分配工作任务，以相互协作，实现渠道目标。通常，对渠道成员的任务分配包括价格政策、交易条件、区域划分等内容。

（一）价格政策

　　对价格政策的规定就是使渠道成员间在出厂价、批发价、零售价等方面达成共识，或者一个渠道成员对另一个渠道成员在价格方面的制度规定。制定渠道中的价格政策有助于市场价格的稳定，降低或避免由于价格混乱而导致的窜货、价格战等。

　　价格政策通常会通过渠道成员间的商业谈判，以合同的形式确定下来，比如有的制造商向零售商规定"乙方必须按照甲方规定的售价向顾客销售，不得随意抬价或压价"；或者"乙方需要依据甲方规定的指导价向顾客销售，抬价或压价幅度不得超过指导价的10％"。比如美的要求经销商在淡季预付货款，并且付款金额较多的经销商可以获取更多的价格折扣。

　　有些实力强大的批发商或零售商也会通过合同，对制造商提供商品的批发价做出要求，如"除非双方另有规定，乙方向甲方供货的批发价为乙方产品售价的九折"。比如沃尔玛曾对它的供应商提出两条价格政策，"所提供的产品价格必须是市场最低价"，"供应商应该提供以下折扣：……"。

　　有时候，零售商也会对消费者做出一定的价格承诺。比如京东为了保障消费者权益，提升用户消费体验制定了价格保护政策，如果消费者购买的商品降价，符合政策规定就可以返还差额。

（二）交易条件

交易条件也就是交易双方对产品或劳务的付款条件、结算方式、结算时间、质量保证、供货时间、交货方式、商品价格、退换货、库存水平，以及服务质量、服务方式、违约惩罚等方面作出的规定。

（三）区域划分

区域划分也就是为了避免不同地区渠道商的窜货、恶性竞争等行为而对中间商的市场范围做出划分，通过合同等形式明确各中间商的销售区域。

中间商通常希望能够在某个地区独家经营并将自己区域内的所有交易成果归为己有。他们希望制造商能够承认在其专营范围内的所有销售业绩，而不管这些业绩是否是自己努力的结果。但制造商能否满足中间商的要求，还需要双方的协商。因此，如果涉及独家经销、独家代理、总经销、总代理、特约经营等关系时，制造商应该在分销范围、促销、市场渗透、渠道成员选择等方面谨慎考虑，深入协商，并在合同中作出明确规定，以防出现渠道冲突。

（四）其他

除了价格、交易条件和区域划分之外，制造商还应该对渠道成员在促销、推广、资金、沟通、培训、售后服务、展示等方面做出详细的规定。

需要注意的是，分配渠道成员间的权利和责任时要注意渠道成员间的能力以及权力、责任、利益的适应性问题。通常，实力强大的渠道成员承担更多的责任，拥有更多的权力，相应也会获得更多的利益。渠道成员间权、责、利的分配要注意公平性、互利性，否则渠道成员的关系就会不够和谐和稳定。

📖 案例分析

空调企业营销渠道模式比较

我们把空调企业营销渠道分为五种模式，每一种模式都对应着一个典型企业。

一、中国空调企业五种营销渠道模式

1. 海尔——制造商自建零售网络为主导的分销网络

海尔几乎在中国每个省都建立了自己的销售分公司——海尔工贸公司，由海尔工贸公司直接向零售商供货并提供相应的支持，并且将很多零售商改造成了海尔专卖店。当然海尔也有很多批发商，但海尔分销网络的重心并不是批发商，而是更希望和零售商直接做生意。

2. 美的——多个批发商网络组成的分销网络

美的以白色家电为主营业务，同海尔一样，美的在各个省都设立了自己的分公司。所不同的是，美的的分销网络依赖为数众多的批发商，在某个区域市场内，美的往往通过几个批发商来管理零售商，政策上对批发商也较为有利。

3. 格力——多个批发商组成的股份制的总代理商

格力的业务更为专一，除了空调是主营业务以外，只生产电风扇等小家电产品。格力的分销模式和美的基本相同，每个地区都有几个大经销商来承担主要的销售任务。但是最大的不同就在于，格力将这些经销商组织起来建立了一个地区性的股份销售公司，以这个公司来充当格力的分公司，管理当地的市场。省一级有合资的销售公司，各地市级也有相应的分公司，股东除了格力公司以外都是当地的大经销商。但这些经销商以统一的政策进行销售，而利润来源也不再是批零差价，而是按股份多少对一整个公司税后利润的分红。

4.志高——单一批发商的区域代理制

志高的分销方式是在各省寻找一个总代理商，把销售的全部工作赋予这个总代理商。这个总代理商可能是一家公司，也可能是由2～3家批发商联合组成。但是，和格力股份公司不同，志高公司在其中没有权益，双方只是客户关系。总代理商发展多家批发商或是直接向零售商供货。

5.苏宁——以下游企业为主导

苏宁销售网内的企业分为子公司、合资公司、加盟连锁公司三种。子公司是指苏宁全资的销售分公司或零售商场，从业务到人员都由苏宁总部直接进行管理；合资公司是指苏宁和其他企业，如制造厂家或其他各地经销商共同出资、共同管理的销售公司或商场；加盟连锁公司是指当地原有的经销商在企业性质不变的情况下，加入苏宁的销售体系，即销售门店按照苏宁的风格统一装修，从苏宁公司进货或者双方共享政策，有的公司还会输入苏宁的管理体制。

二、不同模式的比较

1.各种分销模式中企业分工的比较

在空调产品的各种分销模式中，渠道成员在各种工作中承担的责任如表5-2所示：

表5-2　不同模式下渠道成员的权力责任分配

	海尔模式	美的模式	格力模式	志高模式	苏宁模式
产品	制造商决定	制造商决定	共同决定	经销商决定	经销商完全管理
促销	制造商完全管理	大部分制造商管理，批发商辅助	工厂负责全国促销，协助经销商进行地方促销	制造商负责全国促销，经销商负责地方促销	经销商决定
零售价格	制造商制定并管理	制造商制定并管理	经销商决定，制造商协调	经销商决定	经销商决定
售后服务	制造商负责	制造商委托经销商负责并加以监督	制造商委托经销商负责并加以监督	完全委托经销商管理	经销商负责
批发价格	制造商制定并加以管理	制造商制定指导价，协调批发商关系	经销商决定，制造商协调	经销商决定	经销商决定
分销行为	制造商管理	制造商协助批发商管理	经销商管理	经销商管理	经销商管理

从上表可以明显看出，从海尔模式到苏宁模式，制造商和经销商在市场营销工作中的责任在逐渐转移。在海尔模式中制造商承担了大部分的工作职责，而苏宁模式则恰恰相反，由经销商取代了制造商成为市场主角，其他几种分销模式则处于中间状态。

此外，制造商在向经销商让渡市场责任时，首先选择的工作是分销管理，然后是制定批发价格，而产品、促销、零售价格等代表市场和品牌形象的权力却总是希望由自己掌握。

2. 各种模式中的利润分配

通过分析，我们可以计算出各种模式下企业的盈利水平，如表5-3所示。

表5-3　不同分销模式下企业盈利水平

毛利率	渠道总和	制造商	批发商	零售商
海尔模式	59%	47%	4%	8%
美的模式	36%	24%	6%	6%
格力模式	37%	22%	11%	3%
志高模式	38%	15%	13%	11%
苏宁模式	29%	9%	0%	29%

从上表可以看出，制造商毛利率水平最高的是海尔公司，最低的是苏宁公司（给苏宁公司贴牌的飞歌公司和熊猫公司），只有9%的毛利率。美的公司和格力公司大致相同。海尔的批发商毛利率最低，志高的总代理最高，苏宁是个例外，没有批发商这个环节。零售商利润最好的是苏宁，因为这种模式几乎省去了所有中间环节。志高的零售商的毛利率也很高，海尔的零售商利润水平次之。

从以上数据还可以看出，三个大品牌（海尔、美的、格力）的分销模式中有关利润分配的一些特点：三个品牌分配给下游企业的利润率大致相同，均在12%～14%之间，远比制造商自己获得的毛利率要低。所不同的是，海尔的分销模式比较有利于零售商，零售商取得了这一部分的2/3，而批发商只有1/3。在美的模式中，采取的是均衡原则，批发商和零售商利润水平大致相同。而格力的分销渠道中，零售商利润明显向批发商归集。与三大品牌比较，小品牌志高的做法是自己保留较少的利润，将更多的利益让给了分销企业，以促进渠道内的推动力。

3. 渠道成员的权责分配

结合表5-2的分析，我们可以得出企业"责任—利益"关系表，见表5-4。

表5-4　企业"责任—利益"关系表

	制造商		批发商		零售商	
	市场责任	毛利水平	市场责任	毛利水平	市场责任	毛利水平
海尔	最大	很高	很少	很低	很少	较高
美的	较多	较高	不多	较高	很少	中等
格力	中等	较高	较多	较高	少	最低
志高	较少	较低	最多	最高	少	较高
苏宁	最少	最低	无		最多	最高

从表 5 - 4 可以看出，企业盈利水平的高低和企业在营销渠道内所承担的责任大小密不可分，绝大多数情况下二者是成正比的。虽然从表上看美的模式中批发商的责任和收益不太一致，但是批发商给予了制造商大量的资金，这是该分销模式的核心内容，这样看来就是非常正常的了。

资料来源：汪涛，李进武．空调企业营销渠道模式比较[J]．经济管理，2002(11)．

★思考与讨论

结合渠道成员任务分配相关理论，谈谈这五种模式下渠道成员的责任和任务是如何进行分配的。依据市场营销相关理论，分析是什么因素影响了这五个企业的渠道模式。

二、制造商管理和稳定渠道成员的策略

制造商为了提升渠道绩效、维护渠道网络，通常通过明确权利和义务、提升能力和素质、考核与激励等方式，稳定和管理渠道成员（下游的中间商）。

（一）明确权利和义务

为了协调制造商和中间商之间的关系，建立高效的营销渠道，制造商通常通过合同的方式在商品供应、销售价格等方面对双方的权利和义务作出明确规定。

1. 商品供应

首先，制造商要保证提供的商品质量、数量、规格等符合合同规定；另一方面，制造商也要求中间商向消费者提供合格的产品和服务，保证产品质量。制造商通常要求中间商了解并向顾客提供有关产品型号、性能、质量等相关信息，并且为顾客提供产品选择、退换货等服务。对于退换产品及瑕疵品也要做出明确的处理规定，制定规范的处理流程，既能让顾客满意，也要强化各方的质量意识，明确质量责任。

2. 销售价格

价格直接涉及渠道各方的经济利益，是商品交易中最关键、最敏感的问题。制造商必须严格依据合同规定执行并监督销售价格，严密监控批发价、零售价、价格折扣等各类价格政策的落实情况。

3. 销售区域

为了便于管理和协调渠道成员间的关系，制造商还需要赋予中间商一定区域的经销权利，并对不同中间商负责的销售区域做出明确规定。

4. 支付条件

制造商还应该对双方交易的支付条件作出明确规定，并严格执行，包括中间商何时支付货款；以什么形式进行结算；如果中间商及时支付有什么优惠；如果中间商无法支付货款是否可以延迟，可以延迟多长时间，延迟支付需要付出什么代价等问题。

5. 存货水平

为了满足制造商的销货需求，协调产销矛盾，满足顾客的购买需求，避免缺货，制造商通常会对中间商的备货水平作出规定，可能是持有多少数量的存货，也可能是持有适合多少天销售所需的存货。制造商对中间商存货水平的规定一定要符合实际情况，经过科学考察和计算，既要能够减少不必要的运输、库存费用，避免缺货和产品积压，还要能够均

衡利用生产及物流能力，有利于维护制造商、中间商和最终顾客的共同利益。

6. 物流配送

商品的销售过程必然会形成实物的流动，中间商需要经常订货、补货，在营销渠道中承担着一定的物流职能。因此，制造商需要在物流设备、场地、使用租金、人工费用、配送程序、物流损失、款项支付、管理费用等方面和中间商达成共识。

7. 销售服务

产品的销售过程离不开在售前、售中和售后给顾客提供的各种服务，制造商需要给中间商和最终顾客提供周到的相关服务，中间商也需要给最终顾客提供服务。但是，服务的提供必然伴随着成本的形成。制造商可以一方面鼓励中间商向顾客提供力所能及的服务，规范渠道成员的服务范围和操作流程；另一方面可以根据中间商提供的服务数量和质量给予一定的奖励和补偿，也需要在必要的时候为中间商提供一定的技能培训以及设备或人员的支持。

(二) 提升能力和素质

有时候营销渠道的效率低下不在于渠道结构和管理制度的问题，而在于渠道管理人员的素质能力较低。有些制造商的渠道管理人员目光短浅、急功近利，缺乏系统的思考和战略眼光，为了短期销售业绩采取压库存获取订单、催收货款、盲目增加中间商等对拓展市场、扩大销售没有实质性帮助的手段，不但解决不了实质性问题，反而影响了渠道关系的和谐。因此，制造商需要通过精选管理人员，对管理人员进行培训、考核、激励等方式提高管理人员的素质和能力，提高渠道管理水平，将工作重心转移到中间商业务和渠道绩效的可持续增长上来。

(三) 考核与激励

为了充分发挥中间商的主观能动性，提高中间商工作绩效，考核与激励也是必不可少的环节。通过对中间商的监督和考核，可以了解中间商的销售和服务能力、工作绩效，也促使中间商提高对渠道工作的重视程度；而奖惩激励措施更能够强化双方的合作关系，提升渠道绩效。对渠道成员考核与激励的具体方法将在本专题任务二中作详细介绍。

🔖 案例分析

就宝洁在沃尔玛提升价格一事的合同书（节选）

甲方：广州宝洁有限公司

乙方：广州沃尔玛总部

鉴于通货膨胀的影响，甲方希望由乙方为其销售甲方的产品（以下简称"产品"）的价格在原价基础上提升 11％；及鉴于乙方拥有销售这些产品的权力、能力、人力、设施、许可和任何要求的政府批准，根据双方谈判结果，双方兹达成协议如下：

1. 双方间的关系

按照本协议之条款及条件，甲方兹指定乙方为甲方的产品在中国的非独家的销售商，乙方兹接受该授权。乙方是一个独立的合同方。本协议中没有任何内容构成乙方成为甲方任何意义上的代理人或合法代表。乙方没有被赋予任何权利或授权代表甲方或以甲方的名义承担或产生任何明确或暗示的责任，或以任何方式约束甲方。乙方不得使用"宝洁"作为其商号的一部分，且未经甲方明确的书面同意，亦不得用任何方式使用宝洁或甲方或其母公司或关联公司的任何标志，除非用以表示其为甲方产品的销售商。

2. 产品的供应

乙方在充分了解了甲方的产品价格表后按甲方规定的最低起订量，用发订单给甲方的方式向甲方订购产品。乙方发出的所有订单需经甲方审阅及接受后方可生效。甲方有权拒绝接受乙方发出的订单并不需承担任何责任。甲方将只向乙方发运自产品生产日期起一年内的产品。宝洁将采取所有合理的措施确保在要求的交货日期把货物提交给乙方。如无法在要求的交货日交货，甲方将在通知乙方接受其订单时，把情况告知乙方，并按甲方通知乙方的确定交货日期交货。

产品将用运费已付形式，运到乙方预先指定并经甲方接受的交货地（以下简称"交货地"）。在乙方接受产品之前，甲方负责货物的保险。乙方可以建议保险险种，但最终由甲方决定。

3. 产品的接收

产品送达交货地并由乙方接收后，产品的所有权转移到乙方，产品损失的风险由乙方承担。一旦收到产品，乙方应立即验收，经确认合格后乙方应立即在货物签收单上签名盖章，并交回甲方。乙方应接收自产品生产日期起一年内的产品，除非该产品有质量问题。

4. 付款

所有货款（包括货价、至交付地的运费、保险费及与准备交货或运输文件有关的其他费用）的支付均应以人民币金额支付，除非甲方用书面形式批准其他的付款条件，且甲方可以用书面通知形式随时收回或变更这些其他付款方式。

乙方应在本协议第三条规定的交货地收货后21天内根据本协议的规定支付每笔货物的全部货款，该购货的金额应在甲方给乙方的信用额范围内（扣除所有乙方应向甲方支付而未付的货款）。乙方不能在本条规定的时间内付款将被视为根本违约。

甲方有权采取所有合同和法律规定的补救措施，包括终止本协议和采取任何法律行动。乙方应通过乙方银行将货款支付到甲方指定的银行账号上。支付货款所发生的费用由乙方承担。

5. 知识产权

乙方同意除履行本协议之外，不使用甲方的商标（以下称"商标"包括甲方及其关联公司的拥有的商标）。一旦知晓任何侵犯"商标"和前文所述的特有包装的情形，乙方应立即通知甲方。甲方将自行决定采取什么样的行动且所有收回的款项均属于甲方。乙方应配合甲方以保护及捍卫甲方对商标及特有包装的权利。

6. 标志及警告

除非有法律或政府规定的要求，否则未经甲方的事先书面同意乙方不得除去产品的任何标志，亦不得在产品上添加任何东西。

7. 信用保证

如果有良好的付款表现及稳定的销售成绩，乙方可以申请信用额或申请提高信用额。甲方有权调整甲方给予乙方的信用额。在甲方取消乙方信用额时，乙方必须在购货之前支付所有货款。

8. 销售许可

乙方应负责取得所有对于在其当地市场范围内销售产品所必需或建议应取得的一切许可、同意及其他授权。如本协议因任何原因终止或期限届满，乙方应把该等许可、同意及其他授权转让给甲方或甲方的指定方或取消该等许可、同意及其他授权，按照甲方的自由选择。

9. 退货

只有在以下情况，甲方将接受乙方将将甲方的产品退回给甲方：

(1) 甲方认为产品有质量问题需要收回；

(2) 甲方错误地将产品运输给乙方；

(3) 乙方未支付货款，同时这些产品还在乙方的仓库，并且乙方正处在破产阶段；

(4) 在乙方接受前产品已破损；

(5) 其他任何甲方提出或同意的退货。

除了甲方主动提出退货或回收产品外，退回的产品包装单位应与甲方的销售产品包装单位一致。

……

★思考与讨论

该合同条款中，宝洁公司对哪些权利和义务作了规定？

三、中间商管理和稳定渠道成员的策略

中间商稳定渠道成员的策略主要有提升规模实力、发展自有品牌、强化促销服务、一体化策略、集中采购等。

(一) 提升规模实力

在制造商和中间商的交易谈判过程中，通常规模大、实力强的企业更容易占据主动地位，也更容易聚集和吸引优质的合作伙伴。小的中间商需要寻找和争取供应商，而大企业不用费心寻找就会有很多优质供应商主动上门以供挑选，而众多中小企业也更愿意与实力强大的中间商建立长期的合作伙伴关系。因此，中间商通过提升自身的规模和实力，拥有较大的市场覆盖率和销售规模，在和制造商谈判的过程中就可以比其他竞争者更具优势，可以承担更多的渠道任务，当然也会获得更多的话语权和利益回报。

沃尔玛、梅西、居然之家、苏宁等大型连锁企业由于其经营规模大、市场覆盖率高、品牌知名度高、企业形象好、服务好，一直是各相关制造企业争相与之合作的渠道商。这些大的中间商在与制造商合作时就可以占据主动地位，可以对制造商在商品供应、价格、交易条件等方面提出要求，制造商也轻易不会与之中断合作关系。

(二) 发展自有品牌

对中间商来说，从制造商进货要在产品数量、质量、规格、供应时间、商品陈列等方面受制于制造商，并且只能通过购销差价获取利润。而发展自有品牌不需要向制造商采购，不但可以依据终端市场需求安排产品的设计及生产，在产品、促销、服务、陈列等方面拥

有更大的自主权，而且还大大节约了渠道费用，并且可以获得原来属于制造商的那部分利润。更重要的是，发展自有品牌相当于把原来企业外部的采购活动内部化，也间接扩大了业务范围和企业规模，自然就有助于渠道成员的稳定。

当前，很多零售商为了提升竞争力和影响力，压制供应商的话语权，获取更多利润回报，都开始致力于发展自有品牌，比如人人乐开发了"人人乐"、"好唯乐"、"乐丝"、"乐可兔"、"齐乐"等多个品类的自有品牌商品；就连著名的互联网公司奇虎360公司都开发了360奇酷手机、360儿童手表、360智能摄像机、360行车记录仪及360安全路由器等产品。

（三）强化促销服务

中间商可以通过强化促销活动和服务，加强自身与制造商、终端用户的联系，为营销渠道创造价值，使其与制造商、用户在相互信任、互惠互利的基础上建立持续和友好的关系。中间商强化促销活动可以提升制造商知名度和影响力，有助于更好地吸引顾客，进而获得制造商、消费者和社会公众的支持和认同。其次，中间商服务质量的提升有助于为顾客提供更好的服务，提高顾客的满意度和忠诚度，增强顾客黏性，保持和终端顾客的友好关系。再次，服务也是企业无声的广告和促销员，可以吸引新顾客、维系老顾客，提高产品的市场渗透率。最后，中间商的促销和服务也有助于买卖双方的信息沟通，使商家获取更为准确的市场信息，为企业营销决策的制定提供必要的参考。

（四）一体化策略

通常，大的中间商在企业发展壮大的过程中会通过一体化经营来扩大对营销渠道的控制力和影响力，以增强整个营销渠道的凝聚力。这种一体化既包括与其他中间商通过联盟、联营、联合等方式形成的横向一体化，也包括中间商与上游供应商、下游用户之间各种形式的联合，也就是纵向一体化。通过一体化将营销渠道上的不同成员联合在一起，有助于增加中间商的渠道权力，强化营销渠道的稳定性。

人人乐、梅西百货等大型零售商涉足制造业，开发自有品牌的商品就是一种纵向一体化，也称为后向一体化；原来的批发商涉足零售领域也是一种纵向一体化，称为前向一体化。阿里巴巴和银泰、梅西百货的合作，涉足金融、保险、音乐、影视、物流、餐饮等领域就是一种横向一体化。

（五）集中采购

通常，制造商在批发产品时都会有一定的数量折扣，而中间商的集中采购不但可以获取来自于制造商的价格折扣，降低采购成本和物流成本，也可以带动利润率的提高。研究发现，对于中间商来说，降低1%的采购成本相当于增加10%的销售额。因此，通过集中采购来降低采购成本、提高利润率是中间商低成本、高效率的管理方式。更为重要的是，采购批量大的中间商在与制造商谈判时也会有更多的话语权，对制造商和终端顾客来说也有更大的吸引力。比如沃尔玛、宜家家居等大型零售企业都是通过集中采购的方式获取更多渠道控制力的。

★思考与讨论

稳定渠道成员对中间商有什么意义？

◆ 案例分析

宜家家居稳定渠道成员的政策

宜家家居(IKEA)于 1943 年创建于瑞典。目前,宜家集团已成为全球最大的家具家居用品商家,在全球 38 个国家和地区拥有 300 多个商场。宜家品牌始终和提高人们的生活质量联系在一起,并秉承"为尽可能多的顾客提供他们能够负担、设计精良、功能齐全、价格低廉的家居用品"的经营宗旨。

宜家在提供种类繁多、美观实用、老百姓买得起的家居用品的同时,努力创造以客户和社会利益为中心的经营方式,致力于环保及社会责任。今天,瑞典宜家集团已成为全球最大的家具家居用品商家,销售主要包括座椅/沙发系列、办公用品、卧室系列、厨房系列、照明系列、纺织品、炊具系列、房屋储藏系列、儿童产品系列等约 10 000 个产品。

1. 宜家的采购

宜家的采购模式是全球化的采购模式。宜家的产品是从各贸易区域采购后运抵全球 26 个分销中心再送货至宜家在全球的商场。宜家的采购理念及对供应商的评估主要包括 4 个方面:持续的价格改进;严格的供货表现/服务水平;质量好且健康的产品;环保及社会责任。宜家在全球的 16 个采购贸易区设立了 46 个贸易代表处,分布于 32 个国家。贸易代表处的工作人员根据宜家的最佳采购理念评估供应商,在总部及供应商之间进行协调,实施产品采购计划,监控产品质量,关注供应商的环境保护、社会保障体系和安全工作条件。如今,宜家在全球 53 个国家有大约 1300 个供应商。2008 年 12 月 30 日,世界权威的品牌价值研究机构——世界品牌价值实验室举办的"2008 世界品牌价值实验室年度大奖"评选活动中,宜家凭借良好的品牌印象和品牌活力,荣登"中国最具竞争力品牌榜单"大奖,赢得广大消费者普遍赞誉。

2. 宜家的品牌和经营理念

2005 年 9 月,《商业周刊》和 Interbrand 公司联合推出的全球最佳品牌榜上,宜家排名 42 位,品牌价值为 78.17 亿美元,而在此之前,连续三年宜家一直位居全球最佳品牌的前 50 名。

为了让更多的顾客成为宜家的品牌布道者,宜家的一个重要策略就是销售梦想而不是产品。为了做到这一点,宜家不仅提供广泛、设计精美、实用、低价的产品,而且也把产品跟公益事业进行联姻。

宜家还有一个独特的策略,采用一体化品牌模式,即拥有品牌、设计及销售渠道。在宜家品牌的强势支撑下,2 万多种产品均建立了自己的品牌,从 Sandomon(桑德蒙)沙发到 Expedit(埃克佩迪)书柜;从 Faktum(法克图)橱柜到 Moment(莫门特)餐桌;甚至小到价值一元的香槟杯 Julen(尤伦)。

宜家商业理念是提供种类繁多、美观实用、老百姓买得起的家居用品。在大多数情况下,设计精美的家居用品是为能够买得起它们的少数人提供的。从一开始,宜家走的就是另一条道路。"我们决定站在大众的一边",这意味着宜家响应了全世界人民对家居用品的需要,包括有着各种不同品位、梦想、渴望和收入的人们,希望改善他们的居家环境和他们的日常生活。

3. 宜家的团队合作

宜家在产品设计过程中重视团队合作，不仅仅是宜家内部的团队合作，还包括与OEM厂商以及消费者的合作。与OEM厂商的通力合作表现在两个方面：一是在产品设计过程中；二是在产品生产过程中。在产品开发设计过程中，设计团队与供应商进行密切的合作。在厂家的协助下，IKEA有可能找到更便宜的替代材料，更容易降低成本。产品设计完成之后，为了说服OEM厂商对必需的设备进行投资，宜家向他们承诺一定数量的订单，这样厂家就愿意为了生产宜家的产品而购置设备；就宜家而言，节省了投资。宜家这种负责的态度，使供货商愿意与其合作，使宜家"质优价廉"的产品策略得以顺利实施。

宜家把顾客也看作是合作伙伴：顾客翻看产品目录，光顾宜家自选商场，挑选家具并自己在自选仓库提货。由于大多数货品采用平板包装，顾客可方便地将其运送回家并独立进行组装。这样，顾客节省了部分费用（提货、组装、运输），享受了低价格；宜家则节省了成本，保持了产品的低价优势。

4. 宜家的全球生产及物流

宜家除了与OEM供应商通力合作，也鼓励各供应商之间进行竞争。宜家也倾向于把订单授予那些总体上衡量起来价格较低的厂商——宜家在选择供货商时，从整体上考虑总体成本最低，即计算产品运抵各中央仓库的成本作为基准，再根据每个销售区域的潜在销售量来选择供货商，同时参考质量、生产能力等其他因素。

为了进一步降低价格，宜家在全球范围内调整其生产布局——宜家在全球拥有近2000家供货商（其中包括宜家自有工厂），供应商将各种产品由世界各地运抵宜家全球的各中央仓库，然后从中央仓库运往各个商场进行销售。

5. 独特风格的"卖场展示"渠道策略

宜家的渠道策略是独立在世界各地开设卖场，专卖宜家自行设计生产的产品，直接面向消费者，控制产品的终端销售渠道。宜家在全球共有180多家连锁商店，分布在40多个国家。

宜家是一个家具卖场的品牌，也是家具的品牌。通过一系列运作，IKEA的卖场在人们眼中已不单单是一个购买家居用品的场所，它代表了一种生活方式。

6. 宜家的促销

目录展示是宜家促销策略的重要组成部分，大大促进了宜家的产品销售。

与普通家居市场不同，宜家能让消费者在体验中深刻了解到一件产品的利弊，沙发等各种家具都可以在商店里试用。在宜家，装修了各种各样的样板间，设计合理，博得了广大消费者的一致好评。如果物品没有损坏，也是可以在60天以内（申请宜家免费会员后为180天）无条件退换，同时配有布料裁剪与市内送货安装服务。

商场设计合理，将饮食与购物相结合，并配有家具自提区，快速便捷，最大程度地满足了消费者需要。

★思考与讨论

谈谈宜家是如何稳定渠道成员的。

🔭 实践分析与应用

依据市场营销和营销渠道相关理论分析并解决实际问题。阅读资料，尝试回答以下问题：

（1）阅读以下材料，说说家乐福是如何管理供应商并稳定渠道成员的。

（2）除了材料中叙述的内容，结合所学理论，谈谈你还知道哪些家乐福稳定渠道成员的策略。

（3）谈谈你对家乐福渠道管理策略的认识。

📖 阅读资料

家乐福的供应商管理

1959 年创立于巴黎郊区的家乐福公司是现代化大生产条件下大卖场业态的首创者之一，目前是欧洲第一大零售商、世界第二大国际化连锁零售集团，现拥有 11 000 多家营运零售店，业务范围遍及世界 30 多个国家和地区。家乐福有大卖场、会员店、折扣店、便利店等销售业态。家乐福具有完整的供应商管理体系，这保证了家乐福商品供应链的畅通，进而在一定程度上也保障了资金链的顺畅和家乐福的盈利得以实现。

1. 家乐福对供应商管理的内容

与家乐福建立业务关系的供应商有数千家，其中 90% 都是当地的供应商，只有 10% 为进口供应商。由于消费品市场千变万化，其中一些供应商的变动比较频繁，所以这种业务关系不是十分稳定的。家乐福在华商务发展的实际情况需要其对供应商强化管理，即充分利用分类管理理论。家乐福对供应商管理的内容主要有以下六个方面：

（1）对供应商进行分类与编号。分类的方法一般可按商品类型来划分，如蔬菜类、主副食品类、熟食类、一般食品类、文具类、家用电器类、针编织品类、衬衣类、烟酒类、玩具类和日用百货杂品类等十几个大类。为方便管理，在与供应商供应的商品分类相一致的分类号码下，各家乐福大卖场和超市都会给每个供应商设定编号。常用的编码是四位数，前一位为商品类别代码，后三位为厂商代码。

（2）建立分门别类的供应商基本资料档案备用。家乐福给每一个供应商建立一个专门的档案，其内容主要是与供应商有关的公司名称、电话、地址、注册资本额、负责人姓名、营业证件号、营业资料等。

（3）对各类供应商进行业务关系评价。按供应商与家乐福关系的密切程度，将其划分为三个类别：分别是很密切供应商、密切供应商和一般供应商（即不够密切），并实施分类管理。这构成了家乐福对供应商进行有效管理的核心内容。

（4）建立不同供应商的商品台账制度。为每一种商品以及相应的供应商建立专门的台账，以明晰商品的存与销的情况。台账内容包括供应商代码、商品代码、商品序号、商品名称、规格、进货量（如又分不同时期的进货量及累计进货量）、计量单位、进价、售价、销售额（如不同时期的销售额）、累计销售额和毛利率 12 项。分别对单位时间内（如一个月)每一供应商所提供的商品数量、销售金额进行统计,并编制厂商销售数量排列表,以此作为在下一批次进货时议价谈判的依据。

(5)分门别类地管理采购合同。采购人员根据家乐福事先制定的一份规范合约书制定合约管理细则。该管理细则包括合约签订、登记、审核、检查、处理等内容。家乐福配备专职或兼职采购合同管理人员,并随时掌握采购合约是否履行和注销等情况,统一负责采购合约的造册登记和存档。

(6)建立服务及商品检查制度。采购人员应随时对分类供应商所提供的商品的品质、销售状况、厂商服务状况等进行抽查,及时向上一级汇报,与供应商及时沟通,并对出现的问题要求其供应商在规定时间内改进完毕。

2. 家乐福如何选择供应商

在选择供货商之前,家乐福通常会从以下三个方面来考虑问题:

(1)对方的分销系统能否覆盖家乐福所有的门店。在今日中国,家乐福门店的发展几乎已经覆盖全国,但是家乐福是不建大型仓库的,所有的产品都要通过商务合作公司(供应商)的分销商或第三方物流公司来送达。如果合作公司的部分地区分销商不能满足家乐福对送货的要求,或者如果合作公司的分销商实力很弱,分销和物流管理能力不足(要有足够的证据),就会在很大程度上影响家乐福商业利益的稳定增长。

(2)供应商的产品是否适合在家乐福所有门店销售。有些时候,即使家乐福的供应商的分销系统有能力覆盖家乐福所有门店,也要考虑供应商的产品是否适合在该地区的门店销售。例如,乌鲁木齐分店是否适合销售产自华东的米酒;又譬如,在哈尔滨分店是否适合销售广州人用来煲汤的陶瓷锅等。

(3)费用条件。家乐福(中国)对供应商收取一系列高额的进场费。以家乐福与某国内炒货企业签署的《促销服务协议》为例,收取费用有10项之多,包括店内的旺铺位置优先进入费、节(假)日费、特色促销费,以便促使市场份额提升。初步测算,家乐福向该企业收取的各项进场费的总计达到其在家乐福卖场所实现销售额的 36%。

3. 供应商选择家乐福

家乐福对供应商的吸引力首先表现在其超大经营规模上,在不包括法国在内的欧洲国家,家乐福也以规模巨大而著称。家乐福的大规模主要体现在:

(1)店堂面积大。

(2)停车场大。

(3)收款出口多。

(4)服务范围大。

(5)主业的发展空间不断扩大。

(6)乐意按照当地实际消费需求来引进分类供应商和商品,满足客户的有效消费需求。

(7)总部倾向于由当地经理人出任店长,因为他们比外来者更接近和了解当地消费者的需求。

家乐福的超大规模经营给供应商带来的好处十分明显,品牌知名度很高、客流量比较大、商品周转速度快、信誉好,这些优势让供应商蜂拥而至。家乐福已经成为业内领头羊。进入家乐福有利于供应商开拓市场,带动销售和业务成长。供应商进入家乐福的情况大多是慕名而来。

4. 如何与供应商建立和维持良好合作关系

成功的长期商业合作伙伴关系有四块基石，它们分别是互相信任、共同目标、公开交流和可靠承诺。其中互相信任是基础，即一方相信对方在相互关系的框架内完成其义务。家乐福与其供应商的密切合作也表现在价格弹性上。任何供应商提供的商品价格在家乐福大卖场和超市里都能进行弹性浮动，凡涉及对方利益的事情一律都经过协商过程，以便最终达成一致。例如，某产品出厂价为人民币 10 元，在经过渠道各个环节时，常见的情况是批发商加 25％的毛利，零售商再加价 25％，到消费者手中其零售价为 15.62 元。家乐福会要求供应商提供出厂价（即进货价），并建议供应商将毛利定在出厂价之上的 10％，家乐福把自己的毛利也定在 10％，以彰显三公原则（公平、公正和公开）。于是，该商品 12.1 元的零售价便脱颖而出了。这样，各自在利益上让步的好处是更多的商品被消费者买走。

与此同时，供应商也为家乐福提供了源源不断的周转资金。在家乐福与其供应商的合同中是这样对供应商提出要求的：供应商必须遵守合同中协商一致的运货期，由家乐福的采购人员记录供应商的交货天数、库存天数和生产或进口天数（如果是进口供应商的话）。家乐福会按合同规定与供应商定期结算货款。如果不能按期结款，家乐福愿意支付每天货款（即欠款）总额 0.5％的罚金。采购商品的价格按合同中的规定计算；对于新商品价格，由供应商向家乐福提出申请，在家乐福同意后一个月内生效。每次到货都必须附有发票，否则拒绝收货，并要求在发票上详细注明进价（不含税）、增值税以及进价（含税）。而对于合同中有争议的地方，双方通过谈判与协商来达成一致。合同需有英文翻译文本，它将备案作为下个阶段商务运作时（如 出口海外家乐福门店）的参考。

依照合同，每月供应商向家乐福提供商品货款总额的 3％会被扣留，作为产品质量与售后服务押金。在合同中也对商品作了细致的规定。供应商在报价及商品陈述时必须列明所供应的货物可否退换、最小订货量、运费是否包括在内，并列明报价是否含税。供应商在商品介绍时必须说明附带的服务，比如是否带衣架（服装）、打好标签、维修/安装（家电）或者特别安装等。家乐福给供应商的付款条件是到货（确认）后按合同中的规定天数付款，结算期为 60 天。

在商业合同中，家乐福写明自己的义务和责任，并准备好了违约处罚办法。合同一经签订，供货商的业务员根本无需天天跑商场，家乐福要货时会立即发送传真，内容包括所需的品名、数量、交货时间等，供应商业务员开出送货单连同增值税发票一同送去，当面验收完毕，这样一个过程既简单又方便。

资料来源：倪跃峰，杨楠楠. 家乐福渠道运行中零售商与供应商的关系管理（节选）[J].
管理案例研究与评论，2009，2(3).

任务三　渠道成员的评估与激励

★学习目标及任务

1. 了解渠道成员绩效评估的影响因素、标准、方法。
2. 理解和掌握渠道成员激励的原因及应用技巧。

3. 运用渠道成员评估及激励理论进行案例分析。

一、渠道成员的绩效评估

制造商对渠道成员的绩效评估是指运用一定的评价标准、量化指标及评价方法，对渠道成员为实现渠道功能所确定的绩效目标的完成程度，以及为实现这一目标所安排预算的执行结果所进行的综合性评价。简单地说，对渠道成员的绩效评估就是制造商对渠道成员的行为对制造商绩效提升做出的贡献程度的评价。

制造企业创建营销渠道是为了发挥渠道的功能，因而他们通常会在选定渠道成员并对他们进行一定的培训之后，为渠道成员分配任务，组织和协调渠道成员共同完成渠道任务，这就是渠道管理工作的核心。为了稳定渠道成员，充分挖掘和发挥渠道成员的积极性和能动性，鼓励渠道成员配合制造商高效地完成各项渠道任务，对渠道成员的绩效评估和激励必不可少。

（一）绩效评估的影响因素

通常，影响对渠道成员绩效评估的因素有以下几种：

1. 产品因素

一般来说，产品结构和产品组合越简单就越容易评估，如果产品比较复杂，产品组合种类比较多，评估时需要考虑的因素就比较多，考评范围就比较广。对于产品简单、技术含量低、价值低、批量大、不需要很多服务的产品，制造商对经销商的绩效评估可能只需要考察日常销售数据。比如米面粮油、日用品、零食、饮料等产品，制造商比较关注经销商是否完成了预期销售量，对产品市场覆盖率和占有率的提高做出了多大贡献。如果是比较复杂、技术含量高、价值高、销售批量小、需要较多相关服务的产品，制造商评估的重点就不仅仅是销售量，而是更为关注经销商是否能为顾客提供周到细致的服务，是否能很好地维护产品的品牌形象，是否能协助制造商进行品牌传播和推广，是否能提高顾客对产品的满意度和忠诚度等。比如汽车、家具、精密仪器以及高档服装、珠宝、化妆品等，制造商需要依据产品特征和企业需要制定比较复杂的考评体系。

2. 渠道关系

对经销商的绩效进行评估，与绩效相关的数据是关键。这些数据可能来自于双方的交易信息，比如经销商的订货量、订货周期、货款支付、退货、返修等；可能来自于经销商提供的数据，比如销售量、销售额、市场覆盖率、客户满意度、库存等；也可能来自于制造商的市场调研和分析。这些数据尤其是来自于经销商的数据，能否获得、获得成本、数据的可靠性等都会受到制造商与经销商关系的影响。如果制造商实力强大，产品竞争力很强，渠道关系比较和谐，对经销商的控制程度比较高，渠道信息沟通比较流畅，就容易获得相关数据，经销商为了与制造商保持长久的合作关系也愿意主动提供评估所需信息。反之，如果渠道关系不够稳定，制造商产品不畅销，经销商对制造商的产品不够重视，那么经销商就不愿意花费时间和精力去收集和分析销售数据，也不愿意配合制造商进行绩效评估，哪怕有合同的约束。

另外，渠道成员对制造商的重要程度也影响对渠道成员的绩效评估。如果制造商实力较弱，完全依赖专业的经销商来开拓市场，销售产品，那么对制造商来说渠道成员就是非常重要的,产品的市场占有率和销售业绩主要取决于渠道成员的绩效,这时对渠道成员的绩效评估就非常关键。相反,如果制造商对经销商依赖程度比较低,那么渠道成员的绩效对企业的市场表现影响不大,企业就不会花费很多精力对渠道成员进行评估。比如海尔的产品以厂家直销为主,经由经销商销售的产品比例很低,哪怕经销商销售业绩不好,对整体市场也不会有太大的影响。

3. 渠道成员的类型及数量

渠道成员的绩效评估是对所有渠道成员的评估,因而渠道成员种类和数量越多,评估所需要的工作量就越大。

不同类型的渠道成员需要不同的评价标准和指标体系,甚至同样类型的渠道成员由于其规模、地位、与制造商的关系等的不同,可能也需要不同的评估方法或标准。比如对格力公司来说,沃尔玛、国美、京东、民生百货都是它的零售商,但是由于零售业态、与格力的合作方式、相对地位等的不同,对这些零售商的评估程序和方法也会有一定的差异。即使是同样的零售业态,也可能采取不同的评估方案,这就导致了评估工作的复杂性。相反,渠道成员类型越单一,评估工作就越简单。

如果渠道成员数量较多,那么评估工作所涉及的范围和数据量就比较大,评估工作就比较困难。如果制造商想要降低工作量就不会进行过于细致的评估,不可能考虑很复杂的评估方法,可能只是粗略地考察经销商的销售数据。比如采用密集分销渠道的制造企业,产品也通常是价值较低、技术含量低、不需要服务的日用品、食品、饮料等,单个经销商的业绩对整体市场的影响程度也不大。相反,那些生产价值高、销售批量小、技术含量高的产品的制造商通常选用的经销商数量比较少,经销商对产品销售影响较大,所以需要制定较为科学、复杂的评价指标及评估方案,需要对渠道成员进行全面的、细致的评估。

(二)绩效评估的标准

依据具体情况的不同,对渠道成员的评估标准有很多,企业常用的标准有销售业绩、销售能力、合作态度、库存水平、市场竞争及发展前景等。

1. 销售业绩

对制造商来说,销售业绩是评估渠道成员最直接、最重要也是最普遍的指标。分销商的销售业绩直接反映了它的销售能力和对制造商产品销售和市场开拓的贡献。通常,衡量分销商销售业绩的指标包括两个:一个是制造商销售给分销商的销售业绩,一个是分销商销售给下一级分销商或最终顾客的销售业绩。由于受时间、库存等因素影响,这两个数据通常是不相同的,所以制造商的渠道管理人员应该重点考察分销商向最终顾客的销售量,这才是反映其真实销售水平的数据。

对分销商销售业绩的评估通常不仅仅单独考察某渠道成员销售业绩的绝对值,而是要分析销售业绩的相对值。一是考察某渠道成员当前的销售业绩和历史同时期销售业绩的变化值,也就是进行同一对象的纵向比较,需要考察该渠道成员销售业绩是否有增长或下降、增降幅度如何、原因是什么。二是考察某渠道成员与其他同级别渠道成员的业绩比较,也就是横向比较。三是考察某渠道成员实际的销售业绩和预先确定的销售业绩的比较,也就是考察合同规定或协议确认的销售任务的完成情况。当然,在考察销售业绩完成情况时也要参考其他分销商业绩的完成情况。如果其他分销商业绩完成比例都比较低,说明销售任务定得比较高,需要在下一个销售周期进行调整;反之,如果多数分销商都超额完成任务，则应该在下一个销售周期提高额定任务。当然，有时候确定销售任务还要考虑整体经济情况以及产品的季节性特征等。

2. 销售能力

选择和评估渠道成员时，其销售能力也是重要的评价标准。通常，销售能力强的分销商，销售业绩也比较好，因而制造商可以通过分析渠道成员的销售能力来判断和预测其销售业绩。当然，销售业绩除了受销售能力影响外，也会受到产品本身、广告和促销水平、市场竞争以及外部环境等其他因素的影响。

渠道商的销售能力受其规模实力、市场覆盖率、品牌影响力以及销售人员等因素影响，尤其是销售人员的数量及销售能力等直接影响着渠道商的销售能力和销售业绩。生产商如果能够了解分销商销售人员的销售能力及个人销售情况的数据，就可以了解渠道商的销售能力，并针对每个渠道成员的具体情况制定更为科学合理的销售能力评价标准。而实际上，这些信息的获取比较困难，通常渠道商不愿意或者无法提供这些数据给制造商。

制造商需要了解的渠道商的销售能力不仅仅是渠道商的总体销售能力，更重要的是渠道商在负责分销制造商的商品上能够并且愿意投入的销售能力。首先是渠道商把制造商的产品线分配给多少销售人员，这反映了渠道商愿意为制造商投注的资源和精力，也能反映制造商产品面临的风险以及市场范围。其次是负责分销制造商产品的销售人员的能力及水平。分销商的销售人员的能力及水平不同，分销商愿意将什么水平的销售人员分配给制造商，既反映了渠道商对制造商产品的重视程度，也影响了分销商和制造商的销售绩效。所以，制造商不仅要关注渠道商销售团队的整体水平，还要了解并持续关注负责分销其产品的销售人员的能力和销售技巧。最后，销售人员的积极性、能动性也是影响销售绩效的重要指标。因此，制造商还要了解渠道商和销售人员对制造商产品的兴趣以及销售积极性。

3. 合作态度

对于制造商来说，渠道商的销售能力是销售业绩的基础和保障，但是渠道商的合作意愿和态度也是影响销售能力发挥和销售业绩的重要因素。对渠道商来说，他们的销售资源通常倾向于那些实力强大、品牌知名度高、产品比较畅销、可以给企业带来更大收益的生产商及产品，而那些中小制造企业或不太畅销的产品通常分配不到好的资源，这就必然影响产品的销售业绩及市场占有率的提升。

通常，制造商只有在渠道成员销售绩效不好时才会更关注渠道成员的意愿和态度，但此时的关注并不能很好地解决问题。因此，制造商在选择和评估渠道成员时要依据渠道成员的销售业绩及对本企业产品的资源投入力度来判断其合作态度及对企业产品的重视程度，以避免因合作态度问题影响销售绩效。对渠道成员合作态度的评估信息可以利用其销售资源分配及销售业绩反馈等获取，也可以通过专门的调研机构及部门来进行专门的研究。

4. 库存水平

对企业来说，维持库存需要产生一定的库存成本，但是缺货一样会使企业丧失很多市场机会，这不仅是指渠道商，对制造商来说也是一样。因此，是否能够维持适当水平的库存也是制造商对渠道商进行绩效评估的重要标准。通常，制造商和渠道商会通过合同来明确库存要求，制造商也会依据渠道商的库存维持的工作能力进行评估。通常，制造商对渠道商的库存要求是依据制造商的渠道目标、渠道商的销货能力、当地的销售潜力、市场竞争等制定的。如果制造商下游发展的批发商和零售商数量和种类比较多，那么考核工作量就会非常大，这时制造商可能把对渠道商和自身的库存考核工作外包给专业的市场研究公司。通常，对库存绩效进行评估时需要考虑以下几个问题（见表5-5）。

表5-5　评估渠道成员库存绩效的关键问题

1. 什么是渠道成员库存的总体水准？
2. 有多少货架或多少面积的空间可供存货使用？
3. 相对公司竞争者而言，提供了多少货架和多少面积的空间？
4. 按单位和金额计算的商品细目有哪些？
5. 怎样将这些数字同渠道成员预估计的购买力竞争产品线相比较？
6. 库存量和库存设施怎样？
7. 原有库存是多少，需要花多少成本才能把它们卖掉？
8. 渠道成员的库存管理和库存簿记制度是否恰当？

资料来源：黄国祥，李乃和，杨洪涛. 渠道成员绩效的评估[J]. 上海管理科学，2002(6)：25-28.

5. 市场竞争

制造商对渠道成员的绩效考评还应该包括渠道成员参与市场竞争的能力和竞争水平。对制造商来说，它所关心的渠道成员面临的竞争通常包括来自外部和内部的两类竞争。

来自外部的竞争是不同渠道成员之间的竞争，也就是某一渠道成员与其他中间商相比的竞争能力和水平。制造商对渠道成员参与外部竞争的评估主要是考察渠道成员参与横向市场竞争的能力和水平，即与其他中间商相比该渠道成员有什么优势，在为制造商开拓市场、销售产品方面能够发挥怎样的作用，其销售绩效能否进一步提升，对渠道成员下达的渠道任务是否需要调整等。另外，考察渠道成员的同行业竞争状况也有助于企业获取更多的竞争信息，为制造企业调整和改进渠道结构、渠道规划等提供必要的参考。

来自内部的竞争是指渠道商经营的制造商的产品和来自其他供应商的产品之间的竞争。对于制造商来说，这种竞争就是它的产品与其竞争对手的产品对中间商渠道资源的争夺，对中间商来说，就是其渠道资源在不同制造商的产品间的分配。这类评估是考察渠道成员对制造商的产品的支持和重视程度，即将多少资源分配给制造商的产品销售，这受中间商合作态度的影响，也影响中间商销售能力的发挥及销售业绩的好坏。通常，这种竞争对渠道绩效的影响有一定的时滞性，所以渠道管理人员需要及时了解、发现渠道成员资源分配的变化，及时采取相应的措施。

6. 发展前景

最后，制造商对渠道成员的考评也不能局限于眼前，也要以长远的目光预测市场的发展趋势以及渠道成员的长远发展。拥有良好发展前景的渠道成员是制造商理想的合作伙伴，当然，这种前景也离不开制造商的参与和协助。

通常，制造商从以下几方面来考察和预测渠道成员的发展前景：一定时期内渠道成员的整体业绩是否和该地区经济发展水平和整体商业发展相一致；渠道成员的规模和组织结构是否处于健康、稳定发展中；渠道成员的固定资产、库存管理水平、产品展示与销售是否持续提升和改善；渠道成员的销售队伍是否持续壮大，销售能力和业务素质是否稳步提高；渠道成员的中长期计划是怎样的。

（三）绩效评估的方法

制造商通常依据渠道商的销售目标完成情况对其绩效进行评估，常用的方法有以下几种：

1. 独立绩效评估法

独立绩效评估法就是制造商通过一项或者多项指标对渠道成员的绩效进行简单评估的方法，常用于密集型分销渠道。由于密集型分销渠道的渠道成员数量多，类型多样，规模不一，如果评估标准和方法比较复杂，那么评估所需的数据收集和整理工作量就会非常大，评估难度很大。而且对于制造商来说，每一个分销商的销售业绩对总体销售业绩影响不大，所以可以根据收集到的数据独立地对某项指标进行考核，而不需要收集到所有数据后再考核。这种方法操作简单、快捷、成本低，但是这种评估方法不能对渠道成员的综合绩效进行深入分析。

2. 加权平均法

加权平均法是制造商采用多种评估标准对渠道成员的绩效进行综合评估的方法。这种方法通常先确定多种评估标准，根据每种标准确定评价指标；然后通过综合考察，运用科学的方法对每项评价指标按照重要程度设定权重；接着根据每个中间商在不同评价指标上的表现进行打分，以权重乘以得分得到中间商每项指标的加权分；最后对各加权分进行汇总，得到每个中间商的综合绩效得分。相对于独立绩效法，加权平均法更加科学和全面，能深入分析中间商在各方面的表现和能力，但是如果评价指标多，中间商数量多，工作量就会非常大，数据收集和评估工作都比较困难。所以，这种方法适用于中间商数量不多，且每个中间商对制造企业业绩都影响比较大的情况。

3. 非正式加权平均法

非正式加权平均法和正式加权平均法的主要区别在于：在确定不同评价指标之后，制造商可以根据自己的渠道管理经验来决定不同指标的权重，不需要对各指标进行综合、明确的权重分析。这种方法虽然科学性、严谨性差一些，但是更简单、灵活，当各指标重要程度发生变化时可以随时调整权重。这种方法权重的确定完全取决于制造商的渠道管理者，主观性和任意性较强，但相对于独立绩效评估法，更具综合性和全面性。

二、渠道成员的激励

渠道目标的实现有赖于所有渠道参与者的同心同力、团结协作，然而每个渠道成员都是市场中独立的经济体，他们各有各的立场和利益目标，所以渠道成员的行为不会自动趋于一致。制造商在满足最终顾客的目标前提下，以合适的费用对中间商实施足够的激励，使制造商和渠道商实现利益共享，可以使渠道成员尽职尽责，积极为制造商销售商品。在当前"渠道为王、决胜终端"的大背景下，渠道激励是制造商开发和拓展市场，实现渠道通畅，提升竞争力的重要手段。

（一）渠道激励及其意义

激励是通过各种刺激手段来满足人们的需求或动机，进而引导、强化或控制人们行为的过程。渠道激励是制造商通过持续的激励手段刺激渠道成员，激发其销售热情以提高销售效率，进而提高整体渠道绩效的行为。渠道激励是渠道管理的重要内容之一，也是制造商和渠道商保持良好合作关系的重要保障。对制造商来说，渠道激励具有以下意义：

1. 提升销售绩效，完成渠道目标

企业销售目标的顺利完成不仅取决于产品本身因素，更要靠销售团队的通力合作。通过对渠道成员的有效激励，可以激发分销商和销售人员提高对产品的重视程度，提升销售积极性，促进渠道成员在铺货速度和铺货率方面的配合，积极主动地抓住市场机会，进而稳定提升销售绩效，实现渠道目标。

2. 传递市场信息，树立产品形象

相对于制造商，中间商是产品销售的第一线，他们直接接触终端顾客，更了解顾客需求，能够清楚、及时地掌握市场一手资料。对中间商的激励可以促使中间商主动搜寻市场信息并提供给制造商，帮助制造商更好地了解顾客需求和市场变动趋势，从而更好地改进产品设计及营销方案，提高顾客满意度。相对于消费者，中间商更了解产品相关信息，通过对中间商的激励可以使中间商积极热情地向终端顾客传递产品信息、企业信息，有助于维护和提升产品的品牌形象，为企业形象和信誉的提升做出努力。

3. 稳定分销渠道，获取渠道优势

在当前"渠道为王"的时代，渠道的建设及运行效率关系着企业的生存和发展，尤其是快消品，产品过剩、利润摊薄、同质化等问题使得渠道成员的选择和利用空间越来越小。此时，通过科学、合理的成员激励有助于协调不同渠道成员间的利益分配，巩固有限的渠道资源，稳定和发展渠道网络，设置渠道壁垒获取竞争优势，还可以在一定程度上避免窜货等渠道冲突出现。

4. 加快销售回款，优化资本利用

企业的库存占用大量的资源，而对渠道成员的适时激励可以鼓励他们积极开拓市场，加快产品订货与销货步伐。分销商销售额的增加一方面增加制造企业的销货量，减少库存，另一方面也有助于销售回款。另外，制造商也可以通过展开有效的回款激励来加快回款速度，提高制造商的基本利用率。有时候，制造商也会采取激励中间商淡季订货的措施来降低销售淡季的库存成本。

（二）激励的形式

人们的需求可以分为物质需求和精神需求两大类，激励也可以分为物质激励和非物质（精神）激励两种。制造商对渠道成员的激励方式可以分为物质激励和非物质激励两类，也可以称为直接激励和间接激励。

1. 直接激励

直接激励是以提供物质为奖励手段对中间商的激励形式，也称为物质激励。中间商销售产品、参与渠道活动的根本目的是获得盈利，如果直接向其提供价格优惠、补贴、奖金等物质刺激可以使中间商直接获益。可见，直接激励是非常有效的一种激励方式。制造商与中间商谈判时，可以依据中间商的经营目标及利益需求，通过为其提供一定的物质上的优惠来鼓励中间商积极参与和配合渠道工作。具体的直接激励方式有以下几种：

（1）返利。返利是制造商依据一定的标准，以现金或折扣的方式对中间商进行激励。这种激励是一种滞后奖励，其特点是销售之后的滞后兑现，而不是当场兑现。依据评判标准不同，可以分为销售额返利和综合返利，其中销售额返利又可以分为销售额现金返利和销售额货款返利两种；依据返利方式可以分为现金返利和非现金返利；依据返利时间可以分为月返、季返和年返。

销售额现金返利是最简单、最传统也是最常见的返利方式，它是中间商在一定的销售时间内完成制造商规定的销售任务后，按照预先规定的比例获得来自制造商的现金奖励。这种返利方式是中间商最喜欢的一种方式，因为它代表着实实在在的经济利益，并且只要完成任务就可以马上兑现。对于制造商来说，可以依据自己的销售额计划向中间商布置销售任务，这种方式操作简单、易于管理，有助于销售目标的实现。但是，这种方式需要直接支付现金给中间商，会增加制造商的资金压力。

销售额货款折扣返利也是以销售额的完成为标准，但与现金返利的不同之处是不以现金的形式给中间商返利，而是为中间商下一次提货提供一定比例的折扣。这也是一种常见的激励方式，可以在一定程度上减少制造商的资金压力，同时也有助于刺激中间商的订货行为，通过返利拉动中间商重复订货，提高了对渠道的后续控制能力。但是，这种方式并不受中间商的欢迎，因为相比现金返利，这种返利是看不见、摸不着的，只存在于账面上，而且只有下次订货才能享受。

综合返利是制造商综合考评中间商销量、销售额、铺货率、回款情况、库存水平、服务质量、终端形象以及对制造商规定的各种销售政策的执行情况等，建立一定的考评体系进行综合考评之后进行的返利。制造商通常会预先选择一定的考评指标，给不同指标设立权重，通过科学的考评体系对中间商进行综合考评，并对达到一定标准的中间商实施返利奖励。这种返利方式比较复杂，成本高、操作繁琐，并且激励措施不是很直接、立竿见影，但是能够全面、公平、合理地对中间商进行考核与激励，有利于渠道关系的长期维系和渠道的健康可持续发展。

（2）补贴。补贴是制造商对中间商在市场推广中的某些专项职能做出贡献或付出努力的奖励性补贴，比如广告补贴、通路补贴、商铺陈列补贴、新产品推广补贴等。通过这些补贴，可以鼓励中间商积极参与渠道活动，为制造商渠道的完善和发展做出积极的贡献。

（3）职能付酬。制造商依据中间商完成的不同职能及完成情况和合作程度给予相应的报酬。若制造商打算支付35％的佣金给分销商，但它不会一次性支付，而是针对不同职能给予不同比例的报酬，比如完成基本销售任务支付20％，保持60天存货支付5％，按时付款支付5％，提供消费者信息再支付5％。

（4）放宽信用条件。相对于制造商，中间商通常资金实力有限，所以他们比较关注制造商提出的付款条件。对于制造商来说，他们也希望尽快收回货款。因此，制造商评估中间商的标准之一就是能否及时回款。制造商通过适当放宽回款条件，甚至为中间商提供一定程度的信用贷款，可以帮助中间商解决资金困难，缓解资金压力，对中间商来说也是很好的激励方式。

2. 间接激励

间接激励是不以各种形式的资金方式对中间商进行激励，而是通过提高中间商地位和参与感、支持和帮助中间商长期发展等方式对中间商进行鼓励和支持。对中间商来说，虽然物质激励非常重要也比较直接，但是并非对所有中间商都能起到良好的激励效果。物质激励必须与精神激励相配合，物质奖励和非物质奖励齐头并进才更有利于渠道的长期发展。"授之以鱼，不如授之以渔"，通过间接方式来鼓励中间商不但可以使他们获得更多的归属感，提高积极性和主动性，有利于强化渠道网络的凝聚力和渠道忠诚度，还可以提升渠道成员的绩效能力和管理水平，有助于渠道的稳定和可持续发展。具体的间接激励方式有以下几种：

（1）参与及合作。高效的渠道关系离不开渠道成员间的协作，而通过协商、咨询、共建、合作开发等方式让渠道成员参与到渠道建设及管理中，有助于渠道成员间的信息沟通和资源共享。对制造商来说，可以直接获取来自消费者的信息反馈及中间商支持，可以强化渠道成员间的相互理解与情感维系，由此进一步扩大品牌知名度并维持渠道稳定性。对中间商来说，可以满足其归属感和尊重的需求，可以获取更多的产品及市场支持，提高与同行业竞争的能力。因此，鼓励中间商参与及合作开发渠道是一种双赢的对策，对中间商也可以起到很好的激励效果。

（2）培训交流。中间商参与渠道工作不仅仅需要看到短期的利益回报，更要关注长远的事业发展。制造商对中间商的培训有助于中间商综合实力的增强和长远的发展，可以起到很好的激励效果。比如制造商对中间商在管理方法、经营理念、销售技巧、产品技术等方面的培训和信息沟通不但有助于中间商经营和销售能力的提升，也有助于中间商更好地理解和认同制造商企业远景、长远目标、产品理念等，有助于双方达成共识，更加愉快的合作。

（3）中间商授权。制造商在渠道建设中将某些渠道权力授权给中间商也可以起到很好的激励效果。比如赋予某家经销商独家经营权、优先订货权、价格浮动权等。授权可以满足中间商地位提升的需要，使其产生强烈的责任感和成就感，进而有助于中间商销售业绩的提升。

（4）渠道支持。制造商对中间商的渠道支持是渠道政策和渠道管理的重要组成部分，是营销渠道顺利运行的基础，也是制造商激励中间商的重要手段。从长远来看，对中间商的渠道支持比直接的物质激励更为有效。通常，渠道支持包括信息支持、融资支持、市场支持、服务支持等。

信息支持是制造商为中间商提供市场情报、产品等方面的信息，帮助中间商了解市场动态和产品信息，有助于它们制定正确的发展规划，更好地完成渠道任务。制造商可以通过信息传递、座谈、共商等方式为中间商提供不同程度的信息支持。

融资支持是制造商通过为中间商提供减少订金或预付款、售后付款、延迟付款等方式提供直接融资，或者帮助中间商从银行、投资公司、租赁公司等金融机构借用外部资金，以解决中间商资金不足的困扰。

市场支持是制造商在广告投入、市场推广、市场开发等方面为中间商提供一定的支持。比如制造商可以通过加大广告投入和宣传力度降低渠道商推广产品的难度；可以帮助渠道成员进行店铺装修、产品陈列、演示等；可以对渠道成员的销售团队进行培训，提高其销售能力和技巧；可以直接向销售现场派遣促销人员等。

服务支持是制造商为中间商提供足够的售后服务，包括技术指导、退换货、物流支持等。完善的售后服务可以为中间商解决后顾之忧，使其可以专心做好销售，调动其工作积极性。

案例分析

某企业的渠道激励措施

一、实施背景

8月,市场旺季态势初步形成,某企业计划本月销售额较上月提升20%。通过分析发现,原有的激励计划无法对经销商产生很好的激励效果。为了完成销售计划,该企业计划对经销商及销售团队实施新的激励措施。

二、促销目的

此次促销的目的是在保持渠道原有进货习惯和绩效的前提下,强化经销商资金向竞争产品分散的防御,保证8月任务目标的达成。

三、促销对象

××地零售商、代理商及代理商的下线客户。

四、促销时间

8月1日—8月31日。

五、促销主题

8月××产品"进货时段奖励＋销量达成梯度返利"组合促销方案。

六、促销方式

1. ××产品"进货时段奖励"(见表5-6)

表5-6　进货时段奖励表

返利计算时间	任务完成率	返利点数
8月1日—15日(含15日)	大于等于50%	2%
8月16日—25日(含25日)	大于等于90%	1%
8月26日—31日(含31日)	大于等于100%	0.5%

2. ××产品"销量达成梯度返利"(见表5-7)

表5-7　销量达成梯度返利表

序号	返利梯度(销售额)	返利点数
1	大于20万元	2.5%
2	10~20万元	2%
3	5~10万元	1.5%
4	3~5万元	1%

3. 销售完成进度奖

在当月 20 日前月度任务完成率超过 90% 的情况下,追加月实际销售额的 1% 作为返利。

七、费用预算和效果预测

预计销售额如表 5-8 所示。

表 5-8　预计销售额表

时　　段	返利点数	预计销售额/万元	占区域销售比	预计返利费用/万元
8 月 1 日—15 日(含 15 日)	2%	384.5	50%	7.69
8 月 16 日—25 日(含 25 日)	1%	307.6	40%	3.08
8 月 26 日—31 日(含 31 日)	0.5%	76.9	10%	0.38
预计销售额合计	769 万元		预计返利	11.15 万元

参考资料:盛斌子、吴小林、冯海. 渠道激励:中国企业营销制胜的核心利器[M].
北京:企业管理出版社,2010.

★思考与讨论

阅读材料,说说渠道激励对制造商有什么作用。该企业是如何对渠道成员进行激励的。

(三)激励的方法

渠道激励的方式包括物质激励和非物质激励两种,具体的方法有很多,只要能够依据渠道成员的具体需求有针对性地制定激励措施都可以起到一定的激励作用。渠道激励在实践中常用的方法如表 5-9 所示。

表 5-9　渠道激励方法

交流方面的激励	工作、计划、关系方面的激励	支持帮助方面的激励
定期或不定期信息交流 管理层私人接触 联谊、走访、答谢、沙龙、生日祝福等 访谈、协商等 最新产品、最新动向交流	交换意见、经营建议 合作 承担长期责任 定期渠道工作会议 对渠道成员在工作中遇到的困难的理解	经营理念、管理方法、产品技术方面的支持、培训 企业文化方面的交流和建议 产品知识、销售技巧方面的交流或培训 融资支持 培训

具体地看,制造商对批发商和零售商可以采取不同的激励措施,以满足他们在生存、关系和成长等方面的需求,具体可采取的措施如表 5-10 所示。

表 5 – 10　制造商对渠道成员的激励措施

成员需求	激励措施	
	对批发商	对零售商
生存需求	提供畅销品 保持一定的利润空间 广告与销售支持 特许经营 现金奖励	提供畅销品 保持一定的利润空间 广告与促销支持 指导产品陈列 现金奖励
关系需求	联谊、走访、答谢、沙龙、生日祝福等	联谊、走访、答谢、沙龙、生日祝福等
成长需求	培训 管理咨询 提供发展计划	培训 店铺咨询 合作开发

实践分析与应用

依据市场营销和营销渠道相关理论分析并解决实际问题。依据自己对渠道理论的理解，尝试回答以下问题：

(1) 华为是如何激励渠道成员的？

(2) 渠道成员激励对华为的成功做出了怎样的贡献？

多元化的价值分享——华为渠道激励措施全景图

随历史的巨轮滚滚向前，当 2015 年的年历被缓缓翻开时，华为企业 BG 也进入了其发展的第 5 个年头。从 2011 年华为企业 BG 正式成立到现在，短短时间已取得了令人叹服的成绩：2014 年中国区收入同比增长达 40%，渠道贡献收入达 80% 以上，中国区合作伙伴已超过 4000 家。其中，业绩超过 6000 万的合作伙伴达到了 20 家，金银牌总数超过了 600 家，国内 Top10 的集成商 100% 与华为实现合作，华为服务也实现 50% 以上的工程服务由合作伙伴承接，良好的渠道生态体系已初步构建完成。

这一系列惊人的数字背后，是华为早早就找到突破口成为中国政企行业 ICT 解决方案领导者的秘诀：渠道，通过构建阳光、和谐、开放、共赢的渠道生态体系，充分发挥渠道的力量，与合作伙伴共同推动业务飞速增长。而如何实现对渠道的有效激励，与渠道进行多元化的价值分享，引导渠道与华为公司形成前进的合力，则是创建渠道生态体系的重中之重。

让我们来看看华为渠道激励措施的全景。首先，从企业 BG 的发展战略上充分强调渠道的重要性，明确华为与渠道合作伙伴共同成长、合作共赢的方向，结合市场发展趋势及华为对发展企业业务的前瞻性思考，引导合作伙伴实现战略转型，此为华为渠道激励之道；其次，设置完善的合作伙伴利益分享机制，在遵守渠道秩序的前提下，帮助合作伙伴多产粮，让多产粮的合作伙伴享受到更多的回报，此为华为渠道激励之术。

一、华为渠道激励之道——战略引导

众所周知，华为是做运营商业务起家的，以客户为中心、快速响应客户需求是其发展运营商业务的法宝，业务形式基本以直销为主；然而对于企业业务，面对众多行业和最终用户，只依靠厂家自己的力量显然不够。华为是否能充分认识到渠道在企业业务中的重要作用？是否有能力在企业业务中吸引足够多的渠道合作伙伴？又是否愿意让合作伙伴进入华为的生态圈里分一杯羹？这些无疑是华为企业 BG 成立之初市场的首要工作。

对此华为很快给出了答案，那就是：华为企业业务将坚持"聚焦"和"被集成"作为其发展战略。所谓"被集成"，就是华为要坚定地站在渠道合作伙伴身后，充分发挥其一站式ICT基础设施供应商的长产品线优势，支持合作伙伴在其自身的解决方案中集成华为产品与服务去攻城略地，实现合作伙伴与华为的共赢。这无疑为合作伙伴吃了一颗定心丸，在这样的战略指引下，合作伙伴能毫无后顾之忧地与华为形成紧密联盟，发挥双方最大的潜力，实现业绩的稳步增长。可以说，华为"被集成"战略的提出，是对渠道合作伙伴最大的激励，是与合作伙伴实现共赢的根本保障。

当然，仅仅是战略保障还不够。社会在飞速发展，技术在不断进步，反映到ICT市场，客户需求也在不断变化；变化是机遇，也是挑战，如何迅速抓住市场变化的趋势，并提出切实可行的应对之策，从而抢占市场先机，实现业务跨越式增长？华为与几千家合作伙伴分享了其应对之道，那就是，为渠道合作伙伴投入大量资源，帮助合作伙伴完成四个转型。这四个转型是华为在其"聚焦"、"被集成"战略下为渠道所奉上的一席大餐，是不折不扣的战略层面的激励。

所谓四个转型，第一，希望将来渠道合作伙伴成为华为的同路人，不仅仅是通过卖华为设备挣钱，不仅仅关注盈利问题，更多的是双方对文化价值观念的认同，大家愿意共同实现中国梦。第二，希望未来渠道合作伙伴能够从通路型向能力型转型，不仅仅是帮助客户做一些物流平台、资金平台或者是销售平台，而向能够为客户提供解决方案的能力型来转变。第三，希望合作伙伴从做关系，转变成做方案。未来ICT会真正成为企业的核心竞争力，因此合作伙伴要深入了解客户的业务系统，帮助企业通过ICT方案实现核心价值。第四，希望合作伙伴从原来简单地卖盒子、卖设备，实现到卖服务能力的转变。为此，华为采取了一系列措施来牵引和激励合作伙伴逐步实现这四个转型。四个转型的提出和实践，体现了华为对行业动态的深刻洞察，更重要的是，通过相关激励措施的推出，合作伙伴看到了华为发展企业业务的决心和智慧，也明确了具体的发展方向。

授人以鱼不如授人以渔，华为正是通过这种战略层面的牵引和激励来吸引更多的渠道合作伙伴，并支持合作伙伴在跟华为合作的过程中不断壮大自身实力，实现与华为的共赢。

二、华为渠道激励之术——基于渠道业绩的、全面多元的激励政策

创造价值、获得收益是商业的本质，华为也充分认识到了这一点，为了让合作伙伴在与华为的合作过程中享受到实实在在的利益，华为制定了全面而多元的基于渠道业绩的激励政策。

作为华为企业业务渠道管理政策的重要部分，华为每年都会慎重审视其激励政策并及时向渠道发布。这些具体的激励有基于渠道合作伙伴季度、年度业绩的常规激励，也有依据市场发展情况而随时推出的短期即时激励。无论常规激励还是短期激励，都是紧扣业务发展目标，意在引导合作伙伴多产粮，产好粮。具体说来，根据合作伙伴种类和授权产品

的不同，合作伙伴可以享受如下主要的激励：

(1) 总代进销差价；

(2) 现金支付货款折扣；

(3) 基于业绩的销售返点；

(4) 特定产品销售返点；

(5) 主力产品销售返点；

(6) 季度 MBO 返点。

除此之外，各业务部门还会根据各自业务需求设计并推出相应的激励政策，这些项目从不同的维度对合作伙伴的具体业务活动作出方向性指引，从而打造一支灵活而富有战斗力的渠道合作伙伴队伍。

不仅如此，华为还为合作伙伴设置了市场发展费用以及培训支持基金，引导并激励合作伙伴进行更多更精准的市场营销活动，发掘更多商机，实现业务可持续增长；同时鼓励合作伙伴重视自身技术、销售和管理能力的提高，充分利用华为丰富的培训资源，不断对员工进行赋能，提高公司软实力，增强竞争力。

问渠那得清如许，为有源头活水来。华为企业 BG 中国区通过短短几年的努力，在渠道生态系统建设方面已经取得了卓越的成绩，这其中覆盖从战略到战术层面的渠道激励措施可谓功不可没，正是因为有了这些激励措施，让合作伙伴看到了华为发展企业业务的决心和实力，也看到了华为坚持被集成战略、与合作伙伴共享利益、实现共赢的诚意，才有了越来越多的实力合作伙伴的加盟。可以预见，在阳光、和谐、开放的渠道生态体系中，华为一定能实现与合作伙伴的共赢！

资料来源：环球网，http://tech.huanqiu.com/news/2015-03/5830965.html? agt=15417.

▶▶ 习题与提升 ▶▶

一、论述

(1) 为什么要进行渠道成员选择？"大数据"环境下企业如何进行渠道成员选择？

(2) 渠道成员培训对企业有什么意义？"大数据"环境下企业如何进行渠道成员培训？

(3) 企业应该如何进行渠道成员的任务分配和管理？

(4) 企业应该如何进行渠道成员的绩效评估？

(5) 渠道成员激励有什么意义？你知道哪些成员激励的方法？

二、案例分析

武装到牙齿的数字化渠道管理

渠道管理是各个行业的厂商都无法忽略和回避的重要管理课题，在某些行业（尤其是零售业），渠道已经逐渐可以和厂商分庭抗礼，甚至拥有更多的主导权（如定价权）；而在另外一些行业，渠道的开发和拓展还极不成熟，渠道和厂商的关系远未梳理妥当；还有一些专注于直接销售的企业，已经意识到自己商业模式的局限性，并开始了大规模的渠道试水（DELL 的渠道转型就是最好的例证）。

面对如此纷纭多变的渠道管理态势，厂商应该如何把握机遇，如何精细化地对渠道管理精耕细作呢？答案毋庸置疑，数字化和科学化的渠道管理方式，是历史所趋，是行业必然，也是每个渠道管理经理人都必须去思考、规划和实践的环节。

1. 数字化的渠道分布或选址体系

企业的渠道管理人员至少要花费工作时间的 1/3 来开拓渠道和维护渠道关系。对于新兴企业或高速成长型行业企业来讲，渠道的开拓是既重要又紧急的工作，应当排在日程表的首位。

渠道开拓工作中，最核心的业务就是渠道的分布和选址规划，它直接牵扯到渠道的营销投入、年度业绩、绩效考核等关键内容。渠道的分布和选址是一项既感性又理性的事情。感性的部分在于渠道营销很可能就是一种关系营销（特别是对于商用产品和服务更是如此），而企业对于渠道的管理也在很大程度上依赖于关系的管理。理性的部分在于企业要科学地规划渠道的覆盖程度，避免或疏或紧的非良性状况。那么，我们如何通过一个数据模型来科学地建立企业的渠道分布规划呢？

对于快速消费品行业来讲，在大规模进入某一大型区域之初，必须要借鉴企业在其他地区成功开拓渠道的经验，并根据新区域的特色来建立完整的渠道规划。而其中的渠道分布模型（从客户的角度来看，同时也就是购买力模型），就重点覆盖了以下主要因素（参数）。

（1）目标地域的人口和社会学特征：如目标地域的人口、收入、职业等的分布情况；目标地域的经济发展程度：诸如（人均）GDP 等数据，一般可以通过官方渠道获得；

（2）消费者消费现状调研和消费预期：消费能力、消费偏好、消费结构和特征等数据；

（3）竞争对手渠道分布：主要竞争对手的渠道分布、层级、规模（预测）等；

（4）企业现有渠道特征：主要考察现有渠道的规模、层级、返款能力等参数，以及典型渠道的特征；

（5）渠道管理基本因素规划：如渠道未来的层级管理、回款规划、折扣返点政策、市场经费支持比例、支持体系等。

通过以上一些因素，企业便可以构建一个比较完整的渠道分布模型，并通过设定企业管理能力范围内的主次目标最大化（如年度市场占有率、年度利润等）的方式来确定几种备选方案，最终确定最优方案并且很好地贯彻和实施。

这里需要说明的是，针对不同的行业和企业特点，渠道规划的模型内容也不尽相同，需要根据实际情况来进行搭建并不断地进行动态调整。

2. 数字化的渠道管理系统建设

渠道开拓是第一步，而渠道管理的任务则更加艰巨。一个典型的渠道管理体系至少要包含以下元素：财务信用管理、渠道商务管理、渠道销售管理、渠道市场管理、渠道服务管理、渠道库存管理、渠道客户管理、经营决策管理等。而在特定的行业，则会出现更具行业特色的渠道管理元素，比如汽车行业渠道的二手车管理、零部件管理，IT 行业渠道的基金或回款管理等。这些管理的体系、规章、制度、流程等都必须通过一套完善的渠道管理系统得以细化、贯彻和落实。

3. 数字化的库存管理体系

在市场价格和原始成本日益透明的今天，针对渠道的供应链管理已经成为诸多企业竞相角逐的焦点环节。无怪乎在最新的财务管理理念中，供应链管理已经成为企业除开源和节流外的第三大利润源泉。而库存管理，则更是供应链管理环节的重中之重。

4. 数字化的营销管理体系

营销支持与管理是渠道管理中的又一个核心环节，对渠道大规模的系统化营销支持工作，将在渠道业绩方面得以充分显现。

（1）渠道销售工作的支持：企业根据不同渠道的属性，制定不同的折扣、返点或返利等销售政策，并对渠道进行监控管理；甚至可以把大渠道体系的财务往来通过网上电子银行的方式实现，方便往来账目的自由划转并提高资金的周转和调剂效率。

（2）渠道销售的激励和客户数据的获取：从某种角度来讲，渠道成员希望保持自己的独立性，不希望事无巨细地受到企业的监控，例如渠道成员通常不喜欢使用企业的渠道管理系统，同时也不希望把自己开拓的客户名单白白交给企业。在这种情况下，企业就必须采取一些变通的方法，通过利诱的方式来刺激渠道成员的积极性和主动性。

（3）销售线索挖掘支持工作：企业通过各种途径（广告、会展、活动、网站等）都可以获得一定的销售线索，甚至可以主动采取营销活动，进行销售线索的挖掘工作。对于这些宝贵的线索，可以通过渠道管理系统分发到相关的渠道成员手中，对渠道形成强有力的销售支持，同时也体现了企业对渠道的支持力度大小。

资料来源：李维晗. 武装到牙齿的数字化渠道管理[J]. 商讯，2018.（有删改）

阅读案例资料，回答以下问题：

（1）当前数字化时代，企业的渠道管理方式有哪些新的变化？

（2）结合材料，尝试为某快消品企业制定一个零售商评价选择标准。

（3）数字化营销如何配合企业进行渠道成员激励？

三、实践应用

通过课堂教学及课堂讨论，对本专题涉及的知识点和思考讨论题进行重新思考和讨论，选择合适的题目，完成不少于 4000 字的小论文。

专题六　渠道冲突与渠道评估

※任务一　"互联网＋"时代的渠道冲突
※任务二　服装行业线上线下渠道冲突
※任务三　渠道绩效评估

❖❖ 课前导读 ❖❖

E 乳业有限公司的渠道冲突

　　E 乳业有限公司(简称 E 公司)是一家以生产、销售牛初乳、酸奶、奶酪、乳饮料系列产品为主营业务的综合性乳品企业,经过 20 年的发展已成长为行业内的领头羊,产品品质获得业界的普遍认可。E 公司在渠道建立初期,选择分销商的层次参差不齐,大多数是从个体户发展起来的中小型民营企业,它们与企业现阶段所要求的分销商资质相差甚远,有的还缺乏充足的运营资金、合格的销售人员。由于受到客观因素限制,E 公司在进入市场初期,市场营销的工作重心都围绕着如何扩大盈利和市场份额,不得不暂时选择资质稍差但是渠道网络尚可的中间商,忽略了营销渠道的建设和优化,加之厂商办事处的相关管理人员缺乏,造成渠道中的矛盾和冲突逐渐频繁,已经影响到 E 公司业务的正常运转。这些冲突主要包括:

　　1. 责任冲突

　　分销商的忠诚度是乳品企业获得持续发展的有力保障。然而在 E 公司的分销商队伍里,特别是一些资格比较老的分销商,当他们发展到一定规模后,其经营心态往往会发生转变,不愿意投入全部精力销售 E 公司的产品,转而主推那些利润较高和市场需求更高的新产品,出现"代而不理"的现象。并且,这些实力强大的分销商也没有时刻与厂商分享市场信息,市场进展情况反馈缓慢;那些愿意大力销售 E 公司产品的分销商则实力有限,难以达到厂商的期望值,处于有一单做一单的状况,自然不会在市场拓展上有很大的斩获。而 E 公司作为厂商,有时候销售和售后支持不到位,品牌推广力度有限,又缺乏对分销商在运作上的指导,极大地影响了合作伙伴对供货商及整个渠道的信任。这样不明确的责任分工很难不影响双方之间的合作,最终引发冲突。

　　2. 价格冲突

　　乳品行业内的市场竞争已经呈现出白热化状态,市场重心已经向消费者倾斜,为了获得更多顾客,分销商在销售产品时必须提供给顾客比较之后认为的合理价格。由于品牌、生产工艺等多方因素的制约,乳品厂商的价格政策是有底线的,而分销商总是诱导厂商尽可能地让利来保证自己的利润,并且在销售过程中经常扰乱厂商制定的价格秩序,不严格执行厂商制定的价格策略。而且,E 公司在制定产品价格和利润指标时为保证自己利益,并没有充分考虑到与战略合作伙伴的长期共赢，其价格政策也难以博得分销商的认同。因此，E 公司与分销商之间由于各自的利益出发点和销售目标不一致而导致价格冲突。

3. 服务冲突

对于乳制品产品销售终端来说，影响销量高低的决定性因素就是保障交货周期，及时而迅速地交付产品是抢占市场的重要保证。而 E 公司有的分销商却不肯提前投入资金进行备货，有时因节假日或天气突变引起的交货周期延迟而无法履行对零售终端的承诺，造成商机丧失。在仓储物流服务上，E 公司希望分销商对产品做一定量的库存准备；而分销商则希望 E 公司在办事处设立足够大的仓库，随时保证库存供应，目的是降低自身的库存成本。厂商和分销商都从自身利益出发去思考问题，各自希望采用不同的交易方式，从而引发矛盾。

资料来源：赵艳丰. 乳品企业渠道冲突解决之道（节选）[J]. 中国乳业，2018，(193)：14 - 17.

★思考与讨论

(1) 你认为 E 公司渠道冲突的原因是什么？

(2) 你觉得 E 公司应该如何解决这些渠道冲突？

(3) 从该案例中你可以得到什么启示？

任务一　"互联网＋"时代的渠道冲突

★学习目标及任务

1. 理解渠道冲突的内涵、分类与成因。

2. 理解和掌握渠道冲突管理的内涵、原则、思路及策略。

3. 理解和掌握窜货的内涵、成因及管理对策。

一、渠道冲突基本理论

冲突一词来源于拉丁词"confligere"，意为碰撞。从词性本身来看，冲突没有任何积极的影响，而是单纯的斗争、资源的抢夺、不同成员的对抗。冲突几乎一成不变地被视为应当避免的麻烦，人人都想回避。可是事实是，冲突无处不在，无法避免。

（一）渠道冲突的内涵

营销渠道是一种社会体系，那么社会体系中可能出现的一切行为，包括协调、依赖、传播、职责、冲突等都会在渠道中体现。当营销渠道中的渠道成员与其他渠道合作者在认知、行为等方面产生矛盾或意见相左时，就会阻碍或者不利于渠道目标的实现，这种情况就称之为渠道冲突。

需要说明的是，渠道冲突阻碍且不利于渠道目标的实现，并不等于所有的冲突都是消极的、非建设性的。有时候渠道冲突也具有一定的建设性，是有益于渠道的创新与改进的。虽然渠道冲突是不利于渠道目标实现的，但分析冲突产生的根本原因并且合理解决，可以帮助企业创造更为有效的渠道结构。从这一意义上说，渠道冲突又具有一定的建设性。从这也可以看出，渠道冲突和日常冲突在内涵上具有本质区别。虽然渠道冲突不但表现出日常冲突中非建设性的碰撞、争夺、对抗等消极的方面，还可以加强渠道效能。因此，不能单纯地认为渠道冲突是不好的，需要分析其本质及原因，并进行科学的管理。我们要以更加中立的观点对待渠道冲突，既认识到冲突对于实现渠道既定目标的阻碍和影响，也要认识到建设性冲突对于渠道的积极作用。

简而言之，当一个渠道成员将其上游或者下游的渠道伙伴视为对手时，渠道冲突便产生了。于是，本是互相依赖的渠道各方变成相互牵制、阻碍的关系。

（二）渠道冲突的分类

渠道冲突的分类有很多标准，不同标准下的分类也不同，本书着重介绍最为常见的三种。

1. 按渠道结构划分

按照渠道结构的不同对渠道冲突进行分类，可以简单地分为水平渠道冲突、垂直渠道冲突和多渠道间的冲突。

（1）水平渠道冲突。水平渠道结构最为突出的特点就是渠道成员关系的平等：渠道成员关系呈现水平横向，各自的权力等级也是同一水平的，但利益是独立的。水平渠道成员之间的这种特殊关系，决定了各成员之间利益上的差异与矛盾，因而水平渠道成员之间蕴藏着一定的潜在冲突。

水平渠道冲突的本质就是同一层次渠道成员之间的冲突。产生水平冲突的原因大多是生产企业没有对目标市场的中间商分管区域做出合理的规划，使中间商为各自的利益互相倾轧。这是因为在生产企业开拓了一定的目标市场后，中间商为了获取更多的利益必然要争取更多的市场份额，在目标市场上展开"圈地运动"。例如，华为手机拥有众多的销售卖场和购物商场，这二者的冲突属于同一水平权利的卖场和商场之间的矛盾和冲突，具体表现为压价销售、不按规定提供售后服务等。

（2）垂直渠道冲突。垂直渠道冲突也称为渠道上下游冲突，是在同一渠道中不同层级企业之间的冲突，这种冲突较之水平渠道冲突要更为常见。

由于垂直渠道结构是由制造商、批发商、零售商组成的联合体，通常渠道成员都把自己视作组织的一部分，从而更好地发挥渠道的协调功能，提高渠道效率。但是不同渠道成员都有各自的利益追求，只要渠道成员的观念发生转变，寻求个体利益最大化，那么冲突就会出现，主要表现在两方面。一方面，越来越多的制造商从自身利益出发，采取直销与分销相结合的方式销售商品，这就不可避免地要同下游经销商争夺客户，大大挫伤了下游渠道经销商的积极性；另一方面，当下游经销商的实力增强以后，不甘心目前所处的地位，希望在渠道系统中拥有更多的权利，向上游渠道发起了挑战。在某些情况下，生产企业为了推广自己的产品，越过一级经销商直接向二级经销商供货，也会使上下游渠道经销商之间产生矛盾。

（3）多渠道间的冲突。随着市场需求差异化程度提高，细分市场的繁多和可利用的渠道类型不断增加，越来越多的企业采用多渠道营销系统，不单一使用一种渠道结构，而是运用多种渠道进行组合，整合不同渠道的优势。多渠道间的冲突就是不同类型的营销渠道间的冲突，是指生产企业建立多渠道营销系统后，不同渠道服务于同一目标市场时所产生的冲突。多渠道冲突也属于横向冲突的一种表现形式。当制造商在同一市场或区域建立两条或两条以上的渠道时，就会产生此类冲突，表现形式为销售网络紊乱、区域划分不清、价格不同等。例如，彩电在传统商场和新兴的家电连锁店（如国美和苏宁）都有销售，前者的实力逐渐衰微，而后者的实力却在日益壮大，在这个此消彼长的过程中，双方的矛盾和冲突从来就没有停止过。国美在进军天津、沈阳等市场时，都受到了传统分销渠道的联合抵制。

案例分析

格力与国美的渠道冲突

格力和国美，一个是连续九年空调行业销售排行第一、去年销售额高达一百多亿的龙头，一个是拥有多家门店的家电连锁业老大。在2004年3月，两个重量级对手的冲突由局部蔓延到全国，引起了广泛的关注。

2004年3月中旬，国美总部向各地分公司下发了一份"关于清理格力空调库存的紧急通知"，要求其各地分公司把格力空调的库存和业务清理完毕后，暂停销售格力产品，理由是格力的代理销售模式和价格均不能满足国美的市场经营要求。

国美对此举的解释是：目前国美销售的家电产品主要以厂商直接供货方式为主，这样做的目的是为了节省中间成本，降低产品价格；但格力空调一直通过各地的销售公司向国美供货，在价格上不能满足国美的要求，国美因此无法实现其提倡的"薄利多销"原则。

显然，国美希望利用自己的渠道优势迫使格力做出价格让步。

但格力空调的新闻发言人黄芳华在接受《财经时报》采访时表示，格力空调对待所有经销商都是一视同仁的，不会给国美搞"特殊化"，因为那样做对其他经销商不公平。

格力并不在乎国美的渠道优势，因为格力在全国有上万个经销商，而国美不过是其中的一个，而且格力空调的销售量、消费者对格力空调的认同度都很高，所以靠市场说话的格力空调并不畏惧国美的"威胁"。

黄芳华还表示，事情既然是由国美挑起来的，格力就不会主动与国美讲和。格力的原则是：如果国美可以接受格力的销售模式与价格，双方就继续合作，否则就没有合作余地。

★思考与讨论

格力与国美的渠道冲突属于什么类型的渠道冲突，冲突的原因是什么？如果你是格力或国美的管理人员，你会如何看待这次渠道冲突？

2. 按品牌划分

从品牌的角度，渠道冲突可以分为不同品牌同一渠道冲突、同一品牌渠道内冲突、同一品牌不同渠道间冲突。

（1）不同品牌同一渠道冲突。在某些特定行业中，特定渠道中间商对于渠道上游生产商具有不可替代的地位，作为渠道瓶颈部分的中间商，其讨价议价能力就会比较强。因此，制造商为了保证货物的销售，对于关键路径的中间商会通过承诺优惠条件来吸引其加入自身的销售渠道，此时中间商就有了更多的选择空间和议价能力。很多时候，中间商可以代理多家品牌，但是实际操作中很难让每个品牌商都满意，并且中间商对于其下属的代理商的竞争也会导致不同品牌在同一渠道内的冲突。

（2）同一品牌渠道内冲突。同一品牌渠道内冲突主要出现在企业抢占目标市场的扩张阶段。当企业占据了目标市场一定份额，具有一定的品牌知名度和消费者认可时，为了适应增长的需求，提供更好的服务，压缩竞争对手市场份额，在渠道策略上会采取大规模的圈地运动，吸收大量的渠道成员。渠道成员的增加虽然带来了更广阔的渠道覆盖，提高了渠道密度，但如果缺少合理规划和组织管理就会出现诸如窜货、低价出货等情况。地区性中间商会形成各自的势力，互相竞争，产生倾轧，这就带来了同一品牌产品渠道内的冲突，实质上这也是同一品牌的水平渠道冲突。

（3）同一品牌不同渠道间冲突。同一品牌不同渠道间冲突，本质上来说还是多渠道冲突的一种表现形式。不过根据品牌渠道冲突的划分原则，将其命名为同一品牌不同渠道间冲突，但实质内容还是多条营销渠道在统一市场为了争夺同一目标群体而产生的利益冲突。形成该类型渠道冲突的原因大多是在某一地区过于密集的渠道覆盖和单一的市场营销策略、没有针对性的渠道区域分割和细分、对营销渠道日常维护的缺失或者粗放管理等。

3. 按发展程度划分

冲突的等级是逐步提升的过程，渠道成员间为了争夺有限的资源，潜在冲突在所难免，但是作为渠道系统的一部分，成员间又是相互依赖的。按照渠道冲突的发展程度可以分为潜在冲突、可察觉冲突、感情冲突、显性冲突。

相互依赖是营销渠道内部无法改变的事实，因为组织所面临的问题是个体力量无法解决的，而合作就面临着对于有限资源的争夺。潜在冲突是由双方利益不一致导致的，该类冲突的水平还很低，往往会被忽略，其根本原因还是争夺有限资源和目标不一致造成的。

当渠道成员的一方意识到某种对立存在时，潜在冲突升级为了可察觉冲突，成员可以明显感觉到在观念、感觉、兴趣和意图等方面的对立。此阶段虽然在观念和意图上产生对立，甚至有一定不满和敌意存在，但是渠道成员仍能够保持"对事不对人"的职业态度，不会对其渠道成员产生情绪上的影响，成员们的态度还是比较"职业的"，认为不过是"日常的工作"，这是营销渠道的正常状态。

当个人情绪、情感介入其中，渠道成员常常会把原先的不同职业化的心态转变为敌意、冲突的认知状态，进而演变为情感冲突。冲突争吵的内容逐渐偏离解决实际问题，成员将失去"职业化"，成为"个人化"的冲突，这个阶段冲突双方的关系描述性语言与吵架的个人几乎没有区别。此时，渠道开始分崩离析，渠道经济效益下降到最低，管理者往往会做出牺牲经济利益来惩罚渠道伙伴的决定。

如果情感冲突处理不及时、方法不合适，冲突会再度升级，成为显性冲突。渠道冲突的表现不再是语言观点上的冲突，而会出现破坏性、报复性的行动，使渠道冲突达到顶峰。

（三）渠道冲突的成因

营销渠道成员关系中合作性和冲突性这两项特征是客观存在的。当商业活动所涉及的问题的庞杂程度个体已无法独自应对时，为了给消费者提供所需商品及便利的服务，渠道成员间的合作是必不可少的，拒绝合作只会被竞争所淘汰。另一方面，营销渠道的冲突性是由购销业务本质所决定的，生产商与不同的中间商有着不同的目标，利益的不一致必然导致渠道冲突。通常，渠道冲突的原因可分为两类：表面原因和根本原因。

1. 表面原因

顾名思义，表面原因就是渠道冲突可以直观观察到的原因，也称为直接原因，大体上有以下几种：

（1）价格。不同渠道层级的价差常常是渠道冲突的重要诱因。制造商希望分销商按照规定的价格进行销售，因为价格过高或过低都会影响其产品形象与定位，而分销商为了获取竞争优势，则希望拥有更多的定价权。另外，中间商赚取的是购销差价，它们都希望降低进价以获取更多的利润空间，而降低中间商的进价就意味着制造商销售价格的降低。

（2）存货水平。制造商和分销商为了自身的经济效益，都希望把存货水平控制在最低，从而降低库存成本。但过低水平的库存会无法及时满足顾客的需求，从而导致顾客倒向其他品牌，损失利益。其次，一定时期内销售渠道中总的库存水平是一定的，分销商的低存货水平往往会导致制造商的高存货水平，进而影响制造商的经济效益，所以并没有两全其美的方案。此外，存货过多还会面临由于市场需求转变而导致的产品滞销。因此，存货水平也是容易产生渠道冲突的原因。

（3）大客户。分销商在面对普通客户时，它和下游零售商是一种上下游的合作关系，但是当有大客户希望与上游制造商建立直接购销关系时，大客户就绕过了分销商，此时分销商和大客户就成为了统一市场的竞争关系。尤其在工业制成品市场中，由于终端用户需求特殊、金额巨大等特点，与制造商建立直接的购销关系有利于降低购置成本，所以分销商担心其大客户直接向制造商购买而威胁自己的生存。

（4）争占对方资金。由于保持资金流动性等财务原因，上游制造商往往希望分销商先付款自己再发货，而分销商则希望制造商先发货自己后付款。尤其是在市场需求不确定的情况下，分销商希望采用代销等方式，即货卖出去后再付款。而这种方式增加了制造商的资金占用，加大了其财务费用支出，就会产生冲突。

（5）技术咨询与服务问题。制造商之所以选择分销商的原因是因为优秀的分销商可以在销售中提供良好的服务和技术咨询等增值业务。但是当分销商无法提供足够的服务且服务成本较低时，制造商往往会采用直接销售的方式。此时，分销商就会恶意地限制制造商的发展，进而产生冲突。

（6）分销商经营竞争对手产品。毋庸置疑，制造商不希望自己的分销商同时销售竞争对手的产品。尤其是用户对品牌的忠诚度不高时，分销商同时销售竞争对手的产品会给制造商带来较大的竞争压力。另一方面，分销商则希望经营多种产品以扩大其经营规模，并免受制造商的控制。所以，分销商如果也为竞争对手提供销售服务，就容易产生冲突。

2. 根本原因

渠道冲突的根本原因大多是观念立场的不同，大体上有以下几种：

（1）角色界限模糊，管理不当。营销渠道中，各成员的自角色规定了其拥有的权力和所需承担的责任，以及所应发挥的功能及活动范围。如果角色界限不清晰，权利责任分配不合理或不清楚，就会引起渠道冲突。首先会导致渠道成员间的功能和活动范围不仅不能互补，甚至会产生重叠；其次会鼓励投机性行为，即轻松简单、有利可图的事务人人抢着做，费力且收入低的事务无人问津；最后在发生事故追究责任时大家互相推诿，逃避责任。如小米既有自营的销售网点，也有加盟的销售网点，如果不规范二者的角色功能及活动范围，让二者面对同一目标客户进行小米旗下产品的推销，必定会产生冲突。还如我们常见的顾客售后难等问题都是由于营销渠道中成员对于自己的功能和活动范围不明晰导致的。

另外，有时候尽管科学、明确地规定了各渠道成员的角色、地位以及任务及权利，如果渠道管理执行不当或奖惩及竞争机制不健全，仍然可能出现各种冲突和矛盾。

（2）利益及目标不一致。制造商和分销商由于地位不同、定位不同，各自有各自的利益追求，所以渠道目标和经营目标也不一样。如果制造商希望获得市场的高速增长，那么往往会通过打折让利的方式来获取市场份额和顾客的品牌认同。而如果分销商的目标是高额的销售利润及较高的定位，那么就会对诸如促销等损害自身利益的促销手段十分反感。所以，有时也会出现相反的现象，制造商为了维护其品牌形象和定位，不希望零售商为了短期利益而盲目降价促销。比如制造商希望高价获得单件产品的高利润，而分销商更偏好薄利多销的定价策略。苏宁曾经投放 10 台低于产品成本价格的格力空调，虽然短期来说为苏宁带来了销售业绩的增长，但是对于格力的品牌形象和整个区域的分销商管理造成了极大的伤害。

（3）预期不同。渠道成员会对各自的行为进行预期，以便为之后的行为决策提供依据。但是如果预期有误，就会导致错误的行为，而错误的行为就会引致其他渠道成员预期的错误。由于制造商和分销商在市场信息、分销模式等方面的差距导致了两者对于经济、政策、文化等预期的不同。如果制造商认为未来经济形势良好，希望制造更多高档商品，而分销商可能会对未来经济形式持悲观态度，更偏好销售单位价格较低的中低端商品，这就会产生冲突。

📖 阅读资料

渠道冲突的诱因

国外学者们认为渠道冲突的诱因主要来自以下 7 个方面：

（1）角色不一致。角色不一致是指由于渠道成员分工不同，各自所承担的功能不同，所以对各自行为的界定不同。如果一个渠道成员没有按照渠道系统的期望行事或执行应有的功能，或者渠道成员对于角色缺乏清晰的定义和理解，那么渠道冲突就会发生。

（2）对稀缺资源的争夺。对渠道成员而言，渠道资源的稀缺或者对有限资源的竞争会导致渠道成员之间的不和谐，但同时渠道成员又必须分配这些稀缺资源以实现目标。"资源"这一术语本身不只是局限于财务问题，亦可用来表示渠道的任何内部资源。当渠道对资源的需求超过它的供给时，渠道冲突就会发生。

（3）感知差异。不同的渠道成员对所受环境刺激的理解不同，即感知差异。感知差异是引发内部渠道冲突的重要原因。渠道成员以不同的方式感知这些来自环境的刺激因素。如，经销商往往只关注本土竞争，而忽略了他们所在市场的长期运作；制造商则倾向以更宏观的视角来看待竞争，他们会考虑宏观层面的竞争和需求。

（4）期望差异。每一个渠道成员都对其他渠道成员的行为和态度有一个期望值，并且希望其他渠道成员在做出决策或采取行动方面能够符合自己的期望。当一个期望的行为没有发生时，渠道冲突便可能发生。

（5）决策过程的不一致。每一个渠道成员都是理性的经济人，都按照各自的偏好和对情景的判断来做出决策，因而会出现决策过程不一致的情形，此时渠道冲突极易产生。

（6）目标不相容。目标的不相容是指渠道成员各自目标间的分歧、不兼容、竞争，或者相互的排斥。当两个目标不同的渠道成员被迫协作时，最终他们将分道扬镳追求各自的目标，不会达成共识，此时渠道冲突便产生了。

（7）沟通困难。渠道成员间的相互沟通、交流被视为促进渠道成员关系的有效方法。当渠道成员间的沟通交流不顺畅时，便会产生分歧、误解、沮丧的情绪，阻碍渠道成员之间信息的交换，影响决策和行为，进而引发冲突。

国内有学者认为，导致渠道冲突的根本原因是渠道成员的利益冲突；一部分学者则认为，渠道权力的失衡及渠道成员对渠道权力的滥用是渠道冲突产生的根源；也有学者认为，渠道成员之间功能专业化所带来的"功能性相互依赖"是渠道冲突的根源，当功能性相互依赖为渠道成员提供了合作的必要性时，它也同时播下了冲突的种子；还有学者认为，利益主体不同、目标不一致会导致渠道冲突不可避免。

综上可以看出，国外学者主要将渠道冲突归因于角色、感知、期望、目标、沟通困难等方面的差异，而国内学者则将渠道冲突归因于利益的冲突、渠道权力的失衡与滥用、相互依赖三个方面。

资料来源：裘雪．渠道冲突问题研究评述与展望[J]．管理现代化，2017.

★思考与讨论

依据以上资料，谈谈你对渠道冲突产生原因的理解。

二、渠道冲突管理

渠道冲突是十分普遍、不可回避的问题，而很多时候渠道冲突会影响渠道目标的实现。因此，为了避免冲突逐步升级，降低渠道冲突对于渠道效率带来的负面影响，进行渠道冲突预防和管理是十分必要且有效的。

（一）渠道冲突管理的内涵

渠道冲突管理是指在对渠道成员关系分析和研究的基础上，为了预防渠道冲突、化解渠道冲突、防止渠道冲突升级而进行的计划、组织、协调和控制的过程。渠道冲突管理的目标就是保持渠道内部正常合理的运作，更好地发挥渠道成员合作的优势，提高渠道效率。

渠道冲突管理是必要的。渠道冲突的存在是一个普遍的客观事实，在任何产品或服务分销过程中都是不可避免的。尽管并非所有的渠道冲突都会阻碍企业的发展，有时候存在适当的冲突还能在一定程度上增强渠道成员的忧患意识，有助于激发渠道成员的创新性，但是只有正确合理的管理、引导和处理冲突才能发挥渠道冲突的积极作用，否则只会加剧冲突，使冲突的破坏性加剧。

合理的预防冲突可以从根源上杜绝某些恶性冲突的发生，正确的处理冲突可以对症下药、解决问题，防止冲突的进一步恶化，从而降低由于冲突带来的渠道效率损失。最后，冲突解决后的关系弥合也是发挥冲突的积极作用，保证营销渠道长期、健康、高效运作的关键。

（二）渠道冲突管理的原则

根据渠道冲突管理的目标——维持渠道合理运作，促进渠道效率，在处理渠道冲突时应遵循以下原则：

1. 效率原则

正如渠道冲突管理的目标一样，在处理渠道冲突时要时刻秉持降低投入、提高产出的原则，即如何尽可能地减少甚至消除渠道冲突带来的成本，尽可能地通过对渠道冲突的管理、引导及渠道调整发挥其建设性、积极性作用，提高渠道运行效率。

2. 系统性原则

渠道管理工作的对象是由渠道成员组成的联合体，因而在处理渠道冲突问题时要秉持系统的思想：一方面体现在处理具体的渠道冲突时不能以孤立的眼光就事论事，还要考虑起因、经过、结果以及事后如何处置、未来如何预防等；另一方面体现在渠道冲突的管理不仅仅是渠道冲突发生后的管理活动，而是应该贯彻在从最初的渠道战略、渠道计划、渠道组织结构设计、渠道资源配置、渠道成员选择、渠道布局、权力责任分配等营销渠道管理的全过程。

3. 创新原则

该原则主要要求在处理渠道冲突问题时具有灵活性和创造性，不要因循守旧，要勇于尝试，开拓思想。企业可以运用现代信息技术解决渠道冲突，如供应链管理系统（Supply Chain Management System）、客户关系管理系统（Customer Relationship Management System）等。

4. 权变原则

在如今市场经济的大背景下，市场环境在飞速变化，一成不变的思想是无法解决所面临的复杂问题的。因此，只有随着渠道环境变化不断调整渠道冲突的管理策略，灵活地处理渠道冲突等各方面的问题，才有可能处理和管理好渠道冲突。

（三）渠道冲突管理的思路

渠道冲突管理可以按照三步走的思路进行：在冲突发生前进行事前预防，冲突发生时进行事中控制，冲突结束后进行事后反馈调整。

1. 冲突事前预防

众所周知，渠道冲突是不可避免的，但这并不意味着不可以预防。企业可以通过分析历史上渠道冲突发生的情况，结合现在渠道运行状态及市场竞争，分析可能发生哪些渠道冲突，以及引起渠道冲突的各种因素，以便提前了解并制订相应的解决对策，从而实现对渠道冲突的事前预防。除了提前解决问题的冲突事前预防机制，企业还可以建立一套完善的渠道冲突预警系统，当潜在的渠道冲突逐步升级、事件失去控制前对管理者发出预警，以便及时应对。

2. 冲突事中控制

冲突的事中控制主要包括渠道冲突原因分析和冲突处理化解两部分工作。为了在解决渠道冲突时有的放矢，分析引起渠道冲突的原因是十分必要的。在分析渠道冲突问题时需要注意两种思想态度：一是强化对渠道冲突的客观性和不可回避性的认知，树立冲突管理的思想和意识；二是区分不同冲突的类型，包括区分潜在冲突和显性冲突、功能性冲突和观念性冲突、可调和冲突和不可调和冲突等。只有分析了原因、界定了冲突的性质，才可能对解决冲突的可用资源进行优化配置和利用，进而有效地解决问题。其次，在着手处理渠道冲突时，需要注意方式方法，对症下药，依据引发冲突的原因，结合现有的资源配置对问题进行适当的处置。例如，如果是制度性问题就应该征询渠道全体成员的意见，进行相应制度的改革；如果是观念性冲突，渠道管理人员就应该提供平台，使冲突双方进行合理友善的信息交流，消除误解，达成共识；如果是利益性冲突，就应该尽可能地寻求使双方都满意的利益分配模式，实现渠道中的利益共享。

3. 冲突事后反馈调整

正如管理学的普遍定式一样，渠道冲突解决后的效果评估、经验总结、调整改进也是十分重要的。一项渠道冲突是否得到了很好的解决，以后还会不会发生类似的冲突，如何避免之后的类似冲突，这些问题都需要渠道管理者深入思考。有时候，一项渠道冲突的解决可能只是显性问题的解决，真正的根源性问题，如观念、思想、误解等隐性问题是否被解决很难判断，需要长期的观察和了解才能确定，也需要长期的、持续性的改进、磨合。所以事后的效果评估必不可少，需要了解问题有没有被解决、解决了多少、达到什么程度等问题。渠道冲突解决后的事后反馈调整是促进渠道快速恢复正常运作、渠道效率改进的重要手段，可以为之后的渠道冲突管理总结经验教训，从而更好地解决未来可能发生的渠道冲突。

(四) 渠道冲突管理的策略

渠道冲突管理是一项重要的管理工作，它主要是为了预防和解决渠道冲突给渠道绩效带来的不利影响，并且合理利用建设性冲突来保持渠道活力，提升渠道系统的运行绩效。依据渠道冲突的管理思路，可以从事前、事中和事后三个阶段采取相应的管理策略。

1. 事前的冲突预防策略

在渠道冲突发生前制定一定的规则、制度等可以有效预防冲突，其作为渠道管理系统的一部分，可以从制度规范、信息共享、成员关系等几个方面采取有效措施。

（1）制度规范。制度规范主要是从组织、管理等方面着手规范渠道行为，预防由于利益目标不一致、角色界限模糊等问题导致的冲突，具体可以包括以下策略：企业需要依据渠道建设需要严格制定中间商选择制度，选择那些既有合作意愿又符合企业市场开拓需求的渠道成员；需要依据市场环境与各渠道成员的能力、专长等合理分配渠道权力，通过合同、协议等方式明确各自的权、责、利，以建立共同的目标，实现资源与利益的共享；需要建立合理的价格管理体系和渠道成员评估、激励、奖惩制度，规范管理制度和管理流程；需要建立高效的信息沟通、协调机制等。

★思考与讨论

对照渠道冲突的成因，分析制度规范可以预防哪些渠道冲突，以及如何预防由这些原因引发的渠道冲突。

（2）信息共享。信息共享主要是在渠道内部设计建立一条或多条信息沟通渠道，通过信息的共享来消除误会，在透明的环境下提前预防可能产生的冲突。信息共享渠道的建立是有前提条件的，它需要渠道成员间有足够的了解和信任，因此多适用于关系型渠道。通过加强自己与渠道其他成员间的信息交流、实现信息共享，可以进一步增加了解和互信。

信息共享的具体方式有不同主体间员工的制度性交流，如沃尔玛和宝洁公司的员工有经常性的交流机会，虽然还是有敏感信息外漏的风险，但是参与者会给企业带来跨组织背景下的工作观念，以及满足特别需求的合作机会。总的来说，这种人员交流使得人员关系是超越组织的，而达成的承诺是跨越组织边界的。除此之外，还有合议这种用来吸取新元素到组织决策中以规避威胁生存发展的机制，有效的合议要求建立日常可靠的渠道，以拉近成员间的距离，加速信息的交流。

（3）成员关系。不论是制度的规范还是信息的共享，不同渠道成员在这些渠道行为中必然会形成错综复杂的成员关系，成员关系良好必然会强化制度的顺利落实以及信息共享。因此，渠道成员间能够建立一种长期的、友好的且能够风险共担、利益共享的联盟关系，对于渠道冲突的预防能够起到重要的作用。通常，制造商与分销商之间可以通过契约建立一种战略合作伙伴关系，也叫产销联盟，比如宝洁公司与沃尔玛的战略联盟、可口可乐和麦当劳的合作等。有时候不同分销商之间也可以建立战略联盟，以实现渠道资源和客户资源的共享，比如阿里巴巴与银泰的合作、永辉和京东的合作等。

2. 事中的冲突解决

渠道冲突的产生是必然的，并且冲突的具体表现是多种多样的，我们很难给出一个具有普适性的具体解决方案。但大体上，解决冲突有以下六种方法。

（1）沟通。很多时候，渠道成员间的矛盾和冲突源于利益的冲突、观念的相左，通过相互沟通有助于消除误会、强化信任与理解，自然就容易解决矛盾，达成共识。如果由于对各自的特殊情况不够了解、各自的立场不同而产生冲突，简单的沟通无法解决冲突，可以进行更为深入的了解，比如互派人员进行工作交流、深度体验。制造商经常派遣销售人员到分销商那里"蹲点考察"，分销商也会派遣相关人员到制造商那里学习交流，通过这种工作互换来了解各自的经营方针、管理理念等，有助于相互之间达成谅解以及长期合作关系的维系。

（2）劝说。如果发生冲突的渠道成员不愿意进行沟通，那么渠道领导者可以运用自己的领导力进行劝说，说服渠道成员相互沟通，达成谅解。一个渠道系统中的渠道成员是出于共同利益而联结在一起的渠道组织，劝说可以帮助他们在各自领域、功能以及对顾客的不同理解方面达成共识，促使他们认真履行自己曾经做出的组织承诺。

（3）谈判。如果比较温和的沟通和劝说无法解决渠道冲突，或者由于冲突比较严重，渠道成员不愿意进行沟通或接受劝说，那么冲突双方就可以进行比较正式的谈判。谈判是渠道成员间进行讨价还价的方法，它意味着某种程度的妥协、让步。为了和平解决渠道冲突，避免冲突加剧，谈判中的渠道成员必然要放弃某些利益。当然，沟通和劝说也不意味着没有妥协和退让，只是相对于比较激烈的、具有对抗性的谈判更温和一些。不论哪种形式的解决冲突方法，渠道中的成员都需要在维护自身利益的前提下兼顾渠道整体目标，以保证矛盾的解决、渠道效益的提升。

（4）仲裁。如果渠道冲突无法通过冲突双方（或多方）自行解决，渠道成员又不愿意诉诸法院时，就可以采取第三方仲裁的方式，也就是邀请没有利益关系且有一定影响力的第三方进行调停。仲裁的优势在于程序简便、费用较少、耗时较少，可以通过第三方独立、公正、快速地解决冲突，并且给第三方充分的自治权。同时，仲裁还具有灵活性、保密性、易执行等优点，因而应用范围较广。很多地区都有专门的仲裁机构来帮助解决企业间的经济纠纷。

(5) 诉讼。如果渠道冲突升级到一定程度，以上方法都不能很好地解决，那么可以诉诸法律，通过向法院诉讼的方式来解决。和前面几种和平解决策略不同，法律诉讼带有一定的强制性，是一种极端激烈的解决方法，很容易严重伤害双方的关系，导致冲突加剧，合作关系的破裂。因此，诉讼通常是解决冲突的最后选择。

(6) 清退。对于由于当初选择不当，实践证明不符合渠道成员选择要求或不能很好地遵守渠道管理规范，恶意破坏游戏规则且屡教不改的渠道成员，企业应该对其进行重新审查，必要时将其清除出渠道成员队伍。如果渠道冲突不可调和，各种办法都无法解决时，对某些渠道成员清退也是一种可取的解决办法。

3. 事后反馈调整

当冲突平息之后，需要从冲突双方、渠道整体以及渠道环境进行评价，并且加以一定时段的观察，对冲突解决后的渠道运行状况进行效果评估。对于有效的解决方案采取留档，以备后续出现问题减少再次搜寻信息的成本，为解决类似冲突提供范例，降低方案成本。还要对于冲突双方进行长时间、制度性的回访，将后效反馈与事前预防机制结合起来，形成闭环，才能更好地管理渠道冲突。

每一次冲突的发生都意味着不和谐，而不和谐要素的发现和解决会促进新的和谐产生。因此，企业可以在渠道冲突解决后以此为依据对渠道结构、渠道运行方式、渠道管理策略等进行调整和优化，以使渠道组织更好地适应环境，预防和避免不必要的渠道冲突，这也正反映了渠道冲突的建设性。

案例分析

宝洁公司的渠道冲突管理

1. 宝洁公司的多渠道冲突管理

宝洁公司所处的日化行业属于快速消费品行业，这种行业消费者的购买具有不同于其他行业的一些特点，最明显的是购买者的购买行为具有冲动性和习惯性的特征，而且消费者的品牌忠诚度不高。对于这样的行业，企业只有拥有高效的多种营销渠道才能把产品以最快的速度转移到消费者的手里，使消费者能够方便地随时买到。

(1) 分类管理。宝洁公司把多渠道的组织按一定的要求进行分类管理，以便充分发挥他们各自的优势。在宝洁公司的渠道组织划分中，小店主要是月销量低于 5 箱的小型商店、商亭及各种货摊；大店是指百货商店、超级市场、连锁店、平价仓储商场、食杂店、国际连锁店及价格俱乐部等。同时，宝洁公司对大店和小店的经营进行了准确且互补的定位：小店的优势在于极大地方便了消费者随时随地购买，经营品种相对集中，以畅销规格为主，销售量受其他因素干扰小，能够有足够的毛利率保证其稳定的利润来源，基本上都有较稳定并且较为广泛的客户网络。大店都基本上具有 50% 以上的利润来源，大店的经营环境是建立企业形象、塑造品牌的有利场所，大店中良好的店内设计和形象展示是配合宝洁公司强大广告攻势最有力的销售工具。

(2) 合理配置资源。宝洁公司在营销资源的配置上也采用了合理的策略，即通过供货管理和拜访制度的差异管理成功地解决了多渠道冲突。在供货管理上，小店供应价可高于批发市场的发货价，一般以厂价加5％为宜，100％现款现货，在任何情况下都不提倡采用任何形式的代销赊销，并要求分销商向所有的小店提供送货上门服务。大店则按严格单一分销商供货政策，根据商店经营的历史背景和目前的经营状况，按比例将每一家商店划给某一个具体分销商，同时其他分销商不得介入。在拜访制度上，小店的拜访频率以成熟品牌不脱销，新产品4周内卖尽为目标，每家小店以1.5周一次为比较合适的拜访频率。大店则根据其库存周期，生意量大小/货架周转率，送货服务水平以及促销活动频率等综合指标来确定合适的拜访频率。

2. 垂直渠道冲突管理

从垂直渠道关系来看，导致宝洁公司垂直渠道冲突的主要原因是宝洁公司与分销商的目标差异。宝洁公司希望通过销售终端来拉动市场，通过广告攻势建立强大的品牌力，实现消费者的高度认同，再配以营销渠道的协助，提升产品的市场销量。但经销商却更倾向于经营毛利率更高的短期盈利产品，特别是一些区域分销商大多采用多品牌经营，他们通过代理其他品牌的产品来增加其盈利的途径。可以看到，许多区域经销商同时经营包括联合利华、花王、高露洁等这些宝洁公司的竞争对手的多个品牌的产品，这样必然大大地分散了分销商运作宝洁公司产品所需要的资金、人力、仓储运输等资源。面对这种目标冲突和经营行为冲突的现实，宝洁公司采用了以渠道合作为核心的经营思路和恰当使用渠道权力的策略来解决其营销渠道冲突。

(1) 坚持经销商必须专一经营。这项措施是基于宝洁公司强大的渠道权力优势，要求经销商必须独立经营宝洁公司的产品、独立设置账户、独立进行资金运作、业务员独立办公、宝洁公司的产品拥有独立仓库等硬性规定，使经销商只能够专一经营。以此确保宝洁公司要求经销商经营其产品的财力、人力、物力等不能随意地被组合和占用，更不能经营与宝洁公司存在竞争的品牌产品。

(2) 注意精心选择经销商。宝洁公司在全国各地精选具有一定规模、财务能力、商誉、销售额、仓储能力、运输能力和客户关系的经销商，特别强调经销商的客户关系的深度和广度，以及其对区域市场的覆盖能力。对于新的经销商，宝洁公司要求其拥有不低于500万元的资产抵押及不低于400万元的流动资金，并采用公开招标的形式选择经销商。这种对经销商的严格挑选标准，可以促进市场渠道结构的合理分工，以避免因经营职能重复而造成的资源浪费，最大限度地降低渠道成本。

(3) 实施端到端的直接合作。这是指不经过任何中间经销商，把宝洁公司的产品直接送到销售终端的一种渠道安排。这也是宝洁公司在成熟市场中运用娴熟的传统"战法"，使宝洁公司与最终零售商直接对接，比如宝洁与沃尔玛的"端到端"直接合作。

(4) 推行协助式的渠道管理。宝洁公司不仅注重精选有实力的经销商以形成合理的渠道结构和市场布局，而且还向分销商派驻公司代表以协助销售，并帮助培训分销商的销售人员，招聘专职的区域市场代表，负责其工资奖金的发放，为分销商提供覆盖市场的一定费用。宝洁公司确立了14天回款返利3％的回款激励制度，协助分销商提高物流管理水平并推行数字化管理。

3. 水平渠道冲突管理

在企业拓展市场的竞争中，要从水平方向拓展渠道，针对分销商的竞争是异常激烈的，同时，渠道分销商之间也会频繁发生冲突和竞争。宝洁公司凭借其强大的渠道权力和影响力，较好地运用了渠道冲突管理中利益协调的核心机制，在渠道的各成员之间进行合理的利益分配，最大限度地避免和化解了分销商之间的渠道冲突。

（1）强调对经销商的权责管理。宝洁公司重视对经销商的权责管理，这样既可以维持宝洁公司在经销商选择上所一贯坚持的高标准严要求，同时对经销商的区域权力也做出了详细的规划安排，以避免水平渠道冲突的发生。比如，在对大的零售商的管理中，宝洁公司对各分销商的区域权力进行了明确划分，其他分销商不得干涉。在权责明确划分的同时，宝洁公司也十分重视对分销商的激励机制，良好的激励机制本身也是对水平渠道冲突进行管理的有效方法。

（2）有效使用对分销商的覆盖服务费。宝洁公司设计并实施了分销商覆盖服务费评估系统，按分销商覆盖业绩来评定覆盖服务费用，分销商提供越好的覆盖服务，将会得到越高的覆盖服务费。分销商覆盖服务费评估系统可以有效激励分销商，同时简化了相关的管理并使对分销商日常运作管理标准化，这对解决水平渠道冲突起到了重要的作用。

（3）充分发挥信息共享的作用。宝洁公司善于利用信息共享来协调各种可能的矛盾，不仅在宝洁和各级分销商之间，而且在同级的分销商之间也鼓励充分实现信息共享，从而有效地避免了水平渠道中因成员在信息方面的阻隔所导致的冲突。

（4）注意指导分销商的内部分工。宝洁公司通过尝试实施分销商一体化管理系统，对分销商内部的合理分工进行指导。该系统主要通过分销商运作经理、分销商销售主管、分销商销售组长、大店分销商销售代表、小店货车销售代表等各层级明确的职责和业务指标来保证渠道的畅通和高效运行。

（5）实施一体化营销改造。宝洁公司帮助经销商进行宝洁式的管理改造来增加对渠道管理的可控度。改造的步骤是：首先，宝洁公司内部组成一个跨部门的工作小组，对经销商进行诊断，找出其管理上的问题和不足，并且同经销商一起制定符合宝洁公司管理标准的改造计划；接着，经销商自行按照计划进行改造，工作小组提供各种支持，特别是为经销商提供导向性的咨询服务；最后，使改造后的经销商与其营销有关的职能部门拥有同宝洁公司相似的组织机构和运作管理方式。

资料来源：孙选中，李培．宝洁公司营销渠道冲突管理透视[J]．企业经济，2007.4.

★ **思考与讨论**

谈谈宝洁是如何管理渠道冲突的，以及宝洁的管理经验对我国企业渠道冲突管理有哪些启示。

三、窜货及其管理

窜货是渠道冲突的重要表现之一，由于其存在的普遍性和危害渠道的严重性，我们单独对窜货的内涵、产生原因和管理对策进行分析。

（一）窜货的内涵及表现

1. 窜货的内涵

窜货，又称倒货、冲货、炒货，指的是经销网络中的各级代理商、分公司等受利益驱动违背与厂商签订的协议进行跨区域销售的现象。窜货行为的发生主要是经销商在短期利益和销售任务过重等因素的驱动下引发的恶性竞争，它会进一步造成价格混乱，使经销商无利可图甚至亏本经营，从而使渠道中其他经销商对产品失去信心，消费者对品牌失去信任。

2. 窜货的表现

窜货的表现有以下 6 种：

(1) 经销商间窜货。经销制是绝大多数企业采用的销售方式，因为企业在开拓市场阶段实力有限，无法覆盖全部的市场，所以需要专业的经销商帮助其销售产品。但是不同销售区域的市场发育不均衡，比如 A 地的需求比 B 地大，A 地供不应求，而 B 地销售不旺。为了应付企业制定的销售任务奖罚政策，B 地要想方设法完成销售份额，通常将货以平价甚至更低价转给 A 地区。此时虽然 B 地经销商完成了销售任务，通过财务表现的销售假象使 B 地市场面临着在虚假繁荣中的萎缩或者退化，给竞争品牌以乘虚而入的机会。

(2) 分公司间窜货。分公司制通常是有强大实力的企业在各销售区域分派销售人员，组建分公司，它是相对独立但又隶属于企业的销售制度。分公司利益的来源就是其销售额的多少，因此为了完成销售指标，取得更好的业绩，分公司往往将货卖给销售需求大的兄弟分公司。分公司之间的冲货将使价格混乱，最后导致市场崩溃。

(3) 企业销售总部"放水"。企业由于管理监控不严，总部销售人员受利益驱动，违反地域配额政策进行分销，这就容易使区域供货平衡失控，造成市场格局混乱。

(4) 低价倾销过期的产品。对于食品、饮料、化妆品等有明显使用期效的产品，到期前，经销商为了避开风险，可能置企业信誉和消费者利益于不顾，采取低价倾销的政策将产品倾销出去。这就容易扰乱价格体系，侵占新产品的市场份额。

(5) 销售假冒伪劣产品。假冒伪劣产品以其超低价位诱惑着销售商铤而走险。销售商往往将假冒伪劣产品与正规渠道的产品混在一起销售，掠夺合法产品的市场份额，或者直接以低于市场价的价格进行倾销，打击了其他经销商对品牌的信心。以上前五种都称为恶性冲货。

(6) 自然性冲货。由于经销商的网络辐射力较强或长期以来形成的购销关系，经销商在获取正常利润的同时，有意或无意地向自己辖区外销售产品，但对其他区域经销商的销售和网络影响不大，无渠道冲突或冲突不明显，这种情况叫自然性冲货。制造商虽然进行了销售区域的划分，但在相邻区域的边界一般会存在网络的交叉和重叠，因而自然性冲货较难避免。另外，对于有些由于区域经销商网络无法覆盖而存在的空白市场，自然性冲货则可以进行有益的补充。

(二) 窜货的成因

导致窜货的原因归根结底还是利益问题，销售渠道中的各个成员为一己私利，置整个渠道利益于不顾，不择手段地进行销售，就产生了恶性冲货。自然性冲货的成因较为简单，对市场的影响也不大。恶性冲货非常普遍且屡禁不止，其成因主要有以下几个方面：

1. 任务量因素

制造商每年会根据其销售策略制定销售目标，再分解给各个地区的经销商。如果任务目标脱离实际，超过市场需求量和经销商的销售能力，那么经销商为了完成任务保证自身利益不受损失，就会想方设法地将货物转到需求旺盛的区域或采用低于正常价的方式销售，这就产生了地域冲突，一旦厂商管理不力，就会产生经销商间的渠道冲突。除此之外，一些与销售额、库存额挂钩的经销商激励制度，也容易导致到为了短期利益而不顾市场可持续性发展的窜货行为。

2. 返利因素

制造商为了提高经销商的积极性，通常在销售政策中设定各种形式的奖励，并且大多采取以鼓励销量为目的的累计台阶返利形式，即奖励与销量挂钩，销量越大，奖励折扣也就越高。于是，一些实力雄厚的商家为了博取折扣差额，以做销量为根本，不择手段地向外"侵略"，以达到提升销量的目的。这就会导致有实力的经销商得到厂商的奖励和优待，对于窜货行为更加有恃无恐，形成大鱼吃小鱼的局面，不利于营销地域性能力平衡。

3. 区域价差因素

一般而言，厂家对于不同等级的经销商提供的产品价格是不同的，如出厂价、大卖场供货价、卖场零售价、批发价、小店价等。价差导致了不同地区、不同经销商的经营成本具有较大的不同，再加之管理、运输、仓储、库存等因素，导致整体产品成本产生了差异，所以产品从低价区域向高价区流动，寻求更高利润是十分常见的。

4. 厂商监管因素

有些厂商对于窜货行为认识不足，不清楚窜货对于企业整体销售造成的危害，导致监管力度不足。甚至有些厂商领导层认为窜货是产品好的表现，"不窜货就不好卖了，反正卖来卖去都是自己的货，没多大关系。"如果任由市场自然泛滥，当渠道商在混乱的市场秩序中不得已采取自卫行为——报复性窜货时，市场价格就会趋于失控，市场竞争就会演变成渠道商之间拼实力比规模的价格竞争，这时厂商再想进行窜货的监管就会无力回天了。

除了以上最常见的四种原因之外，还有网上购物与传统渠道间差异导致的窜货，产品季节性强导致的窜货，为快速回笼资金导致的窜货，由于促销活动、假货、更换经销商等导致的窜货等。

（三）窜货的管理对策

窜货并不是有百害而无一利的洪水猛兽，尽管不加管控的窜货行为绝大多数情况下都会给企业带来损失，但是也有自然性窜货这种有利于平衡地区商品供求关系的形式。窜货也是经销商竞争的一种方式，因而对企业来说，如何合理的管控窜货行为、扬长避短是渠道管理者需要关注的关键。

在管理窜货的过程中，有时会出现一管就死，一放就乱的局面。然而，这种极端的局面并非全是窜货的问题。理性地管理经销商、智慧地把握窜货管理的度、以疏导为主、更大程度地合作是制造商管理窜货的终极目标。通常，针对窜货有两大管理理念：差异化管理和动态化调控。

1. 差异化管理

差异化管理也就是对于不同的市场类型实施不同的管理方式和力度。

（1）待开发市场：鼓励竞争。

待开发市场通常有两种情况，一种是完全空白的蓝海市场；一种是企业刚刚进入的、有很多竞争厂商的红海市场。面对空白市场，在没有品牌基础的情况下，制造商对于窜货完全可以采取自由放任的策略。窜货不仅可以刺探市场信息、了解目标消费者特征、查看竞争对手的反应，更可以由经销商帮助制造商跑马圈地。如果是高价值市场，那么就可以进一步开发，如果是无价值市场，就需要果断放弃，节省开发成本。对于新开发市场，初始的窜货是确保以价格手段打破原有市场格局、抢占竞争对手市场空间的有力工具，同时也是制造商在乱战中发现强有力的合作伙伴的试金石。因此，针对空白市场，在选择经销商时，要求可以宽泛些，在管理中不做强制的原则性要求，这样有利于经销商自由发挥，使得那些骁勇善战、左冲右突、窜货娴熟的经销商在开拓市场阶段得以崭露头角。虽然这种经销商在未来正常的市场销售中是难以管理的"刺头"，但是如果有充分的控制手段，这样的经销商也能成为得力助手。

（2）成长型市场：绥靖无罪。

当市场开发初步完成后，就要进入市场的培育阶段，也就是成长型市场阶段。该阶段是制造商投入成本最高的时期。这个时期，制造商在市场上有一定影响力，渠道有一定覆盖率，占有一定市场份额，而最主要的是这个时期的市场对于企业来讲处于最脆弱的状态。因为无路可退，退则粉身碎骨，前期投入的固定成本将血本无归，还会影响企业形象，只有勇往直前，而在前进的路上还要面对虎视眈眈的竞争对手甚至联盟对企业围追堵截。对于这种成长型的市场，企业仍处于快速进攻、急需发展的状态，对窜货可以在一定程度上采用绥靖政策。首先，这个市场企业立足未稳，生存和扩大销售区域是根本，并没有建立很强的品牌认可，谈窜货对于品牌的危害还为时尚早。其次，在这个市场中竞争和发展还需要盟友和铁杆经销商的并肩作战鼎力支持，如果对窜货管控的过于严格，不利于经销商的稳定和市场的开拓。此时采取比较宽松的方式是一个比较务实的策略，以劝导和警示为主，不处罚、不扩大，甚至在必要的时候制造商还会通过支持窜货来抢占对手的市场。

（3）成熟期市场：铁腕治理。

企业在成熟期是期望获得利润和回报的。在这个阶段的市场中，企业前期付出的大量市场开发成本在此时得到了补偿性的回报，市场导入已经完成，消费者教育进入佳境，营销渠道布点分布科学，品牌在市场上形成了广泛深入的影响，占据较大的市场份额，此时对于窜货行为一定要铁腕治理。因为制造商是此时市场的既得利益者，对手在此没有竞争优势，窜货对于企业来说就意味着利润损失。同时，对于经销商来讲，企业具有谈判的优势和选择的权力，处理破坏规则的流通商不会对现有渠道格局产生不利影响，反而会有杀一儆百的效果，让其他流通商有所忌惮。对于消费者来讲，窜货带来的价格混乱，会使其对企业产生不信任感和不满，甚至会产生大量投诉，给企业带来负面影响，使品牌资产受到损失。此外，成熟期的市场，竞争是惨烈的，铁腕治理可以防止竞争对手利用混乱局面上位。

（4）衰退型市场：顺势而为。

处于衰退型市场时，企业常常采取无为而治的态度，但是同样需要关注窜货的现象。产品的衰退不代表着品牌的衰退，仍然可以凭借品牌积累的消费者认可推出新的产品，进入新的市场，所以以放任自流的态度处理窜货是不可取的，应该采取顺势而为的态度对待衰退市场的窜货行为。衰退型市场一般有两种情形，一种是企业和产品都处于衰退的状态。即使在这样的情况下，同样需要关注窜货，此时可以顺势而为，甚至可以主动推动窜货以迅速清库存、回笼资金。另一种情形式是企业仍处于健康运行状态，但产品在市场上处于衰退周期。产品的退出不可逆转，窜货除了同样可以清库存、回笼资金外，有计划地窜货还可以减轻渠道的压力，使企业可以顺利为新产品的推出扫清障碍，但同时还要注意避免给消费者造成企业兵败如山倒的印象。这两种情形下积极顺势而为地处理窜货现象，还有一个更重要的作用，就是可以妥善地处理与消费者的关系和保持品牌生命，尤其是对于企业衰退但要东山再起以及只是某些产品处于衰退期但会推出新产品的企业来说。因此，提前计划处理衰退期的产品，有策略地通过窜货消化衰退产品很有必要。

2. 动态化调控

动态化调控就是对不同类型的窜货采取不同的管理策略。对于自然窜货和良性窜货，企业的调控可以游刃有余。但是，即使对于恶性窜货，企业的调控仍然需要因势利导，动态疏导，而不是一刀切。

（1）合理划分区域。

制造商划区不合理是导致窜货的主要原因之一。经销商的根本作用就是覆盖制造商无法覆盖的终端，提高产品到达终端消费者的效率。但是目前很多企业在国内市场划分营销片区时，还是采取按照行政区划分这种脱离市场实际的一刀切方式。比如有的企业设置了安徽营销片区和江苏营销片区，在地理区划分虽然可以发挥"江苏一条线，安徽一大片"的带动效用，节省物流成本，但是物流成本的降低也就导致了江苏和安徽两大片区窜货成本的下降，互相窜货必然会时常发生。因此，最有效的划分方式是结合行政区、商圈和窜货的物理半径来划分，这样物流带来窜货的不经济性自然会帮助企业减少窜货的发生。同时，在划区的时候，要避免留有三不管地带或模糊地带，否则就会给窜货留下可操作的空间，而且企业处罚起来也会底气不足。根据市场的状况，科学地划区是疏导窜货现象必要的基础工作之一。

（2）保持渠道密度平衡。

因地制宜、合理的区域划分是疏导窜货的基本条件之一，但这并不能杜绝窜货行为。在划分完区域后，片区内建立合理的渠道覆盖密度，确保满足需求，以达到销售区域内供求平衡是十分关键的。除此之外，窜货产生的另一个重要原因是不同营销区域之间的发展程度、竞争程度差异较大。当某一个市场竞争异常激烈，容量饱和时，如果还有另一个竞争程度相对较低且仍有空白地带的临近市场比较容易进入，那么流通商自然会有窜货的冲动。虽然制造商把这种窜货看作违规行为，但是从市场规律的角度看，这恰恰是遵循市场运作规律的，是流通商从商流效率本能考虑的结果。作为制造商，如果想防止此类窜货，最好的疏导之道是在各个区域加强渠道建设，保持合理的渠道覆盖密度，使不同市场的竞争维持在一定程度。如果跨区窜货的收益很小，没有更多的利润空间，那么窜货自然就没有生存的土壤。

（3）渠道产品差异化。

即使在一个划区合理、区域密度合理的市场环境中，窜货现象仍然不可避免。此时的窜货可能不是跨区窜货，而是在同一市场内传统超商、现代卖场、大型购物中心、新型零售店、网店等不同渠道之间的窜货，也就是多渠道窜货。多渠道窜货是窜货中最难管理的类型，处理不好也最容易影响企业区域市场的发展。而且由于是多渠道之间的窜货，制造商需要面对不同类型、不同规模的经销商，窜货问题的处理更为麻烦。比如在南京市场中，有国美、苏宁这样的专业家电连锁，也有新百、中央这样的传统百货商场，同时各区县还有大大小小的夫妻电器店。如果实行统一政策，在同一个市场中让大家公平竞争，不仅不合理，也必然会导致窜货。比如国美、苏宁以超低价销售特价机，下级各县区经销商可能派人来抢购，因为这些电器比他们从制造商处拿货成本还要低。对于多渠道窜货，最有效的办法是为不同渠道提供不同产品，即使产品主体完全一样，也可以通过包装或型号设置等的不同来作区分。比如利用各种专供产品，或用颜色、标识、包装等实行产品的差异化，这样可以在一定程度上避免渠道间的窜货。

（4）松弛有度的价格调控。

窜货和低价往往是联系在一起的，窜货产品的价格常常低于本区域遵守规定的经销商的正常销售价格，这将导致产品价格混乱的局面。违规的窜货行为使得遵守规定的经销商的利益受到冲击，那么他们的积极性就会受到打击，也可能会加入到价格大战之中。因此，防止窜货的另一个关键措施是维护合理的价格体系。许多厂家在制定价格时考虑不周，这就会埋藏下许多可能导致窜货的隐患，所以确保每个层面价格的稳定，杜绝和限制任何有可能引起价格混乱的行为是企业制定价格政策时必须周密考虑的。定价不仅要考虑出厂价，还要考虑国代出手价、省代出手价、终端出手价等。给各级经销商的利润预留不过高，也不能过低，过高会导致降价走量，过低又调动不了积极性。同时，还要考虑后期的价格调整，如果定价没有缓冲余地，那么后期处理起来就很困难。在价格制定之后，还要进行严密的价格监控，对严重违规者一定要进行果断处理。尤其是对于宽渠道和长渠道的制造商来说，维持价格体系的稳定是其常规作业。

（5）加强售后管控。

近几年，零售企业的终端售后服务能力不断加强，但是专业性的售后服务依旧需要制造商的支持和帮助。制造商仍是掌握产品技术和售后服务的领导者和管控者，而流通商和终端商在技术和服务方面的发展依旧落后于制造商。因此，基于技术上的不精通和服务资源的不足，使得制造商仍然要关注流通商和终端商的售后服务问题。即使是作为家电零售领域大佬的国美、苏宁等企业，它们销售出去的洗衣机、空调、音响等还是多由制造商来完成安装、调试等后继工作。而对于其他规模小、实力相对弱的流通商和终端商，更是在售后服务方面存在诸多不足。因此，对于掌控了产品源头和售后末梢的制造商来讲，通过服务来锁定消费者是有效防止窜货的重要方法之一。比如窜货海尔空调，从某种意义上只是空调的简单移动，并不能为顾客提供全方位的空调使用体验。

除此之外，企业还可以通过严格控制促销活动、设定合理的销量目标、制定公平的渠道政策、强化库存管理、明确权利义务、设立合理公平的考核奖惩制度等来避免窜货行为的发生。

实践分析与应用

依据营销渠道相关理论分析并解决实际问题。依据自己对渠道冲突和窜货的理解，尝试回答以下问题：

（1）谈谈娃哈哈是如何解决窜货问题的，以及每一把利剑能够解决由什么原因导致的窜货。

（2）通过对娃哈哈渠道管理方式的学习，你有什么启示？制造商应该如何预防并解决渠道冲突？

娃哈哈对付窜货的"十把利剑"

娃哈哈集团，中国饮料业的佼佼者，年销售几百亿元，这究竟是如何做到的呢？其实，这与其牢不可破的分销网络密切相关，而分销是企业难以控制和管理的内容，特别是其中的窜货问题，是所有企业要面临的共同难题，被称为分销渠道的一个"顽疾"。娃哈哈曾经出现过严重的窜货现象，现在却基本上控制了窜货。那么，娃哈哈是怎样整治分销渠道的这个"顽疾"的呢？其实，从娃哈哈的管理制度上和实际操作中我们可以看出，娃哈哈手握着对窜货极具杀伤力的"十把利剑"。

1. 实行双赢的联销体制度

娃哈哈在全国31个省市选择了1000多家能控制一方的经销商，组成了几乎覆盖中国每一个乡镇的联合销售体系，形成了强大的销售网络。娃哈哈采用保证金的方式，要求经销商先打预付款。打了保证金的经销商，与娃哈哈的距离大大拉近，极大地改变了娃哈哈的交易组织。娃哈哈公司董事长兼总经理宗庆后称这种组织形式为"联销体"。经销商交的保证金也很特别，按时结清货款的经销商，公司偿还保证金并支付高于银行同期存款利率的利息。宗庆后说："经销商打款的意义是次要的，更重要的是维护一种厂商之间独特的信用关系。我们要经销商先付款再发货，但我给他利息，让他的利益不受损失，每年还返利给他们。这样，我的流动资金十分充裕，没有坏账，双方都得了利，实现了双赢。"娃哈哈的"联销体"以资金实力、经营能力为保证，以互信、互助为前提，以共同受益为目标指向，具有持久的市场渗透力和控制力，并能大大激发经销商的积极性和责任感，这些对防止窜货具有重要意义。

2. 实行级差价格体系

娃哈哈现在的销售网络构成是公司——特约一级经销商——特约二级经销商——二级经销商——三级经销商——零售终端。由于每个梯度都存在价格空间，如果娃哈哈不实行严格的价格管理体系，就会为重利不重量的经销商窜货提供了条件。特别是，如果特约经销商自己做终端，就可获得丰厚的利润。为了从价格体系上控制窜货，保护经销商的利益，娃哈哈实行级差价格体系管理制度。娃哈哈为每一级经销商制定了灵活而又严明的价格，根据区域的不同情况，分别制定了总经销价，一批价，二批价，三批价和零售价，在销售的各个环节中形成严格合理的价差梯度，使每一层级、每一环节的经销商都能通过销售产品取得相应的利润，保证各个环节有序的利益分配，从而在价格上堵住了窜货的源头。

3. 建立科学稳固的经销商制度

选取合适的经销商，规范经销商的市场行为，为经销商营造一个平等、公正的经营环境，对于防止窜货是十分重要的。娃哈哈对经销商的选取和管理十分严格。近年来，娃哈哈放弃了以往广招经销商、来者不拒的策略，开始精选合作对象，筛出那些缺乏诚意、职业操守差、经营能力弱的经销商，为防止窜货上了道保险。娃哈哈虽然执行的是联销体制度，但企业与经销商之间是独立法人关系，所以娃哈哈和联销体的其他成员签订了严明的合同。在合同中明确加入了"禁止跨区销售"的条款，将经销商的销售活动严格限定在自己的市场区域范围之内，并将年终给各地经销商的返利与是否发生窜货结合起来，这样经销商就变被动为主动，积极配合企业的营销政策，不敢贸然窜货。娃哈哈的政策使他们意识到：市场是大家的，品牌是厂商共有的，利益是共同的，窜货会损害双方的利益。

4. 全面的激励措施

很多厂家将销量作为返利的标准，销量越多，返利就越高，导致那些以做量为根本只赚取年终返利就够的经销商不择手段地向外"侵略"。娃哈哈也有返利激励，但并不是单一的销量返利这样的直接激励，而是采取包括间接激励在内的全面激励措施。间接激励，就是通过帮助经销商进行销售管理，以提高销售的效率和效果来激发经销商的积极性。比如，娃哈哈各区域分公司都有专业人员指导经销商，参与具体销售工作；各分公司派人帮助经销商管理铺货、理货以及广告促销等业务。与别的企业往往把促销措施直接针对终端消费者不同，娃哈哈的促销重点是经销商，公司会根据一定阶段内的市场变动和自身产品的配备，经常推出各种各样针对经销商的促销政策，以激发其积极性。对一个成熟的经销商而言，他更希望长期稳定的合作同盟和收益来源，加上娃哈哈"无偿"地全力配合销售，总部的各项优惠政策可以不打折扣地到位，有哪个经销商愿意用窜货来破坏这种和谐难得的合作关系呢？

5. 产品包装区域差别化

在不同的区域市场中，相同的产品在包装上采取不同标识是常用的防窜货措施。娃哈哈和经销商签订的合同中给特约经销商限定了严格的销售区域，实行区域责任制。发往每一个区域的产品都在包装上打了一个编号，编号和出厂日期印在一起，根本不能被撕掉或更改，除非更换包装。比如，娃哈哈 AD 钙奶就有三款包装，在广州的编号是 A51216、A51315、A51207。这种产品包装差异化能较准确地监控产品的去向。企业营销人员一旦发现了窜货，可以迅速追踪产品的来源，为企业处理窜货事件提供真凭实据。

6. 企业控制促销费用

有的企业是按销量的百分比给经销商提取促销费用，销量越大，可供经销商支配的促销费用也就越多；有的企业让营销人员控制促销费用。经销商和营销人员是否将厂家拨给的促销费用全部用以推广，其实厂家难以掌控，因而一些经销商和企业的营销人员往往从促销费用中拿出一部分钱用于低价窜货把销量做上去。因此，促销费用由经销商和营销人员掌握会变相为低价位，造成新的价格空间，给经销商和营销人员窜货创造了机会。娃哈哈经常开展促销活动，但促销费用完全由娃哈哈自己掌控，从不让经销商和公司营销人员经手操作。因此，在促销费用管理上，娃哈哈杜绝了窜货。

7. 与经销商建立深厚的感情

厂商之间的感情对防止经销商窜货也非常重要。经销商为了自身的利益，会维系这种已建立好的关系，不会轻易窜货来破坏这份感情。娃哈哈和经销商的关系是非常融洽的，感情是深厚的，有许多经销商都是与娃哈哈一起成长起来的。娃哈哈以下的一些制度和做法无疑能维持和加深与经销商的感情。

(1) 对经销商信守诺言。为什么每年经销商都踊跃地向娃哈哈预交保证金，很重要的一点就是娃哈哈的承诺能够兑现，赢得了经销商的信任，这样可以防止厂家没有向经销商履行承诺或是企业没有完全按照合约执行而引起经销商不满甚至愤怒导致的"报复性"

窜货。

（2）为经销商提供销售支持。公司常年派出一到若干位销售经理和理货员帮助经销商开展各种铺货、理货和促销工作。甚至在某些县区，当地的一批商仅仅提供了资金、仓库和一些搬运工，其余的所有营销工作都由娃哈哈派出的营销人员具体完成。

（3）每年举行全国联销体会议。娃哈哈总是借此热情款待每一位合作伙伴，以加强感情、巩固合作关系。

（4）把经销商当朋友。工作上是很好的合作伙伴，在生活上把经销商当朋友。2002 年的春节联欢晚会，央视给了娃哈哈 20 张入场券，公司把这难得的机会给了经销商，17 位与娃哈哈长期友好合作的经销商成了中央电视台春节联欢晚会的嘉宾；在央视元宵晚会上，有 80 位娃哈哈的经销商亲睹了节目颁奖晚会的盛况。

8. 注重营销队伍的培养

企业内部的销售人员参与窜货的现象并不鲜见，有些营销人员由于缺乏职业道德、操守不正，置企业的销售政策和利益不顾，参与窜货。目前，娃哈哈在全国各地只有 2000 多销售人员，为什么如此少的销售人员可以帮助公司完成超过 60 亿元的年销售额？这与娃哈哈注重营销队伍的建设和培养是分不开的，主要表现为：

（1）严格人员招聘、选拔和培训制度，挑选真正符合要求的人选。有敬业精神、政治素质和业务能力的，不论资历均可破格提升担任一定职务；对能力弱、素质差或不受欢迎的职工，重新培训达不到要求的实行淘汰。

（2）在企业中营造一种有利于人才发挥所长的文化氛围。娃哈哈的发展史是一部不断尊重员工、尊重人才，不断提高凝聚力的历史。

（3）制定合理的绩效评估和奖罚制度，真正做到奖勤罚懒，奖优罚劣。定期对营销人员进行考核，一经发现违纪行为，马上进行严肃处理。

（4）实施关心人、理解人、体贴人的情感管理。公司不但注重人尽其用，还非常注重对员工生活的关心。如娃哈哈不定期举办"千人演唱会"、"职工运动会"、"千人大旅游"等活动，体现企业"大家庭"氛围，增强员工的归属感。

娃哈哈这样良好的企业文化氛围，吸引了各地人才的竞相到来，产生了巨大的凝聚力，娃哈哈的员工都把企业当作自己的家。因此，我们很难想象娃哈哈的营销人员会挖空心思的去冒险窜货。

9. 制定严明的奖罚制度

面对窜货行为，娃哈哈有严明的奖罚制度，并将相关条款写入合同。很多企业窜货之所以控制不了，一个很重要的原因就是厂家对经销商心慈手软，有许多经销商是多年的老客户，一时下不了狠心。可娃哈哈不理这一套，对越区销售行为严惩不贷，决不讲任何情面，而且娃哈哈处理窜货之严格为业界之罕见。年底时，对于没有遵守协议的销售商，公司将扣除经销商的保证金用以支付违约损失，情节严重的甚至取消经销资格。在保证金的约束和公司严厉的处罚下，经销商绝不敢轻举妄动。

10. 成立反窜货机构

娃哈哈专门成立了一个反窜货机构，巡回全国，严厉稽查经销商的窜货和市场价格，严格保护各地经销商的利益。娃哈哈把制止窜货行为作为日常工作常抓不懈，反窜货人员经常检查巡视各地市场，及时发现问题并会同企业各相关部门及时解决。有时宗庆后及其各地的营销经理也经常到市场检查，要看的便是商品上的编号，一旦发现编号与地区不符，便严令彻底追查，并一律按合同条款严肃处理。

一个成功的公司必定会有它的销售模式，很显然一个成功的公司团队也是很重要的。恰巧娃哈哈公司都做到了，无论是产品的包装生产，还是公司内部的体制都井井有条。所以，娃哈哈成功地站在了饮料道路的前端。

资料来源：http://www.5888.tv/brand/whh/news/76521.

任务二　服装行业线上线下渠道冲突

★学习目标及任务

1. 理解"互联网＋"时代线上线下渠道冲突及其原因。
2. 依据当前中国服装行业发展现状，分析其线上线下渠道冲突。
3. 学会应用渠道冲突及管理相关理论分析和解决具体行业及企业的渠道冲突。

该任务以案例分析为主，对服装行业渠道冲突的分析需要用到渠道冲突、冲突管理、窜货等相关理论，这部分理论在前面任务一部分有详细介绍。

一、服装行业渠道发展现状

任务要求：该部分需要学生自行收集资料，了解服装行业竞争环境及渠道发展现状，并依据所收集的资料对当前我国服装行业的渠道发展特征进行分析。需要注意的是，所收集的资料仅仅作为参考，学生需要依据自己的理解进行归纳、概括，并对自己的观点展开阐述。

参考材料

材料1　电子商务背景下服装企业营销渠道现状分析

一、服装行业渠道成员行为的变化

网上购买服装的消费者逐渐增多，不少企业也在逐渐开始探索网上渠道，以此来获得在新环境下的利益诉求，并通过发展网络渠道来使自己的企业在原有的行业格局中脱颖而出。此时，服装企业在产品设计、运营模式、企业目标、部门划分以及人员组成等都有很大变化。在电子商务的背景下，服装企业需要对企业营销渠道现状有深入的研究，下面就来分析营销渠道成员行为的变化。

1. 消费者行为变化

企业必须及时研究并跟踪市场消费者行为与态度的变化来适应新环境下的竞争。那么，在互联网时代，消费者的心态与行为发生了哪些改变？下面将从四个方面来分析与原有营销渠道有明显不同的变化。

第一，服装选择更加多样化，服装购买的方式更方便。网上交易产品的种类从实体的衣物、书籍等到虚拟的股票、债券等，基本上一应俱全，并且产品的各种信息都能够在网上显示。网络上的服装可以来自世界各地，消费者可以选择自己喜好的款式、颜色、大小。因此，服装选择多样化加大。同时，由于网络便捷、快速、及时的特点，消费者购买服装的便利性得到提高。

第二，消费者消费心理的转变。个性化应该是这个时代赋予人们的特色，消费者在网络渠道存在的情况下，对于物品的需求的个性化要求逐渐增加，他们更倾向于一对一的营销而非标准化的沟通行为。社会物质产品的多样化和生产技术水平的不断提高为个性化的消费者提供了坚实的产品基础，同时消费者也渴望从个体心理愿望出发挑选购买商品和服务。网络降低了企业的沟通成本，企业能够实现与每一位客户直接双向互动的信息交流，听取客户对服装产品的建议，尤其是一些高端服饰的选购上，更是可以根据客户的实际要求进行量身定做。随着互联网对企业超细分市场的营销效率与效用的极大提高，企业产品与服务供给的个性化能力将被极大增强，能够使需求不断改变的消费者获得满足感。

第三，消费者了解相关信息的积极性增强。网络消费者希望网络商店提供并保持一种双向互动的环境，让他们有自由发表意见的平台，同时网上商店要对意见及时处理。在信息不流通或沟通不充分的环境中，他们一般是不会购买商品的。

第四，消费者选择商品趋向理性化。网络信息的互通性和全面性使得网络消费者的购物不再是简单的冲动式行为，他们会进行产品信息的搜寻，并且结合其他购买者的使用体验报告来做出理性的选择。电子商务下的消费者更加在乎商品实际的和显著的内在价值，这是他们选择商品的根本。

2. 企业对渠道控制力扩大

在实际运行中，企业需要了解掌握消费者需求和反馈的有关信息，而在传统的营销渠道，这些信息的传播是一个"拉动"的传播方式，需要通过分销商的一个或多个层次的零售商传达给经销商，最后再由经销商传递给厂商。电子商务的引入，使得信息沟通的力量极为增强，电子商务提供了一个全新的信息交流平台，在这个平台上生产者可以和消费者直接进行必要的沟通。通过网络和消费者直接沟通的制造企业，获得更多的权力，并减少对中间商的市场依赖和信息反馈。在某种情况下，制造商可以几乎完全控制企业的营销渠道，因为网络营销渠道可以降低对中间商的依赖度。

为了降低商品成本，增大控制渠道的权力，大部分制造商都在寻求营销渠道的新形式，并最终提高他们的渠道控制权力。此外，制造商也可以通过电子商务直接销售产品，在以前营销渠道严重受阻的产品，尤其是在新产品开发出来并投入市场时可以减少原有渠道的阻力。因此，即使网络营销渠道在经营过程中不能使所有制造商获得收益，甚至亏损，但制造商仍准备好进入网络销售，这样做的目的是为了保持这部分市场，以便在以后网络渠道快速发展时占据绝对的控制力。

3. 网络分销商的出现

网络分销商是在电子商务和中间商相互结合下形成的，其融合了互联网技术，通过网络站点来连接生产者和消费者，从而起到一个系统性的作用。网络分销商可以定期搜集消费者的消费信息和需求反馈，并将这些信息在生产者和消费者之间进行快速和交互式的传递，它不仅具有传统中间商的各种功能，还能实现一些特定的新功能，拉近商品或服务在制造商与消费者间的空间距离，也减少了消费者的等待时间。网络分销商为新形成的网络市场渠道创造一个良性环境，可以帮助提高制造商的业务创新、管理创新和技术创新。

目前的网络分销商类型虽然多种多样，但其本质上就只有两种类型：第一种是传统中间商直接跨越成网络分销商，从制造商手中购买产品，将电子商务与原有的营销网络结合起来形成新的网络分销商，再通过原本掌握的众多消费者信息资源进行网络交易，其获得利益的手段仍然是依靠产品的购销价格差。第二种网络分销商实际上是网络服务商，其本身不进行产品的直接交易，而是提供一个电子商务平台供生产者和消费者进行沟通、交流和交易。第一种网络分销商可以将企业的营销费用降到最优化状态，并且在推广产品品牌上具有优势，可以减少传统中间商对对品牌建设的不执行力，增强顾客对品牌的信任度。第二种网络分销商在提升企业整体运行渠道上有很大的作用。

二、服装业营销渠道的模式

1. 服装企业传统营销渠道模式

（1）批发模式。服饰主要集中在各地的大型批发市场，一些中小商贩从不同地方来到这里进行服饰的补给。批发市场的优势在于网点多，形成较大的辐射面，所以产品销售铺开比较迅速，资金回笼也会比较快，但是也存在塑造品牌以及品牌形象维护和提升上的缺陷，无益于企业的长远发展。

（2）代理商模式。整个市场按照一定标准分割成若干地区，并对各地区设置负责人，代理商获得企业的批准后，对指定区域的产品销售全权负责并对下属终端商进行发展和管理。这一模式具有渠道的拓展及管理仅需较低成本的优势，使得代理商能够主动积极地进行营销活动，缺陷在于可控性较低。

（3）特许加盟模式。这一模式的核心是特许经营权，终端加盟商是由公司总部直接发展的。形式比较统一、标准化的品牌管理是此类模式的最大优点，此外其系统更新比较及时。然而它要求加盟双方都具有较大的协同性，加盟商会受到较多的限制。

（4）直营模式。品牌服装企业根据自身情况自主经营自主管理店铺，优势在于品牌形象表现到位、管理更方便且营销更细致，市场操作性强，对市场信息的把握更加准确。巨大的初期投资是这种模式的最大不足，而且需要公司总部极高的终端管理能力。

2. 服装企业网络营销渠道模式

（1）网络直销模式。对服装企业而言，主要可以采取以下两种网络直营模式：

第一，在自建网站上开设网上商城。企业在网络环境下仅需较低的费用就可以将网络营销站点建立起来，所以企业开展网站平台建设非常积极。我国大部分企业开展网络营销都会选择网站这一平台。服装企业建立网站的目的不同，目标群体也不同，依据这一标准，网站的类型大致包括以下：

基本信息型：主要的目标对象是客户、业内人员和一般网友，网站主要内容是企业基本信息的介绍，旨在塑造企业形象，同时会适当提供业内新闻或者相关知识，基本包含了企业网站的一些功能，如企业的基本介绍、商品的宣传和展演、客户之间的交流和互动等，譬如太平鸟集团网站。

电子商务型：主要的目标群体是客户、供应商、产品消费群体，该形式也会因企业特点及企业进入电子商务的程度差异而不同，有可能是初级服务支持以及展示产品图片等，也可能是可以网上支付等比较高级的阶段。这种类型的特点是：能够保证品牌及质量，但是人气相对较差，以老顾客为主，而且为了不产生和传统营销之间的冲突，这种网站多不设置网购功能,仅仅负责对产品的宣传,尤其是新产品的宣传。国内的李宁、报喜鸟是做得相对有参考价值的在网上直接销售产品的公司。

第二,依靠在第三方网站设立直营店。在第三方网站建立自己的直营店铺是经营成本比较低的一种形式,其中比较成功的就是裂帛服饰,它是完全依托于天猫网站的,从建立初期开始就伴随着天猫网站的发展而逐步成长起来。最初它只是一个普通的小企业,现在已经是年轻消费者网上购物的主要品牌之一。在看到电子商务的成果后,一些服装企业也在尝试接触网络,开始建立自己的网上销售平台或是借助第三方网站如淘宝网、聚美优品、唯品会等专业网站来销售产品。

(2)网络分销模式。当前网络经济的发展非常迅速,网络中间商在当前环境中也应运而生,其中突出的代表就是阿里巴巴、中国服装网、环球资源网等。概括来说,网络分销商发挥着以下几方面的作用:

① 网络分销商具有较高的知名度和诚信度,这正好弥补了服装生产商这方面的不足;

② 多家制造商的同类服装都会由网络中间商提供,对客户来说就有了更多比较和选择的机会;

③ 通过网络中间商,服装企业和客户之间建立了密切的联系。

这种形式原则上都是服装生产企业负责服饰的宣传海报、宣传方案、定价优惠等制度,而网络分销商只是作为一种网站维护的角色。在日常接触中,这种模式最为常见的是京东商城、聚美优品等网站。随着网上购物的方便和普遍,网络销售的作用正在因时空距离的打破、时间的自由、服饰的多样化等原因被放大。

资料来源:王磊. 电子商务背景下服装企业营销渠道冲突管理初探[D]. 四川师范大学,2015.

★思考与讨论

(1)你是否同意文中的观点?谈谈你的看法。

(2)消费者行为的变化对服装行业营销渠道有哪些影响?

材料2 服装行业营销渠道发展现状

近年来,众多服装企业已经采用直接面向消费者的线上营销渠道,B2C 服装市场发展非常迅猛,但发展速度稍有放缓。2013 年,193 个品牌企业线上销售渠道销售总额同比增长 35.4%,增幅远高于实体渠道。购买力继续向网络平台转移,网络市场持续高增长。自 2008 年金融危机之后,我国的服装网购飞速发展,2014 年服装网购的交易额达到 6153 亿元,较 2013 年的 4349 亿元增长了 41.48%。服装网购金额占服装内销金额的比重不断扩大。

线上和线下渠道的服装销售状况迥然不同,线上销售的状况越来越好,线下销售的状况日趋变差。服装线上渠道发展越来越快,电商平台已经成为服装内销的一条重要渠道并对传统线下渠道起到补充和一定程度的替代作用。线下服装销售增速逐步降低,其中大型零售企业增长乏力。

当前,我国服装线上渠道显现出如下特点:

第一,服装线上渠道多元化,打法也多元化。淘宝、天猫作为服装网络零售的主渠道,占据了 90% 以上的市场份额。当前比较盛行的京东商城、苏宁易购、唯品会、当当网等电商平台纷纷加快了在服装领域的布局，微店、旗舰店、团购、闪购、众筹等模式也在加入，另外微信、微博等新媒体推广方式的兴起将使市场的打法更趋多元化，淘宝、天猫的市场份额也将逐步向其他新兴平台转移。

第二，电商品牌与传统线下品牌的竞争将进一步加剧。天猫女装前十大品牌中传统品牌已占 7 席，男装传统线下强势品牌更是几乎全员登陆线上。传统品牌在规模、供应链、品牌知名度等方面更有优势，电商品牌的组织架构互联网化更具杀伤力，传统品牌与电商品牌纷纷在秣马厉兵，未来电商品牌与传统品牌的竞争将更加激烈。

互联网经济的迅猛发展，很大程度上冲击了我国的实体经济。由于服装实体店存在不断上涨的房租和人力成本，经营成本也随之增加，最终使得销售价格整体偏高。与网上商店相比，实体店的服装价格越来越不占优势。不少网店的商品定价都比实体店里同样商品的定价低，不少消费者已经养成实体店浏览体验，在线上网店购买的习惯。

线下实体店的压力越来越大，加上线上渠道的冲击，大型服装卖场、大百货商场逐渐成为了消费者的"试衣间"，很多服装品牌专卖店都在收缩门店数量。数据显示，由于受到上述大环境及线上竞争的影响，百丽 2015 年上半年关店总数为 329 家店，李宁 2015 年上半年关店数量达到 1200 家，波司登 2015 年关店数量更是超过 5000 家。在实体店举步维艰的背景下，现在很多传统的品牌服装企业，比如美邦、森马、七匹狼、红豆等都已经开拓了电商渠道之路。

第三，低价通吃的格局将迎来破冰。网购服装的消费者主要还是年轻人，由于他们的收入相对比较低，对价格极为敏感，国内电商行业目前普遍都是卖便宜货。但这几年情况开始有所改变，随着这群互联网原住民年纪和收入的增加，其对服装格调和品质的追求有所提高，低价通吃的格局将在未来几年迎来较大的改观。

第四，女性是中国服装线上渠道成功的重要因素。据《服装行业发展报告 2014—2015》显示，我国服装零售性别男女占比为 34.6∶65.4，可见网购是女人的天下。女性消费者是 2014 年度中国服装网络零售市场的最大买家，男性消费者的比例也不可小视。另外，25～29 岁的消费者成为服装网络零售的主力。

资料来源：王英霞，李成钢．服装行业营销渠道冲突问题探析[J]．中国市场，2017．

★思考与讨论

(1) 你是否同意文中的观点？谈谈你的看法。

(2) 服装行业营销渠道的变化会带来哪些渠道冲突？

★演示示例

学生可以依据自己课下收集的资料以及对参考材料的阅读及讨论，形成自己的观点并制作演示 PPT 的第一部分——我国服装行业营销渠道发展现状，核心内容如下：

1. 我国服装行业渠道发展历程

·传统单一渠道阶段；

·电商＋实体店＋目录销售的多渠道阶段；

·O2O、全渠道阶段。

2. 我国服装行业渠道类型

- 传统渠道(批发、代理、加盟、传统直营);
- 线上渠道(网络直营、网络分销);
- O2O渠道(线上线下一体化)。

3. 我国服装行业渠道发展特征

- 渠道多元化、扁平化;
- 渠道终端及竞争方式多样化;
- 线上线下一体化;
- 线上渠道品质化、品牌化;
- 线下渠道体验化、时尚化。

需要说明的是,以上仅仅是简单的提纲示例,学生在制作PPT时要求条理清晰、要点分明、有理有据,并且图文并茂,文字部分尽量精简,只需要给出分析要点即可,在课堂上讲述时对各要点进行展开论述,深入阐述自己的观点,并与其他同学进行互动、交流。该部分的我国服装行业发展现状分析可以参照以上分析框架,也可以根据自己查到的资料以及分析需要自行设计分析提纲。

★思考与讨论

你是否赞同以上分析示例中的观点?尝试理解并对以上分析要点展开论述,或说说你的不同观点。

二、服装行业线上线下渠道冲突的原因及表现

任务要求:该部分需要学生自行收集资料,以渠道冲突理论为基础,结合我国服装行业发展现状,分析服装行线上线下渠道冲突的原因及表现。需要注意的是,所收集的资料仅仅作为参考,学生需要依据自己的理解进行归纳、概括,并对自己的观点展开阐述。

参考材料

材料1　零售业线上和线下渠道冲突的成因

1. 目标不一致

线上电商与线下实体店分别属于渠道中相互独立的个体,对方在经济利益以及目标上必然会产生偏差,这是产生渠道冲突的重要原因。

即使在零售企业同时发展电商和实体店的情况下,线上与线下仍是两个独立的部门。也就是说,线上电商渠道的低价策略对寻求低价的消费者来说具有很大的吸引力,由此线下渠道的消费者便开始转向线上,这直接导致了线下传统渠道的消费者大量、急剧的流失。而没有发展线上渠道的零售企业,情况更加糟糕。实体店因店面费等费用,成本比电商平台略高,导致商品价格居高不下,面对电商的低价策略时无力反击。

由此，线下实体店更像是"体验店"，导致盈利下降，进而产生不满。线上和线下渠道都希望吸引消费者，所以会通过损害对方利益而使自己获得利益，冲突因此而起。

2. 业务范围冲突

传统线下实体店渠道的业务范围有限，其配送半径、商品种类、服务能力和优惠信息传送能力等，都受到相应的地域限制，而电商则不然，线上渠道不受地域、空间和时间的限制，可与全国消费者在任何时间、任何地点进行交易。即使在线下实体店没有售卖的商品，消费者足不出户也可以买到，在缺货的情况下也不用辗转多个地方购买。所以，线上渠道在一定程度上抢走了线下渠道的消费群体，引起了两渠道间的冲突。

3. 消费者的购买行为

在电商与实体店共存的环境下，消费者习惯在有购买动机后，先在网上寻找合适类型、型号的商品。由于线上渠道产品虚拟化的限制，消费者要先付款后拿到实物，所以大多数消费者都是先去实体店对商品进行外观、性能等的现场体验，再通过价格比较，在线上电商渠道下订单完成购买。消费者的这种行为无形会给线下实体店带来伤害，在实体店为顾客提供产品展示、人员操作演示和产品信息解说等服务后，顾客却在网络电商渠道上寻找同款价格更低的产品完成购买行为。这种行为打击了线下实体店渠道的销售积极性，也引起了线下渠道与线上电商渠道的冲突。

资料来源：王昕予. 线上线下零售销售渠道从对立走向融合[J]. 中小企业管理与科技，2018.

★思考与讨论

（1）你是否同意文中的观点？谈谈你的看法。

（2）文中提到的线上线下渠道冲突的原因是否适用于服装行业？尝试以渠道冲突基本理论及本文观点为基础，分析服装行业线上线下渠道冲突的原因。

材料2 服装行业线上和线下的渠道冲突分析

1. 服装行业线上线下渠道组合模式

服装企业的线下分销渠道模式主要有批发模式、大型终端模式、自有渠道模式、代理商模式、连锁加盟模式以及最近出现的托管模式。而服装企业的线上模式主要包括线上直销渠道和间接渠道模式。服装企业的线上渠道主要有以下几种形式：制造商自建直营渠道；线下营销渠道中的零售商建立的线上网络店铺；第三方纯网络营销商建立的网络店铺。服装线上线下渠道的共存模式主要有以下几种：线下营销渠道与线上直销渠道共存、线下营销渠道与线上间接渠道共存、线下营销渠道与线下中间商的线上营销渠道共存。

2. 服装行业线上线下营销渠道冲突类型

（1）线下渠道中间商与线上渠道中间商之间的冲突。

对服装企业来说，线下中间商包括服装代理商、批发商、零售商等，线下中间商在长期的经营过程中形成了较为完善的体系，有着相对固定的营销区域。而线上营销渠道没有时空限制、成本低的特点决定了其出现势必会对原有线下经销商的销售造成一定影响。线下经销商迫于经营压力，试图在线上开展未经服装企业品牌授权的店铺，以低价夺回自己的市场，引发了同款服装的"价格战"，从而加剧了线上线下中间商的冲突。

（2）线下中间商与线上直销渠道成员之间的冲突。

通过自建线上渠道销售产品会使制造商或企业绕开线下中间商，与消费者直接建立联系，从而更好地掌握市场信息，并借助获得的信息实现针对目标消费群的个性化产品以及服务的设计，这就形成了对线下中间商的威胁，线下中间商开始对制造商产生不满和抵触等负面情绪，两者之间的冲突由此产生。

（3）企业线上直销部门与线下直销部门的冲突。

线下直销渠道主要是直营店，直营店的缺点是经营需要大量的资金和工作人员进行管理和维护，优点则是对品牌的推广和塑造能力；而线上直销渠道的优点在于在人力物力方面的投入相对较少，范围广没有时空的限制，缺点是线上直营店的维护需要专门的技术人才，并且需要在网站制作上花费一定的时间和资金，同时流量成本也在不断攀升，且消费者只能通过图片及文字说明了解产品，无法试穿和触摸。上述两种渠道对资金、推广等方面的争夺会导致成员之间的冲突，这种冲突主要出现在服装企业内部直营部门和电子商务部门之间。

3. 服装行业线上线下营销渠道冲突的主要表现

（1）渠道之间的资源争夺。

线上渠道与线下渠道之间的资源争夺主要体现在三个方面。对于消费者的争夺，无论何种形式的线上渠道，由于其覆盖范围之广，只要有网络的存在，消费者就可以通过该渠道购买。而对于同一款服装，虽然这两种渠道可能各自占据不同的细分市场，但是对同一消费者的争夺仍是不可避免的。对于销售区域的争夺，在没有引入线上渠道之前，多数服装企业特定区域的销售是由该区域的经销商或代理商负责管理和运营的，而在引入线上渠道后，两种渠道对重叠区域销售经营权的争夺就成为必然。对于资金、技术、人才等的争夺，这种现象主要发生在线下经销商与制造商或线上中间商之间。为了维护自己的利益，线下经销商会对于制造商在资金支持、价格优惠等方面提出更高的要求等。

（2）"搭便车"行为。

当销售一件产品所需的售前服务与实际购买行为分离时，搭便车问题就产生了。搭便车的行为可以描述为一个零售商付出了多种销售努力，如零售展示、零售广告等，而消费者最终是向另一个价格较低的零售商购买。线上零售商搭了线下实体零售"销售努力"的便车，使得线下零售商在竞争中处于劣势。反过来，线下零售商也可以搭线上零售的"便车"。第三种就是零售商的搭便车行为，零售商可能会广泛咨询区域销售代表，而后通过团购网站下订单购买。这种严重的渠道调整问题会伤害中间商和供应商的关系，并可能导致严重的后果，威胁到制造商战略目标的实现。当渠道激励系统不能很好地协调这一问题时，具有很高服务附加值的零售商会变得沮丧，并以减少服务或放弃供应商的产品线作为回应。服装行业线上线下渠道搭便车行为主要体现在消费者在线下的实体店进行试衣，对于满意的衣服，会记下其货号以及尺码等信息，转而到有该款服装的线上店铺进行购买。这种行为虽然表面上看属于消费者的个人行为，而实际上是线上渠道经营搭了线下渠道服务、品牌推广以及促销等功能的"便车"，这使得许多线下经销商在付出了巨大的促销推广以及服务等努力后却没有得到应有的回报，收支比严重失调，致使线下渠道经营者产生不满情绪，对制造商的信任度下降，甚至会威胁制造商不再经营其品牌或转而经营其他品牌。

（3）价格混乱现象。

在淘宝首页上输入某一知名品牌的名称作为关键词进行搜索，点击出现的某一款服装，复制其款式及型号在淘宝首页搜索框中再次进行搜索，就会出现差异较大的不同价格。许多品牌在经销商的奖励政策中，大多数都是销售返点奖励，销量越大，返利越多。对于一些经销商来说，构建线上渠道的成本极低，因而线上渠道就成为了经销商提高销量的通路，其以低价经由线上渠道大量出售服装，将所得返点奖励作为经营利润。在互联网这样一个信息充分透明的环境中，一家销售商的价格折扣对于其他同产品的销售商的冲击是显而易见的。这一方面会影响其他线下经销商的经营，迫使其降价销售或同样建立线上渠道与之竞争，另一方面会影响制造商价格策略的实施。

资料来源：李欣．服装线上线下营销渠道冲突问题研究[D]．浙江理工大学，2013.

★思考与讨论

（1）你是否同意文中的观点？谈谈你的看法。

（2）文中提到了服装行业渠道冲突的几种表现，你认为这些问题存在的原因是什么？

学生可以依据自己课下收集的资料以及对参考材料的阅读及讨论，形成自己的观点并制作演示 PPT 的第二部分——服装行业线上线下渠道冲突的原因及表现。为了培养学生收集、整理资料，对参考文献中相关内容进行整理归纳，形成自己的观点并撰写论文的能力，该部分示例不再以 PPT 纲要的形式列出，而是以文字分析为主。如果任务二部分是完成关于《服装行业线上线下渠道冲突研究》的一篇论文，那么这部分就是论文的一个重要章节，假设论文第一章是我国服装行业营销渠道发展现状，那么这里就应该是第二章，具体内容如下：

信息技术的发展改变了人们的生活方式和购物习惯，给企业带来了低成本、高效率的销售渠道。电子商务以其低价格、多品类及突破时间及地点界限等优势挑战着传统渠道，当然也不可避免地造成了线上和线下的渠道冲突。

（一）线上线下渠道冲突的内涵

线上（Online）也就是网上，主要是指通过互联网的方式进行买卖、社交、营销传播等。线上渠道是指商家主要以互联网为销售终端将产品传递给消费者的营销渠道，包括制造商自营的官方网站、微商城、APP 等，也包括第三方的电子商务平台，如京东、淘宝、当当、拼多多等，还包括线下实体中间商的线上店铺，如苏宁易购。线下（Offline）也就是网下，是指不以互联网为主的买卖、社交、营销传播方式。线下渠道是商家的传统渠道，是以专卖店、超市、百货商场等实体店铺为终端将产品销售给消费者的渠道。

线上渠道与线下渠道的最大区别在于线上渠道是通过网络通信技术向消费者推销产品和服务，这种新兴渠道本身就会对企业原有的传统零售模式和组织架构造成巨大冲击，更何况线上渠道有着低成本、高效益的独特优势，更容易引发与线下渠道的利益冲突，这就导致了线上渠道和线下渠道的冲突。

线上线下渠道冲突本质上是不同渠道类型之间的冲突，属于多渠道之间的交叉冲突，是新兴的网络渠道和传统的实体渠道之间的矛盾。这种冲突主要包括线上中间商与线下中间商之间的冲突、线上中间商与制造商线下直销之间的冲突、制造商线上直销与线下中间商之间的冲突、制造商内部的线上直销与线下直销之间的冲突。

(二)服装行业线上线下渠道冲突的成因

渠道冲突的本质是不同渠道主体的利益冲突,线上线下渠道冲突的根本原因也是线上零售商和线下零售商之间由于产品供应、价格、信息、服务等方面的不一致而产生的利益冲突。具体地说,线上线下渠道冲突的原因包括以下几点:

1. 利益目标差异

线上零售商和线下零售商分别属于不同渠道中相互独立的个体,它们各自为自身利益最大化而努力,而它们为争畅销货源、制造商支持、消费者等而相互竞争,在利益目标上必然会产生偏差,这是产生渠道冲突的最重要的原因。即使制造企业自营的线上终端与线下终端或零售商同时发展线上和线下渠道,线上与线下仍然是两个独立的部门,也必然会产生利益冲突。当前,越来越多的消费者被线上低廉的价格、多样的服装款式、便捷的购买方式所吸引,这就直接导致线下传统渠道的消费者大量急剧流失,引发服装行业的关店潮。很多垂死挣扎的实体店也开始沦为线上商家的"体验店",白白付出管理及运营成本,却为线上"做嫁衣",无法留住顾客。

2. 服务范围和效率差异

传统线下服装店的服务范围有限,受营业面积、营业时间、地理位置、服务人员等因素影响,提供的商品种类、营业时间、服务水平、吸引消费者的辐射半径以及推销信息传送能力等都受到一定的限制。而线上渠道不受时间和空间的限制,利用互联网工具可以满足消费者在任何时间任何地点购物的需求。线上服务成本和服务效率也大大优于线下,而且随着消费者对线上购物模式的熟悉,线上商家订单处理系统的优化,消费者完全可以不经由人工进行自助购物、网络结算,商家只需要依据订单安排相应的仓库发货,将产品直接配送到消费者家中。线上渠道的独特优势自然而然地抢走了线下渠道的消费者,引发了线下渠道的不满,导致了两种渠道间的冲突。

3. 成本差异

传统的服装渠道费用高昂,流通、广告、库存、店铺装修等费用居高不下,使得零售价远高于出厂价。与线下相比,线上销售的低成本是毋庸置疑的,电子商务的采购、库存、营销、管理、运营等成本都比较低。虽然随着电子商务竞争的激化,网络销售的网站建设、服装模特、人工、推广等成本也在节节升高,但是相比于线下实体店还是具有显著优势的。成本的差异是零售价格差异的基础,也是吸引消费者购买的重要原因。

4. 消费者购买行为差异

在当前电商与实体店共存的环境下,消费者开始习惯于在产生购买动机后,先在网上进行信息搜寻、比较,找到合适的产品后会与客服人员进行沟通,很可能受到产品、促销或其他因素刺激产生购买行为。如果无法做出购买决策也会先加入购物车,有时间才会到线下实体店去试穿,进行产品材质、做工、款式等方面的体验,体验之后如果比较满意,除非线下价格和线上相差不大才会立即产生购买行为,否则还是会在线上下单完成购买。如果不满意还会在线上重新进行产品的搜寻,如图 6-1。消费者的这种行为无形中就会伤害线下实体店的利益,打击线下商家的销售积极性,进而引起了线下渠道与线上电商渠道的冲突。

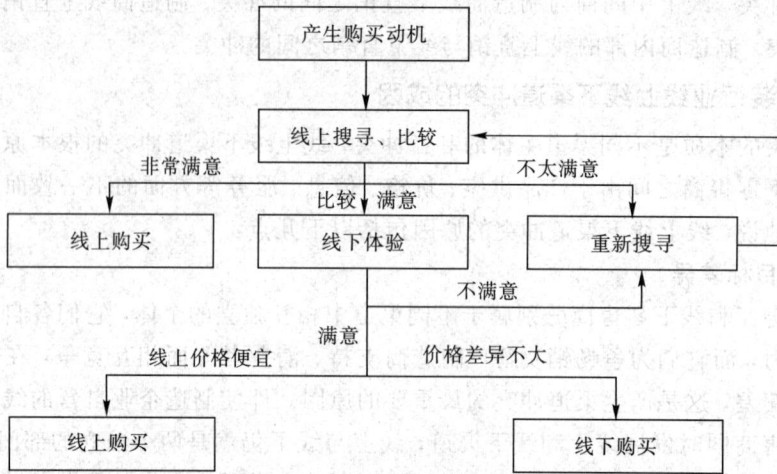

图 6-1　电商与实体店共存环境下消费者购买行为

（三）服装行业线上线下渠道冲突的表现

服装行业线上线下渠道冲突主要表现在以下几点：

1. 抢夺渠道资源

不管是不同的企业主体，还是同一企业内部的线上线下不同部门，它们都有着各自的营销目标及利益追求。当线上和线下不同企业或不同部门面对同一个供应方、同质的产品、相同或重叠的目标市场或同样的顾客群时，必然会存在竞争和矛盾。它们都想要最畅销款的服装供应，想要供应方在资金、价格、服务等方面最大程度的支持，想要拥有优于别人的资金、信息、技术、人才以发展自身，想要更大范围的销售区域和更多的渠道权力，想要更多消费者都购买他们销售的服装……

2. "搭便车"行为

"搭便车"行为也就是某一渠道成员付出了信息传播、咨询、产品展示、广告、试用等销售成本，而消费者却是从另外一个渠道成员处下了订单并进行最终购买，这样，获得消费者购买行为带来的收益的商家就搭了支付了销售费用的商家的便车，自然而然就会引发被搭便车者的不满。

服装行业是最早实施线上销售的产品之一，无法试穿体验，不知道材质、做工，不知道穿上是否合适、是否好看是线上服装销售最大的瓶颈。对于线上线下同时销售的品牌服装来说，聪明的消费者多会选择在实体店进行试穿体验、咨询，然后记下产品货号、尺码等信息在线上购买，这就造成了线上零售商的"搭便车"行为。线下零售商付出了店铺租金、装修、水电费、空调、商品展示、导购服务等诸多销售成本，却没有得到相应的回报，白白为线上商家做了嫁衣，自然会产生不满情绪。

当线上价格明显低于线下时，线上商家就会搭线下商家的便车。然而，当线上线下价格相差不大时，线下零售商也会搭线上商家的便车。在消费者对手机、电脑越来越依赖的今天，很多消费者习惯于没事就打开常用的购物网站，看看有什么促销信息。如果有明确的购衣需求，也是习惯于先在网上查查相关信息，当发现喜欢的品牌、款式之后会向线上商家进行咨询、比较，查看消费者评价，然后加入购物车。当该品牌的线下实体店铺恰好不太远时，他通常都会到店进行试穿。如果线上线下价格相差不大，他很容易会为了更早穿上心仪的衣服以及避免线上购物风险而直接下单购买，这样线下商家就搭了线上商家的便车。

3. 价格混乱

多数服装都存在着线上和线下价格差异，线下打个 8 折 5 折就了不起了，而线上动不动就是 5 折、3 折，甚至 1 折。同样的商品，不同的价格就容易扰乱市场秩序，使线上商家抢占了线下的消费者。即使是产品款型不同，相同品牌的线上折扣力度过大也会损害品牌形象，对于那些不过分追求新款的消费者来说仍会选择线上购买。

对于品牌服装来说，大多对渠道商采取销量返点奖励的激励方式。网络经销商成本低，销售区域不受限制，边际成本极低，通过大幅度降价就可以吸引大量消费者，以返点奖励作为经营利润。再加上利用过季服装、老款服装、断码服装的特价、秒杀、满减等手段吸引流量，更是使同品牌同款式线上线下价格差异巨大。

以快时尚品牌美特斯邦威和女装品牌拉夏贝尔为例。一件标价 499 的棉服外套在线下实体店最低也不会低于 200 元，而在当当的美特斯邦威旗舰店里日常售价只有 100 左右，活动价更是可以到 3 折，仅售 35.7 元，再加优惠礼券，实际到手价仅仅 30 元出头。一件标价 399 的拉夏贝尔冬装裙子，线下实体店最低不会少于 200，在当当的拉夏贝尔旗舰店里最低到 1 折，仅仅 39.9 元。当消费者在线上习惯了冬装仅需几十块钱的时候，在线下看到动辄一百块的短袖多是不会再感兴趣了。

★**思考与讨论**

你是否赞同以上分析示例中的观点？尝试自己总结几个要点并展开阐述。

三、服装行业线上线下渠道冲突管理对策

任务要求：该部分需要学生自行收集资料，依据服装行业线上线下渠道冲突的类型、表现、原因等，以渠道冲突管理理论为依据，提出预防、缓解及解决渠道冲突的对策。需要注意的是，所收集的资料仅仅作为参考，学生需要依据自己的理解进行归纳、概括，并对自己的观点展开阐述。

参考材料

材料 1　服装行业渠道冲突管理

一、服装行业渠道冲突的预防及预警

1. 冲突的预防

如果能够在渠道冲突发生之前就有所察觉，并及时进行预防，就可以避免冲突的发生，这就是在冲突管理中尤为重要的原则"先预防，后协调"。可以从下面三点对渠道冲突进行有效及时的预防：

第一，信息沟通和共享。如果渠道成员之间能够共享信息并进行沟通讨论，就会使得冲突的预防以及处理事半功倍。

第二，协调利益渠道。冲突的产生大部分是由于经销商得不到利益的保障，所以调节好其间的利益问题是预防冲突产生的较好途径。

第三，挑选合适的经销商。选择正确合适的经销商有益于之后管理以及对冲突的控制，这点通过择取适合的经销商，将自己的经营理念传达给经销商并进行良好的培训达到。

2. 冲突的预警

定期或者不定期地进行渠道审核是冲突预警的关键方法。意思就是审核渠道关系以寻找可能产生冲突的因素，并研究这些因素所占的地位以及能否导致冲突，为此，应做好三个方面工作：

其一，查找冲突形成的可能性原因。工作的重点是分析和研究渠道关系，对相互关联的彼此所关注的问题做出列表，这些问题可能不是要处理的问题，却应该在渠道关系里非常重要。

其二，分析问题本身对其成员是否重要。平常的情况下，现实中的冲突就是由于重要的问题所引起的。评估可以用打分法进行。

其三，测评问题引起冲突的概率。假若我们将问题的频率、强度和重要性进行 $0 \sim 10$ 的打分（0 表示强度最低、10 表示强度最高），就能够使用下面的公式计算冲突预警水平：

冲突预警水平＝频度×强度×重要性

所得出的冲突的预警水平最低和最高分别是：0 和 1000。经过对这些问题的分析研究，我们就可以知道冲突发生的原因以和冲突将会在哪里发生。

二、渠道冲突的处理方法

虽然我们为此付出了很多努力，但这种冲突是不能完完全全躲开的。当冲突一旦形成，冲突就会由管理进入处理的阶段。在电子商务的背景下，本文结合服装企业产品特点及 4P 营销理论提出了四种措施：合理定价、差异化产品、渠道整合以及沟通和信息共享。

1. 合理定价

（1）标准化价格。在不同的渠道冲突中最重要的冲突因素之一就是价格，在确定了建立网上店铺的地位以后，价格还是需要进行统一的。当网络店铺的销售作用并不是很明显，而只作为销售辅助的时候，其在网上的产品价格的信息务必要和实体店里的保持一致。当然对其加盟店所涉及的折扣问题，也需要统一进行规范的管制，网上的直销店的折扣必须要与实体店铺的一样，只有这样，其对实体店才能起到辅助销售的作用，网上直销店的有关产品的信息才能有效传达。

（2）价格差别化策略。不同渠道采用不同的价格策略。企业为了追求利益的最大化，需要分析不同渠道的实际状况及形式，方可采用不同价格的方法策略。为了使得不同渠道成员间的利益平衡，缓减冲突的产生，企业可根据其规定的最低定价对情况不一样的分销商给予不同的的销售折扣，使他们的利益达到一个平衡。

（3）建立价格监管体系。服装企业需要监督传统和网络分销渠道的价格定位，渠道内部成员不得随意减低标价至低于公司的最低价格或采用其他形式的促销降价形式。公司要成立渠道专员监督管理定价行为，并会对违反规定的分销商做出相应的处理和处罚。

2. 进行合理的产品差异化

服装企业可以将不同的产品选择性地供给不同的销售渠道，使不同的销售渠道上有适合商品进行销售。在传统和网络营销的渠道上择取一些性质相同但存在不同型号或规格的商品进行销售，又或分流一些品牌服装，调控品牌的组合形式，避免同种服装在同一地区中因存在的多种销售渠道的分销而使得发生降价销售或窜货的风险。还可以开发只在网上售卖的服装，对于服装设计有要求的人们来说，可以通过网上自助设计系统来设计属于个人风格的服装样式。

企业可以利用网络渠道销售的平台，对产品进行设计以及使用独具一格的品牌，目的就是为了使传统渠道和网络渠道的产品存在差异性。这一做法就会降低在不同渠道上的产品间的对比性，试想不同的产品、不同的价格甚至可能连品牌都有些许差异，就算网络营销使用降价销售的手段，也不用担心价格差异带来的冲突。

3. 有效的渠道整合

网络营销渠道目前还不能完全替代传统营销渠道。所以，针对这种情况就需要服装企业对传统和网络直销渠道展开合理有效的整合。

首先，为了避开两种渠道的不良冲突，服装企业应思考把网络这一渠道转化为传统的销售辅助，即如有顾客想在线订购货物，可以将顾客通过网络连接到其零售商的分站点，此时网络基本上只起到促销的作用。

其次，传统销售渠道是存在一定优势的，企业就可以利用这一优势增强网络和传统营销渠道两者的合作。可以充分利用这两种新旧渠道进行互补，对传统和网络销售渠道实行合理且有效的分配，两者密切合作，比如企业运行中的资金和相关信息流通均通过网络进行。企业可以利用传统中间商的优势，将其开发成网上商城的物流服务机构。

任何营销都或多或少存在着一定的劣势，网络营销的渠道也是如此，其存在不可接触性的缺点，但通过企业的渠道改进整合，在网上进行购买商品的顾客的一些售后服务可以到当地的实体零售店进行处理，比如正品的验证、衣服的修补及尺码规格的更换等。这种方式的合作在一定意义上使得客户资源得以共享，增加了两种渠道间的相互认知，也能更好地满足顾客的购物体验，达到了一加一大于二的效果。

4. 沟通及信息共享

渠道管理小组对渠道运作密切监控，并定期与渠道成员进行沟通，从而能够较快发现存在的冲突，并且可以发现引起冲突的原因、冲突的表现以及冲突涉及的成员。可以通过具体的诱因和原因程度的严重性来评估这种情况下冲突的强度。再具体到出现在其他企业渠道系统中的新型的冲突，通过分析具体的冲突起因和频率来评估其对渠道效率是有利的影响还是不利的影响。渠道的合作过程中，内部成员之间的交流是非常重要的。企业若想成长得更好，就应该在不同的多种渠道间构建较好的沟通联系，使得不同成员的工作为彼此所认知，促进不同渠道的协调性，共议所采取措施会带来的影响，从而更好地规避冲突的风险。

资料来源：王磊. 电子商务背景下服装企业营销渠道冲突管理初探[D]. 四川师范大学，2015.

★**思考与讨论**

(1) 你是否同意文中的观点？谈谈你的看法。

(2) 结合自己的理解，谈谈服装制造商应如何缓解线上线下渠道冲突。

材料 2　线上线下渠道融合

线上渠道在经过飞速发展后，开始出现增长减缓的趋势，不仅线下实体店要向"实体店＋互联网"模式发展，线上电商也要向线下发展。最重要的是，电商和实体店本身就是互补的，实体店不可能彻底消失，并具备电商所没有的"顾客体验"的优势。如把二者结合起来，将会是共赢的局面。O2O 模式是实体店与电商深度融合的最佳模式。移动互联网时代，线下渠道逐渐"社区化"，更加贴近消费者，满足人们便捷购物的诉求；线上渠道"移动化"，推动了线上线下的连接与融合，为 O2O 的搭建提供了有力支持，加深了电商与实体店的融合，形成无缝消费模式。

例如，苏宁易购的落地。苏宁易购从用户的需求出发，对用户体验不断优化，"互联网＋零售"模式具备了协同销售、服务、体验和本地化营销四大功能，不只为用户提供产品，还为用户提供体验、生活和服务。顾客在苏宁易购的云店可以体验 360°场景体验，比如用真实的厨房环境来展示冰箱、烤箱等，同时还提供休闲娱乐消费体验。只说 O2O 模式太过于笼统，线上渠道与线下渠道如果只是单纯的融合起来就可以实现利益共同体或实现企业利益最大化的话，线上渠道与线下渠道也不会在最开始产生如此激烈的冲突。

1. 联合营销模式

联合营销也叫合作营销或联动营销，是指两个以上的企业或品牌拥有不同的关键资源，而且彼此的市场有某种程度的区分，为了彼此的利益，进行战略联盟，交换或联合彼此的资源，合作开展营销活动，以创造竞争优势。目前，这种模式成为很多零售巨头选择的转型模式之一。线上零售电商和线下零售巨头强强联合，把自身的优势和对市场的影响力、号召力发挥到极致。

例如，京东商城与零售巨头沃尔玛合作。2016 年，沃尔玛进驻京东开设了旗舰店，宣布合作正式达成。沃尔玛与京东合作促进了沃尔玛业绩的增长，京东也丰富了进口产品的种类。可见，这两大零售企业在电商和实体店两条渠道分别是领军企业，双方共同努力整合优质资源最大程度上发挥合体势能。

2. 交易流程化接力模式

在线上与线下融合的诸多模式中，采用线上采购商品线下提货，或者将线下作为体验中心、线上购买的情况相当普遍。交易流程化接力是企业内部同时拥有电商和实体店两种销售渠道最常采用的模式。它是以"顾客体验"为出发点，既能让顾客体验到产品，又能让消费者自行选择消费的方式、时间和地点等，还满足了各种消费者不同的消费习惯，这种模式在电子产品和服装产品销售中比较常见。比如服装品牌优衣库，在"双十一"购物节时，优衣库天猫旗舰店竟创出 3 分钟内突破百亿元销售额的佳绩，同样可以选择自提商品或送货上门。可见，网店和实体店的结合为消费者提供了更多的选择权。

3. 流程优化模式

企业将局部的服务转移到线上或线下，很多商家对于流程的优化通常都是在支付环节进行优化。随着科技的发展，手机支付和在线支付已经成为日常消费者付款方式中使用率最高的，很多商家开始与线上支付平台合作。比如，很多酒店与阿里旅行合作，顾客入住酒店时不用立即付款，而是通过蚂蚁花呗等在线付款或分期付款，线下的门店可以用支付宝或微信支付。有些服装品牌和饰品品牌也会采取这一模式，也就是把设计这一环节开放在网络和实体店，消费者在网上或实体店设计自己喜欢的款式，然后商家通过互联网反馈给生产部门进行定制化生产。这种模式主要针对的是顾客的个性化服务，现在消费者的需求越来越多，市场上产品的款式已经很难满足消费者，所以让顾客提出自己的需求，或直接设计自己的专属产品。

4. 产品差异化模式

一些企业在布局线上和线下渠道时，并没有采取"同款同价"这一策略，而是针对不同客户的需求，采取对线上、线下渠道产品进行差异化重组，产品的供应节奏是不同的，品类也是不同的，即提供产品时，首页产品信息是有重点的向消费者推荐。比如，运动品牌耐克(Nike)，耐克运动鞋在线上渠道提供的产品均是过季、打折产品等；而线下实体店的产品则是最新一季的单品，这些在线上是无法买到的，二者正是互补的关系。企业这样做可以降低用户对于价格的敏感度，促成当场交易，同时也可以把线上和线下渠道做到互补、共生和个性化。

资料来源：王昕予. 线上线下零售销售渠道从对立走向融合[J]. 中小企业管理与科技，2018.

★**思考与讨论**

(1) 你是否同意文中的观点？谈谈你的看法。

(2) 结合自己的理解，谈谈服装企业如何进行线上线下融合。

★**演示示例**

该部分学生可以依据自己课下收集的资料以及对参考材料的阅读及讨论，形成自己的观点并制作演示 PPT 的第三部分——服装行业线上线下营销渠道冲突管理，核心内容如下：

1. 营销渠道冲突管理的流程

· 事前预防预警；

· 事中管理控制；

· 事后解决改进。

2. 服装行业线上线下渠道冲突的预防

· 合理设计渠道结构，精选渠道成员；

· 合理分配权力、责任和利益；

· 制定合理的奖惩机制；

· 建立高效的信息沟通机制；

· 渠道成员间建立战略联盟、利益共享。

3. 服装行业线上线下渠道冲突预警

· 实时进行渠道监控；

· 定期审查、随机抽查；

· 冲突预测。

4. 服装行业线上线下渠道冲突管理策略

· 产品差异化(线上/线下专供，不同款式，线下新品、线上老款)；

· 同款线上线下同价或略有差异；

· 价格协议、监控；

· 线上线下融合共享(O2O，资源、市场、利益)；

· 线下优化购衣体验。

5. 服装行业线上线下渠道冲突的解决

　　·说服、调节、沟通，促成相互谅解；

　　·调节、仲裁或诉讼；

　　·调整和整合渠道，改进渠道管理。

　　需要说明的是，以上仅仅是简单的提纲示例，学生可以参照以上分析框架，也可以根据所学理论、所收集到的资料以及分析需要自行设计分析提纲。

　　★思考与讨论

　　你是否赞同以上分析示例中的观点？尝试自己总结几个要点并展开阐述。

任务三　渠道绩效评估

　　★学习目标及任务

　　1. 了解渠道绩效评估的涵义、流程及主要内容。

　　2. 理解渠道财务的绩效评估方法。

一、渠道评估基本理论

　　渠道评估也就是渠道绩效评估，是企业通过系统化的手段或措施对其营销渠道系统的运行效率及效果进行考核与评价的过程。

　　渠道评估既可以是对渠道系统中的某一个渠道成员的评估，也可以是对整个渠道系统的评估。渠道绩效是多维的、复杂的，通常对渠道绩效的评估包含宏观和微观两个层面。从宏观层面来说，渠道绩效是指渠道系统表现出来的对整个社会的贡献，是站在全社会的高度来考察的；从微观层面来说，渠道绩效是指渠道系统或渠道成员为企业所创造的价值或服务增值，这是从企业的角度来考察的。本书主要是从制造商的角度考察其渠道系统的运行绩效，既包括整个渠道系统中某个层级或某一个渠道成员的绩效，也包括整个渠道系统给制造商带来的价值增值。在本书专题五成员选择与管理部分已经介绍过渠道成员的评估，所以在这里主要介绍对整个渠道系统的评估。

　　（一）渠道评估的流程

　　制造商创建营销渠道的主要目的在于实现其销售目标，因而对营销渠道的评估目的是为了引导渠道行为，保证营销渠道能够高效运行并实现企业销售目标及经营目标。渠道评估的整体流程如图 6-2 所示。

图 6-2　渠道评估流程

1. 明确经营目标并将其分解成一系列销售目标

经营目标的实现需要企业各个部门的协同合作，为了实现总的经营目标，企业需要将经营目标进行层层分解，而营销渠道的存在是为了销售目标的实现。因此，渠道评估的第一步是将企业经营目标分解成一系列销售目标，这些销售目标将企业的经营目标有效地传达给各个渠道成员及渠道组织。

通常，企业经营目标是整体的、模糊的，对于渠道系统和渠道组合来说是不具有操作性的，比如"提高经营利润"这个目标对于渠道组织来说就不具有可操作性。这时需要将这个目标进行分解，比如"销售额提高10％""销售成本降低5％""市场覆盖率提高15％"等。

企业通常需要依据明确的销售任务设置合理的销售目标。企业的销售目标通常集中在增加收入、提高利润、提高顾客忠诚度三个领域。需要注意的是，销售目标不能过多，也不宜太高，小规模、精心挑选的且经过一定努力可以实现的销售目标更为有效，主要销售目标以3～5个为佳。当一系列完整的销售目标确定之后，第一步就完成了。

2. 设定营销渠道绩效评价指标

评价指标是渠道管理的核心，是渠道绩效考核的基础。评价指标要求清晰而明确，如"今年的渠道销售量提高10％"或"每月顾客回购率提高5％"等。合理的渠道绩效指标是基于销售目标和销售过程中的渠道作用两个前提。销售目标是所有销售行为的总目标，表明了渠道成员或组织的目标绩效水平为企业销售目标做了多大程度的贡献。需要注意的是，设定的渠道绩效指标必须能够反映销售过程中每个渠道主体各自所扮演的角色，比如负责线上推广的渠道不能以销售额、顾客满意度为评价标准，负责售后服务的渠道成员的绩效评价指标不应该是库存水平、投资回报率。

3. 制定渠道绩效评估制度

渠道的绩效评估要使企业能够随时追踪监控渠道运行状况，确保渠道的运行与对应的绩效指标相符，发现渠道绩效存在的问题并及时纠偏，最终确保绩效总体目标的实现。而绩效评估制度是规范评价过程、内容、标准及措施的管理规范。合理的绩效评估应该关注绩效的主要决定因素，也就是那些能够直接并有力影响渠道综合绩效的渠道行为。比如在远程服务领域，一个销售副总裁可能将创造更多销售电话量确定为一个呼叫中心业务增长的最直接来源。如果目标是降低成本，呼叫中心绩效的主要决定因素将是那些能最大限度地影响渠道成本的行为或行动。

4. 识别绩效差距并制定渠道行为规划

渠道评估就是通过设定绩效评价指标及评估制度来确保企业销售目标的实现，它主要有两个最基本的功能。第一是对渠道的运行情况进行连续性监测，这是发现问题并及时调整的基础。连续性监测是对营销渠道的动态性管理，将渠道当前的绩效水平和预期的同时期绩效水平进行对照，如果出现不足及问题需要进行及时调整和纠偏。第二就是可以帮助企业认清渠道当前水平和实现渠道目标所需的未来绩效水平之间的差距。通常，多数企业的渠道绩效无法达到2～3年后需要达到的水平，但是需要明确为达到未来绩效水平企业需要采取什么措施。也就是通过绩效评价指标以及评估制度进行评估之后，需要识别现实和预期的差距、当前和未来的差距，然后制定一定的渠道行为规划进行调整、纠偏。

渠道行为规划是对为了确保营销渠道实现目标绩效水平应该采取哪些具体行动的强有力的管理措施，通常包含以下步骤：首先以绩效评价指标及主要评估制度为基础对渠道行为和绩效进行评估，以使其与绩效指标相符；其次记录每种评定制度的实际绩效水平；再次确定 18～30 个月后渠道绩效必须达到的水平；最后确定一系列针对渠道改进的具体行为，以使渠道顺利实现预期的未来绩效水平。渠道行为规划是将企业销售目标和渠道绩效指标分解成具体的渠道行为，使企业管理者可以按照渠道绩效及公司目标的要求来确定具体的渠道行为。

（二）渠道评估的内容

企业的渠道绩效评估包括渠道整体的绩效评估和某个渠道层级或渠道成员的绩效评估，渠道成员的绩效评估在专题五已经做过详细介绍，这里我们主要介绍渠道整体的绩效评估。渠道整体的绩效评估涉及渠道管理组织、渠道运行状况、渠道服务质量和渠道财务几个方面，其中后一项主要是从财务角度进行定量分析。

1. 渠道管理组织绩效评估

对渠道管理组织的绩效评估主要包括两个方面：

第一是考察整个渠道系统中销售经理及其他管理或销售人员的素质和能力。比如说在制造商的渠道系统中拥有三年以上销售经历并达到一定学历水平的销售经理占销售经理总数的比例，所有渠道管理人员中拥有三年以上销售经历并达到一定学历水平的人数比例，或者所有销售人员中在一定期间内可以超额完成销售任务的人员比例等。这些比例越高，说明企业销售管理队伍越强大，销售素质和能力越强。

第二是考察制造商的分支机构对零售终端的控制能力。比如制造商是否有自营的零售终端？如果有，那么自营零售终端的销售额占当地总销售额的比例是多少？这个比例越高说明对终端的控制能力越强。再比如说制造商在与零售商合作过程中渠道权力是如何分配的？制造商是否占有领导地位？制造商拥有的渠道权力越大，说明对零售终端的控制能力越强。

2. 渠道运行状况绩效评估

对渠道运行状况的绩效评估就是考察整个渠道的运行效率和功能，它是由渠道成员之间相互配合、协调以及积极性发挥等方面决定的。因此，评估渠道运行绩效需要依据渠道建设目标和分销计划来考察渠道任务分配是否合理、渠道成员的合作意愿及积极性、渠道冲突的性质及程度、销售目标是否能够实现等。具体地，可以从渠道顺畅性、渠道覆盖面、渠道流通能力及利用率以及渠道冲突几个方面进行考察。营销渠道运行状况主要受渠道系统内部因素以及顾客需求、经济、技术等外部环境影响，如图 6-3 所示。

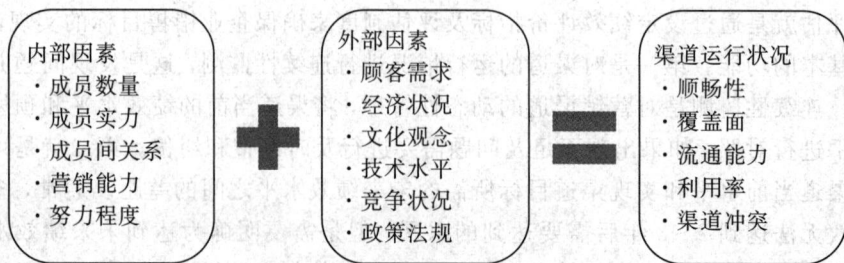

图 6-3　渠道运行状况及其影响因素

渠道顺畅性就是指产品依次经过各渠道环节时是否顺畅，能否在预计的时间到达特定的渠道成员手中。评估渠道顺畅性主要是考察各环节渠道成员是否能够随时待命，渠道各环节的衔接是否顺畅，渠道流程是否畅通无阻，渠道成员间能否长期合作等。不能出现产品积压、断货、交货拖延、恶意拖欠货款等情况。

渠道覆盖面就是制造商的产品通过一定的营销渠道能够达到的最大的销售范围。销售范围越大，接触到的潜在顾客数量就越多，可能实现的销售量就越多，它反映了营销渠道的市场开拓能力。对覆盖面的评估主要通过对渠道成员数量、渠道成员分布、商圈大小等方面的分析。需要注意的是覆盖面并非越大越好，覆盖过广容易分散资源，增加渠道建设和维护成本，增加管理难度等。

渠道流通能力是单位时间内经由该渠道转移到消费者手中的产品数量和金额，转移的产品数量和时间的比值就是流通速度。通常，渠道流通能力受渠道成员分销能力、分销积极性及不同成员间协作水平的影响。

对渠道流通能力的评估还可以通过渠道流通能力利用率来评估，考察渠道流通能力利用率的指标主要有平均发货批量、平均发货间隔期、日均销售数量、平均流通时间、产品周转速度等。

渠道冲突是不可避免的，也是无法完全消除的。冲突管理只能在一定程度上缓解和解决冲突，弱化冲突带来的不利影响。过多的冲突会影响渠道正常运行，有时候一定程度的冲突有利于增强渠道活力和创新动力，能够成为适应环境变化的驱动力。对渠道冲突的评估主要是考察冲突的性质、原因、程度、不利影响等，以及是否能够有效管理冲突。

3. 渠道服务质量绩效评估

渠道服务质量的评估可以从信息沟通、实体分配、促销效果及售后服务等几个方面进行。

营销渠道承担着信息沟通、递送的职能，一方面是中间商将市场、消费者、销售情况等信息逆向传送给制造商，另一方面是制造商将产品、服务、交易条件等信息依次传递给渠道商及消费者。信息沟通质量不仅仅影响着企业产品的销售量及销售额，还影响着渠道成员的关系和渠道稳定性。评估信息沟通质量可以从沟通的信息数量、内容，沟通时间、频率、方式以及沟通效果等方面进行。

实体分配就是产品从制造商向消费者的转移过程，也就是物流。它包括产品的包装、存储、保管、运输、装卸等。对实体分配服务质量的评估就是考察满足渠道成员及最终顾客对产品获取过程的及时程度，包括是否能快速谈判并签订购销合同，是否可以及时交货等。西方很多企业从快速反应、高弹性、最小库存、优化运输、全面质量控制和产品生命周期等几个方面评估实体分配的服务质量。

促销效果就是企业的促销活动结束后产品销售、品牌认知等是否能够实现预期目标。对促销效果的评价包括事前评估、事中评估和事后评估，重点在于事后评估，也就是促销活动结束之后消费者对产品认知、产品销售量及销售额、零售商的货架空间分布、零售商对制造商广告的态度、消费者对促销活动的态度等情况有什么变化，与预期相比有哪些差距等。

售后服务主要是退换货、维修、维护、培训、顾客抱怨处理等，主要是商家对消费者的售后服务，也包括制造商对中间商的售后服务。对售后服务质量的评估最关键的是顾客满意度，以及是否能够及时处理顾客的不满及责难。这就需要企业建立完善的售后服务体系，不断提升售后服务质量，及时发现并处理顾客的抱怨。

4. 渠道财务绩效评估

渠道财务的绩效评估主要是从经济效果的角度，运用财务会计指标对企业营销渠道进行评价，这是一种定量的分析方法，可以直观地反映营销渠道的绩效。这部分内容在后面再做详细介绍。

二、渠道财务的绩效评估

渠道财务的绩效评估是运用财务会计指标对渠道绩效进行定量分析的方法。通常，渠道管理人员运用销售分析、市场占有率分析、渠道费用分析、盈利能力分析以及资产管理效率分析等几种工具对渠道绩效进行评估。

(一) 销售分析

销售分析是渠道运行绩效分析的主要内容，主要通过对渠道的实际销售情况与预期计划进行比较来评价企业的分销计划及销售目标的实现情况。销售分析主要包括销售差异分析和微观销售分析两种方法。

1. 销售差异分析

销售差异分析就是要分析实际销售情况与计划之间的差异，并尝试找出差异原因。通常，实际与计划销售额、市场占有率等的差异可能由多种原因引起。渠道工作的有效开展必然带来销售额的提升，销售额的变化可能表现为销售量的变化，也可能表现为产品价格的变化。而除了企业渠道行为之外，需求变化、经济波动、竞争状况等也会影响销售量和价格的变化，进而影响销售额。

企业可以通过销售差异分析测定不同影响因素对销售绩效的影响。比如某企业计划某季度销售 4000 件产品，单价 2 元，预计销售额 8000 元。该季度结束后，只销售了 3000件，每件售价 1.60 元，实际销售额仅有 4800 元。那么，该企业的销售绩效差异为 −3200元，即预期销售额的 −40%。采用销售差异分析法就需要分析销售绩效的降低有多少是由销售数量下降引起的，多少是由销售价格下降引起的。具体分析过程如下：

$$销售数量下降引起的差异 = \frac{2 \times (4000 - 3000)}{3200} \times 100\% = \frac{2000}{3200} \times 100\% = 62.5\%$$

$$销售价格下降引起的差异 = \frac{(2 - 1.6) \times 3000}{3200} \times 100\% = \frac{1200}{3200} \times 100\% = 37.5\%$$

从以上结果可以看出，企业在该季度的销售差异有 62.5% 是由于分销渠道没能实现预计的销售量引起的，这就需要制造商分析为什么渠道成员没能实现预计的销售量，以方便对症下药。

2. 微观销售分析

微观销售分析就是从微观的角度把全部分销渠道细分为若干不同的部分，分别分析每一部分的预期销售额和实际销售额之间的差异。可以按照不同产品进行细分分析不同产品的销售绩效差异，可以按照不同地区分析区域销售绩效差异，也可以按照不同渠道成员分析每个渠道成员的销售绩效差异。比如某企业计划某产品在某时间段内 A、B、C 三个销售区域的预期销售额分别为 10 000 元、7000 元和 9000 元，总销售额为 26 000 元，实际三个区域的销售额分别为 8000 元、9000 元和 9100 元。通过比较可以发现，C 地区基本完成任务(完成任务量的 101%)，B 地区超额完成任务(完成任务量的 128.6%)，A 地区远未完成任务(仅完成任务量的 80％)。

（二）市场占有率分析

销售分析仅仅是分析企业自身的销售情况，可以将预计销售情况和实际销售情况作比较，可以将当前销售情况与历史销售情况作比较，但不能说明相对于竞争对手而言的经营绩效如何。企业销售量和销售额的增加可能是由于企业自身的销售努力，也可能是由于整个市场经济的繁荣，所处行业的整体发展。市场占有率分析可以使企业的经营绩效评估在一定程度上剔除环境变化的影响，通过与同行业其他企业的横向比较，可以了解企业营销活动和渠道管理的绩效。

企业市场占有率提高了，说明其渠道绩效优于竞争对手，反之，则说明渠道绩效下降了。通常，测算市场占有率的方法有以下三种。

(1) 全部市场占有率。全部市场占有率是指企业的销售额占行业销售额的百分比。分析市场占有率时首先要确定是用销售额还是用销售量进行测算，其次还要明确行业范围。运用全部市场占有率可以将企业分为市场领导者、市场挑战者、市场追随者和市场利基者四类。

(2) 可达市场占有率。可达市场是指企业计划进入的重要的目标市场。可达市场占有率是企业在其认定的可达市场上的实际销售额占企业目标市场总销售额的百分比。一个企业不可能占有 100％的市场，但是在自己的目标市场中却可能达到将近 100％的可达市场占有率。

(3) 相对市场占有率。相对市场占有率是指企业的市场占有率与其主要的竞争对手的市场占有率的比例，也就是企业销售额和主要竞争对手销售额的比较。这个指标是用来衡量企业的经营成果是不是优于竞争对手，分销渠道是不是比竞争对手更有效率。用来比较的竞争对手可以是市场领导者，可以是地位相当者，可以是某一个竞争对手，也可以是几个。如果企业和行业最大的竞争对手相比较相对市场占有率大于 1，说明企业已经超越竞争对手成为市场领导者；如果相对市场占有率接近于或等于 1，说明企业和行业领导者地位相当；如果稍小于 1，说明对手是最大的竞争者，企业属于挑战者或跟随者；如果远远小于 1，说明企业已经沦为利基者，无法与强大的竞争对手抗衡。

（三）渠道费用分析

渠道费用分析就是分析分销渠道创建及维护过程中发生的各种费用，也就是销售费用。渠道费用是营销渠道功能发挥必不可少的支出，费用的多少及不同费用的比例关系直接影响企业销售利润及其他渠道成员的利润。因此，渠道费用分析也是渠道绩效评价的重要指标。

渠道费用通常包括人员费用(销售及服务人员的工资、福利、差旅、培训、交际等)、促销费用(广告、奖赠、公关、展会、促销方案设计与执行等)、仓储费用(租金、维护、折旧、保险、存货成本等)、包装运输费用(包装费、产品说明书、托运、装卸、运输工具的折旧及维护等、保险、司机工资等)以及其他营销费用(营销管理人员费用、办公费、品牌管理费等)。

对营销费用的评估需要注意两个问题。一是营销费用与营销活动功能地位相匹配，每一项分销功能的实现必须要有一定的费用支出，功能越重要、难度越大，需要的成本支出就越高。企业需要依据一定的渠道功能及渠道目标来分配渠道费用，尽量实现较高的费用利用率（渠道费用利用率就是渠道费用总额占销售额的比例）。二是费用的数量及增长与销售额大小及增长的对应性，渠道费用应该和产品销售额保持一定范围内的比例，费用增长应该伴随着销售额的同比例甚至更高增长才能说明渠道运行绩效良好。当然，有时候由于竞争的作用，增加的渠道费用并没有带来同比例的销售增长，这就说明企业的渠道功能不具竞争力，应该采取必要措施解决这一问题。

（四）盈利能力分析

不管是制造商还是渠道商，获取利润都是他们组织或参与渠道建设的重要目标，也是最关键的目标。因此，在渠道绩效的评估中，盈利能力的分析必不可少。前面的销售分析和市场占有率分析是从收益的角度进行评价的，渠道费用分析是从成本的角度出发，而盈利能力分析是受收益和成本的双重影响。市场占有率和销售额越高，渠道费用越低，盈利能力就越强，企业的渠道绩效和竞争力就越强。通常，盈利能力分析采用销售利润率、费用利润率和资产收益率三个指标来评判。

1. 销售利润率

销售利润率是税后利润与商品销售额的比率，它反映了渠道的运行给企业带来的销售额中包含了多少利润。有时候企业销售额的增长并非是由于渠道效率的提高，而是通过过度促销、降价销售来实现的，是通过支付高额的渠道费用带来的，这种情况下尽管销售额提高了，但是利润却降低了。

对于整个分销渠道来说，可以用渠道销售利润率来衡量渠道运行效率。渠道销售利润率是各个渠道主体税后利润之和与商品零售总额的比率。

2. 费用利润率

费用利润率也称为成本利润率，是当期利润和费用总额的比率，这是一种投入产出分析，考察分销渠道花费一百元费用可以带来多少利润。费用利润率越高说明渠道的投入产出率越高，说明一定投入带来的收益越高，也就是渠道效益越好。

3. 资产利润率

资产利润率也称为资产收益率，是企业实现的当期利润占资产总额的百分比，它反映了投资者的效益评价观。渠道成员的生产经营离不开资产总额的支持，都希望一定的资产占用带来更高的利润。需要注意的是企业的资产价值是经常变动的，即使当期利润不变，也会出现某个时期的资产利润率和另一时期不同的现象，尤其是受到固定资产折旧等因素的影响。

如果企业负债经营，只有资产利润率高于平均负债时才说明渠道运行是有效的。所以，企业有时用净资产利润率来衡量渠道效率。净资产利润率是税后利润与净资产额的比率。

（五）资产管理效率分析

前面几种渠道绩效的评估是对渠道运行相关结果的分析，除此之外，还可以通过对渠道运行过程中的数据进行分析来考察渠道绩效。企业通常用资金周转率和存货周转率来评价资产、货物的管理效率。

1. 资金周转率

企业渠道的运转不仅是产品的流转，也是资金的循环。资金的循环越快，说明资金利用率越高，渠道可以占用较少的资金组织商品流通。资金周转率也称为资金周转速度，反应分销渠道中资金被循环使用的次数，是用产品销售收入比资产占用额。资金周转率反映了整个渠道的资产利用情况，周转速度越快，资产利用率越高，获利能力也就越强。

2. 存货周转率

企业的存货也占用资金，分销渠道中，资金多数是以存货的形式存在，通常称为"存货余额"。要想提高资金周转率必须提高存货周转率，通过降低库存，加快存货周转来提高资金循环次数和利用效率。存货周转率是用产品销售收入比存货平均余额，这个比值越高，说明渠道运行越顺畅，运行绩效越好。

实践分析与应用

依据市场营销和营销渠道相关理论分析并解决实际问题。依据自己对渠道冲突相关理论的理解，尝试回答以下问题：

(1) H公司的渠道冲突有什么表现？哪些因素引发了这些冲突？这些冲突在其他行业是否也存在？试举例说明。

(2) 你是否同意文中的观点？你有哪些不同意见？

(3) 通过对文章的阅读分析，你可以得到哪些启示？

H 葡萄酒企业如何解决渠道冲突

(一) H 公司的渠道冲突

H 葡萄酒有限公司是一家实力卓越的葡萄酒生产商，H 公司在渠道建立初期，选择分销商的层次参差不齐，大多数是从个体户发展起来的中小型民营企业。目前，渠道中的矛盾和冲突逐渐频繁，已经影响到 H 公司业务的正常运转。这些冲突主要包括：

(1) 责任冲突。在 H 公司的分销商队伍里，有许多资格比较老的合作伙伴，当他们发展到一定规模后，其经营心态往往会发生转变，他们不愿意投入全部精力销售 H 公司的葡萄酒，转而主推那些利润较高和市场需求更高的新产品，出现"代而不理"的景象。并且这些实力强大的分销商也没有时刻与厂商分享市场信息，市场进展情况反馈缓慢；那些愿意大力销售 H 品牌葡萄酒的分销商则实力有限，难以达到厂商的期望值，处于有一单做一单的状况，自然不会在市场拓展上有很大的斩获。而 H 公司作为厂商，有时候销售和售后支持不到位，品牌推广力度有限，又缺乏对分销商在运作上的指导，极大地影响了合作伙伴对供货商及整个渠道的信任。

(2) 价格冲突。葡萄酒行业内的市场竞争已经呈现出白热化状态，市场重心逐渐向消费者倾斜，为了获得更多顾客，分销商在销售产品时必须提供给顾客比较之后认为的合理价格。由于品牌、酿造工艺等多方因素的制约，H 公司的价格政策是有底线的，而分销商总是诱导厂商尽可能地让利来保证自己的利润，并且在销售过程中经常扰乱厂商制订的价格秩序，不严格执行厂商制订的价格策略。而 H 公司在制定产品价格和利润指标时为保证自己利益，并没有充分考虑到与战略合作伙伴的长期共赢，其价格政策也难以博得分销商的认同。因此，H 公司与分销商之间往往由于各自的利益出发点和销售目标不一致而导致价格冲突。

(3) 服务冲突。对于葡萄酒企业的零售终端来说，决定销量高低的最紧要工作就是保障交货周期，及时而迅速地交付产品是赢得客户信任及抢占市场的重要保证。而 H 公司有的分销商却不肯提前投入资金进行备货，有时因节假日或天气突变引起交货周期延迟而无法履行对终端客户的承诺，造成商机丧失。在仓储物流服务方面，H 公司希望分销商对产品做一定量的库存准备；而分销商则希望 H 公司在办事处设立足够大的仓库，随时保证库存供应，目的是降低自身的库存成本。厂商和分销商都从自身利益出发去思考问题，各自希望采用不同的交易方式，从而引发矛盾。

(二) H 公司的渠道冲突解决方案

像 H 公司这样有一定实力的葡萄酒厂家，有时候也会变成相对弱势的一方，即使营销渠道都是由该公司自己来设计，但其营销功能和市场主导力量更多分配在整个渠道系统中，H 公司要达到自己的预期目标，必须加强对渠道成员的影响与控制。

(1) 避免对分销商过于依赖。必须平衡渠道力量，保持一定数量的分销商；避免形成渠道成员中一家独大的现象。当渠道中某分销商力量过大时，适当调整渠道结构或政策力度，如增加分销商数量或加大对一部分小渠道成员的支持力度，从而达到平衡力量的目的。

(2) 必须主导一些关键的营销环节，如定价、折扣、重要终端的把控等。H 葡萄酒公司的销售人员有必要亲自到终端去了解市场，接触促销员及消费者，并直接参与重要终端的大型促销活动，及时与分销商沟通。这种做法可能暂时降低渠道整体的效率，但有利于控制分销商及了解市场一线的动态。

(3) 给分销商比较理想的利润空间及激励措施，可以使分销商按照厂商的既定目标合作，这种策略可以说是最有效的控制手段了。厂商应该在出厂价和终端零售价之间留出一定的空间；在促销及品牌推广上，厂商需给经销商一定的人力支持；对于业绩好、完成年终任务的分销商，厂商应给予返利、淡季打款奖励等；除了这些金钱方面的，厂商还可以在售后服务支持、帮助其降低物流成本等方面为分销商考虑。

(4) 利用自己长期的发展愿景影响分销商。每个企业都有自己的长期发展战略和愿景，尽管很多经营 H 葡萄酒品牌的分销商成立时间不长，但他们也关注厂商的信誉和经营理念，分销商都愿意跟有长远发展目光和美好愿景的企业合作。所以，H 公司在培养分销商时就应强调公司的经营理念，使分销商充分认识到企业是有相当的经济实力和长远发展目标的，让他们产生对未来合作的期许，并相信不久的将来便能够实现共赢的目标。

(5) H 公司应从日常管理、开拓市场、产品销售等方面对分销商的工作人员进行培训指导，并最好能建立起师生关系，给他们一个专业的形象，利用管理能力和专业知识来进一步控制分销商，形成更加紧密的合作关系。

(6) 采取淘汰措施刺激渠道成员，使渠道成员产生压力。H 公司应根据分销商的综合实力及合作态度等对其进行评估，目的是让渠道更加稳定，具体做法是：对于优秀的分销商增加奖励力度；对于阻碍渠道发展的分销商，在沟通无效的情况下实行淘汰制。这样可以使分销商加强与厂商的配合，厂商则通过分销商之间的竞争加强了对渠道的控制。

(三) 解决渠道冲突的具体措施

H 葡萄酒公司应通过以下措施来解决渠道冲突，以达到渠道畅通、化解矛盾的目标。

　　（1）打造一个由葡萄酒厂商和分销商组成的利益一体化的渠道管理体系。渠道成员不是一颗棋子，葡萄酒厂商作为渠道战略的制订者应该将渠道成员的战略与自身的战略协调一致，才能做到合拍。只有利益一体化才能解决渠道的垂直冲突，厂商和分销商双方的地位才能平等。

　　（2）在多级渠道结构中，实行级差价格体系。厂商可以在销售网络内部构建级差利润分配结构，使每一层级的分销商都能取得相应的利润。具体来讲，H公司应制定包括总经销价、出厂价、批发价及零售价等综合价格体系。

　　（3）H公司制订营销策略时，应深入了解市场，全面地考虑价格、渠道、消费者需求等市场因素，如果背离渠道，与市场脱节，经销商在执行中便会根据实际情况被迫调整，而调整的过程会与厂商策不一致，导致渠道垂直冲突产生，也由此形成分销商和厂商的对立。

　　（4）渠道成员在特定的时期互换工作人员，也是解决渠道冲突的方法之一。厂商和分销商通过互换人员，能充分了解彼此的工作思路，交流彼此的市场经历，深入体会彼此的困难，从而可以大大缓解双方矛盾。

　　（5）葡萄酒厂商在进行渠道成员的选择时，不能仅以资金实力、网络覆盖率为主要考察指标，更应该注重分销商的经营理念、信誉、价值观等指标，使之与企业的价值观一致，这样更容易统一思路，形成统一的价值链。

　　（6）都说沟通是解决冲突、矛盾的润滑剂，渠道成员之间的沟通不能只是单纯地厂商向分销商传达新的销售政策、价格体系或营销思路，也不单指分销商向厂商的市场信息反馈，还应包括资源的共享，具体如下：

　　① 厂商研发新品时可以征求分销商的意见，对于消费者的需求分销商比厂商更有发言权；

　　② 厂商的生产能力、热销品的库存情况、销售旺季的到货周期等，这些信息都应毫无保留地告知当地分销商；

　　③ 厂商应该积极地、及时地获取分销商的库存信息，指导他们合理存货，不要一味地让分销商备货，造成库存和资金压力，对于分销商的滞销产品应给予促销指导；

　　④ 厂商和分销商共同研讨选择新的零售终端或策划大型促销活动等。

资料来源：赵艳丰. 葡萄酒企业如何解决渠道冲突[N]. 华夏酒报，2018.

❯❯ 习题与提升 ❮❮

一、论述

（1）"互联网＋"带来了哪些新的渠道冲突？造成这些渠道冲突的原因是什么？

（2）结合实例，谈谈"互联网＋"给企业渠道冲突管理带来了哪些影响。

（3）企业应该如何进行渠道绩效评估？

二、案例分析

适度冲突可激发渠道活力

　　渠道冲突对渠道的管理和正常运行具有强烈的冲击，每一次冲突对渠道的结构、流程、管理等都会提出新的挑战，严重的冲突甚至会彻底摧毁企业的渠道模式和结构，因而企业往往会在渠道管理中尽可能地防微杜渐，避免冲突的发生。那是否没有冲突的渠道就是最理想的渠道，显然也不是如此。笔者认为在渠道管理中保持适度的冲突可以使渠道更具活力，适度冲突是渠道创新的动力源泉。

渠道冲突的存在是不以人们意志为转移的，不论水平冲突、垂直冲突，还是不同渠道间的冲突，只是冲突的程度、性质不同而已。在渠道管理中，企业需要提高对冲突的认知，通常不同的人员、不同的组织对冲突的认知也会有较大的差异，因而针对冲突采用的措施和方法不尽相同。简单断言"哪些渠道冲突好、哪些渠道冲突坏"，没有多少实际意义，渠道冲突常常会因事、因时、因境、因缘、因法不同，在一定条件下相互转换，因而要针对冲突的具体情况、具体问题具体分析，方为正道。这就需要我们既要全面学习积累渠道冲突管理的科学理论与知识，又要认真实践和提高处理渠道冲突的技能与艺术。

对渠道具有破坏性、消极作用的渠道冲突常称其为"破坏性冲突"或"功能失调的冲突"；对渠道具有促进性、积极的称其为"建设性冲突"或"功能正常的冲突"。前者需要管理和避免，而后者需要引导和鼓励。

管理学中"鲶鱼效应"讲的是由于鲶鱼的存在，使得沙丁鱼的生命力、活力增加，减少了死亡，从而获取整体的最大效益，渠道冲突中的建设性冲突就犹如鲶鱼一样，可以发挥此种效应，即在渠道管理过程中，通过正确引导当前的冲突或采取一些手段、措施创造建设性冲突，进而刺激经销商活跃起来，积极地投入到市场中，积极参与竞争，从而激活其他经销商。

如渠道管理中的窜货，就是一种最常见的渠道冲突。生产企业对窜货深恶痛绝，都制定了严格的处罚条款，经营企业对窜货更是恨之入骨，认为是对自己利益、主权的侵犯。然而，适当的窜货可以刺激被窜货区域经销商对市场的重视，提醒经销商在客户关系、产品价格、售后服务等方面存在的问题，使其投入更大的人力、物力、精力，加强对市场的推广和控制。同时，窜货也为生产企业了解市场的特点、盲点，进行商务政策的调整提供了依据。

又如，销售区域的划分，企业为了避免冲突往往会明确进行区域的划分，对每一家经销商提出区域的待开发终端客户，然而由于经销商在工作中有基于投入产出的取舍选择、对每一个终端客户的关系不一样、投入的精力也不同等原因，常出现经销商占着一定的区域而难以达到生产企业对终端开发要求的现象，生产企业对此种状况往往束手无策。此时，适当地引入新的经销商对终端的开发，不仅可以达到终端开发的目的，还可以刺激现有经销商，使其加强对空白区域的开发力度。

渠道对于企业来说，应该保持相对的稳定性，但也要保持一定的动态性。企业通常每半年或者一年要对渠道进行一次盘点，对渠道进行有效的变革。而渠道冲突往往是渠道变革的动力，避免了冲突也就阻碍了变革。

美国学者布朗（L. brown）在对冲突与组织绩效之间关系的研究中，发现了冲突水平与组织效率之间存在着联系，两者之间的关系主要表现为：当冲突水平过高时，组织会陷入混乱、对抗，甚至分裂、瓦解的状态，破坏绩效，危及组织正常运转乃至生存。当冲突水平过低时，组织缺乏生机和活力，会进入变革困难，组织发展停滞不前，难以适应环境的低绩效状况。渠道管理中也是如此。渠道功能与渠道冲突的关系，提醒企业不仅要重视对冲突的引导和管理，更要预防无冲突或低冲突暗藏的危机，还要对于高冲突适时的发现，降低冲突对渠道的破坏。

用柔性原则恰当地管理冲突能够增加渠道的凝聚力。所谓柔性管理，是以"人性化"为标志，强调跳跃和变化、速度和反应、灵敏与弹性，它注重平等和尊重、创造和直觉、主动和企业精神、远见和价值控制，它依据信息共享、虚拟整合、竞争性合作、差异性互补、虚拟实践社团等，实现管理和运营由隐性到显性的转化，从而创造竞争优势。柔性管理是相对于"刚性"而言的，市场变化莫测，企业的政策也将随之改变，刚性原则的强制性不利于按照市场的变化而改变，常常会造成新的冲突，因而柔性原则是企业需要具备的重要的渠道冲突管理的理念之一。

渠道冲突柔性管理，一是要使渠道管理体系能够适应外部市场的变化，可以解决经销商在市场中遇到的各种新的问题；二是能够适应内部管理不断提升的要求，对渠道管理和商务政策的调整留有相应的接口；三是设计渠道结构时不仅要考虑销售量、市场定位、目标定位、人员定位的要求，更要结合各级经销商目标市场的覆盖度、终端需求的满足度、营销理念的匹配度、目标区域市场渠道的竞争度、投入产出度、人力资源的可得度、管理复制的延展度等柔性指标，减少结构中的破坏性冲突；四是通过冲突"激发—解决"的过程，检验并加强渠道系统的变革。

资料来源：耿鸿武. 适度冲突可激发渠道活力［N］. 医药经济报，2012.

阅读资料尝试回答以下问题：

（1）你是否同意文中的观点？谈谈你的看法。

（2）你认为企业应该如何对渠道冲突进行柔性管理？

三、实践应用

通过课堂教学及课堂讨论，对本专题涉及的知识点和思考讨论题进行重新思考和讨论，选择合适的题目，完成不少于 4000 字的小论文。

参 考 文 献

[1] 伯特·罗森布罗姆．营销渠道管理[M]．北京：机械工业出版社，2006.

[2] 郭国庆．市场营销学通论[M]．北京：中国人民大学出版社，2014.

[3] 吕玉明，吕庆华．信息技术影响下营销渠道结构的演化[J]．中国流通经济，2013，(1).

[4] 杜凤林．新零售：打破渠道边界[M]．广州：广东经济出版社有限公司，2017.

[5] 王先庆，彭雷清，曹富生．全渠道零售[M]．北京：中国经济出版社，2018.

[6] 庄贵军．营销渠道管理．北京：北京大学出版社，2018.

[7] 中国雅戈尔．http：//www.youngor.com/.

[8] 胡春民．中国家电营销渠道构建研究[D]．中国邮电大学，2008年.

[9] 中国家用电器研究院、全国家用电器工业信息中心．2018年中国家电行业年度报告[R]．2019.2.

[10] 董剑英．中国家电企业营销渠道创新研究[D]．北京交通大学，2010.

[11] 周伟．宝洁公司渠道战略转变分析及其启示[J]．企业活力，2005.5.

[12] 宜家家居官网．https：//www.ikea.cn/cn/zh/.

[13] [英]朱利安·丹特．渠道分销[M]．北京：当代世界出版社，2018.

[14] 詹颖，甘绮翠．打造成功的渠道战略[J]．销售与市场(管理版)，2010.9.

[15] 朱岩，李树玲．营销渠道管理[M]．北京：机械工业出版社，2017.

[16] 做中国老人鞋领先品牌 真正为老人谋福利．微商网，https：//www.ah.cn/display.asp？id＝14259.

[17] 足力健老人鞋官网商城．https：//www.zulijian.com/.

[18] 姜文芹．小企业的胜利：美国西南航空公司的竞争策略[J]，经营与管理，2007.8.

[19] 影响力商学院．渠道为王[M]．北京：电子工业出版社，2012.

[20] 陈涛．营销渠道管理[M]．北京：机械工业出版社，2013.4.

[21] 沃尔玛中国投资有限公司官网．http：//www.wal－martchina.com/.

[22] 汤定娜．中国企业营销案例[M]．北京：高等教育出版社，2001.

[23] 周文根．渠道开发与管理[M]．北京：中国人民大学出版社，2013.

[24] 汪涛，李进武．空调企业营销渠道模式比较[J]．经济管理，2002.11.

[25] 跃峰，杨楠楠．家乐福渠道运行中零售商与供应商的关系管理[J]．管理案例研究与评论，2009.2.

[26] 黄国祥，李乃和，杨洪涛．渠道成员绩效的评估[J]．上海管理科学，2002.6.

[27] 盛斌子，吴小林，冯海．渠道激励：中国企业营销制胜的核心利器[M]．北京：企业管理出版社，2010.

[28] 赵艳丰．乳品企业渠道冲突解决之道(节选)[J]．中国乳业，2018(193).

[29] 袭雪．渠道冲突问题研究评述与展望[J]．管理现代化，2017.1.

[30] 孙选中，李培．宝洁公司营销渠道冲突管理透视[J]．企业经济，2007.4.

[31] 娃哈哈官网．https：//www.wahaha.com.cn/.

[32] 王磊．电子商务背景下服装企业营销渠道冲突管理初探[D]．四川师范大学，2015.

[33] 王英霞，李成钢．服装行业营销渠道冲突问题探析[J]．中国市场，2017.2.

[34] 王昕予．线上线下零售销售渠道从对立走向融合[J]．中小企业管理与科技，2018.1.

[35] 李欣．服装线上线下营销渠道冲突问题研究[D]．浙江理工大学，2013.